世界哲學家叢書

張　東　蓀

張　耀　南　著

1998

東大圖書公司印行

國家圖書館出版品預行編目資料

張東蓀／張耀南著．--初版．--臺北市：
東大發行：民87
面：　公分．--(世界哲學家叢書)
參考書目；面
含索引
ISBN 957-19-2189-0 (精裝)
ISBN 957-19-2190-4 (平裝)

1.張東蓀-學術思想-哲學

128.6　　　　　　　　　　　　　86015732

網際網路位址　http://www.sanmin.com.tw

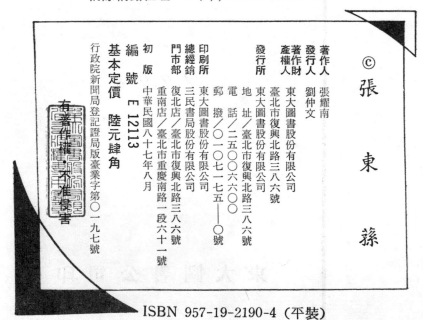

© 張 東 蓀

著作人　張耀南
發行人　劉仲文
產著作財權人　東大圖書股份有限公司
發行所　東大圖書股份有限公司
　　　　地址／臺北市復興北路三八六號
　　　　電話／二五○○六六○○
　　　　郵撥／○一○七一七五--○號
印刷所　東大圖書股份有限公司
總經銷　三民書局股份有限公司
門市部　復北店／臺北市復興北路三八六號
　　　　重南店／臺北市重慶南路一段六十一號
初　版　中華民國八十七年八月
編　號　E 12113
基本定價　陸元肆角
行政院新聞局登記證局版臺業字第○一九七號

ISBN 957-19-2190-4 (平裝)

「世界哲學家叢書」總序

　　本叢書的出版計畫原先出於三民書局董事長劉振強先生多年來的構想，曾先向政通提出，並希望我們兩人共同負責主編工作。一九八四年二月底，偉勳應邀訪問香港中文大學哲學系，三月中旬順道來臺，即與政通拜訪劉先生，在三民書局二樓辦公室商談有關叢書出版的初步計畫。我們十分贊同劉先生的構想，認為此套叢書（預計百冊以上）如能順利完成，當是學術文化出版事業的一大創舉與突破，也就當場答應劉先生的誠懇邀請，共同擔任叢書主編。兩人私下也為叢書的計畫討論多次，擬定了「撰稿細則」，以求各書可循的統一規格，尤其在內容上特別要求各書必須包括（1）原哲學思想家的生平；（2）時代背景與社會環境；（3）思想傳承與改造；（4）思想特徵及其獨創性；（5）歷史地位；（6）對後世的影響（包括歷代對他的評價），以及（7）思想的現代意義。

　　作為叢書主編，我們都了解到，以目前極有限的財源、人力與時間，要去完成多達三、四百冊的大規模而齊全的叢書，根本是不可能的事。光就人力一點來說，少數教授學者由於個人的某些困難（如筆債太多之類），不克參加；因此我們曾對較有餘力的簽約作者，暗示過繼續邀請他們多撰一兩本書的可能性。遺憾的是，此刻在政治上整個中國仍然處於「一分為二」的艱苦狀態，加上馬列教

條的種種限制，我們不可能邀請大陸學者參與撰寫工作。不過到目前為止，我們已經獲得八十位以上海內外的學者精英全力支持，包括臺灣、香港、新加坡、澳洲、美國、西德與加拿大七個地區；難得的是，更包括了日本與大韓民國好多位名流學者加入叢書作者的陣容，增加不少叢書的國際光彩。韓國的國際退溪學會也在定期月刊《退溪學界消息》鄭重推薦叢書兩次，我們藉此機會表示謝意。

原則上，本叢書應該包括古今中外所有著名的哲學思想家，但是除了財源問題之外也有人才不足的實際困難。就西方哲學來說，一大半作者的專長與興趣都集中在現代哲學部門，反映著我們在近代哲學的專門人才不太充足。再就東方哲學而言，印度哲學部門很難找到適當的專家與作者；至於貫穿整個亞洲思想文化的佛教部門，在中、韓兩國的佛教思想家方面雖有十位左右的作者參加，日本佛教與印度佛教方面卻仍近乎空白。人才與作者最多的是在儒家思想家這個部門，包括中、韓、日三國的儒學發展在內，最能令人滿意。總之，我們尋找叢書作者所遭遇到的這些困難，對於我們有一學術研究的重要啟示（或不如說是警號）：我們在印度思想、日本佛教以及西方哲學方面至今仍無高度的研究成果，我們必須早日設法彌補這些方面的人才缺失，以便提高我們的學術水平。相比之下，鄰邦日本一百多年來已造就了東西方哲學幾乎每一部門的專家學者，足資借鏡，有待我們迎頭趕上。

以儒、道、佛三家為主的中國哲學，可以說是傳統中國思想與文化的本有根基，有待我們經過一番批判的繼承與創造的發展，重新提高它在世界哲學應有的地位。為了解決此一時代課題，我們實有必要重新比較中國哲學與（包括西方與日、韓、印等東方國家在內的）外國哲學的優劣長短，從中設法開闢一條合乎未來中國所需

求的哲學理路。我們衷心盼望，本叢書將有助於讀者對此時代課題的深切關注與反思，且有助於中外哲學之間更進一步的交流與會通。

最後，我們應該強調，中國目前雖仍處於「一分為二」的政治局面，但是海峽兩岸的每一知識分子都應具有「文化中國」的共識共認，為了祖國傳統思想與文化的繼往開來承擔一分責任，這也是我們主編「世界哲學家叢書」的一大旨趣。

傅偉勳　韋政通

一九八六年五月四日

自　序

　　我之研究東蓀先生，始於一九九一年。這一年的五月，我僥倖打敗七個強有力的競爭對手，考入北京大學哲學系，至湯一介師門下攻讀中國哲學博士學位。原擬以「西方哲學在中國」為博士論文選題，並擬定了幾個較小的題目，如「新實在論在中國」、「唯意志論在中國」、「邏輯經驗論在中國」等。填好「開題報告」後，寄給當時正在加拿大McMASTER大學講學的湯師，湯師表示同意。後為「綜合考試」事，再向湯師請教論文選題，湯師覺得與其做一個大而泛的題目，不如寫一個人更好些，更為精細，並提議寫「張東蓀」。我當時對東蓀先生，並沒有太多的瞭解，只是聽師友、學長們說，這個人「並不怎樣」。所以對於以「張東蓀」作博士論文選題，我當時稍微有些顧慮。首先的一點，是這個人夠不夠格成為一篇博士論文的題目；其次考慮的一點是，在當時原著資料不齊全，研究資料幾乎一片空白的情況下，我是否有能耐在兩年時間裏寫出這篇博士論文，順利畢業？湯師的堅持，打消了我的顧慮，我開始認真準備以審定通過論文選題為主要目的的「綜合考試」。先擬題為「張東蓀思想研究」，覺太大；再擬題為「張東蓀哲學思想研究」，亦覺寬泛；最後與湯師商定，就以「張東蓀知識論研究」為題，通過與金岳霖先生知識論的比較，裁定東蓀先生知識論的性質與地位。

當時並不知道東蓀先生知識論是否自成一體，經過比較研究後才發現，原來它不僅自成一體，而且還走了一個與金氏知識論完全不同的路向，是另一種完全不同的知識論。這一發現，使我歡欣鼓舞，以為自己是發現了一塊「新大陸」，三年的寒窗苦讀，沒有白費。一九九四年六月，這篇題為〈張東蓀知識論研究〉的博士論文，順利通過答辯，並受到好評。自此，我進入專研東蓀先生生平與思想的階段（很少用功於其他論題），轉眼已過去三年多。

一九九五年四月，我的〈新理學：張東蓀對馮友蘭的超越〉一文在陳明先生主編的《原道》第二輯（團結出版社，一九九五年四月）上發表，這篇約一萬七千言的論文，是專門分析張、馮二氏對「理」的不同解釋及其得失的。這是海內外專門討論東蓀先生「理學」思想的第一篇論文。一九九五年八月二十四日至二十六日，「紀念金岳霖誕辰一百週年學術討論會」在北京密雲舉行。我在會上提交並宣讀了題為〈張東蓀與金岳霖：兩條不同的知識論路向〉的論文，以期引起與會者對東蓀先生的重視。會後《哲學研究》雜誌以「一九九五年增刊」的形式，出版了這次會議的論文結集，題為「紀念金岳霖百年誕辰專輯」。我的原意是想把提交的那篇論文登出來，並幾次去電話懇請，但最後竟沒能登出。我想原因可能是由於這篇文章，在一片「唯一」、「最高」聲中，顯得對金氏略微有些不恭。後來一想人家是「金岳霖專輯」，當然該以讚揚為主，剔出「不恭」的文章，合情合理，也就作罷了。

一九九五年十月，本人所編《知識與文化——張東蓀文化論著輯要》一書，作為湯師主編「二十世紀中國文化論著輯要叢書」（屬「中國文化書院文庫」）之一種，在中國廣播電視出版社出版。這部文集，雖已近三十六萬言，但並未匯齊東蓀先生之所有重要觀點，

所以學者不能僅以此為依據，評定東蓀先生的思想。一九九五年十一月，原已刊出的〈新理學：張東蓀對馮友蘭的超越〉一文，壓縮大半後，在《廣東社會科學》一九九五年第六期重新刊出，旋即被中國人民大學複印報刊資料《中國哲學與哲學史》一九九六年第三期轉載。一九九五年十二月，我的由博士論文增修而成的《張東蓀知識論研究》一書，作為「國學精粹叢書」之第三十七種，由臺灣洪葉文化事業有限公司和中華發展基金管理委員會聯合出版，這是海內外第一本專研東蓀先生哲學的論著，填補了近現代中國哲學史研究的空白。一九九六年二月，我的〈論張東蓀與馮友蘭對理學的不同解釋〉一文，在《學術界》一九九六年第一期刊出，中國人民大學複印報刊資料《中國哲學與哲學史》（一九九六年第六期）作了索引；同月，我的〈張東蓀與金岳霖：兩條不同的知識論路向〉一文，終於在廖小平教授主編的《長沙水電師院社會科學學報》一九九六年第一期刊出，七月，便被中國人民大學複印報刊資料《中國哲學與哲學史》（一九九六年第五期）轉載。

　　我研究東蓀先生思想的作品，沒有哪一篇是沒有反響的。被其它報刊轉載是一方面的表現，被邀參加學術研討、不時收到讀者來信，則是另一方面的表現。一九九六年十一月二十五日至十二月二日，我因《張東蓀知識論研究》一書的出版，被邀赴臺北參加「著作發表會」及「學術研討會」。我在會上作有關東蓀先生哲學的發言，引起了海內外眾多學者的極大興趣，紛紛詢問有關問題，表示出對東蓀先生及其哲學的關心與注意；我的著作，也在會上得到很高評價。一九九五年十二月十五日，香港中文大學趙汝明先生，在讀到我的〈新理學：張東蓀對馮友蘭的超越〉一文後，致信於我，說「先生該文給我濃厚興趣」，使他「得益良多」，並詢問我是否還有其他

相關論文發表。我不認為這是因為我的文章好才引起了趙先生「濃厚興趣」， 而是認為，東蓀先生本身有值得世人關注的地方，所以才容易引起共鳴。一九九七年四月二十五日，貴州大學哲學系牟永生先生給我寫信，說在北大書店買到了我編的《知識與文化——張東蓀文化論著輯要》一書，讀後「對張東蓀哲學產生濃厚興趣」，邁開了研究東蓀先生哲學的第一步，並說其研究心得是「直接得益於」我的書稿，得益於我的「慧眼及筆耕」。我不敢說我有這樣大的能耐，但我之介紹東蓀先生，卻是力爭客觀公正的。一九九七年八月十二日，曾經因《知識與文化——張東蓀文化論著輯要》一書來北京找過我，現正在日本撰寫有關東蓀先生語言哲學的學位論文的丁伊勇女士，來信說「您的《張東蓀知識論研究》對我的幫助很大」。最近我又收到澳門中國哲學會會長岑慶祺先生寫於同月二十九日的信，說「很高興買到」我編的《知識與文化》一書，告訴我他是東蓀先生在燕大所帶最後的兩個研究生之一，並說擬於一九九八年年末在澳門召開東蓀先生思想國際學術研討會。我讀信後非常驚喜，立即回發傳真，表示願意參加並樂意幫助籌備此會。看來海內外學人不僅沒有忘記東蓀先生，而且還有越來越關注東蓀先生之勢。我自信本人在其中起了點「推波助瀾」的作用。

一九九六年的時候，我和湯一介師便已有刊行《張東蓀全集》並召開東蓀先生國際學術研討會的打算，並做了不少準備工作，後因種種問題而擱置。但願以後有機會實現此願。個人研究方面，我的〈張東蓀道家觀述〉一文，即將在陳鼓應先生主編之《道家文化研究》上刊出，〈知識論：張東蓀對金岳霖的超越〉一文，即將在陳明先生主編之《原道》第四輯上刊出。此方面的打算尚多，待來日慢慢落實。

　　我在這裏詳述我研究東蓀先生的經歷與打算，決不帶有絲毫炫耀的意思；我這樣做，只是想表明，我給韋政通、傅偉勳兩先生主編之「世界哲學家叢書」所撰《張東蓀》一書，決不是應時、應急之作，或粗製濫造之作，而是一個長期積累的作品。我希望通過這部書，把一個「原點東蓀」或「原本東蓀」，全面而客觀地介紹給世人，讓世人對他有一個較清晰的瞭解。原擬該書既要介紹東蓀先生生平事跡，又要介紹其知識論、架構論、道德哲學、邏輯觀、政治哲學、中國文化觀等，後因篇幅太大，不得不忍痛把邏輯觀、政治哲學、中國文化觀等，全部割捨，只保留生平事跡、知識論、架構論、道德哲學這幾個無法再刪除的部分。即使這樣，書稿也已超過三十萬言。我寫文章有一個「缺點」，就是亮出人家的觀點後，一定要評定其性質與得失，決不願僅僅停留在「亮出」之上，這樣文章常常拉得很長。這一次也不例外，但也只能如此。這部《張東蓀》，現分六章。第一章〈悲涼之旅〉，縱向介紹東蓀先生一生的經歷；第二章〈世俗日常〉，從橫切面介紹東蓀先生的性情、家庭及交友情況；第三章〈知識論〉，極簡要地論述了東蓀先生知識論與金岳霖先生知識論的差別與得失；第四章〈宇宙觀〉，評定東蓀先生「架構論」的成敗得失；第五章〈道德哲學〉，核定東蓀先生道德哲學的性質與地位；第六章〈毀譽得失〉，在分析別人對東蓀先生的種種評價，及東蓀先生本人種種的自我評價後，提出著者對東蓀先生的最後評價。全書結構雖不甚謹嚴，但我自信它是一個完整的系統，不是隨意安排的。東蓀先生「邏輯觀」、東蓀先生「中國文化觀」等，我已寫成完整的手稿，此次不能併入《張東蓀》書中，甚為遺憾，但願日後能有機會刊行問世。

　　這本書的寫成，沒有湯一介師的提攜、沒有韋政通前輩的信任

與栽培，是萬萬不行的。我在這裏要十二萬分地感謝他們！

張耀南

一九九七年九月二十八日凌晨四點四十分於

北京西城利瑪竇(Matteo Ricci)墓南寓所

張　東　蓀

目　次

第一章　悲涼之旅：
「人生好像一個危險的長橋」[1]

> 人生好像一個危險的長橋，你不要過則已，你若過去，卻非
> 振作精神走過去不可，不然必定是不能成功的。……把人生
> 的渺小作為人生可以隨便的注釋，真是牛頭不對馬嘴了。
>
> ──《人生觀ABC》(1928.7)

　　再現東蓀先生的一生，已經是一件很困難的事情。有太多的因
素，妨礙我們去接近那個原本而真實的「東蓀本人」。 據說他寫有
《自傳》， 但三次寫成，三次被抄沒，終於沒有留下隻言片語，供
後生如我輩，去參閱資鑑。也許是因為，在那些抄家人的心目中，
東蓀先生根本就是一個不配享有《自傳》的人，更不配他人為其作
傳。在中國政治的一個長時期裏，哪些人夠格成為傳主，是官定的。
中國的政治，曾經在相當長一個時期裏，可以十分隨意地讓一個人
一夜間大紅大紫，亦可以十分隨意地讓一個人一夜間銷聲匿跡。

---

[1]　東蓀先生《人生觀ABC》頁32：「人生好像一個危險的長橋，你不要
　　過則已，你若過去，卻非振作精神走過去不可，不然必定是不能成功
　　的。」上海世界書局，民十七年七月。

一、在「天堂」裏長大成人

在目前尚存的文字中，東蓀先生很少提到，也沒有機會提到自己的童年。只是在《人生觀ABC》(1928)一書裏，他偶然地說到這樣一段話：

> 著者於幼年時候常常自己一個人在那裏懷疑，覺得天下最奇怪的事情莫過於有「我」：究竟「我」是那裏來的呢？何以幾千幾萬幾億幾兆的人都不是我，而祇我一人是我；何以幾千幾百年無我，而忽然於此時有我？「我」究是一個甚麼東西？真是不可解！天下最神秘的恐怕莫過於此罷。❷

東蓀先生的幼年應該是在蘇州度過的，因為蘇州是他的出生地。東蓀先生的父親，原是浙江錢塘人，因為做官才到了蘇州（原名江蘇吳縣），並在蘇州生下東蓀先生。

蘇州是江南水鄉最為著名的都市之一，在「上有天堂，下有蘇杭」的讚詞中，蘇州是排在杭州之前的。蘇州既是人間「天堂」，又降生官宦之家，東蓀先生的幼年應該是幸福而甜蜜的。只可惜東蓀先生秉承了太高的天賦與智慧，無以享受這種幸福與甜蜜。東蓀先生的天性中，隱藏了太多的憂傷的種子，即使有鮮花和美酒作掩埋，這憂傷的種子卻忍不住總要生根發芽，在陽光的照耀下，茁壯成長。東蓀先生不是一個悲觀的人，但他的憂傷卻是與生俱來的。同齡人還在母親懷裏撒嬌的時候，東蓀先生已經在思考「我」這一永遠解

❷　同上，頁43，上海世界書局，民十七年七月。

答不了的永恆課題，可見東蓀先生早慧、早熟之一斑。

蘇州被稱為「東方的威尼斯」，是著名的水城。幼年的東蓀先生時常和水打交道，當是自然的。在東蓀先生埋怨人生的那些話語中，常常現出水的身影，便是明證。東蓀先生不止一次地把人生比作「危險的長橋」，認為最好是「勇敢地認真地創造地」去走過它❸；亦不止一次地把人生比作「一葉孤舟」，認為「一個人生在這個世界裏就好像一葉孤舟在驚濤駭浪的大海中航行一樣，又有風，又有浪，前無岸，後無伴」❹，所以人生當鼓足勇氣。「長橋」與「孤舟」，都是典型的「水貨」；水在東蓀先生早年的記憶裏，是根深蒂固的。他後來的哲學的許多方面，如不要「本體」、「終極」，放棄「彼岸」、「至善」等等，恐怕多少也是受到水的影響。

東蓀先生在蘇州，這個「天堂」加「水城」的地方，究竟生活到幾歲，我們已經無從知曉。我們只知道東蓀先生是於西曆一八八六年（清光緒十二年）出生於蘇州，卻不知道他是什麼時候離開蘇州的。一九二八年十二月三十日，東蓀先生在《新哲學論叢》（一九二九）一書之〈自序〉裏，談到自己的十八歲。他說：

> 我是十八歲讀《楞嚴經》便起了哲學的興味。平素嘗有一種癡心妄想：以為非窺探宇宙的秘密萬物的根元不可。於是習作冥想。中間雖有幾年動了救國的念頭，從事研究政治，然而始終沒有拋棄這個癡心。❺

---

❸ 同上，頁84：「我以為勇敢地認真地創造地去走過這一條危險的『人生』長橋，是一種方法。率性不走了，亦未嘗不是方法。」上海世界書局，民十七年七月。

❹ 同上，頁79。

　　轉眼就到了十八歲，說這話時的東蓀先生，也已到了四十二歲的壯年。從幼年到十八歲的青年，有一段很遙遠的距離，這中間的遭遇，某些人、某些事，也許能改變並改變了東蓀先生的一生；但我們卻無從知曉了。這十多年間東蓀先生想了些什麼，做了些什麼，我們不知道；是誰向他介紹《楞嚴經》，是誰把他引向哲學的殿堂，我們同樣不知道。

　　從東蓀先生出生到滿十八歲，從一八八六年（清光緒十二年）到一九〇四年（清光緒三十年），　世界所發生的變化，實在是太大了。一八八六年（清光緒十二年）中英簽訂緬甸條約，英併緬甸；一八九四年（清光緒二十年）德宗對日宣戰，但海陸軍皆失敗，次年割臺灣、澎湖、遼東半島與日本，宣佈朝鮮為獨立國；一八九八年（清光緒二十四年）德租膠州灣，俄租旅順、大連，英租九龍及威海衛，同年「戊戌維新」失敗，慈禧太后囚德宗於瀛臺，殺六君子；一八九九年（清光緒二十五年）法租廣州灣，美發表中國門戶開放宣言；一九〇〇年（清光緒二十六年）八國聯軍陷天津、北京，俄佔東三省。這是政治社會方面。哲學方面，一八八六年德國哲學家巴爾特(Karl Barth)、心理學家考夫卡(Kurt Koffka)出生，德國心理學家 W. 馮特出版其《倫理學》(*Ethik*)；一八八七年張君勱出生，德國哲學家尼采出版其《道德系譜學》 (*Zur Genealogie der*

---

❺　張東蓀《新哲學論叢》〈自序〉，上海商務印書館，民十八年八月。對此事《思想與社會》一書另有說法，該書〈序論〉云：「著者有哲學興趣是在十六歲的時候。當時得讀佛書（《大乘起信論》與《楞嚴經》），不禁手舞足蹈。後來看了心理學書反對於佛學大起懷疑。爾來四十年中總是以哲學興趣為主，而又不能忘情於政治。」上海商務印書館，民三十五年六月。

Moral)；一八八九年德國存在主義哲學家海德格爾 (Martin Hei-degger)、英國哲學家、史學家柯林武德(Rofin George Collingwood)及奧地利哲學家維特根斯坦(Ludwig Wittgenstein) 出生；一八九一年德國哲學家卡爾納普 (Rudolf Carnap)、萊辛巴赫 (Hans Reichenbach)及中國學者胡適出生，胡塞爾出版其《算術哲學》(*Philosophie der Arithmetik*)；一八九三年英國哲學家布拉德雷出版其《現象與實在》(*Appearance and Reality*)，中國哲學家湯用彤出生；一八九五年德國哲學家霍克海默爾(Max Horkheimer)出生，嚴復譯《天演論》；一八九六年法國哲學家柏格森出版其 《物質與記憶》(*Matière et Mémoire*)，譚嗣同出版《仁學》，哲學家金岳霖出生；一八九七年張之洞出版《勸學篇》，康有為出版《孔子改制考》，美學家朱光潛出生；一八九八年德國哲學家馬爾庫塞(Herbert Marcuse)出生；一八九九年德國哲學家庫恩(Helmut Kuhn)、中國學者朱謙之、汪奠基出生；一九〇〇年尼采卒，德國哲學家弗羅姆(Erich Fromm)出生，胡塞爾出版其《邏輯研究》(*Logische Untersuchungen*) 二卷；一九〇一年美國哲學家莫里斯(Charl es William Morris)出生，康有為發表《中庸注》、《孟子微》，主張漸進；一九〇二年美國哲學家胡克(Sidney Hook)、波蘭邏輯學家塔斯基 (Alfred Tarski) 出生，法國哲學家彭加勒出版其《科學與假設》(*La science et l'hypothese*)；一九〇三年英國哲學家 H. 斯賓塞卒，德國哲學家阿多諾 (Theodor Wiesengrund Adorno)出生，法國哲學家柏格森出版其《形而上學導言》(*Introduction à la Métaphysique*)，英國哲學家羅素出版其《數學原理》(*The Principles of Mathematics*)；一九〇四年德國哲學家文德爾班出版其《意志自由》(*Willensfreiheit*)；一九〇五年法國哲學家薩特 (Jean-Paul Sartre) 出生，奧地利哲學家馬赫出版其《認識

與誤謬》(*Erkenntnis und Irrtum*)。

　　這便是東蓀先生「長大成人」的政治與哲學背景。我們雖不敢說，這些背景決定了東蓀先生的成長；但至少我們可以斷言，東蓀先生的思想和行為傾向，是與這些背景不能分離的。東蓀先生有好幾年時間「動了救國的念頭，從事研究政治」，只因為東蓀先生成長的時代是一個國衰民弱、政治昏暗的時代；後來轉向哲學，提出架構論、弱理性的知識論及弱至善的道德哲學，也只是因為東蓀先生正好生長在了一種本體論不斷失勢的哲學氛圍中。也許一個人未必是他的時代的產物，他對他的時代的各種思潮有選擇、有甄別，不是什麼都接受；但一個人卻無論如何不能離開他的時代，不能超越他的時代而存「癡心妄想」。東蓀先生是同他的時代「齊頭並進」的，他沒有想超越他的時代；他只是想站在時代潮流的前頭，作一個冷靜而理智的旗手，引導「熱血沸騰」的人們，冷靜而理智地走上理性主義與民主主義的大道。東蓀先生無愧於他的時代，他在他八十七年的人生裏，貢獻於時代的思想與風範，足以使他在這多災多難的「變局」裏，立一個位置。

二、留學日本前後

　　他十九歲以後的生活，我們知道得略為多一點。在十九歲這一年，亦即西曆一九〇五年，他到了日本。去日本的目的，據美國學者紀文勳先生說，是為了「尋求佛教和哲學的近代教育」❻。換言之，東蓀先生去日本的目的，本來有兩個，一個是學佛理，一個是

---

❻　〔美〕紀文勳《現代中國的思想衝突——民主主義與權威主義》頁166，程農等譯，山西人民出版社，一九八九年。

學哲學。但到達日本後不久，在讀了大量心理學著作後，他對佛教產生了懷疑，便放棄了頭一個目的；而把主要精力轉入到哲學的學習中去。東蓀先生自何處去日本、以什麼身份去日本、所需經費源於何處，我們均無從知曉。我們只知道他是到了東京帝國大學，並從那裏的哲學系畢業。我們還知道他在日本發表過好幾篇文章，如刊與藍公武先生合譯之〈心理學懸論〉於《教育》雜誌1-2號（一九〇六年十一-十二月，東京）、刊與藍公武先生合譯之〈物種由來〉於《教育》雜誌1號（一九〇六年十一月）、刊與藍公武先生合編之〈催眠心理學〉於《教育》雜誌1號、刊〈杭州佛教公所〉於《教育》雜誌1號、刊〈真理篇〉於《教育》雜誌2號（一九〇六年十二月）等。到日本的第二年，東蓀先生便有多篇文章發表，想來他一定是勤奮而又刻苦的。

　　提到東蓀先生和藍公武先生的關係，還有一件事情不能不提出來說一說。就是康德的《純粹理性批判》一書，本來是東蓀先生和藍公武先生合譯的，但一九五七年十一月三聯書店出版該譯著時，卻變成藍先生一人所譯（只署藍公武譯）。其中內幕如何，吾人不得而知；但我們必須申明，這部重要著作的被譯成中文，也有東蓀先生的功勞。東蓀先生也是這部著作的譯者之一。這部譯著的手稿，目前還完整地保存在東蓀先生的長孫手中，那瀟灑飄逸而又剛勁有力的毛筆字，記載著東蓀先生引介西方哲學的辛勞。

　　沒有文獻告訴我們，東蓀先生是什麼時間離開日本回國的。但我們猜想，應該是在「辛亥革命」的這一年。東蓀先生一貫地反對專制，倡導民主，他在此時歸國，應該是合乎情理的。歸國以後，他參加了孫中山先生組織的南京政府，任南京臨時政府內政部秘書、上海《新時報》總編輯。這一年，東蓀先生才二十五歲。三十五年

後，已屆花甲的東蓀先生回憶這段經歷時，依然對很多細節記憶猶新。他說：

> 我本身雖始終是一個獨立思想者，但卻有一點特別的地方，就是從來不願在行為方面無故與人立異。所以在辛亥革命的那一年曾參加孫中山先生所組織的南京政府。後來政府解散，大部分人都到北京參加袁世凱先生所組織的政府，我則不願意參加。彼時孫中山先生組織國民黨，把凡在南京任過事的人一律作為黨員，我的名字亦在其列，但我亦未加承認。❼

南京臨時政府解散後，東蓀先生開始積極從事報刊工作，發表自己關於現實政治、社會問題的種種見解。從一九一二年到一九一六年的四年間，東蓀先生在擔任上海《大共和日報》和梁啟超(1873–1929)主持的《庸言》、《大中華》雜誌之編輯的同時，還給上海的反袁刊物《正誼》撰寫有關憲法問題的文章，給章士釗(1882–1973)辦於日本東京的《甲寅》雜誌提供政治理論文稿。這四年間東蓀先生思考的中心問題，是憲政問題，是如何使昏亂的中國走上憲政治國的健康軌道。我們看看當年他發表的文章的標題，便可明瞭作者當時的思想傾向：

〈國會性質之疑問〉(1913.2)

〈論憲法之性質及其形式〉(1913.4)

〈余之民權觀〉(1913.5)

〈國會選舉法商榷〉(1913.6)

〈中國之社會問題〉(1913.7)

---

❼ 張東蓀《理性與民主》，頁4，上海商務印書館，民三十五年五月。

〈內閣制之精神〉(1913.9)

〈中華民國憲法草案略評〉(1913.9)

〈行政裁判論〉(1913.11)

〈論二院制與一院制〉(1913.11)

…………

以上《庸言》

〈內閣論〉(1914.1)

〈約法會議之商榷〉(1914.2)

〈政治革命與社會革命〉(1914.4)

〈予之聯邦組織論〉(1914.5)

〈根本救國論〉(1914.7)

…………

以上《正誼》

〈國民性與立法〉(1914.6)

〈美國憲法會議之大教訓〉(1914.7)

〈中國之將來與近世文明國立國之原則〉(1914.7)

〈公法私法之區別與行政法〉(1914.10)

〈三年中政治經驗之大暗示〉(1914.11)

〈系統建設之研究〉(1914.12)

…………

以上《中華》

〈行政與政治〉(1915.6)

〈政制論〉(1915.7–8)

〈憲法與政治〉(1915.9)

〈吾人理想之制度與聯邦〉(1915.10)

．．．．．．．．．．．

以上《甲寅》

〈聯邦立國論〉(1915.10–11)

〈聯邦之性質及其精神〉(1915.10–11)

〈聯邦制度與憲法制定〉(1915.12)

〈善後建設論〉(1916.4)

〈修改國會組織法及選舉法私議〉(1916.6)

以上《新中華》

〈地方制度草案商榷〉(1916.12)

以上《大中華》

這一時期的東蓀先生，儘管依然只是不到30歲的青年，卻已儼然成為聞名遐邇的法律學家與政治學家。為憲政而呼號，為法制而呼號，為政治清明而呼號，為中國之前途美好而呼號，儼然成為這一時期東蓀先生的使命與生活重心，成為他須臾不可離的「世俗日常」。

三、以報刊為舞臺

一九一七年對東蓀先生來說，是一個重要的年份。這一年東蓀先生接替張君勱 (1887–1968)，成為上海《時事新報》的總編輯，同時主編《解放與改造》（後更名為《改造》）雜誌，從此東蓀先生有了獨立發表見解的、自己可以掌管的獨立舞臺。這一年東蓀先生31歲，剛剛跨過而立之年。年過而立，事業也便真的「立」起來了。

張君勱先生是一九一五年十一月（民國四年）去上海就任《時事新報》總編輯的，不久便離開了❽。《時事新報》以見解獨立而稱

譽於當時，其文學副刊〈學燈〉更是五四時期著名的三大副刊之一，
與北京《晨報》之〈思辨〉副刊，上海《民國日報》之〈覺悟〉副
刊齊名，極受讀者歡迎。〈學燈〉副刊原為週刊，一九一九年初改
為日刊，這也是東蓀先生的功勞。從一九一九年四月下旬開始，東
蓀先生開始邀請著名報人俞頌華先生擔任〈學燈〉副刊的主編。但
俞先生只工作了三個月，便去了蘇聯採訪。採訪歸來，東蓀先生要
他暫時共同主編《解放與改造》半月刊。俞先生夫人錢梅先女士回
憶當時情形說：

> 頌華於一九一八年從日本回國後，生了一場傷寒重病。此後
> 於一九一九年四月下旬，應《時事新報》總編輯張東蓀之邀，
> 開始主編該報的副刊〈學燈〉，歷時三個月。……
> 頌華留學日本時，就傾心嚮往社會主義，所以他一進《時事
> 新報》，就向好友張東蓀提出要求派他赴蘇聯採訪。張東蓀知
> 道頌華通英文、日文，也懂得一些德文，但不懂俄語；要派，
> 必須再派懂俄語的翻譯人員同去。這樣，光憑他一個報館的
> 經濟力量是不夠的，因此介紹頌華和梁啟超（任公）相識。
> ……
> 他才於七月下旬交卸了〈學燈〉編務，搭船去海參崴。誰知
> 他臨行之前，已向張東蓀表明，他去一去就要回來的。
> ……

---

❽ 我推測東蓀先生接管《時事新報》的時間當是在一九一六年，而不是
美國紀文勳先生所說的一九一七年，因為張君勱先生一九一五年十一
月主管該報只有很短的時間，一九一六年時便已不在該報。若東蓀先
生一九一七年來接任，其間便有近一年的空檔。

頌華又回報館去了。張東蓀要他暫時一同主編《解放與改造》半月刊。❾

在《時事新報》及〈學燈〉副刊裏，東蓀先生發表了一系列重要文章，評論知識界的種種學說和當時的社會思潮，影響十分廣大。同時又在《解放與改造》半月刊上發表〈第三種文明〉(1919.9)、〈指導競爭與運動〉(1919.9)、〈中國知識階級的解放與改造〉(1919.10)、〈為什麼要講社會主義〉(1919.12)、〈改造要全體和諧〉(1920.3)、〈現在與將來〉(1920.12)等文章，積極倡導政治民主和漸進的社會主義。

東蓀先生是在一九二四年春天離開《時事新報》的，他在報刊界主事的日子，共有七年。如果再加上他擔任報刊編輯和撰稿人的四年，東蓀先生在報刊界耕耘的時間，共計長達十一年。從年齡上說，亦正是東蓀先生從二十六歲長到三十七歲的這十一年。這十一年的經歷，尤其是主管《時事新報》及《解放與改造》雜誌的經歷，對東蓀先生思想的成長來說，是決定性的。主管《時事新報》及《解放與改造》雜誌的這七年，東蓀先生不僅把自己培養成了一個社會活動家、政論家，而且把自己培養成了一個思想家、哲學家。從這一時期開始，他的思維重心不斷地從政治、法律向哲學、文化傾斜，不斷地向他18歲時的那個「癡心妄想」傾斜。這七年間，他除了繼續發表自己對於政治、法律、社會問題的見解，遂其「救國的念頭」，還發表了多篇極有見地的哲學文章，闡明自己對於哲學、文化的見地與態度。〈哲學與教育〉發表於一九一八年九月二日的《時事新

❾ 錢梅先〈紀念頌華〉，載《俞頌華文集》，葛思恩、俞湘文編，商務印書館，一九九一年。

報》，〈突變與潛變〉發表於一九一九年十月一日的《時事新報》，〈利害衝突背後的人性觀衝突〉發表於一九二○年二月的《解放與改造》雜誌（二卷三號），〈柏格森哲學與羅素的批評〉發表於一九二一年十二月的《民鐸》雜誌（三卷一號），〈哲學與科學〉發表於一九二二年六月十九日的《時事新報》〈學燈〉副刊，〈新實在論的論理主義〉發表於一九二二年九月的《東方》雜誌（十九卷十七號），〈這是甲〉發表於一九二三年一月的《東方》雜誌（二十卷一號），〈批判的實在論〉發表於一九二三年二月的《東方》雜誌（二十卷三號），〈相對論的哲學與新論理主義〉發表於一九二三年五月的《東方》雜誌（二十卷九號），〈勞而無功〉發表於一九二三年六月九日的《時事新報》「學燈」副刊，〈唯用論在現代哲學上的真正地位〉發表於一九二三年八月的《東方》雜誌（二十卷十五-十六號），〈伯洛德的感相論〉發表於一九二三年十二月的《東方》雜誌（二十卷二十三號），〈知識之本質〉發表於一九二三年四月的《教育》雜誌（十五卷四期）。同時還翻譯出版了柏格森的《創化論》(1919)、《物質與記憶》(1922)及柯爾的《社會論》(1922)等著作。這些文章和譯著雖不能說已建立起一種哲學，但其哲學傾向卻已經十分明顯。換言之，作為哲學家的東蓀先生的許多思想和觀念，乃是在這一時期的這一系列文字中萌芽的。

離開報界的原因，東蓀先生本人曾有一個說明。他在《思想與社會》(1946)一書的〈序論〉裏說：

我之所以脫離報界就因為民國十六年以後報紙完全變為他人的喉舌不能說自己的話了。只在民元到民國五、六年之間短短時期中真有言論自由，這是我所親歷的。我以為沒有言論

自由就沒有文化。我之好為政論不外乎想抵抗那個要毀滅文化的內外潮流。❿

他這種解釋有一定的合理性，但時間上似乎有些接不上。據俞頌華先生夫人錢梅先女士的回憶，東蓀先生是一九二四年即民國十三年的春天離開《時事新報》的，「民國十六年以後」的沒有言論自由，似乎與他脫離報界沒有太大的關係。

四、在上海各大學

脫離報界以後，東蓀先生便試圖在教育事業上有所作為。他開始在上海主持中國公學。一九二四年新學期開始時，俞頌華先生受東蓀先生之聘，來到中國公學，出任該校教務主任兼教授。東蓀先生辦教育，有很強烈的學術意識和現代意識。據錢梅先女士回憶，東蓀先生聘請到中國公學的，都是三十歲左右即已學有專長、備受學生歡迎的好教授。一直和東蓀先生共事的俞頌華先生，二十五年後還在撰文稱讚東蓀先生的辦學成就，認為若條件具備，東蓀先生很可成為一個大教育家。他說：

他（按即東蓀先生）也辦過中國公學，他辦學時候，據我所知道，有兩大特色：一是毫無黨派成見，專門聘請好的教授；一是積極充實圖書設備，提倡自由研究的學風。這話是在那時中公畢業及讀過書的校友都能負責證明的。所可惜的，那時經費有限，而且他主持校政的時間亦不夠長。不然，我相

❿ 張東蓀《思想與社會》，頁3，重慶商務印書館，民三十五年六月。

信中公一定能如北大和燕大一樣有悠久的卓著的成績。⓫

　　東蓀先生主持中國公學的時間，大約是一年半，即從一九二四
年春到一九二五年秋。這一年半時間，東蓀先生除了主持中國公學
校政外，還發表了〈康德雜譚〉(1924.4)、〈科學與哲學〉(1925.1)、
〈席勒唯用派哲學之自由論按語〉(1925.5) 及〈出世思想與西洋哲
學〉(1925.9) 等多篇學術論文，並出版了他哲學生涯上奠基性的作
品《科學與哲學——一名從我的觀點批評科玄論戰》(1924)。這部
被臺灣學者稱為「對科玄論戰最有份量的論著」⓬，一下子便規定
了東蓀先生的哲學理路，奠定了東蓀先生在二十世紀中國哲學中的
特殊地位。
　　中國公學辦不下去了，東蓀先生便轉而尋求別的講壇。他首先
想到了好友張君勱先生。一九二四年九月，在東蓀先生主持中國公
學的同時，張君勱先生在上海創辦自治學院。一九二五年十月自治
學院改組為國立政治大學，君勱先生自任校長。這時候東蓀先生便
應邀來到國立政治大學，擔任教授。可惜政治大學壽命不長，到一
九二七年二月便被國民黨上海市黨部查封了 ⓭。東蓀先生自然亦無
可能在這裏再呆下去。
　　東蓀先生去到上海私立光華大學講授倫理學，是在一九二八年

⓫　俞頌華〈論張東蓀〉(1947.4)，載《俞頌華文集》，葛思恩、俞湘文編，
　　商務印書館，一九九一年。

⓬　（臺灣）葉其忠〈從張君勱和丁文江兩人和「人生觀」一文看一九二
　　三年「科玄論戰」的爆發與擴展〉，載臺灣中央研究院《近代史研究
　　所集刊》第二十五期第257–258頁，一九九六年六月。

⓭　參羅義俊編著《評新儒家》，頁586，上海人民出版社，一九八九年十
　　二月。

的秋天。從國立政治大學被查封到入光華大學任教，中間相隔又有約一年半的時間。在這一年半的時間裏，東蓀先生除了寫作以外，還擔任過什麼職務、從事過什麼社會工作，吾人不得而知。但有一件大事我們是不能不提的，這就是在這一段時間裏，東蓀先生正式公佈了自己的哲學體系。這恐怕是這一年半時間裏，東蓀先生的最大收穫。一九二七年十一月二十九日，東蓀先生寫完了〈宇宙觀與人生觀〉一文的最後一個字。這篇副題為「我所獻議的一種」的近四萬字的論文，在一九二八年四月的《東方》雜誌（二十五卷七－八號）上登出來，標誌著東蓀先生正式以一個哲學家的身份，登上二十世紀中國的文化舞臺。這一年，東蓀先生四十二歲。

〈宇宙觀與人生觀〉向我們證明了，「物」不是一個實質，「生」亦不是一個實質，「心」更不是一個實質，恰恰相反，「我們的這個宇宙乃是無數架構互相套合互相交織而成的一個總架構；其中無數的架構間又時常由締結的樣式不同而突然創生出新種類來；這個新種類架構的創出，我們名之曰進化」❹。〈宇宙觀與人生觀〉還向我們證明了，人生的目的乃是「順著宇宙進化的本性，依了人生向上的天職，把自己弄得圓滿完成」，亦即「人格的自己構成(self-making of personality)」❺；所以我們的人生當是主智的人生、自然的人生，又是創造的人生、樂天的人生。人在宇宙進化的層次中，就目前而言，是最高的，其特點是理智與人格；人生的真義便當「本此而發揮理智，構成人格」❻。

這是一個完整的哲學，這個哲學，在幾千年中國文化中，是不

---

❹　張東蓀〈宇宙觀與人生觀〉，載《東方》雜誌二十五卷七－八號(1928.4)。

❺　同上。

❻　同上。

曾有過的。我們不知道東蓀先生是在哪間房裏、哪張書桌上，完成
這個哲學的，但我們確切地知道，東蓀先生是帶著這樣的一個哲學，
走上光華大學的講臺的。在光華大學，東蓀先生除了講授倫理學，
擔任教授以外，據美國學者紀文勳先生說，還曾擔任該校文學院主
任。在光華大學，東蓀先生最為充分地展示了其「特立獨行、酷愛
自由」的品格：

> 張東蓀當年在上海光華大學做教授的時候，當時有一個慣例，
> 每次校務會議開會時，主席都要恭讀總理遺囑，張東蓀聽了
> 就說：「下次再讀遺囑，我就不來了。」遂奪門而去，這在當
> 時是何等犯忌的事。……也沒人敢把他怎樣。**⑰**

　　這是謝泳先生對東蓀先生的記述，我相信這一記述是真實的。
按著東蓀先生的性格，他在這樣的場合說這樣的話、做這樣的事，
是很自然的。

　　光華大學創辦於一九二五年。一九二五年五月，剛剛調任滬海
道尹的張壽鏞（字泳霓，號約園）先生，一邊處理「五卅案」後事，
一邊應五百餘名因參與「五卅」遊行示威而被美國教會學校聖約翰
大學開除的師生之請，與上海社會賢達商議，共同創辦私立光華大
學。張壽鏞先生被推舉為第一任校長，並在以後一直連任，直到一
九四五年逝世。當時及以後的光華大學，聚集了一批學有專長的優
秀人才，如英國文學教授張歆海先生、中國歷史教授呂思勉（誠之）
先生、中國古代史專家童書業（丕繩）先生、國學大師張爾田（號

---

⑰　謝泳《舊人舊事——一個年輕人眼中的過去》，頁62，上海人民出版
　　社，一九九六年三月。

孟劬）先生❽、倫理學教授張東蓀先生、西洋通史及西方史學名著副教授張芝聯先生、哲學教授黃子通❾先生等。一九三七年秋上海淪陷後，光華大學校舍全部毀於日軍砲火，張壽鏞先生十餘年的心血毀於一旦。一九三八年端午節前，張先生毅然經香港，飛重慶，在成都與四川同仁共同創辦光華大學分校。光華上海本部先已遷入租界繼續上課，日寇佔領租界後，光華改名，化整為零，名亡而實存。上海光復後，光華恢復原名。但張壽鏞先生沒能等到這一天。他以創辦光華大學為自己一生的榮耀，逝世前在病榻上還以「復興中華，復興光華」兩句話勉勵前來探望的師生校友，希望他們有朝一日能重振光華大學。經過校董會的緊張籌備，一九四六年暑期，新聘光華大學校長到任，校長朱經農，副校長兼附中校長廖世承。廖副校長乃教育界老前輩，二十年代後期從南京東南大學來光華任職，辦學井井有條，數十年如一日。一九四八年底，國民黨當局發動大逮捕，一九四九年初勒令光華大學停辦。一九五一年十一月，上海私立光華大學被併入新建的華東師範大學❿。

東蓀先生是一九三〇年秋天離開光華大學的，在光華執教整整兩年。吾人詳述光華大學的歷史沿革，並不意味著這一切與東蓀先

---

❽ 張芝聯《從「通鑑」到人權研究：我的學術道路》頁6：「在此期間我拜訪了研究院導師張爾田先生，人們尊稱他為『孟老』。……二十年代後期，他與胞弟張東蓀先生一度在光華大學執教。」三聯書店，一九九五年十月。另外，張爾田先生在光華大學同時為姚璋《八大派人生哲學》一書作序、題詞，亦可為證。

❾ 張東蓀《道德哲學》之〈黃序〉云：「只因為我們兩人興趣相同，所以今天能在一處講學。」上海中華書局，民二十年一月。

❿ 參張芝聯《從「通鑑」到人權研究：我的學術道路》，頁1–12，三聯書店，一九九五年十月。

生的成長有直接的關聯。我們這樣做，只是要告訴讀者，光華的校
風、學風與背景，對東蓀先生的成長是有影響的。在光華的這兩年，
東蓀先生的哲學又獲得了長足的進步。一九二八年七月他出版《人
生觀ABC》一書，一九二九年一月出版《哲學ABC》一書，一九二
九年五月出版《精神分析學 ABC》一書，一九二九年八月出版《新
哲學論叢》一書，一九三〇年八月出版《西洋哲學史ABC》（上、
下）一書；並在光華大學寫成二十五萬字的《道德哲學》(1931.1)
一書，用作講義❷；此外，這一時期東蓀先生還發表了〈休謨哲學
與近代思潮〉(1928.6)、〈快樂論：其歷史及其分析〉(1928.12)、〈全
體主義與進化論〉(1928)、〈現代哲學鳥瞰〉(1929)、〈嚴肅主義：
其歷史及其批評〉(1929)、〈將來之哲學〉(1930)、〈哲學不是什
麼〉(1930)、〈新有鬼論與新無鬼論〉(1930)及〈倫理思想上的兩種
進化論〉(1930) 等多篇學術論文。可以說，在光華大學的這兩年，
是東蓀先生創作最為豐盛的時期之一。

　　這一時期出版的最重要的作品，是洋洋四百七十頁的《新哲學
論叢》(1929)。這部著作第一次以完整的形態，把一個嶄新的哲學
系統，以著作而不是論文的形式，公諸於世。東蓀先生稱這個系統
為「一個雛形的哲學」，分上篇〈知識論〉、下篇〈宇宙觀〉、附篇
〈人生觀〉，先後秩序，一目瞭然。這個哲學系統在中國哲學史上，
第一次以知識論居先並以知識論為最後依歸的態度，來看待我們周

---

❷　一九三〇年六月二十日東蓀先生為姚璋《八大派人生哲學》作序云：
「姚君撰述此書時，同時我先成了一部道德哲學。我們常常彼此交換
稿件。有時參考書亦彼此通用。我的道德哲學雖亦為講義底稿，然較
姚君此書為多。」見姚璋《八大派人生哲學》，上海中華書局，民二十
年四月。

圍的一切。這個哲學系統在中國哲學史上，是獨特的，唯一的，不可替代的。著名的伊曼努爾・康德(I. Kant, 1724–1804)也是取「知識論居先」的態度，但他之講知識論不是為了知識的尊嚴，而是為了限制知識的範圍，不讓它侵入到本體與至善的領域。東蓀先生不然，東蓀先生講知識論恰正是為了知識本身，為了捍衛知識的崇高與尊嚴。一切與知識無干的東西，一切通過知識得不到的東西，如本體、至善等等，東蓀先生一律不予承認。

所以東蓀先生的宇宙觀，是從知識論推演出來的宇宙觀，人生觀是從知識論推演出來的人生觀；宇宙觀與人生觀都不是違背知識、超越知識，而另行設立的。如果說伊曼努爾・康德只以知識論居先，而不以知識論為最後依歸的，那麼東蓀先生則是既以知識論居先，又以知識論為最後依歸的。這便是東蓀先生與伊曼努爾・康德的根本不同。

東蓀先生知道，也許他的這個哲學並不是最後完成了的。所以他在這部書的〈自序〉中，首先便承認自己是個哲學上的「失敗者」，他說：

> 本書總算是著者近數年來的成績，但我對於此卻不敢自引為滿足。其故實由於我選擇的任務太難了。近來中國學者有一個大毛病就是不肯向難的地方去進攻。他們總是想向容易的地方去嘗試。所以他們易於成功。至於我則最喜歡向難處研求。愈難愈要追求。所以我終免不了失敗。因此我自知我在哲學的創造上是一個失敗者，然或許是一個很光榮的失敗者，比他們的成功還要光榮。我想到此，我不能不以失敗自慰自豪了。㉒

　　這個〈自序〉是寫於一九二八年十二月三十日，此時東蓀先生
正任職於光華大學。他在〈自序〉中感謝《東方》雜誌主幹錢經宇
先生及摯友俞頌華先生，看來在光華大學，他依然和這兩位先生聯
繫緊密。〈自序〉中又說「現在以現代哲學(contemporary philosophy)
為教課，乃知前此零星論文未嘗不可供學子研究當代思潮的參
考」❷，看來東蓀先生在光華大學，不僅講授倫理學、道德哲學，
而且講授現代哲學等課程。

五、來到北平燕京大學

　　一九三〇年的秋天，四十四歲的東蓀先生離開上海私立光華大
學，來到北方最為著名的大學之一——北平燕京大學，從此進入了
一個生活和職業相對穩定的時期。自從一九二四年春天離開《時事
新報》，六年多的時間裏，東蓀先生一直在四處奔波，辦中國公學
一年多，在國立政治大學一年多，在光華大學也僅兩年。現在到了
北平燕京大學，有了一個「安居樂業」的好環境，終於可以安下心
來，專心致志地從事教學與哲學的創作了。

　　燕京大學是外國教會（以美國教會為主，包括英國、瑞士、加
拿大等國教會）在中國創辦的一所私立大學，作為法人，它是在美
國紐約州立案註冊的。最初係合併美國教會在中國創辦的北京匯文
大學（衛理公會辦的北京大學 Peking University）、通州協和大學
(North China Union College)、華北協和女子大學 (North China

---

❷　張東蓀《新哲學論叢》之〈自序〉，頁2，上海商務印書館，民十八年
　　八月。

❸　同上，頁1。

Union College for Women, 1907) 及 North China Educational Union (1915) 四所大學而成，一九一六年正式合併完成。燕大之歷史可從這一年算起。起初校址沿用匯文大學與協和女子大學舊址，在東城盔甲廠、馬匹廠及佟府夾道，一九二六年遷到海淀成府新址。燕大貫徹的是「中西一治」的思想，一方面向中國介紹西方的宗教、學術、科學、民主等，另一方面又向西方介紹中國固有的文化、典章、學術、制度等等。燕大倡導自由思想與自由討論的學風，國內外的各種思潮，都允許在校內自由地傳播與發展。燕大的校訓——「因真理，得自由，以服務」(Freedom through Truth for Service)——既體現了基督教之宗教精神，亦體現燕大師生追求真理與自由的無限努力與信心❷。吳雷川、陸志韋、洪煨蓮、鄭振鐸、顧頡剛、鄧之誠、郭紹虞、許地山、吳文藻、謝玉銘、高厚德(Howard Golt)、班維廉(Willam Band)、夏仁德(Randolph C. Sailer)、陳寅恪、吳宓、梁啟雄等一大批中外知名的學者、教授，薈萃未名湖畔，使本世紀三、四十年代的燕大，蜚聲中外，盛極一時。

東蓀先生來到這座追求真理與自由的校園，可謂是如魚得水，如虎添翼。直到四十年代末，東蓀先生的好友俞頌華先生，還在撰文稱慕東蓀先生當時所處的「優越環境」：

> 張東蓀氏所處的環境，我覺得有為許多文化工作者所羨慕的。第一，……。第二，……。第三，他在燕大講學，燕大校長

---

❷ 有關燕大的情況，請參閱吳其玉〈北京燕京大學的回憶〉、廖泰初〈燕京大學建校初期的高厚德先生〉、吳其玉〈成都燕京大學的一些回憶〉等文，載《燕大文史資料》第一、二輯，北京大學出版社，一九八八年、一九九一年。

司徒雷登崇尚自由研究的學風，與他自己以前辦理中國公學
所採的方針差不多一模一樣，不僅在講學上不受任何拘束，
並且他可放言高論，無論在口頭上或文字上都可發表其獨特
的見解，即使不為一部分人所諒解，但校長不但不加限制，
且還予以相當保障。不說別的，他只要和潘光旦教授的退為
圖書館主任一比，軒輊立見。他所處的講學環境，在今日的
中國，可以說得是最優越了。㉕

　他辦中國公學想要實現，但未曾實現的，現在燕京大學幫助他
實現了。東蓀先生在燕大，實無異於在「家」中，所以東蓀先生進
了燕大，便沒有再離開。他在燕大呆了二十二年，直到一九五二年
燕大被取消；他在燕園呆了二十八年，直到被新遷入燕園的北京大
學趕出其原住地——朗潤園一七八號。
　一九三〇年秋㉖進入燕大哲學系以後，東蓀先生一直擔任哲學
教授一職，講授現代哲學、價值哲學、知識學、民主哲學、康德哲
學、中國哲學史等課程。一九三〇年十月二十二日晚七時半，清華
大學哲學系舉行學術活動，邀請東蓀先生講演，馮友蘭先生主持㉗。

㉕　俞頌華〈論張東蓀〉(1947.4)，載葛思恩、俞湘文編《俞頌華文集》，
　　商務印書館，一九九一年二月。
㉖　〔美〕紀文勳《現代中國的思想衝突——民主主義與權威主義》頁168
　　云：「一九三〇年秋，張東蓀到北平燕京大學任哲學教授……。」而李
　　振霞《中國現代哲學史綱要》（上冊），頁69則云：「『九一八』前兩年
　　（即一九二九年）進燕京大學哲學系……。」兩說有異，著者從前說。
　　紀書由山西人民出版社出版，一九八九年；李書由紅旗出版社出版，
　　一九八六年十二月。
㉗　事見蔡仲德著《馮友蘭先生年譜初編》，頁94，河南人民出版社，一九

東蓀先生所講何題，不得而知。

　　一九三一年九月，張君勱先生自德國耶納大學返國，任燕京大學教授，講授黑格爾哲學。一九三二年四月（此時間是據羅義俊先生〈新儒家傳略〉一文，該文附錄於羅先生編著、上海人民出版社一九八九年十二月出版之《評新儒家》一書。但張宏儒先生主編、北京出版社一九九三年五月出版之《二十世紀中國大事全書》則認為，中國國家社會黨是成立於一九三四年十月，在北平再生社臨時代表大會上宣佈成立，原再生社創始人張君勱、張東蓀等當選為該黨領導人）， 東蓀先生與張君勱、徐君勉、胡石青等人一起，在北平創立中國國家社會黨，組建再生社。東蓀先生任國社黨中央總務委員。同年五月，東蓀先生與張君勱先生創辦《再生》雜誌，積極宣傳國家社會主義。關於組黨的目的，東蓀先生有明確的闡述。他說：

> 至於到九一八事變以後，忽然和張君勱先生組織國家社會黨乃純是為了國民黨的「黨外無黨」一句話而激成。我既相信民主主義，當然是反對一黨專政。國民黨不許另外有黨存在，我們民主主義者便不能不另立一個黨，以表明我們的思想是自由的。目的不過如此。 ㉘

　　當時東蓀先生與張君勱先生明白相約，只要國民黨有一天放棄了一黨專政，他們的黨便自動宣佈解散。國社黨一九三八年四月獲國民黨承認。一九四六年八月十五日（一說八月十三日）， 與海外

　　　九四年十一月。
㉘　張東蓀《理性與民主》，頁4-5，上海商務印書館，民三十五年五月。

的中國民主憲政黨合併，改組成立中國民主社會黨，張君勱先生出任主席。一九四七年四月，張君勱先生代表民社黨與蔣介石及青年黨黨魁曾琦等人，商定「政治民主化」及「軍隊國家化」等施政方針。東蓀先生對民社黨的參加政府，信心不足。東蓀先生公開宣佈脫離民社黨。

對於共同組建國社黨的胡石青先生，東蓀先生亦曾在著述中提及，他說：「友人胡石青先生在二十餘年以前曾大倡『一度革命』之說，即革命只可限於一次；既不可再度三度接續不已，亦決不可使革命狀態延長，革命完成後立刻即當走上建設之途，不復再是革命了。」❷⁹

一九三二年十月，東蓀先生曾一度擔任清華大學文學院哲學系講師❸⁰，當時哲學系的主任是馮友蘭先生。東蓀先生在清華講授何種課程，目前尚不清楚。估計是兼職。因為這兩年東蓀先生一直在燕大擔任課程，沒有間斷。從現有的材料分析，東蓀先生進入燕大後擔任的第一門課，應該是「現代哲學」。這是一門他在光華大學曾經講過的課程，比較熟悉。他講得很簡略，主要介紹當時（三十年代初）流行於西方的實驗主義(Pragmatism)、生機主義(Vitalistic philosophy)、新唯心論(New-Idealism)、新實在論(Neo-Realism)、批判實在論(Critical Realism)、突創進化論(Emergent Evolution)以及羅素(B. Russell)和懷特海(Whitehead)的科學哲學等哲學流派。學生許寶騄君聽課時所作筆記，文字流利，言簡意賅，頗能表達東蓀先生的意思，故東蓀先生以《現代哲學》為題將其整理出版(1934.3)，

---

❷⁹　同上，頁146。

❸⁰　見蔡仲德《馮友蘭先生年譜初編》頁125 之記載，河南人民出版社，一九九四年十一月。

置入其主編之「哲學叢書」下卷第六冊。

　　東蓀先生進入燕大後擔任的第二門課，應該是「價值哲學」，主要介紹當時（三十年代初）西方的價值哲學。這門課同樣亦講得比較簡略，只介紹了新直覺論派的穆亞 (G. E. Moore)、亞歷山大 (S. Alexander) 關於「第三性」(Tertiary quality) 的學說、奧國學派 (Austrian school) 以及美國歐本 (W. M. Urban) 之調和論的價值論等流派，沒能涉及現代西方價值理論的所有重要方面。東蓀先生鑑於其學生高名凱君聽課時所作筆記，使其講課內容條理化，且章節劃分，十分清楚，故以《價值哲學》為題將其整理出版 (1934.7)，置入其主編之「哲學叢書」上卷，為第六冊。東蓀先生很感謝高名凱君所做的工作，認為《價值哲學》一書「除了在意義一方面外，其餘如敘述方法與口氣等等都可以說是二人合撰的」 ❸ 。

　　從一九三〇年秋到一九三二年底，是東蓀先生進入燕大的頭兩年。這兩年間，他雖然花了大量精力到黨務方面去、到政治方面去，但哲學的創作，卻一刻也沒有停止。撰畢於光華大學並在光華大學用作講義的《道德哲學》一書，一九三一年一月在上海中華書局出版；與此相關的《現代倫理學》一書，一九三二年八月在上海新月書店出版（入「現代文化叢書」）；凝集東蓀先生之哲學觀的《哲學》一書，一九三一年五月在上海世界書局出版（入「文化科學叢書」）；同時還發表了多篇極具關鍵性的論文，如〈條理範疇與設準〉(1931–1933)、〈認識論的多元論〉(1932.9–11)、〈辯證法的各種問題〉(1932.9)等。

　　長達近七百頁的《道德哲學》一書，用歷史的方法以討論道德的問題，既是一部公允詳明的道德哲學史，又是一部闡發著者個人

❸　張東蓀《價值哲學》〈序〉，頁3–4，上海世界書局，民二十三年七月。

見解的道德哲學專著。這部著作所闡發的道德哲學，把理想論與進化論鎔為一爐，並能把現代社會學的貢獻亦採入道德說以內，不僅為西方學界所無，更為中國哲學所不曾有。這一道德哲學照顧到自然主義與理想主義各自的優勢，避免雙方的缺點，其道德標準既不是死板的「至善」，亦不是人各不同的「快樂」；既不會因追求至善而好高騖遠、不近人情，又不會因主張快樂而偏重個人、趨於紛歧；而是用「文化」做目標去解決道德問題，視道德為文化之一層面，於是個人與社會可以溝通，常與變(the one and the many)亦可以對話了。

《哲學》一書，亦長達三百頁。在這部弔詭憤世憂國的友人丁佛言先生的書中，東蓀先生力圖表達自己對於整個哲學的見解。在第一編〈哲學概論〉中，東蓀先生認為哲學就是一束的問題，這些問題既不在任何科學內，又非科學方法所能盡，哲學就是研究這些問題的一種學問；哲學的職務是批判科學所依據的原理、假定、方法，檢察科學所得的概念與法則，拼合各科學所得的總結果並調合之，努力消化各科學所給予的材料；哲學的方法應該是取懷疑的態度(sceptical attitude)、批判的態度(critical attitude)及作全體看的態度(synoptical attitude)。第二編述西方上古中古哲學史，第三編述西方近世哲學史，均極簡明公允，融匯貫通。附錄〈怎樣讀哲學書〉，謂治哲學之方法與其說在「學」，不如說在「思」，思則有「疑」，疑則有「解放」，　更是道盡哲學之真諦。總之這部書，無疑可為初學哲學者之最好入門書。

這兩年東蓀先生最富創造力的作品，是〈條理範疇與設準〉及〈認識論的多元論〉兩篇文章，它們是東蓀先生一生為之奮鬥的哲學主張——多元認識論或知識多元說——正式產生的標誌。東蓀先

生以後的思想，基本沒有離開過這兩篇文章開闢的軌道。四十五歲的東蓀先生，已經以十分成熟的姿態，走進著名哲學家的行列。以〈條理範疇與設準〉一文的觀點為基礎，近六萬言的〈認識論的多元論〉一文進一步向我們證明，感覺、範疇、設準、概念、外界「在根本上是五種互相獨立的，由感覺不能知外物，由範疇不能知感覺，由設準不能知範疇，由概念不能知設準。這便是我的主張所以與歷來認識論上各種學說不同之故。他們的學說可以名為認識論上的一元論，或認識論上的兩元論 (epistemological monism and epist-emological dualism)，而我此說則當名之曰認識論上的多元論 (epistemological pluralism)。因為我承認感覺範疇設準概念各有來源而不可歸併」❸。中國哲學史上第一個完整的、獨一無二的、足以與西方哲學家平等對話的知識論系統，就這樣誕生了。

　　一九三三年，東蓀先生除發表〈中性子的發見是否有助於唯物論〉(《再生》一卷十期)、〈討論道德根本問題答素癡先生〉(《再生》二卷二期)、〈科學的哲學概論〉(《圖書評論》一卷八期)、〈動的邏輯是可能的麼〉(《新中華》半月刊一卷十八期) 等論文外，還出版了一部專著，名曰《哲學上之討論》，係王雲五、李聖五主編，上海商務印書館出版之「東方文庫續編」中的一種。該書收入東蓀先生〈現代哲學鳥瞰〉及〈科學與哲學〉兩文，另收李石岑先生〈英德哲學之比觀〉一文，所以該書雖係張、李合著，但主要還是東蓀先生的作品。這年三月，東蓀先生重要譯著《柏拉圖對話集六種》，作為「尚志學會叢書」之一種，在上海商務印書館出版。

---

❸　張東蓀〈認識論的多元論〉，載《大陸》雜誌一卷三－五期 (1932.9－1932.11)。

一九三四年，辭職燕京大學的張君勱先生，南下廣州，創辦學海書院。據美國學者紀文勳先生回憶，利用這一年的一段學術休假期，東蓀先生曾去學海書院擔任過六個月的院長[33]。

同時這一年又竟是東蓀先生之著述最為豐碩的一年。單篇發表的論文不算，光是著作，在這一年出版的就有多部。三月出版《現代哲學》，七月出版《價值哲學》，九月出版《認識論》，十月出版《唯物辯證法論戰》，十二月出版《從西洋哲學觀點看老莊》。葉青先生上、下兩冊的《張東蓀哲學批判——對觀念論、二元論、折衷論之檢討》一書，也是在這年的四月由上海辛墾書店出版。

除《現代哲學》及《價值哲學》二書係由在燕京大學的講義整理而成，創見略遜外，其餘作品均是二十世紀中國哲學史上極重要的、極富創見性的篇章。《認識論》一書上承〈條理範疇與設準〉、〈認識論的多元論〉兩文之思路，在極其簡略地敘述了認識論上的各種問題和學說派別以後（此部分由東蓀先生之門人王光祥先生根據 Gamertsfelder and Evans 之 *Fundamentals of Philosophy* 一書撰成，東蓀先生刪削），重點闡述了東蓀先生個人之主張——著名的「認識的多元論」(epistemological pluralism) 或「知識之多元說」(a pluralistic theory of knowledge)，闡述了東蓀先生對於感覺、外界、認識的立法、名理的先在性、經驗上的概念、行為與知識的關係、主觀能力等諸多根本問題及其關係的獨特見解與思路。書末給出的「認識的多元論對於宇宙論上的貢獻」，根本上否認「本質」(substance)、倡導「泛架構主義」(pan-structuralism)、取消感相的「本體論地位」(ontological status)等等，更是發揮、深化〈宇宙觀

---

[33] 見〔美〕紀文勳《現代中國的思想衝突——民主主義與權威主義》，頁168，程農等譯，山西人民出版社，一九八九年。

與人生觀〉(1928.4)、〈新哲學論叢〉(1929.8)所創之「架構論」的
極重要的文字。

在《認識論》一書的〈自序〉裏,東蓀先生稱這個知識論上的
主張「蓄之於心中好多年,現在愈想愈覺有些自信,所以把他發表,
求海內明哲指正」, 但同時又說「我自承是一個折衷論者,至於折
衷得成功還是失敗,則敢請讀者批判了」❸。表明東蓀先生創製這
個主張的過程,是充滿苦悶、喜悅與彷徨的。

《唯物辯證法論戰》一書雖係選編,但其地位卻不亞於任何一
部專著。凡治中國二十世紀思想史、哲學史者,斷無可能繞過該書。
該書由張君勱先生作序,收入傅統先、牟宗三、張東蓀、吳恩裕、
南庶熙、孫道升、魏嗣鑾、李長之、施友忠、張抱橫、吳惠人等學
者批評唯物辯證法的文章,共十四篇,基本反映了三十年代前半期
發生在中國思想界的那場著名的「唯物辯證法論戰」之一方面的觀
點,且有一半共七篇是未曾發表過的,極具史料價值。東蓀先生在
「弁言」裏說,編輯該書的動機是因為贊成唯物辯證法的書籍大有
滿坑滿谷之勢,而反對的文字除散見於各雜誌外,從無專書,所以
限於篇幅,該書「實際僅登載反對一方面之論著」。並申明,「……
只限於編成此書,我們是合作的。至於哲學上的主張與相信,我們
仍本各人自由分歧發展的原則做去,決不會有任何聯帶關係」❺。
尤其應當說明的是,東蓀先生對該書批判之對象,是作了嚴格限定
的,即只批判所謂「赤色哲學」, 而絕非批判共產主義全體,因為

---

❸ 張東蓀《認識論》之〈自序〉,頁1-2,上海世界書局,民二十三年九
月。

❺ 張東蓀編《唯物辯證法論戰》之〈弁言〉,頁1-2,北平民友書局,民
二十三年十月。

該書作者的大多數都差不多是贊成社會主義的❸❻。換言之，《唯物辯證法論戰》一書，不是一般地反對唯物辯證法，而只是反對「赤色哲學」的所謂「辯證法」，故東蓀先生在該書版權頁上特譯該書書名為 *Critical Essays on Red Philosophy*。

《唯物辯證法論戰》一書編成後，該書作者之一孫道升、吳恩裕君立即贈該書給馮友蘭先生一閱，表明作者們是很看重該書的❸❼。

六、主編「哲學叢書」

從一九三四年初開始，東蓀先生還啟動了一項極重要，也是極有意義的工程，這就是主編著名的「哲學叢書」。東蓀先生在〈哲學叢書緣起〉裏說：

> 我們相信中國必須充分吸收西方文化，而西方文化之總匯不能不推哲學。所以西方文化之輸入不能不以哲學為先導。因此我們主張在盛大歡迎西方科學的時候決不能把哲學加以排斥或拒絕。
>
> 我們又相信人而生於現在的世界必須放大目光，看一看各方面的主張。哲學對於我們的貢獻，至少可使我們免去拘墟之見。在這一點上，正助以補助科學。
>
> 我們又相信苟其對於任何問題要下一番研究工夫，必須先養

---

❸❻　同上。

❸❼　見蔡仲德《馮友蘭先生年譜初編》頁149之記載，河南人民出版社，一九九四年十一月。

成一種批判的精神。哲學對於這一點所能操練我們腦筋的卻
亦不下於科學。

我們又相信中華民族此後的生存就看能否創出一種新文化。
但新文化的產生必有相當的醞釀時期。在這個時期中，吸收
的工夫居一半，消化的勾當亦必居一半。大家都知道不有吸
收，不有消化，便不能有所創造。所以我們願在這個過渡時
期內設法使人們的胃中得裝有些食料。他日消化了，有所創
造，便是今天的收功。

因此發刊這部哲學叢書，想把西方文化泉淵的哲學為真面目
的介紹，同時對於將來的如何形成一個新文化亦想略略加以
指示。這區區微意便是本叢書的緣起了。❸

很明顯，這篇〈緣起〉是針對科學主義而發的，就是在東蓀先
生看來，中國光輸入西方的科學，造成一種唯科學的或科學主義的
局面，是遠遠不夠的，甚至是有害的。中國要輸入西方的科學，同
時亦必須輸入作為西方文化之泉淵的哲學。如此方能真正養成批判
的精神，創造嶄新的文化，讓中華民族在未來的時光中站穩一個位
置。可以說，主編這套「哲學叢書」，是東蓀先生向中國人全面而
系統地介紹西洋哲學的嘗試，也是東蓀先生二十年代在「科玄論戰」
中反科學主義精神的繼續。

二十世紀前半期中國之「哲學叢書」有很多種，如上海中華書

---

❸ 這篇〈哲學叢書緣起〉最早刊登在張東蓀《價值哲學》一書之首，全
文一頁，該書由上海世界書局出版，出版時間為民國二十三年七月。
民國二十三年三月出版的《現代哲學》一書之末已刊登「哲學叢書」
之書目及其說明，但不見此篇〈哲學叢書緣起〉。

局出版之「哲學叢書」(1920.11–1933.2)、上海商務印書館出版之
「哲學叢書」(1925.11–1936.3)、上海青年協會書局出版之「哲學
叢書」(1929.7)、二十世紀社編輯、上海辛墾書店出版之「哲學叢
書」(1933.3–1934.10)以及明德學園所編之「哲學叢書」(1948.1)等
等，但完全以輸入西洋哲學、反對科學主義為職志、為宗旨的，卻
只有東蓀先生主編的這一套。考察這套叢書的書目，便可明顯見出
東蓀先生的思想傾向。其中沒有一本書不是對「西洋哲學」的紹介
與研究，就連最後一本《中國思想》也是「專為研究西方哲學者而
設」的，可見東蓀先生重視「西洋哲學」之一斑。從柏拉圖 (Plato,
428–348 B.C.)、笛卡兒 (R. Descartes, 1596–1650) 到黑格爾 (G. W.
F. Hegel, 1770–1831)，從名學、道德學到美學，東蓀先生和他的同
事們，第一次向中國人展示了「西洋哲學」的完整畫面。

　　這套「哲學叢書」分上、下兩卷，每卷八冊。上卷第一冊是《哲
學與近代科學》，張東蓀校閱、張抱橫著，專述哲學之性質及其與科
學之關係，尤注重現代科學之哲學化；著者畢業於燕京大學哲學系，
後在美國約翰霍布斯金大學專攻哲學。上卷第二冊為《名學及其發
展》，瞿世英著，以邏輯史而明論理之性質，尤注重當時發生之新邏
輯；著者係美國哈佛大學博士，在中國思想界素有盛名。上卷第三
冊為《認識論》，張東蓀著。上卷第四冊為《形而上學》，瞿世英著，
採取科學上最新見地以分析本體之概念，與歷來形而上學不同。上
卷第五冊為《進化哲學》，瞿世英著，述宇宙論上之進化問題，從
歷史方面以明其性質，避去了普通本體論關於天文地理等的無聊論
點。上卷第六冊為《價值哲學》，張東蓀著。上卷第七冊為《道德
學》，黃方剛著，專自新的立場論述道德上各問題並發揮著者本人
之主張；著者乃哈佛大學哲學博士，北京大學教授。上卷第八冊《美

學》， 李安宅著，述各派美學上之主張而出以批評精神；著者係英國文學批評大師瑞卻慈(Richards)之高足，專攻美學多年。

下卷第一冊《柏拉圖》， 張東蓀校閱、嚴群著，專述希臘大哲柏拉圖(Plato)之思想；著者畢業於燕京大學哲學系，獲文學士學位。下卷第二冊《亞里斯多德》，嚴群著，專述希臘大哲亞里斯多德(Aristotle)之思想。下卷第三冊《笛卡兒斯賓諾莎與萊伯尼茲》,施友忠著，專述近世哲學上大陸理性派三巨頭 —— 笛卡兒 (Descartes)、斯賓諾莎(Spinoza)、萊伯尼茲(Leibnitz) —— 之思想及其發展脈絡；著者為河南大學哲學教授。下卷第四冊《洛克巴克萊與休謨》， 張東蓀校閱、郭本道著，專述英國經驗派三始祖 —— 洛克(Locke)、巴克萊(Berkeley)、休謨(Hume) —— 之思想及其異同；著者畢業於燕京大學哲學系，獲文學士學位。下卷第五冊《康德》， 南庶熙著，專述康德(Kant)之哲學，以清新易曉之文筆，將大哲真義發揮無遺。下卷第六冊《黑格爾》，張東蓀校閱、郭本道著，專述黑格爾(Hegel)之哲學，尤其是其辯證法。下卷第七冊《現代哲學》， 張東蓀著，論現代哲學之主張，專注重其思想要點。下卷第八冊《中國思想》，蔣維喬校閱、楊大膺著，僅述中國思想之大概，專為研究西方哲學者而設；著者畢業於光華大學哲學系，有西洋哲學根底，又從蔣維喬先生研究中國哲學多年。合上、下兩卷，東蓀先生聲明，「上卷各冊可當哲學概論讀。下卷各冊可當哲學史或哲學之代表思想讀」❸⑨。

「哲學叢書」的編輯工作，一直持續到一九三五年七月以後。因而編輯這套叢書，也就成為東蓀先生一九三五年的主要工作。這一年中國的哲學舞臺上，發生了兩件可記念的事情。一件是薩孟武、

---

❸⑨　見張東蓀《價值哲學》之書末，上海世界書局，民二十三年七月。

何炳松等十教授與陳序經、胡適等人之間的「本位文化」與「全盤西化」論戰，或謂「中國文化問題論戰」，在這一年正式展開；東蓀先生發表〈現代的中國怎樣要孔子〉(《正風》半月刊一卷二期)、〈孔子論仁〉(《新民》月刊一卷一期) 等文章，以為回應。另一件是中國哲學會第一屆年會，這年四月在北平召開；在這屆年會上，東蓀先生宣讀論文〈從我們所謂哲學看唯物辯證法〉，認為「唯物辯證法是零拾傳統哲學的片段湊合而成，並無新而特別的道理」❹。馮友蘭先生在年會上認為過去介紹西洋哲學太偏於英美方面，偏於經驗主義，其實理性主義才是西方哲學的正宗，中國又最缺乏理性主義的訓練，所以今後應多介紹理性主義 ❹，而這恰正是東蓀先生幾十年來所從事的工作。馮友蘭先生只是希望多介紹理性主義，他本人所走的依然是經驗主義的路子；東蓀先生不同，東蓀先生一直就在介紹英美以外的理性主義哲學，一直就視理性主義為西方哲學的主流與正宗。可以說東蓀先生是中國哲學中、西方哲學之輸入中，理性主義的代表與中堅。

這年的一月，東蓀先生〈關於邏輯之性質〉一文，在《哲學評論》六卷一期發表。三月，東蓀先生與姚璋先生合編的《近世西洋哲學史綱要》作為「中華百科叢書」之一種，在上海中華書局出版，主要介紹培根、笛卡兒、霍布斯、謝林、黑格爾、叔本華、孔德、穆勒、斯賓塞等人的思想與學說。五月，東蓀先生為紀念光華大學成立十週年而撰的〈十年來之哲學界〉一文，在《光華大學》半月

---

❹　張東蓀〈從我們所謂哲學看唯物辯證法〉，載《哲學評論》七卷一期 (1935.4)。

❹　見蔡仲德《馮友蘭先生年譜初編》頁 154 之記載，河南人民出版社，一九九四年十一月。

刊三卷九－十期發表。六月，反映東蓀先生邏輯思想的〈關於名學之性質〉一文，在《正風》半月刊一卷十二期發表。這些文章，在東蓀先生思想之發展的歷程中，都是極重要的。

七、成長為一個真正的哲學家

如果說一九三五年以前，是東蓀先生作為一個哲學家的成長時期，那麼一九三五到一九三六這兩年，則是東蓀先生及其哲學得到廣泛承認的時期。十多年的奮鬥與艱辛，終於有了一個結果，東蓀先生應該感到欣慰。這十多年，也是現代西方哲學各主要流派，諸如存在主義(Existentialism，二十年代誕生)、邏輯實證主義(Logical Positivism，二十年代產生)、法蘭克福學派 (Frankfurter Schule，二十年代初發端) 等，成長的時期；可以說，東蓀先生作為一個哲學家，是和現代西方的這些同行們，同時成長起來的。作為一個哲學家，在哲學的創造上，東蓀先生並沒有拖中國人的後腿，這是他的同齡人、他的同時代人，沒有能夠做到的。假如沒有環境與政治的限制，東蓀先生長成和雅斯貝爾斯(K. Jaspers, 1883–1969)、石里克 (M. Schlick, 1882–1936)、霍克海默爾 (M. Horkheimer, 1895–1973)等人並肩的哲學家，也不是沒有可能。

東蓀先生一九三五年五月發表的〈十年來之哲學界〉（該文寫於一九三四年十二月二十八日）一文，總結當時中國哲學界的情形，認為有幾件事可尋出來說一說，一是西方哲學的介紹不再是「報告」(information) 性質，而是兼有了「研究」性質，二是已有獨立研究的趨勢，如金岳霖、黃子通、瞿世英等《哲學評論》雜誌的撰稿人，三是熊十力的《新唯識論》， 不失為近年來的一部奇書。最後東蓀

先生提到自己:「我個人亦曾提出一種認識論上的意見——就是認識的多元論。我不敢說有何創見，然而卻亦由多年思考而得。或許我此說未必能成立，然而把多元的解釋用於認識作用上，這一層我願意列為問題，請大家來討論。現在我提到自己，亦只是為此而已。」❷話很謙虛，但卻肯定了自己哲學主張之存在。

　　一九三五年十一月，孫道升先生發表〈現代中國哲學界之解剖〉一文，認為現代中國哲學可分八派，實用主義以胡適之先生為唯一代表，新實在論以金岳霖先生為首領，新唯物論以張申府、張季同、吳惠人、葉青為代表，唯生論以陳立夫為代表，新法相宗以梁漱溟、熊十力為領袖，新陸王派由梁漱溟先生一手創造，新程朱派以馮友蘭先生為中堅。東蓀先生的哲學被列為第四派，稱為「新唯心論」，張東蓀、林宰平、瞿菊農、張君勱、張真如、徐旭生、黃子通、魏嗣鑾、賀麟、鄭昕、彭基相、王光祥、張抱橫、周輔成、南庶熙及未轉變前的李石岑等人，均被認為是此派的中心人物，並斷言:「中國新唯心論的領袖，無異議的當推張東蓀先生。中國研究西洋哲學的人，不可謂不多，說到能由西洋哲學中引伸出來新的意見，建設新的哲學，恐怕只有張東蓀先生一人。……他的著作很多，總在一百二十萬言以上。如《新哲學論叢》、《人生觀ABC》、《道德哲學及認識論》等，都是近二十年中國哲學出版物中第一流的著作，就中以《認識論》一書是他的精心傑作。著者個人認為張先生在這部傑作中有三點最大的貢獻:一是條理部分認識論，二是名理絕對獨立論，三是普泛架構主義。」❸

---

❷　張東蓀〈十年來之哲學界〉，載《光華大學》半月刊三卷九–十期(1935.5)。

❸　孫道升〈現代中國哲學界之解剖〉，載《國聞週報》十二卷四十五期(1935.11)。

　　也是在一九三五年十一月，郭湛波先生《近五十年中國思想史》在北平人文書店印行。該書列專章介紹東蓀先生思想，認為東蓀先生是中國近五十年來「輸入西洋哲學，方面最廣，影響最大」**㊹**的人，並稱東蓀先生的思想「自成一體系，是溶貫西洋各家哲學思想，以建設中國近代的哲學；……張先生在近五十年中國思想史上的貢獻，在溶會西洋各家哲學思想，來建設中國近代哲學的新體系」**㊺**。

　　一九三六年五月，詹文滸先生編輯的《張東蓀的多元認識論及其批評》一書在上海世界書局出版。當時仍執教於上海私立光華大學的姚璋（舜欽）先生在該書之〈姚序〉（寫於一九三五年八月八日）中說：「……我國關於西洋認識論作專書來介紹的，尚不多；又何況於創造。然而張東蓀先生之〈認識的多元論〉，卻頗有自創新說的樣子。……立論特詳，新意尤多；……獨具見解。」**㊻**江振聲先生在該書中（該書收其〈讀認識多元論〉一文）說：「我國哲學家張東蓀先生在世界書局刊行《認識論》一書，……第五章〈創發知識的多元論〉，條理清晰，理論精深，而以第五章尤為精采，是張先生獨創的主張，多前人未道之言。」**㊼**傅統先生在該書中（該書收錄其〈認識是多元還是一元？ ── 評張東蓀先生認識的多元論〉一文）說：「張東蓀先生的〈認識多元論〉在我們全盤分析的結果我認為確是現在哲學界獨樹一幟的派別。他融會了洛克與康德，他把

㊹　郭湛波《近五十年中國思想史》，頁183，北平人文書店，民二十四年十一月。

㊺　同上，頁192–193。

㊻　詹文滸編《張東蓀的多元認識論及其批評》之〈姚序〉，頁2，上海世界書局，民二十五年五月。

㊼　同上，頁103。

實在論、經驗論、觀念論打成一片。然而他在這些派別之上有他特有的精義，有他自己的創造。」❹謝幼偉先生在該書中（該書收錄其〈多元的認識論質疑〉一文）說：「張東蓀先生治西洋哲學甚久，用力亦最勤。於西洋哲學之各家學說，幾於無所不窺。……所著〈多元的認識論〉一文，……雖不能謂為張先生之成熟作品，然在我國則可謂絕無僅有者矣。……覺其前途無限，實我國最有希望之哲學家也。」❹並說：「愚認張先生此書是一部極有價值之著作，研究哲學者，不論贊成之或反對之，均有細讀之必要也。」❺

　　一九三六年十月，張聿飛先生發表〈現階段中國哲學界的派別〉一文，認為「現階段」中國哲學界可略分為四派，一是實驗主義派，以胡適博士為代表；二是新唯心論派；三是新實在論派，以陳大齊、馮友蘭、張申府、鄧以蟄、傅佩青、金岳霖諸先生開其端；四是辯證唯物論派，在大量地作宣傳的人有李石岑、李達、李季、李麥麥、王靈皋、沈志遠、艾思奇、葉青諸人。關於新唯心論派，張聿飛先生認為，張東蓀、林宰平、瞿世英、張君勱、黃子通、賀麟、鄭昕、彭基相、周輔成、南庶熙諸氏，都是這一派的中堅，並說：「這一派的領袖是張東蓀先生，張先生近年來在哲學界大賣氣力，一手抓住世界書局，編譯有本派哲學理論的書籍，一手又把握住粵省的地盤，成立了『學海書院』，同時還給反對派施以反攻，並且要建立他自己的哲學了。」❺

---

❹　同上，頁150。

❹　同上，頁184。

❺　同上，頁187。

❺　張聿飛〈現階段中國哲學界的派別〉，載《現代評論》二卷一－二期（1936.11）。

　　張申府先生在一篇專門「結算」一九三六年之哲學界的文章裏曾說：「一九三六年在哲學上是比較沉寂的一年。」 **❺❷** 張先生的話也許有一定道理。但對東蓀先生而言，一九三六年並不沉寂。這一年，以及稍前的一九三五年，是東蓀先生及其哲學獲得哲學界，尤其是中國哲學界廣泛關注與認可的關鍵年份。儘管東蓀先生本人，一直稱自己的哲學還只是一個嘗試，還處在「試運行」的階段，但哲學界的同行們，不管是贊成者還是反對者，都無不謂東蓀先生的哲學是一種創造，有其不可替代、不可磨滅的價值，都無不承認東蓀先生是一位很有成就，或很有前途的哲學家。東蓀先生以其「知識多元說」、「宇宙架構說」及「道德較善說」，奠定了自己在中國哲學界的位置，並由此把自己哲學生涯的第一階段，推向高峰。這一年，東蓀先生五十歲，剛入孔子所謂「知天命」之年。

　　一九三六年一月，東蓀先生編撰的《倫理學綱要》一書，作為「中華百科叢書」之一種，在上海中華書局出版。此外，這一年東蓀先生還發表或撰寫了三篇重要論文——〈從言語構造上看中西哲學的差異〉、〈多元認識論重述——我的多元認識論與康德之比較〉以及〈多元認識論重述〉。　第一篇文章發表於《東方》雜誌三十三卷七號 (1936.4)，第二篇文章發表於《東方》雜誌三十三卷十九號 (1936.10)，第三篇文章寫於一九三六年十月底、出版於一九三七年一月（載入胡適、蔡元培、王雲五編《張菊生先生七十生日紀念論文集》，上海商務印書館出版）。後兩篇文章是前一階段哲學理論之延續與增補，起「承上」作用；第一篇文章是在前一階段哲學主張之外，換了一種新思路，起「啟下」作用。所以被張申府先生認為

❺❷　張申府〈現代哲學的主潮——一九三六年哲學界的一個結算〉，載《中山文化教育館季刊》四卷三期(1937)。

是「比較沉寂」的一九三六年，對東蓀先生而言，卻是一個「承上啟下」的關鍵年份。即使按〈多元認識論重述〉一文出版的時間 (1937.1) 計算，至遲在一九三七年，東蓀先生的哲學開始走向第二個重要的時期。

一九三六年四月四日到五日，中國哲學會第二屆年會在北平召開。會議決定正式成立中國哲學會，並推選出第一屆理事會及編輯委員會。東蓀先生與湯用彤先生等八人當選為編輯委員會委員（編委）。 會議還決定將《哲學評論》雜誌改歸中國哲學會主辦，馮友蘭先生任主編。這一決定使東蓀先生失去了一個開展哲學活動的重要舞臺（或曰失去了對於這一重要舞臺的自主權）。

《哲學評論》雜誌是東蓀先生等人創製的。一九二七年四月創刊於北平。這本以介紹西洋現代思想為主旨，以中國哲學、邏輯學、教育哲學、法律哲學、宗教哲學、倫理學、美學等方面之研究為鵠的哲學期刊，自創刊至第六卷，一直由東蓀先生主持的北京尚志學會編輯發行，此次改歸中國哲學會編輯出版（改遷上海）， 已是第七卷。對於這本哲學雜誌的意義與價值，它在中國哲學史上的地位，直到1945年，賀麟先生還在盛讚之。他說：

> 自從民國十二年，張頤先生（宇真如，……）回國主持北京大學哲學系，講授康德和黑格爾的哲學時，我們中國才開始有夠得上近代大學標準的哲學系。自從張東蓀、瞿菊農、黃子通諸先生於民國十六年創刊《哲學評論》後，中國才開始有專門性質的哲學刊物。自從民國二十四年四月中國哲學會成立，舉行第一屆年會起，中國哲學界才開始有自抒哲學理論自創哲學系統的嘗試。……自從民國三十年中國哲學會西

洋哲學名著編譯委員會成立後，我們對於西洋哲學，才有嚴格認真，有系統的有計劃的經過專家校閱夠得上學術水準的譯述和介紹。㊿

　　儘管賀麟先生所列舉的諸個「第一」，並不都與實際情形相符，但東蓀先生等人創辦的《哲學評論》雜誌，卻的確是中國哲學史上中國哲學家自己創辦的「第一家」專門性質的哲學刊物。這也算是東蓀先生對於中國哲學的大貢獻。可惜它只出至十卷，便於一九四六年十二月終刊於上海。

八、在淪陷的北平「分外沉寂」

　　一九三七年，是中華民族命運的轉折年。這一年日軍發動「七七盧溝橋事變」，中華民族進入全民抗戰的艱苦的八年。「七七盧溝橋事變」後的幾個月裏，北平淪陷、天津淪陷、上海淪陷、南京淪陷，中華民族到了「最危險的時刻」。東蓀先生的哲學，似也跟國土的淪喪作了一個正比例，走向「分外沉寂」的八年。1937年東蓀先生除了有〈多元認識論重述〉(1937.1)和〈思想自由問題〉(1937.10)兩篇論文面世，不再有文章發表和著作出版。社會活動方面亦只有兩事可記，一是在中國哲學會第三屆年會（一九三七年一月二十四－二七日，南京）上宣讀題為〈哲學究竟是什麼〉的論文；二是在本屆年會上，東蓀先生和方東美、黃子通、賀麟、胡適等人一起，被選為中國哲學會第二屆理事會理事，先生並繼續擔任編輯委員會

㊿　賀麟《當代中國哲學》，頁27，臺灣宗青圖書出版公司，民六十七年十二月。

委員一職。

這年的九月，北平的北京大學、清華大學、天津的南開大學，奉教育部令南遷，合併為長沙臨時大學。東蓀先生所在的燕京大學，因託庇於美國國旗之保護，在淪陷後的北平繼續辦學，東蓀先生遂亦留在了北平。司徒雷登(John L. Stuart, 1876–1962)校長（燕大在中國立案後，要求校長必須是中國人，故司徒雷登改稱校務長，英文仍名 President，中文之校長則譯為 Chancellor）商得美國託事部和羅氏基金同意，決定在淪陷區繼續辦學，是正確的，有很大成績的。在一九四一年十二月八日被日寇關閉前，燕大一直是華北淪陷區的一塊「文化綠洲」。 那些不能南下到大後方去，亦不能北上到解放區去，又不願投敵的青年學子，無不願報考在私立大學中知名度最高的燕京大學。燕大之入學人數從「七七事變」前的八百餘人，一下子猛增到一千二百餘人❺❹。燕大的留駐既為淪陷區的青年保留了一個像樣的求學地方，又為抗戰的後方繼續培養人才，更為敵佔區的地下抗戰力量提供隱蔽所或聯絡站，因而它對中國的抗戰，是功不可沒的。

但東蓀先生的留駐北平，對於其哲學的成長來說，卻無疑是一個重大的損失。在「七七事變」到燕大被封的四年多時間裏(1937.7–1941.12)，湯用彤先生在長沙出版了其《漢魏兩晉南北朝佛教史》(1938.6)，馮友蘭先生寫成(1938.1)並在長沙出版(1939.5)了其《新理學》，錢穆先生在重慶出版了其《國史大綱》(1940.6)，金岳霖先生在長沙出版了其《論道》(1940.9)；而東蓀先生卻除了發表〈不同的邏輯與文化並論中國理學〉等二、三篇論文外，沒有

---

❺❹　〈「七・七」事變後的幾件事——林培志校友的一封信〉，載《燕大文史資料》第一輯，頁43–48，北京大學出版社，一九八八年四月。

出版任何著作。《知識與文化》一書的正文部分，雖然在1940年4月便已寫完，整部書的編製在一九四一年十月也已完畢，但這部書卻並沒有能夠及時出版。淪陷的環境，妨礙了東蓀先生哲學的成長；相較而言，北大和清華南遷的那些哲學家們，卻因了大後方的安寧與清貧，蓬蓬勃勃地成長起來。

　　東蓀先生實際上已經被排斥到中國哲學的中心之外，而成為中國哲學界的「邊緣人」。當因為戰亂推延了三年之久的中國哲學會第四屆年會，一九四〇年八月二十九日下午在雲南大學會澤院第一教室開幕時，東蓀先生遠在萬里之外的淪陷的北平；當金岳霖、吳康、賀麟、汪奠基、湯用彤、鄭昕、馬采、石峻諸位先生，像往常一樣在年會上宣讀論文時，作為中國哲學會上屆理事和編委的東蓀先生，卻無緣登上這明星薈萃的講壇。這屆年會新成立的兩個專門委員會──西洋哲學名著編譯委員會及中國哲學研究委員會──不再與東蓀先生有關聯，儘管大會決定不改選上屆理事會，東蓀先生仍是中國哲學會名義上的理事。

　　從一九四一年十二月燕大被關閉，到一九四五年十月日本投降後燕大復校於北平，又過去了將近四年。在這四年間，留駐北平的東蓀先生，幾乎停止了寫作，不僅沒有著作出版，就連哪怕一篇像樣的論文也沒有。而這四年，卻又正是哲學在安寧而清貧的大後方，取得大豐收的四年。一九四二年六月，賀麟先生的《近代唯心論簡釋》在重慶獨立出版社出版；一九四三年五月，唐君毅先生的《中西哲學思想之比較研究集》在重慶正中書局出版；一九四四年三月，熊十力先生的《新唯識論》語體文本在重慶商務印書館出版；一九四四年六月，唐君毅先生的《人生之體驗》在上海中華書局出版；一九四四年十一月，唐先生另一重要著作《道德自我之建立》在重

慶商務印書館出版；一九四五年十二月，湯用彤先生的《印度哲學史略》在重慶獨立出版社出版。淪陷區的東蓀先生擱筆了，大後方的哲學事業，卻出人意料地興盛起來。

　　所以抗戰的八年，對作為哲學家的東蓀先生來說，是「分外沉寂」的八年；但對「南渡」的哲學家們來說，卻又是「分外熱鬧」的八年；對其中的多數人而言，更又是從一般哲學工作者成長為真正哲學家的八年。這八年，耽誤了已是哲學家的東蓀先生，卻成就了還不是哲學家的「南渡」教授們。從一九三七年到一九四五年，從五十一歲到五十九歲，東蓀先生被迫虛擲了他作為一個哲學家的最成熟、最具創造力、最圓融通達的黃金年華。

　　一九四四年，身為浙江大學教授的謝幼偉先生，曾在《文化先鋒》三卷二十四期發表〈抗戰七年來之哲學〉一文，論述這一段時光裏，中國哲學界的種種情形。他說：

> 我們不要以為這七年來的抗戰，已把中國哲學的進展阻礙了。實際上，這七年來的中國哲學，比起中國任何一時期來講，都不算是退步。相反的，作者可以很自信的說，中國哲學是進步了。這七年來的抗戰，可以說是中國哲學的新生。❺❺

　　這話對東蓀先生不合適，抗戰的七年的確是阻礙了東蓀先生哲學的進展。

　　謝文又說：

---

❺❺　謝幼偉〈抗戰七年來之哲學〉，見賀麟《當代中國哲學》之〈附錄〉，頁143，臺灣宗青圖書出版公司，民六十七年十二月。

這七年來中國哲學上的著作，在量的方面來講，雖不算多，但在質的方面來講，則遠非抗戰前所能望其項背。……抗戰前的中國哲學，似乎很少見解新穎的著作，可是抗戰後，便極為不同。抗戰後的哲學著作，不論在那一方面，都顯示特殊的色彩。這些著作總有某一點是和前人不同的，總有其可以永久存在的價值的。㊱

這話對東蓀先生也不合適。東蓀先生的哲學體系，就是抗戰前創立的；他的出版於抗戰前的多部著作，也是「見解新穎」、顯示特殊色彩、具有永久存在價值的珍貴文字，並不比謝文所稱道的《新唯識論》、《近代唯心論簡釋》、《邏輯指要》（章士釗，時代精神社，1943）、《新理學》、《論道》等著作遜色。

謝文又說：

抗戰前，我國哲學界並不是沒有把西洋的哲學翻譯介紹過來。可是以前翻譯介紹，不是漫無系統，就是惡劣不堪。……結果這些譯品便有不少是錯誤百出的，或則是晦澀難解的。這是有目共見的事實，然抗戰前卻沒有人設法加以補救。直到抗戰後，這種工作才由中國哲學會負擔起來。㊲

這話更是抹煞了東蓀先生的功績。說抗戰前的紹介西洋哲學「漫無系統」，是不對的，東蓀先生從一九三四年開始主編的「哲學叢書」，無疑是最系統的、有意識的、有計劃的對於西洋哲學的

㊱ 同上，頁149–150。
㊲ 同上，頁154。

介紹；說抗戰前的譯品「惡劣不堪」、「錯誤百出」、「晦澀難解」，也不合符事實，東蓀先生（也包括他的同事們）抗戰前出版的任何一件譯品，都絲毫不會更「惡劣」於謝文所稱道的抗戰後出版的譯品，如賀麟先生所譯斯賓諾莎之《致知篇》、陳康先生所譯柏拉圖之《巴曼尼得斯篇》、謝幼偉所譯魯一士之《忠之哲學》等。

　　總之抗戰的八年，對作為哲學家的東蓀先生，是不適合的；謝幼偉先生對於抗戰八年間中國哲學的總結，同樣亦不適合於東蓀先生。在這八年的中國哲學界，東蓀先生是沒有位置的。不過這並不是說，東蓀先生已經停止了思想，不是這樣的。東蓀先生停止了寫作，但並沒有停止思想，——東蓀先生正是利用這「戰亂」的時期，醞釀了自己哲學的下一次飛躍。所以謝文結尾處的一段話，似乎前一半是針對大後方的哲學家而說，後一半是針對東蓀先生而說的：「中國哲學是進步了，中國哲學是新生了（按：此為前一半）。 這七年的抗戰，並沒有阻礙中國哲人的思索，反而使他們的思索更為敏銳了（按：此為後一半）。」❺❽

九、受過日軍的引誘和苦刑

　　在抗戰的八年間，作為哲學家的東蓀先生雖然沒有位置，但作為社會活動家的東蓀先生，卻因為抵抗日寇，而獲得了全社會，包括哲學界的廣泛讚譽。這就是賀麟先生曾提到的，「抗戰以後，他（按即東蓀先生）留在北平燕京大學任教，曾受過敵人的引誘與苦刑，而不變其節操，接受偽職。在這裏我謹代表中國哲學界向他致敬意」❺❾。吾人當一述這事情的原委。

---

❺❽　同上，頁155。

　　一九四一年十二月七日（星期日），日本大本營根據聯合艦隊司令官山本五十六等人制定的作戰方案，派遣南雲忠一中將率領由六艘航空母艦組成的特遣艦隊，對美國珍珠港海軍基地進行大規模轟炸。夏威夷當地時間七時五十五分，第一批一百八十三架飛機前往空襲，八時四十分第二批一百七十一架飛機再次前往轟炸。美駐軍毫無戒備，損失慘重。日本時間十二月八日晨，日本陸海軍總部向全國發佈新聞，要求帝國海軍於八日拂曉對西太平洋上的美、英軍隊進入戰鬥狀態。八日中午，日本天皇的宣戰詔書通過廣播向全國播放。九日美國正式對日宣戰，太平洋戰爭爆發。

　　一九四一年十二月八日晨日本陸海軍總部向全國發佈新聞後不到半小時，駐北平的日軍包圍了燕京大學。這天是星期一，早晨七點多鐘，家住燕東園的東蓀先生，接到一個電話，叫他到學校裏去。東蓀先生那時是學校當局組織的緊急會議委員，以為是開會，所以放下電話便立刻從燕大東門走進學校。到哈佛燕京學社辦公處的時候，已經有很多人聚集在那裏。燕大已經完全被日本兵包圍。東蓀先生等人被困在哈佛燕京學社辦公室裏，眼看著對面大禮堂裏，日本軍官召集學生，宣佈燕京大學封閉，學生遣散。傍晚時分，東蓀先生同心理學系教員沈迺璋一起走出校門，繞道回家。剛吃完晚飯，兩個日本憲兵便到東蓀先生家，說是須叫去問話。東蓀先生隨其至貝公樓會議室，當時室內已有好些人。

　　東蓀先生到達貝公樓會議室，已是晚上九點鐘。說是問話，卻一直沒有問。於是在一個半睡狀態中，東蓀先生一直在那裏枯坐到天亮。天亮後只覺又冷又餓，十分難受。不久日本兵便用汽車將東

---

❺❾　賀麟《當代中國哲學》，頁31，臺灣宗青圖書出版公司，民六十七年十二月。

蓀先生等人分批載到西苑日本憲兵隊，先到「花田」的辦公室，後移到楊姓翻譯的辦公室。坐不久，被一個日本憲兵叫出來，在院內排隊，依次押上一個大型載重汽車，送到城內沙灘舊北京大學的紅樓，城內日本憲兵總隊即設在這裏。又過不久，東蓀先生等人被叫到他們的辦事房間，每人被令脫下衣服，檢查一過，手錶、眼鏡等均須上繳。之後分別被帶入各人拘押的房間。東蓀先生和趙紫宸先生進一個「柙」房，與先已「入住」的一位老者在一起。這間拘押東蓀先生的房子是十六號。

忍耐臭魚和馬桶的臭味三個禮拜後，東蓀先生才被叫去審問。問話的憲兵准尉起初氣勢兇兇，大有動武之勢。後知東蓀先生是入了日人編撰的《中國現代名人大辭典》的名人，態度突然大變，一個勁地賠不是。第二天東蓀先生又被傳到審問室。如是者再，東蓀先生一連被審了三整天。當被問到燕京大學送畢業生到重慶去一事時，東蓀先生承認自己在道理上贊同，在行動上協助。問話者以為據此已足可判東蓀先生有罪，所以十分高興。

東蓀先生是第一個被傳去受審的，所以審完後有一段空隙是在那裏等候其他同難者受審。這期間他又被傳出去兩次，一次是勸其答應與汪政府合作，一次是要求他向被拘押的中共黨員勸誘，使之招供。東蓀先生一一予以回絕。

有一天夜裏，住在十六號的東蓀先生三人，忽然被令搬到十五號。十五號室內押有燕大教授洪煨蓮先生，所以東蓀先生對此次搬遷特別高興，與洪先生等相聚，異常興奮。並與洪先生等人結為兄弟。

足足兩個月後，東蓀先生等人被令拿上各自的衣服被褥等物，按憲兵所列名單，依次坐上一個大汽車，被載到鐵獅子胡同日本軍

部。經一高級軍官點名後，又被用大汽車載到砲局胡同日本陸軍監獄。進監獄前，東蓀先生在名單上是第一，鄧之誠先生最後；到監獄後排號變了，鄧之誠先生第一，東蓀先生最後。東蓀先生之編號為五一三號。在軍部等候時，東蓀先生等人曾被加以手銬，與洪煨蓮先生共一具手銬，每人一隻手銬著。

被投入陸軍監獄後，有約一個禮拜的時間是十一個人共拘一個大房間中。據鄧之誠先生後來回憶，與東蓀先生同居一室的十一人，先後有趙紫宸、陸志韋、趙承信、陳其田、劉豁軒、林嘉通、戴艾楨、鄧之誠、洪煨蓮、蔡一諤、蕭正誼、侯仁之、周學章等❻。十一人中，東蓀先生是首先被傳訊的。問話的是一個高級軍人，好像是少將。其次被傳訊的是林嘉通。之後便不再傳訊其他人。

接著同居一室的十一人便被分開，每人居一間小房。東蓀先生預感情形有惡化，便不再抱被釋放的希望。他想到了自殺，以為與其活著受苦，不如自殺以示抵抗。但為了防範自殺，監獄早就作了搜身工作，「犯人」很難得到自殺的工具和時間上的機會。東蓀先生絞盡腦汁，尋找各種可能的自殺方法。他首先想到的是上吊，因為他身上還有一根附在襯褲上的褲帶未被搜去。於是把褲帶吊到窗口上，將被褥捲作一團作凳子，靜待黃昏下手。但上吊後口內機械性的呻吟，引起了看守的注意，第一次自殺失敗。為了防止此事重演，看守的上司連夜跑來把東蓀先生的雙手銬著。於是東蓀先生以手銬擊打頭顱，指望擊破頭顱自殺。卻又被看守發現，第二次自殺失敗。看守用繩子將東蓀先生雙手繫連在腰間，使其不能高舉。於是東蓀先生大罵，指望以此激怒他們，好拿他去處死。但足足罵了

---

❻ 鄧之誠〈閉關吟（詩集）〉，見《燕大文史資料》第二輯，頁77，北京大學出版社，一九九一年五月。

半天，看守並不發怒，也並不開門來打他。這樣第三次自殺又歸失敗。

　　東蓀先生是一個一桿子插到底的人，既已下定速死的決心，就決不半途而廢。他又想到了「塞息」，就是把鼻孔、嘴堵住，窒息而死。但卻無論如何辦不成功，第四次自殺又失敗。接下來他竟意外地發現門上有一顆鐵釘，其大如荸薺，欣喜若狂。於是不管三七二十一，一頭朝鐵釘撞上去，頓時血流如注，衣上身上全是血，地上亦留下三四大灘血。東蓀先生盡力使血流出，希望自己多流些血，將血流盡而死。但看守又來過問了，叫來醫生給東蓀先生包紮傷口。第五次自殺又失敗。自此監獄方面天天派人監看，並另派了鄧之誠住進東蓀先生的房間，恐再發生意外。東蓀先生便尋不著自殺的機會了。

　　但心中的怒氣並沒有消散，東蓀先生時刻在找發洩的機會。有一次吃飯的時候，東蓀先生故意和同室的難友說話，被看守聽見。獄中犯人是不許說話的。於是看守便開門進來打東蓀先生，東蓀先生盛怒之下，立將飯碗向看守擲去。看守亦大怒，又來打東蓀先生，先生亦回拳打他。但在力量上東蓀先生畢竟敵不過看守，被看守推倒在地，被褥亦被看守拿走，等待挨凍。如是打鬧，不止一次。

　　如此求生不得、求死不能的日子，一直持續到天氣大熱（夏天到來）。突然有一天東蓀先生又被傳去審問。依然是根據憲兵隊交來的口供，沒有任何新內容。所問的全是「喜歡那一家哲學」之類與案情不相干的話。問完後又過了數天，天氣已經熱得無法忍受。沒有水喝，只好喝生水。蚊子蒼蠅滿屋都是，吃飯時青蠅投到碗裏來。於是東蓀先生開始腹瀉，發高燒，一夜腹瀉五六次，直到不能站立起來。趙紫宸亦病了，但尚能支持。第二天上午東蓀先生等人被喚

出來送至日本軍部，舉行軍事會審。東蓀先生已不能站立，只能忍著等候宣判。東蓀先生與蔡一諤同被判一年半徒刑，其餘各人被判一年徒刑。一律緩刑三年。宣判後東蓀先生等人又被加上繩索，載入汽車，送回監獄。在監獄寫完出獄後不離開北平的保證書後，被放回家（先由自己的太太作保，出獄後另覓保人）。

東蓀先生出獄的日期，是一九四二年六月十八日，距離被捕的時間共六個月零十天，在北大紅樓的憲兵隊二個月，在砲局胡同的陸軍監獄四個月零十天。其間經過了一個極寒冷的冬天，與一個極悶熱的夏天，可謂諸苦備嘗。這半年多的時間，東蓀先生好幾次到了死的邊緣上，而竟得不死，可說是在死生的界面上，往返打了幾個轉身。東蓀先生恐怕是真的體會到了，什麼是「大難不死」。

前文著者曾說，在一九四一年十二月燕大被關閉，到一九四五年十月燕大復校於北平的近四年時間裏，東蓀先生既沒有論文發表，也沒有著作出版，現在讀者諸君，恐怕已經曉得其中的緣由了。這近四年的時間，有半年多是在日軍的監獄裏度過的；有三年屬於所謂緩刑期，憲兵安達平均每月必來東蓀先生家一次，以勸東蓀先生出山任事為由，監視東蓀先生，東蓀先生基本上沒有人身與學術的自由。為了抗日的事業，東蓀先生犧牲了健康、自由、學術與哲學，比起那些「南渡」教授們，東蓀先生失去得實在是太多了。

一九四五年五月十二日，東蓀先生寫完了他那篇著名的〈獄中生活簡記〉（一九四七年七月發表於《觀察》週刊），給世人保留了那一多難時期東蓀先生生活的片段。沒有他這一篇文章，我們便無從知曉他被捕前後、獄內獄外生活的稍詳細節。著者相信東蓀先生的敘說，是誠正無欺的，不會做自我粉飾，亦不會給讀者諸君以誤導。若諸君不信，可取鄧之誠先生記述同一事件的〈南冠紀事〉❻

（寫於一九四二年十二月二十七日）一文參讀之。鄧先生此文，雖與東蓀先生文在細節上小有出入，但基本情節是一致的。

十、轉向從社會學研究知識論

在「七七事變」到燕大被關閉(1937.7–1941.12)這一段時間裏，東蓀先生大概在燕大哲學系，新開設了一門名為「知識學」的課程。這門課程曾以《知識與文化》一書的初稿為講義，講了一學期。《知識與文化》一書寫畢於一九四〇年四月，定稿於一九四一年十月。一九四〇年十二月，吳文藻先生在陪都重慶發起刊行「社會學叢刊」，自任主編，東蓀先生（大概）於是擬將《知識與文化》一書，置入「社會學叢刊」出版（甲集第二種）。這套叢刊一九四三年十一月在重慶商務印書館出版費孝通先生的《祿村農田》一書，為第一本，一九四七年十一月在上海商務印書館出版瞿同祖先生的《中國法律與中國社會》一書，為最後一本，共出書八種。

《知識與文化》一書既於一九四一年十月便已定稿，本當立即可以出版，而成為「社會學叢刊」的第一部。但定稿不久，東蓀先生便被捕入獄，該書的出版也就拖延下來。這一拖就是將近五年，直到一九四六年一月，《知識與文化》才面世。

《知識與文化》一書，是「七七事變」到燕大被封這一段時間裏，東蓀先生親自審定的唯一一部著作。這部著作開了東蓀先生哲學的一個新紀元。東蓀先生十分看重這部書，在〈自序〉中強調：「本書中所說各端都是著者多年所積於心中的，至此可謂一吐為快

---

61 鄧先生此文載於《燕大文史資料》第一輯，頁15–42，北京大學出版社，一九八八年四月。

了。書中沒有一句話不是從我心坎中出來的；……著者特別將他人已經說過的盡量略去，故本書所說的全是個人的主張。」**⑫**

我說這部在「困居中寫成」**⑬**的著作，開了東蓀先生哲學的一個新紀元，並不是說東蓀先生在這部書裏，已經完全否定了自己以前的哲學。只是認為，東蓀先生的這部書為其哲學打開了一個新側面，換言之，是站在另一個側面與角度，來重新審視自己以前已經審視過的人類知識。人類知識既受到「外界限點」（外界架構）之制約，受到「先驗因素」（人類偏見）之制約，受到「境況」（種族偏見）之制約，同樣亦受到「社會因素」（現實需要）之制約。「七七事變」前的東蓀哲學，偏重於或者只注重於知識的前三種制約，而不談後一種制約；「七七事變」後的東蓀哲學，則偏重於分析後一種制約，而把前三種制約認為是當然前提，不再作過細討論。《知識與文化》一書，就是此種努力的開端。在該書之「後序」裏，東蓀先生說：「本書以知識社會學為出發點，以討論一切知識，例如哲學，名學以及政治思想，道德理論等。……而所研究的乃是知識之社會性 (social character of knowledge)。……所以我們研究人類知識而把其社會性抽除，乃是一個大大的『杜撰』。」**⑭**

強調知識的「社會性」，不意味著放棄了知識的「先驗性」與「種族性」，所以那種認為東蓀先生哲學沒有定見、前後矛盾的傳統見解，是站不住腳的。在中國哲學史上，只有一個東蓀先生，沒有兩個東蓀先生，區別只在前期的東蓀先生是背對著我們，而後期

---

⑫ 張東蓀《知識與文化》〈自序〉，重慶商務印書館，民三十五年一月。

⑬ 同上。

⑭ 張東蓀《知識與文化》〈後序〉，頁1，重慶商務印書館，民三十五年一月。

的東蓀先生則是面對著我們。不管是背對、面對還是側對，東蓀先生只有一個，就是真正代表了二十世紀中國知識論最高水準的那個哲學家。

《知識與文化》一書，規定了東蓀先生出獄以後的哲學方向。一九四六年，六十歲的東蓀先生，以驚人的毅力與速度，在半年之內，一連出版了三部極重要的作品——《知識與文化》(1946.1)、《思想與社會》(1946.3)以及《理性與民主》(1946.5)。這三部作品，從不同的角度，探討著同一個主題：人類之知識在多大程度上受制於人類之現實的社會需要，以及此種的受制是否會損害到知識的尊嚴。這三部中國哲學史上極重要的作品，在規定東蓀先生出獄後哲學方向的同時，也一下子把東蓀先生的哲學，提升到一個常人難以企及的高度。

如果我們把東蓀先生的入獄半年多和緩刑三年，共稱為東蓀先生的「虜獄時期」，那麼這三部作品中，除《知識與文化》是完成於「虜獄時期」之前外，其它兩部均是「虜獄時期」的作品。換言之，即使是在「虜獄時期」，東蓀先生也從沒有停止思考「虜獄時期」之前定下的哲學主題。我們可以設想，假如沒有「七七事變」，假如沒有燕大的被關閉，假如沒有近四年的「虜獄生活」，東蓀先生會把自己的哲學，同時也把二十世紀中國哲學，推進到一個怎樣的高度?!我們同樣亦可以設想，假如東蓀先生不留駐淪陷的北平，假如他同北大和清華的那些教授們，一起「南渡」，他獨具特色的哲學，又將是怎樣的一幅景觀?!

《思想與社會》一書之初稿，大約是寫於一九四三年初❻，即

---

❻　此時間據《理性與民主》一書之第一章〈序論〉。但我推定為一九四三年下半年，即東蓀先生出獄後一年左右。此項推定有兩個依據，一

東蓀先生出獄後半年左右。該書所討論的中心問題，與《知識與文化》一書一脈相延，就是要問：知識，尤其是以哲學為代表的理論知識，與有社會性的實際生活之關係究竟如何，二者之交涉究竟取何等樣式，「詳言之，實際的社會與人生其對於理論知識有何等的決定？反之，理論的玄想對於社會實況與人事行為究有何等的指導力與影響力？」❻簡言之，就是要在知識的「生物制限」（先驗因素）、「文化制限」（傳統習俗）以外，進一步追問，人類知識之「社會制限」（現實生活或社會組織）究竟如何。

「知識與文化」之書名，表示該書是討論知識的「文化制限」；「思想與社會」之書名，表示該書是討論知識的「社會制限」。兩書之根本思路，完全一致。所以東蓀先生把《知識與文化》與《思想與社會》兩書之關係，看得特別緊密，他說：

> ……研究知識可有三個不同的方面：即一是取心理學的態度；二是取哲學（即知識論或稱認識論）的態度；三是取社會學（即文化科學）的態度。我在兩年以前想把這三種態度合併在一起作一個綜合的知識論，遂寫成一書，其名是《知識與文化》。寫了這部書以後又拿他作講義在大學講了一次。當時就覺得尚留下許多問題在那書上未曾提到。後來雖時時

是張君勱先生為《思想與社會》一書所作之〈序〉是寫於一九四三年七月二十日，二是東蓀先生本人在該書〈序論〉中有如下的話：「我在兩年以前想把這三種態度合併在一起作一個綜合的知識論，遂寫成一書，其名是《知識與文化》。」《知識與文化》定稿於一九四一年十月，往後推兩年，當是一九四三年下半年。

❻ 張東蓀《思想與社會》〈序論〉，頁2，重慶商務印書館，民三十五年三月。

想再作一個補充而總是苦於人事碌碌沒有工夫。等到入了獄以後，初起精神甚為不振，不能思索，後來經友人勸慰，以為與其枯坐不如擇若干哲學問題來加以冥索。於是忽又有一些所見。只是苦於無紙筆，雖時有所思而無法記錄下來。出獄以後以致所思者已忘去大半，僅餘一個輪廓而已。本書可以說就是那個輪廓而又加以補充與修正始成功的。書中所說幾乎完全是增補前作《知識與文化》。亦可說就是《知識與文化》之續編。或稱之為姊妹編亦無不可。讀者苟沒有看見我那個前作則對於此書必多不瞭解。反之，我希望讀過那本書的人務必再求其一讀本書。❻

研究知識的「生物制限」，是為哲學的知識論；研究知識的「文化制限」，是為心理學的知識論；研究知識的「社會制限」，則為社會學的知識論 (sociological epistemology)。東蓀先生的目標，是整合此三個層面，而成就一種獨立的知識論。「七七事變」前，他重點討論的是哲學的知識論；「七七事變」後，他換了一個方向，重點討論心理學的知識論與社會學的知識論。總之東蓀先生作為一個哲學家，一生的重要工作，便是建立中國哲學史上從未有過的、獨立而又獨特的知識論系統。

《思想與社會》一書的結論是：「總之，本書所採取的立場是一種『交互主義』(interactionism)。」❻此處所謂「交互主義」，當然是指知識論上的交互主義。那什麼是知識論上的「交互主義」呢？東蓀先生的《知識與文化》一書，早有解釋。該書〈緒論〉說：

---

❻　同上，頁1。

❻　張東蓀《思想與社會》，頁204，重慶商務印書館，民三十五年三月。

第一是在知識以內的。即在知識內是感覺知覺與概念以及外
在的架構四者互相作用。外在的架構左右感覺。感覺支配知
覺。知覺供給概念。而概念卻又解釋知覺。知覺又決定感覺。
感覺混括外在者。這是第一次的交互作用。至於知識與文化
的關係亦是二者互相作用。知識受文化的限制。如言語在一
方面便足以限制思想，在他方面卻又可以助長思想。這是第
二次的交互作用。而在文化各方面卻亦有交互影響的情形。
如言語足以影響邏輯。邏輯又足以支配哲學。哲學能左右社
會政治思想。反之，社會政治思想又能決定哲學。哲學在暗
中卻指導邏輯。邏輯又能改造言語。這便是第三次的交互作
用。……著者對於知識係採取「多因素說」(multiple factors
theory of knowledge)，即謂知識不是決定於某一個因素。而
卻有多個因素互相作用於其中，感覺自是一個因素，而其背
後的外在者亦是一個因素，概念是一個因素，而其發為指導
作用的範疇亦是一個因素，不僅知識以內的感覺概念等為然，
而在知識以外的文化影響又在暗中左右知識，何嘗不是又一
因素呢！ [69]

很明顯，第一次的交互作用是「七七事變」前東蓀先生哲學的
重心；第二次的及第三次的交互作用，則是「七七事變」後東蓀先
生哲學的重心。

寫完《思想與社會》一書後，東蓀先生即著手撰寫《理性與民
主》一書。這部書被東蓀先生稱為「我在準俘虜生活中所寫的第三
書」[70]（按：此說也許有誤，《知識與文化》一書即寫成於入獄前）。

[69]　張東蓀《知識與文化》，頁6，重慶商務印書館，民三十五年一月。

第六章〈中國之過去與將來〉快寫完時，日本投降了，於是東蓀先生匆匆收筆，結束了該書的寫作。所以《理性與民主》一書當是撰畢於一九四五年下半年，定稿於一九四六年三月。同年五月交上海商務印書館出版。在時常有日本憲兵監視的三年緩刑期裏，東蓀先生竟完成了兩部重要著作的撰寫工作，真是一個奇蹟！

　　《理性與民主》一書，「依然是繼承前兩書中所說的問題而想從另一方面作進一步的發揮」❼。亦就是要說明「理性」在文化上之重要，以及理性與文化（民主）、「講理」與人類「開化」之關係。本書的結論是：「在此乃是把民主當作一個啟發人類理性之制度。……我以為唯有這樣的制度的文明方足以啟發理性而助長之；亦唯有富於理性的民族乃能真正澈底推行這個制度。二者本是互相因果與互相助長。」❼談到該書的目的，東蓀先生說：「可以說本書之目的在建立一個民主主義的人生觀與社會觀，亦就是從社會，歷史，哲學，與倫理學各方面以論述民主主義。」❼

　　若東蓀先生的話不誣，則吾人可以說，《理性與民主》一書所討論的主題，是前文所說的「第三次的交互作用」，亦即文化内部各因素間的相互作用。就是說，該書的確是與前兩書有主題上的「繼承」關係，而不是「另起爐灶」的新面孔。如果說《認識論》和〈多元認識論重述〉重點是分析「第一次的交互作用」，《知識與文化》和《思想與社會》重點是強調「第二次的交互作用」，那麼《理性

---

❼　張東蓀《理性與民主》〈序論〉，頁1，上海商務印書館，民三十五年五月。

❼　同上，頁1。

❼　同上，頁5。

❼　同上，頁6。

與民主》一書則無疑是以討論「第三次的交互作用」為主旨了。

　　隨著《知識與文化》、《思想與社會》、《理性與民主》這「準俘虜生活中所寫的」三書的出版，東蓀先生的以建立獨立知識論為主要目標的哲學體系，也就算最後完成了。六十歲以後的東蓀先生，又像年青時代的東蓀先生一樣，再次回到政治的領域，把主要精力投入到政治理論的研究和實際政治的操作中。那曾經夢牽魂繞的哲學，那曾經夢牽魂繞的知識論，漸漸地被淡忘了。

十一、完全徹底的民主主義者

　　在政治理論方面，六十歲以後的東蓀先生出版了被譽為「標誌著他政治思想的巔峰」**❼**的《民主主義與社會主義》(1948.7)一書。該書被列為上海觀察社編輯的「觀察叢書」之一種，在上海出版。該書討論的中心問題，是民主主義與社會主義之關係問題。東蓀先生認為，民主主義與社會主義同是西方文化上的產物，其根本在於自由、平等、公正、公意、公理、人權等幾個基本概念，其中「民主」又是這些概念的支柱。主張「民主」，其要旨是在於認定人人都是同樣知道是非善惡的，即認定人都是有理性的。所以「人之理性」(the rationality of man)的假定，乃是民主主義的前提。「理性」這個概念，與「自由」、「平等」、「公道」、「人權」、「民主」等概念，根本上是相連的，它們互相關聯，互相套合，連合為一個網形〔可名之曰「觀念群」(group of ideas)〕，共同托起民主主義與社會主義的大廈。所以「理性」、「自由」、「平等」、「公道」等範疇，雖都是

---

❼　〔美〕紀文勳《現代中國的思想衝突——民主主義與權威主義》，頁
　　　168，程農等譯，山西人民出版社，一九八九年。

信念，都是假定，都是「設準」(postulate)，但卻是人類迄今為止最崇高、最偉大的信念，最崇高、最偉大的假定，最崇高、最偉大的「設準」。所以東蓀先生堅信，「民主」乃是人類幾千年文明發展的最高成就，民主主義乃是人類政治的唯一正途，一切其它的政治制度，如專制制度等等，都是政治的病態。東蓀先生斷言，民主主義（與社會主義）乃是西方文化對於人類的最大貢獻，它是西方的道統，這個道統的價值要遠高於中國之道統的價值。中國不學習西方則已，若想攝取西方的文化，便非學習這個民主主義不可，並且學來了這一點，便已足夠。這個以「自由」、「平等」、「公道」、「公正」、「公理」、「公意」、「理性」、「人權」等範疇為基礎的民主主義，是西方道統中最可寶貴的財富，也是全人類的至寶。

這部在「授課時期」斷斷續續寫成的著作，是東蓀先生政治哲學的最完整表述。這部接續《理性與民主》一書而來的著作，表明東蓀先生是一個徹底的民主主義者，表明他已經徹底躍至中國文化的固有根性之外，而以西方精神為最後依歸。中國文化假定人生而不平等，他假定人生而平等；中國文化假定只有一個人有理性，他假定每個人均有理性；中國文化假定知識分子只能「輔治」，他假定知識分子必能也必須「自治」；中國文化以不平等為「天理」，他則以平等為「公理」；……總之東蓀先生的「中國頭顱」裏，充溢著的全是「西方精神」。

由於上海《觀察》週刊的編輯政策是「無黨無派」(nonparty)和「獨立不依」(independent)❼，很合乎東蓀先生的胃口，加上該刊

---

❼ 見主編儲安平一九四八年八月一日為《觀察》第4卷所寫的「報告書」，該「報告書」云：「我們絕對不願因為外來的意見而改變我們的編輯政策。我們的編輯政策是獨立的，不受外來干涉的。我們在商標上標

主編儲安平先生曾是上海私立光華大學政治系的畢業生，與東蓀先生有師生之誼（東蓀先生曾任光華大學文學院院長，或稱主任），所以六十歲以後的東蓀先生，與上海《觀察》週刊這一著名刊物，發生了極親密的關係。可以說，一九四六年以後，儲安平先生主編的《觀察》週刊，成了東蓀先生闡發其政治哲學與社會思想的最主要舞臺。從《觀察》週刊之目錄，及觀察社所編之「觀察叢書」的書目可以看出，在《觀察》週刊和觀察社最活躍的只有兩個人，一個是費孝通先生，一個便是東蓀先生。在從《觀察》週刊創刊(1946.9)到其被國民黨查封(1948.12)的二年多時間裏，東蓀先生共在《觀察》週刊上發表十四篇文章（且大多是長篇大論），闡發自己對於自由知識分子在這五千年未有之「大變局」中的命運，以及在此「大變局」中中國的出路。東蓀先生這些文章的題目，都十分搶眼，如：

〈中國之過去與將來〉(1946.9.1–1946.10.5)

〈政治上的自由主義與文化上的自由主義〉(1948.2.28)

〈經濟平等與廢除剝削〉(1948.3.6)

〈「民主主義與社會主義」補義〉(1948.8.28–1948.9.11)

等，此外還有〈獄中生活簡記〉（連載五期）、〈士的使命與理學〉（該文寫於一九三九年八月十二日，發表於一九四六年十一月二十三日，載《觀察》週刊一卷十三期）、〈我亦迢論憲政兼及文化的診斷〉、〈告知識分子〉、〈知識分子與文化的自由〉等重頭文章。這些觀點鮮明、個性鮮明的政論文字，一下子就把東蓀先生推到《觀察》週刊和觀察社的前台，成為這裏引人注目的關鍵人物。

明，nonparty和independent兩字，independent（獨立）是我們的主要精神之一。而我們所以如此者，就因為我們認為：要維持完整的人格，必須保有獨立的意志。這個原則是我們絕對不能放棄的。」

　　長達三萬五千餘言的〈中國之過去與將來〉一文，在《觀察》週刊上連載六期（創刊號至第六期），表達的是東蓀先生的史學觀。在這篇文章中，東蓀先生「以文化全體大流上之大變化為關節」，把中國五千年歷史分為十期，周朝以前即封建以前的文化時代為第一期，始於西周的封建成立時期為第二期，封建解紐的春秋戰國為第三期，以秦始皇置郡縣為開端的統一成立時代為第四期，以五胡亂華的南北朝為中心的大破壞時期為第五期，隋唐重返統一為第六期，外族在中國本土猖獗的金遼元宋為第七期，明為第八期，滿清為第九期，始以鴉片戰爭的西方列強勢力侵入時期為第十期，認為從一九四五年或稍後起，中國將踏入第十一期。認為由中國之過去，而推定中國之將來，出路只有一條，就是「必須徹底實行民主主義」，「因為民主主義和中國歷史上的傳統辦法完全相反。如果中國仍走歷史上的老路，則不僅中國永遠不能變為現代中國，並且中國人亦永久得不著人生幸福」**❼**。東蓀先生將這一條出路稱為「漸進的（即非革命的）社會主義的民主主義(socialistic democracy)」之路**❼**。

　　〈政治上的自由主義與文化上的自由主義〉發表於《觀察》週刊四卷一期。在這篇文章中，東蓀先生認定，已經錯過了「個人主義時代」而遺憾地遽然來到二十世紀的中國，政治上的自由主義已經不適合了，中國今後必須在政治、經濟方面實行計劃，而在文化、思想方面實行絕對的自由，「須知在計劃社會中政治經濟等是沒有絕對自由了，但我們還不能不要絕對的自由。這個絕對的自由應該在文化與思想方面。如果社會因具有計劃性而有些呆板，則我們尚

---

❼　張東蓀〈中國之過去與將來〉，載《觀察》週刊創刊號至第六期（1946.9.1–1946.10.5）。

❼　同上。

留一個絕對活潑的田地在其旁邊。……這就是文化方面的絕對自由。我主張在這一方面使中國養成良好的自由傳統，充分培養個人主義的良好方面。……文化上的自由存在一天，即是種子未斷，將來總可發芽。所以使這二者（即計劃的社會與文化的自由）相配合，便不患將來沒有更進步的制度出現」**❼**。

　　以上諸文，均是發表於《民主主義與社會主義》一書出版前。該書出版後，東蓀先生又於一九四八年八月十日撰完一篇〈「民主主義與社會主義」補義〉，發表在《觀察》週刊五卷一一三期（連載三期）上。該文是補充《民主主義與社會主義》一書之不足或未備，是東蓀先生政治哲學和社會思想的進一步延伸。該文最後說：「我只希望今天關心或與聞整個中國命運的人，不論成年或青年，都能將固有的反覆思考能力發揮出來，以悲憫的胸襟以迎接這個世界大變局。倘我這個希望不為非當，諸位先生定能較我有更大的貢獻，使此希望不致落空。」**❼**文章的語氣，似有一點「與言後事」的味道了。

　　以上是講六十歲以後的東蓀先生，在政治理論方面研究的情形。在實際政治方面，六十歲前後的東蓀先生，更是一個極為活躍的人物。一九四四年九月十九日至二十一日，東蓀先生參加了中國民主政團同盟在重慶召開的全國代表會議，和張瀾等三十三人一起被選為中央執行委員**❽**，梁漱溟、張君勱等八人被選為常務委員。

❼ 張東蓀〈政治上的自由主義與文化上的自由主義〉，載《觀察》週刊四卷一期(1948.2.28)。

❼ 張東蓀〈「民主主義與社會主義」補義〉，載《觀察》週刊五卷一一三期(1948.8.28–1948.9.11)。

❽ 據李振霞《中國現代哲學史綱要》上冊，頁69，紅旗出版社，一九八

會議決定改中國民主政團同盟為中國民主同盟。一九四五年十月一日，值國共兩黨和談之際，中國民主同盟在重慶召開臨時全國代表大會，力促民主憲政的實現。東蓀先生是否參加了此次臨時代表大會，不得而知。但作為中央執行委員，按理應當參加。

一九四六年一月十日，政治協商會議在重慶開幕，東蓀先生代表國家社會黨，專程從北平趕來參加會議。參加此次會議的共有三十八人，其中國民黨代表八人、共產黨代表七人、青年黨代表五人、民主同盟代表九人、社會賢達九人。一月十四日，東蓀先生在會上作了關於人民基本權利的發言。一九四六年三月十日在寫《理性與民主》一書之〈後序〉時，東蓀先生回憶當時情形說：

> 在那裏遂使我們不能不覺悟英美式的民主政治在中國是有問題的，即因為官僚資主的狀態一天不打倒，則英美式的民主政治一天無由實現。所以中國的經濟狀態是對於中國的民主化之一種阻礙。關於這一點我曾在重慶星五聚餐會上向各工商業人士說明中國很難走上英美式的自由主義資本主義的經濟路線。當時有人問我：能否走蘇聯的路，……我對於這個問題的解答是：統制以不損害自由為限；同時因統制反是以增長自由。所以經濟上的統制與文化上的自由主義在根本上並無衝突。……總之，統制只是手段，而必須有目的。倘使目的在於官僚發財，則一切統制都變為罪惡。所以在官僚資本主義未打倒以前，無法談經濟的統制。❽

六年十二月。

❽　張東蓀《理性與民主》，頁190–191，上海商務印書館，民三十五年五月。

　　至於如何打倒官僚資本，以及打倒以後如何使官僚資本不在新制度下再生，東蓀先生並沒有提出，也無法提出具體的辦法。

　　一九四六年八月十三日，已於一九四一年加入中國民主政團同盟的國家社會黨，與原在海外由伍憲子領導的民主憲政黨在上海合併，組成中國民主社會黨（簡稱民社黨），張君勱、伍憲子分任中央組織委員會正、副主席。黨的宗旨有所變更，由原來主張「國家社會主義」，改為主張「民主社會主義」，提出「民主主義的政治」、「社會主義的經濟」、建立超階級、超黨派之政府等方針，主張走「第三條道路」。東蓀先生是國社黨之創始人和中央總務委員，對於本黨之改組和黨綱之變化，當是十分清楚的。但沒有找到材料證實，東蓀先生直接參與了這一過程。

　　一九四六年十一月十五日，國民黨操縱制訂「中華民國憲法」的「制憲國大」在南京召開（十二月十五日閉幕）。出席代表一千三百餘人，其中國民黨黨員佔85%。中國共產黨和中國民主同盟採取了抵制態度。但中國民主社會黨參加了此次國大。一九四六年十二月，中國民主社會黨被民主同盟開除。

　　一九四七年一月一日，南京國民政府公佈一九四六年十二月二十五日「國大」通過的「中華民國憲法」，規定自同年十二月二十五日起施行。四月十八日，國民政府公佈國民政府委員及五院院長名單，正式宣佈改組政府，實現「還政於民」。二十九位國府委員中，國民黨佔十七位，青年黨四位，民社黨四位，社會賢達四位。張君勱先生代表民社黨與國民黨簽訂「新政府之施政方針」，並提出民社黨參加國民政府的名單。七月，在民社黨第一次全國代表大會上，張君勱先生當選為中央主席。

　　作為民社黨的核心人物，東蓀先生對張君勱先生的代表民社黨

參加南京國民政府，是持反對態度的。所以在民社黨參加政府而尚未登臺時（一九四七年四月），身在北平的東蓀先生和梁秋水先生，便致函其老友張君勱先生和胡海門先生，詢問民社黨的參加政府，對於促成國內和平與人權以及人民自由的保障，有無把握。在此之前不久，東蓀先生還發表過好幾篇文章，闡明自己對於和平的主張和努力，「發表打入人們心坎的擁護和平的宏論，說出愛好和平的人士內心所蘊蓄的願望和問題」⑫。東蓀先生認為，當時國內問題的關鍵是國共衝突的調解，國際和平的關鍵在美蘇對立的緩和。所以他認為在當時的情形下，國人既不要反蘇，也不要反美，而是要讓中國成為美蘇間和平的橋梁。他認為當時的首要任務，是在政治上調解國共間的衝突，促成國內和平，並進而鞏固國際和平，而不是要急於參加什麼政府。當張君勱先生的代表民社黨參加南京國民政府已成現實時，東蓀先生便公開表示，他將脫離民社黨。至此，張東蓀與張君勱，這對幾十年來「相呴以濕、相濡以沫」的老友，終因政見的不同，而分道揚鑣。從此民社黨的事情，與東蓀先生無關。

　脫離民社黨以後，東蓀先生即以個人名義繼續留在民盟之內，並成為民盟的重要成員。剛剛脫離民社黨，東蓀先生即到上海正式擔任民盟秘書長一職。這是民盟的一個重要職位。東蓀先生在民盟努力工作，是想由民盟來貫徹其拉攏國共、實現和平民主的理想。可惜這個理想，在現實政治的波濤中，無緣實現。看看國內和平毫無希望，無從著手進行其和平工作，在擔任了一個時期的民盟秘書長以後，東蓀先生便回到北平燕京大學，繼續去教書了。但教書不

---

⑫　俞頌華〈論張東蓀〉，載葛思恩、俞湘文主編《俞頌華文集》，商務印書館，一九九一年二月。

能抹滅他和平的理想，他表示等到有和平可能的時機到來時，會再來努力一番。

在二十世紀中國政治舞臺上，民盟是一支重要的政治力量。民盟的前身是一九三九年十月由國民黨政會中各中間黨派和部分民主人士（在重慶）發起組織的統一建國同志會，當時共有中國青年黨、中國國家社會黨（東蓀先生係創始人之一）、第三黨之「三黨」，救國會、中華職業教育社、鄉村建設派之「三派」，以及無黨派人士參加該同志會。一九四一年三月十九日，該同志會在重慶秘密召開大會，正式成立中國民主政團同盟，成立了以黃炎培為中央常務委員會主席（此職不久由張瀾繼任）的中央領導機構。一九四四年九月十九日至二十一日，為了適應形勢發展，便於擴大組織，中國民主政團同盟在重慶召開全國代表大會，決定將該組織改名為中國民主同盟，盟員以個人名義加入。從此民盟擺脫了青年黨的控制，隊伍迅速發展壯大。至一九四五年十月一日重慶臨時全國代表大會時，民盟盟員已達三萬餘人。一九四六年一月十日，民盟有九位代表參加了在重慶召開的政治協商會議，佔全部三十八位代表的四分之一強。一九四七年十月二十七日，國民黨政府公開宣佈「中國民主同盟」這個最大的民主黨派團體為非法，十一月五日，民盟總部被迫解散。一九四八年一月五日至十八日，民盟總部在香港重建。一九四九年民盟曾赴解放區參加建立新中國的籌備工作。

民盟是二十世紀中國政治舞臺上，「中間路線」或「第三條道路」的代表和中堅。它主張中國既要反對國民黨一黨專政，又不能走中國共產黨倡導的無產階級專政的社會主義道路，而是應當走一條介於二者之間，經由改良主義，實現英美式的多黨競爭議會政治的「第三條道路」。它提出了「政治民主化」和「經濟民主化」的

共和國方案，主張在「政治方面比較多採取英美式的自由主義與民主主義，同時在經濟方面比較多採取蘇聯式的計劃經濟和社會主義」。它反對暴力革命，主張漸進地改良；倡導世界和平，主張兼親蘇美的外交路線。這些設想，儘管均沒能在中國的大地上實現，但其作為中國知識分子智慧的結晶，畢竟為多災多難的中國，指明了一條也許可以實現的自我拯救的途徑。

東蓀先生後來一直擔任中國民主同盟中央常務委員。他和民盟的關係，一直持續到一九五〇年他被指控犯有重大叛國罪，民盟開除其盟籍止。

當東蓀先生一九四七年脫離民社黨的時候，有一部分人鑑於其資深望重，希望他能挺身而出，另行組織新黨以領導和平運動。東蓀先生老友俞頌華先生於是分析說：

> 張氏不僅現在無意組織新黨，並且在將來也不會有此舉動。我很瞭解他的性格，故我敢作此預言。我敢大膽斷言，張氏是見義勇為的，但如果有人希望他出而組織新黨，那他一定要失望的。何以故？因為他是徹頭徹尾的一個自由主義者，他有獨特的見解與主張，他喜歡獨往獨來，特立獨行，而不願受任何拘束的。對於什麼政黨的所謂鐵的紀律，他是感到頭痛的。我相信他絕對不願接受任何「鐵的紀律」以束縛其自由，同時他亦不敢以此加於他人，使別人的自由受到限制。你看他雖並未辭去民盟秘書長之職，但他最近在《觀察》、《時與文》及《文匯報》發表三篇有力的文章（說明他在政協會議努力的用意，和談失敗的原因，以及中國在美蘇對立中自處之道），都有獨特的議論，而他自己也在文章裏聲明，他這

些議論都是他個人的見解和主張，並不代表民盟。由此就可
明瞭他雖身居民盟要職，但在主張上卻是不受民盟拘束的。
他的個性如此，怎麼會組織新黨以作繭自縛呢？ ⑧⑧

　　本來在三十年代的組織國社黨，就不是為組黨而組黨，只是為
了抵制國民黨「黨外無黨」那句話。現在國內和平無望，一切和平
的努力均告失敗，他再出來組黨，又有什麼意義？東蓀先生不是一
個黨人，也成不了一個黨人，他不會為了組黨而組黨，不會假組黨
之名謀一己之私利。他是一個學人，一個哲學家，他參加黨派，參
加政協，為國內和平及世界和平而奔忙，完全是出於一個有良知的
知識分子對於民族和人類的責任感。他也許偶而也帶一些「私心雜
念」， 但他卻永遠也不可能同那些政客，同那些以黨營私的人，站
到一起。

　　轉眼到了一九四九年，東蓀先生六十三歲。一月一日，中國人
民解放軍北平軍事管制委員會成立，北平陷入重重包圍之中。東蓀
先生以「民盟代表」的身份，穿梭於北平內外，主張和平解放北平，
讓這座聞名於世的古都和文化名城，免遭兵燹和戰火。在這個過程
中，東蓀先生曾作為守軍傅作義將軍的和談代表，參與同共產黨軍
隊的談判。一月三十一日，北平和平解放。

　　這年的九月二十一日，中國人民政治協商會議第一屆全體會
議，在北平中南海懷仁堂舉行。東蓀先生作為中國民主同盟的代表，
參加了此次會議。出席會議的代表共六百六十二人，分別代表中國
共產黨、中國國民黨革命委員會、中國民主同盟、中國民主建國會、
中國民主促進會、中國農工民主黨、中國人民救國會、三民主義同

---

⑧⑧ 同上。

志聯合會、中國國民黨民主促進會、中國致公黨、九三學社、臺灣民主自治同盟等黨派，無黨派民主人士、各人民團體、人民解放軍、中華全國總工會、中國新民主主義青年團、中華全國婦女聯合會、學生聯合會等團體，以及少數民族、國外華僑、宗教界等。中國民主同盟主席張瀾當選為中央人民政府委員會副主席；東蓀先生則同周恩來、陳毅、董必武等五十六人一起，當選為中央人民政府委員會委員。會議於九月三十日閉幕。從這一天起，北平復改名為北京。

一九四九年十月一日，中華人民共和國成立。十月二十一日，中央人民政府政務院成立。同一天，中央人民政府政務院文化教育委員會召開第一次會議，宣佈成立。文化教育委員會主任郭沫若，副主任馬敘倫、陳伯達、陸定一、沈雁冰。該委員會隸屬中央人民政府政務院，但規格高於政務院其他專管行政部門。它負責指導文化部、教育部、衛生部、科學院、新聞總署和出版總署的工作。東蓀先生當選為中央人民政府政務院文化教育委員會委員。

一九四九年十二月，東蓀先生的〈公孫龍的辯學〉一文，在《燕京學報》第三十七期發表。不久，他將此篇論文之抽印本贈送馮友蘭先生❽。

十二、一九五〇年以後的「日子」

一九五〇年，東蓀先生六十四歲。從這一年起，他被判犯有重大叛國罪，罪狀是與敵國（顯然是指美國）私通。千家駒先生《七十年的經歷》(1986.6) 一書的第三部分，有一個段落，叫〈記張東

---

❽　見蔡仲德《馮友蘭先生年譜初編》頁 353 之記載，河南人民出版社，
　　一九九四年十一月。

蓀案件〉，講述了這一被稱為「張東蓀案件」的事件的詳細經過。千先生說他曾受中國民主同盟中央的委託,整理張東蓀的叛國材料,得以見到全部的檔案材料和東蓀先生的親筆信件,因而對「張東蓀案件」的經過知道得比較清楚。千先生稱民盟開除東蓀先生的報告書,是由他起草的。千先生還保證說,所述案情雖事隔多年,但除了文字上可能有所出入外,基本情節肯定是不會錯的。現將千先生所述「張東蓀案件」轉錄如下:

張東蓀是中國民主同盟中央常務委員。中華人民共和國成立後,被選任為中央人民政府委員,是著名的民主人士之一,後來忽然銷聲匿跡了,其中的內幕我是比較清楚的,不可以不記。

張東蓀是前燕京大學教授,資格很老,原為研究系分子(研究系是民國初年的一個保守政治派系,以梁啟超為首)。後與張君勱等組織國社黨,國社黨後又改名為民社黨。張東蓀是民社黨的領導人之一。民社黨於一九四八年參加了蔣介石政府召開的偽國大,張東蓀乃與張君勱分道揚鑣,仍留在中國民主同盟之內。在北平和平解放談判中,張東蓀曾奔走其事,頗以此自鳴得意。其實,北平和平解放乃大勢所趨,人心所向,張東蓀做了些工作,可能以此居功。中華人民共和國成立後,張東蓀任中央人民政府委員,地位不可謂不高。但張東蓀是不滿意共產黨政權的,他是一個投機取巧的政客,暗中竟與美帝特務王某通情報。王某被捕,政府已完全掌握張東蓀的罪證,張尚蒙在鼓中,政府亦不動聲色,通過燕京大學的群眾運動,逐步深入地把張東蓀的問題揭發出來。

燕京大學（美國教會辦的大學，校長即一度任美國駐華大使
的司徒雷登，解放後被合併於北京大學）進行教育改革運動，
學生群眾要張東蓀交代問題。張東蓀還以為群眾甚麼也不知
道，竟然表功一番，說自己一向同情中國共產黨，在抗戰時
期，給中共做了不少工作，輸送了不少燕大學生到解放區去。
當然這可能也是事實。但張東蓀反共思想是一貫的。燕大群
眾揭發了張東蓀於一九三三年為某一本書親筆題辭:「要我在
法西斯與共產主義之間作一選擇，無異於要我在槍斃與絞刑
之間作一選擇」（大意，原文辭句不復記憶）。於是張東蓀一
向同情共黨的「進步」的假面具被揭破了。張東蓀不得不承
認他歷史上是反共的，但他認為自己至少是愛國的，並舉出
他在太平洋戰爭時期，曾一度被日本憲兵隊逮捕以為證。他
說在抗戰期間他所以沒有去大後方，是由於自己留戀小資產
階級生活，怕吃苦。但燕大群眾立刻有人揭發在淪陷期間張
東蓀與敵偽勾結，推薦國社黨的王漢任華北偽組織的教育總
署督辦（即華北偽政府的教育部長）。　為了酬勞張東蓀的推
薦，王漢每月叫他兒子送米、煤給他，有時送晚了，張東蓀
還要大發脾氣。漢奸王漢已經鎮壓了，這是王漢的兒子親自
揭發的。於是張東蓀「愛國」、「抗日」的假面具也被徹底揭
穿了。原來張東蓀不僅歷史上一貫反共，還當過漢奸，不過
自己不出面，做漢奸的幕後軍師而已。但這些究竟是歷史問
題。等到群眾要張東蓀承認與美帝國主義勾結，給美帝通情
報時，張東蓀這才著了慌。他最初堅決不承認，後來面對鐵
的事實，他不得不供認了。原來與張東蓀聯繫的美國特務王
某已被公安部門所逮捕。據王某招供，當第一屆全國政治協

商會議開會時，張東蓀送了一份名單給美國國務院，凡他認為將來可以與美國合作的民主個人主義者，他都做了記號。有的是雙圈，有的單圈。又當我國政府決定抗美援朝時，他把消息透露給王某，並叫他趕快離開北京去香港。凡此種種，人證物證俱在。這是現行反革命的罪行，是通敵賣國的行為。於是張東蓀不得不寫了自我檢查，交代他的一切罪行。他說，他估計世界第三次大戰一定要爆發，大戰結果，蘇聯必敗，美國必勝。美國勝利後，蔣介石就要返回大陸。他對蔣介石無好感，而且張東蓀與中共合作過，蔣介石亦不會放過他，所以他要求美國不要支持蔣介石返回大陸，而支持中國的民主個人主義者，這時張東蓀願意出來，收拾中國殘局。他說，在他的晚年，曾為北京的和平解放作出了貢獻，如能在蘇美三次世界大戰後，調停蘇美之間，在中國由他出來收拾殘局，再做出了貢獻，那就於願已足了。這真是白日做夢，一個極端狂妄政治野心家的自白書。但他也知道通敵叛國的罪行是可以判死罪的，所以他希望中共當局能免他一死，哀嘆以「望七之年」（張年近七十歲），寬恕了他。

當時有些民主黨派的頭頭們不明張東蓀反革命案的真相，以為燕京大學群眾整他未免過火。李濟琛、張瀾、梁漱溟三人曾當面向毛澤東求情。毛澤東對他們說：「張東蓀通敵有據，人證物證俱在，許多黨內同志都要求將他逮捕法辦，我們對他已經夠寬大的了。」李、張等才恍然大悟，再也不敢進言了。張東蓀雖被免去中央人民政府委員，但未逮捕法辦，而且工資照發，把他養了起來。中國民主同盟也隨即將張東蓀開除盟籍，從此張東蓀的政治生命永遠終結。❽❺

從千家駒先生的記述可以看出，東蓀先生的「重大叛國」罪行，主要有三項：⑴一貫持有反共思想，其同情中共的「進步」面具是假的；⑵雖自己不出面，但做過漢奸的幕後軍師，實即是自己當漢奸，故其「愛國」、「抗日」的面具也是假的；⑶與美帝國主義勾結，暗中與美帝特務王某通情報。前一項罪行被稱為「反革命罪」，後二項罪行被稱為「重大叛國罪」。故「張東蓀案件」有時被稱為「張東蓀反革命案」，有時又被稱為「張東蓀重大叛國案」。

千家駒先生的〈記張東蓀案件〉一文，是目前著者所能見到的有關這一事件的最詳盡文字。不管所記述者，與實情是否有出入，出入又有多大，其意義總是不可磨滅的。只因為「張東蓀案件」是一個未了的案件，用專業術語說，是一個未「結案」的案件，吾人無法通過官方公佈的案情，瞭解這一事件的真相，千先生那篇文字便顯得尤為珍貴。著者曾訪問東蓀先生的後人（主要是他的孫子），希望對這一事件有更深的瞭解，但其後人對此也是所知甚少，不甚了了。只是聽東蓀先生之孫張飴慈先生提起，當「文革」批鬥中有人指責東蓀先生有賣國行為時，已經麻木不仁、長日不語的東蓀先生，會突然暴跳起來為自己申辯，表示自己一生都是愛國的，不曾也不會賣國，不曾也不會叛國。

千家駒先生〈記張東蓀案件〉一文記述說，燕大群眾揭發東蓀先生1933年為某一本書親筆題辭：「要我在法西斯與共產主義之間作一選擇，無異於要我在槍斃與絞刑之間作一選擇。」著者在此有一個補充，就是「燕大群眾」所說的「某一本書」，實即是東蓀先生所編《唯物辯證法論戰》一書，該書一九三四年十月（不是「燕

❽ 千家駒〈論張東蓀案件〉，載其《七十年的經歷》一書，頁212-214，香港鏡報文化企業有限公司，一九八六年六月。

大群眾」所說的一九三三年）由北平民友書局出版。所題的那句話，
也不是東蓀先生本人的話，而是東蓀先生抄錄美國哲學家柯亨
(Morris Raphael Cohen, 1880–1947)在其〈我所以不做共產主義者的
理由〉一文中說過的一句話。原文是：「如有人要我在共產主義與
法西斯主義二者中選擇其一，我就會覺得這無異於選擇槍斃與絞刑。
柯亨語（見附錄）東蓀書」時間弄錯了，題在哪一本書上也不知道，
更不知那句話是誰說的，可見「燕大群眾」雖擅長「揭發」，　卻是
不太讀書的。

　　關於這一案件，美國學者紀文勳先生說：「共產黨在北京掌權
後，張東蓀又被委任為新的人民政治協商會議的代表。因為他對共
產黨專政日益持批評態度，一九五〇年便被指責犯有重大叛國罪，
和敵國——顯然是指美國——私通。他在做了無數檢討之後，總算
逃脫了刑罰，但卻不得不辭去了教授職位。一份有待證實的報告說
是毛澤東使張東蓀免除了悲慘厄運，毛親自建議張辭職，答應只要
張『閉門讀書』就保證其生活和安全。」[86]毛寬恕張一事，紀文勳先
生之說也許可以和千家駒先生之記述，相印證，表明確有其事。

　　如果著者沒有猜錯，從一九五〇年到一九五二的這兩年，肯定
是「燕大群眾」揭發和控訴東蓀先生「罪行」的時期。一九五二年，
燕京大學作為「帝國主義對中國進行文化侵略的工具」[87]，被取消
建制，待沙灘北京大學入燕園，併入北京大學，東蓀先生成為北京
大學教授，「燕大群眾」自然也就變成為「北大群眾」。「北大群眾」

---

[86]　〔美〕紀文勳《現代中國的思想衝突——民主主義與權威主義》，頁
　　　169，程農等譯，山西人民出版社，一九八九年。

[87]　見蔡仲德《馮友蘭先生年譜初編》頁375之記述，河南人民出版社，
　　　一九九四年十一月。

是不是曾繼續揭發和指控他，吾人不得而知。

東蓀先生雖然未遭逮捕法辦，但其「叛案」的後果，依然連續不斷地顯示出來。先是被免去中華人民共和國中央人民政府委員會委員及政務院文化教育委員會委員之職；然後是被中國民主同盟開除盟籍；一九五二年，燕京大學被取消建制的這一年，他被剝奪公民權；一九五八年，在繼續作了六年的空頭「北京大學教授」（有教授頭銜，卻不許授課）後，東蓀先生被迫辭去教授職務，檔案、人事關係轉至北京市文史館。

短短的幾年間，東蓀先生不僅被剝奪了參政權、公民權，而且被剝奪了工作權，成為一個失業者。更為離奇的，他還被剝奪了在燕園、在北京大學的居住權。他被迫從（燕園）北大朗潤園一七八號原住地，遷到成府一處平房，作為勉強安身之所。他的檔案、人事關係雖已被轉至北京市文史館，算是調動工作。但東蓀先生卻從來沒有，也不可能到文史館去上班，從來沒有，也不可能到文史館去領工資。這時候的東蓀先生，名有工作，實為失業。

東蓀先生被迫從北大朗潤園遷出，是在一九五八年。一代哲人，就這樣被趕到北大東門外成府的一處平房。在這處低矮昏暗的平房中，東蓀先生熬過了漫長的十年。這隔絕於政治、人事和雜務的十年，如果能用於哲學的創造，其成就該會是如何的輝煌！可惜這十年，東蓀先生從七十二歲熬到八十二歲的這十年，恰是一個不需要哲學，並進而嘲弄蔑視哲學的年代。哲學家，活在這樣的一個年代，真是「牛馬不如」！

這還不算，還有比「牛馬不如」更嚴重的災難。一九六八年一月二十三日，好不容易在成府低矮昏暗的平房中，熬過了十年孤苦無依日子的東蓀先生，被投進了北京昌平秦城監獄。這一年東蓀先

生八十二歲。入獄的理由，吾人不知道；入獄後「待遇」如何，吾人亦不清楚。吾人只知道，入獄後的東蓀先生，未經審判，便病死獄中。他病死獄中的時間，是一九七三年的六月二十三日。這一年，東蓀先生八十七歲。他在獄中拖過了漫長的五年多。

入獄五年多而沒有審判，不給一個「說法」，這在任何一個文明國家、法制國家，都是不可思議的，但在那時的中國，這卻是一件極平常的事情。一九四一年，入北平日本陸軍監獄的那一次，半年後審結、作宣判，東蓀先生還覺十分漫長，一次又一次地去自殺；這一次可是五年多，五年多不審判、不宣判，不知東蓀先生在獄中又作如何感想！他是不是又想到了自殺，又想以自殺來反抗這「求生不能、求死不得」的無奈時光？

一九四二年六月從北平日本陸軍監獄出來後，東蓀先生對於「監獄制度」曾有一個感慨，想來意味深長。他說：

> 最後我要強調來說的就是監獄制度萬萬要不得，必須廢除。因為坐監決不能改變人們的性格，而只有反把人性激成偏狹。世上有許多革命家都是坐過牢的。他們的性格反而比常人來得激烈。我願意把自己作一個有力的證明。……於是我發見坐過監牢的人自會有「革命性」。❽

「監獄制度」不管如何要不得，「監獄制度」卻會永遠存在。東蓀先生寫這段話，是在一九四六年的五月，到他再次入獄，已經過去二十多年。二十多年後，「監獄制度」還存在；二百多年後，

---

❽　張東蓀〈虜獄生活簡記〉，見其《民主主義與社會主義》之〈附錄〉，頁96，上海觀察社，民三十七年七月。

「監獄制度」肯定還會存在；二千多年，二萬多年後又如何呢？吾人敢斷言，它還會存在。而且「革命家」之所以革命成功，是因為他有機會從監獄中出來，表明「監獄制度」還不「完善」；假如它「完善」了，假如它關你進去，就不讓你再出來，你有再大、再強、再猛的「革命性」，又能如何?!監獄的確是可以培養「革命性」的，但監獄同樣亦可以把這「革命性」，扼殺在監獄中，讓那想「革命」的人們，永無抬頭的希望！

東蓀先生這一次的入獄所引致的結果，可以說是「家破人亡」。受其牽連，生物學家，長子張宗炳，一九六八年和東蓀先生同時入獄，一九七五年出獄後精神失常；物理學家，次子張宗燧，一九六九年服安眠藥自殺於北京；化學家、社會學家，三子張宗爔，一九六六年攜妻雙雙上吊自殺於天津；東蓀先生之次孫，張宗炳先生之次子張鶴慈，亦曾被勞教十六年(1963–1979)。

一九四九年七月，各地哲學工作者發起組織的中國新哲學研究會，在北平召開發起人會議。會上東蓀先生和金岳霖、湯用彤、鄭昕等十一人，被選為籌備會常務委員會委員❽。這是東蓀先生作為哲學家，在中國哲學界的最後亮相。

一九五〇年到一九五二年，在燕京大學生命的最後二年裏，東蓀先生曾講授「中國哲學史」一課，並編有這門課的講義。他把這個講義的一節擴充成為〈中國哲學史上佛教思想之地位〉一文，於一九五〇年六月在《燕京學報》第三十八期發表。不久又取該文中「本無與性空」一段，以〈本無與性空〉為題，發表於《現代佛學》一卷一期 (1950.7?)。這是東蓀先生一生裏，留給我們的最後文字。

---

❽　見《中國哲學年鑑(1982)》頁298之記載，中國大百科全書出版社，一九八二年十一月。

他從此沒有發表一個字，沒有說過一句話。他沉默下來，距他離開這人世，還有整整的二十三年。

謝泳先生在〈張東蓀這個人〉一文中，曾說過這樣的話：

> 一九七三年，張東蓀離開了這個世界。此前，受其連累他的次子中科院學部委員，著名物理學家張宗燧，三子社會學家張宗穎，已先後自殺。一九四九年後張沒有寫什麼東西，張東蓀的長孫張飴慈在致程朝富的信中說，他曾寫過自傳和許多詩，但在「文革」抄家前燒掉了，僅留下七十多首舊體詩。一代哲人，就這樣走完他的人生路程。他是一八八六年生人，一九七三年該是八十七歲，自然年齡是高壽了。但作為哲學家的張東蓀在一九四九年就死了，那時他也不過六十三歲。⑨

謝泳先生說作為哲學家的東蓀先生，是死於一九四九年，自有他的道理。但據我推斷，這個時間應該延遲到一九五○年，因為一九五○年後東蓀先生才是真的沒有發表任何東西。一九五○年後那漫長的二十三年裏，東蓀先生也許寫過許多東西，但現在我們已經無緣見到，因而只能視之為無。他作為哲學家，是在一九五○年死去的。

他作為社會活動家和政論家，也是死於一九五○年。

他作為一個生物體，直到一九七三年才死去。這最後的二十三年，不僅是虛度，而且是「白活」，儘管一切都是在無可奈何情形中

---

⑨　謝泳〈張東蓀這個人〉，見其《舊人舊事》，頁43，上海人民出版社，一九九六年三月。

發生的。

這二十三年的「虛度」與「白活」，對東蓀先生個人是一個大損失，對中國社會的民主化進程是一個大損失，對中國哲學的發展與成長，更是一個莫大的損失。

縱觀東蓀先生的一生，這八十七年，吾人可以大致地分為五個時期：

(1)從出生(1886)到從日本學成歸國(1911)為第一期，1–25歲，為求學時期。此期又分兩截，從出生到東渡日本(1905)為一截，在其兄張爾田（孟劬）先生督責下接受傳統經學教育；從東渡日本到學成歸國為另一截，在日本東京帝國大學接受西方哲學、心理學、政治學教育，並從那裏畢業。

(2)從學成歸國(1911)到脫離報界(1924)為第二期，25–38歲，為政治研究時期。此時期主要是為遂其「救國的念頭」，而從事報刊工作，發表其對當時政治、社會等方面的種種見解；同時亦在學術方面，做很多引介西方哲學的工作。

(3)從脫離報界到「七七事變」(1937)為第三期，38–51歲，為哲學體系創立時期。多元論的知識論、架構論的宇宙觀、弱至善論的道德哲學，均創立於這一時期，並在這一時期得到學界承認；同時亦對西方哲學，作不遺餘力的引進工作；並在各大學培養大批人才。

(4)從「七七事變」到被控犯有重大叛國罪(1950)為第四期，51–64歲，為哲學體系拓展時期。此期亦可分為兩截，從「七七事變」到一九四六年為一截，主要是從哲學的知識論及心理學的知識論，轉向社會學的知識論及文化學的知識論，建立「獨立知識論」的努力沒有放棄；從一九四六年到一九五〇年為另一截，主要從事

政治哲學的研究及參與實際政治活動，以實現其徹底的民主主義與自由主義的理想。

⑸從被控犯有重大叛國罪到病死北京昌平秦城監獄(1973)為第五期，64-87歲，為學術沉默時期。此時期亦可分為兩截，1950-1968年為一截，東蓀先生失去各種社會任職、公民權、教授職務等；1968-1973年為另一截，東蓀先生不僅失去思想自由、著述自由和言語自由，而且進一步失去人身自由（或曰肉體自由）。

東蓀先生的一生，是二十世紀中國知識分子的一個縮影，是他們奮鬥與命運的一個典型代表。吾人瞭解東蓀先生，其實不只是瞭解他本人；從東蓀先生的一生中，吾人讀出的，其實是整個二十世紀中國知識分子的命運。

「人生好像一個危險的長橋」，東蓀先生經常這樣說。他本來是想安然地走過這座「危險的長橋」的，可惜時代沒有給他這樣的機會；他跌落下去了，跌落到政治與人生的深淵中，萬劫不復。

第二章　世俗日常：
「我自信俯仰無愧」[1]

至於我個人卻在潮流向右的時候決不右，所以即使在舉世向
左時亦還是老樣子。……我在我的書中往往提到"士"的使
命，就是我自己知道開口農閉口工不是我的本份，做教員就
是用腦的勞工，薪水等於工資，倘能盡了知識分子的真正使
命，即不失為頂天立地的男子。我自信俯仰無愧，……。

——〈從「廿世紀哲學」裏的蘇聯哲學說起〉(1947.6)

　　東蓀先生的性情、家庭、交友等情況，是著者極為感興趣的。
只可惜這方面的材料與信息，實在太少，著者無力給讀者諸君描出
一個豐滿生動、有血有肉的東蓀先生形像。

---

❶ 東蓀先生在〈從「廿世紀哲學」裏的蘇聯哲學說起〉一文中說：「……
　　我自己知道開口農閉口工不是我的本份，……倘能盡了知識分子的
　　真正使命，即不失為頂天立地的男子。我自信俯仰無愧，所以才願意
　　出來向林布先生一類的人一進忠告。」見《中國建設》四卷四期(1947)。

一、他的形像、性情與人格

東蓀先生身材不高，潔白清秀；講話清脆，有條理，多鋒芒。

關於東蓀先生形像的文字，吾人幾於不得見。幸好有張中行先生〈張東蓀〉一文，為吾人留下些許痕跡。張先生說：

> 張先生是燕京大學教授，我上學時期沒聽過他講課。只聽過他一次講演，記得是一九三一年暑假，在北京大學第二院大講堂，什麼題目忘記了。那是第一次看見他，穿輕麗的長袍，單就這一點看，與胡適之是一流。身材不高，潔白清秀。講話清脆，有條理，多鋒芒。當時的印象，是羅素式的哲學家，冥思之餘還有興趣到大街小巷說長道短。❷

關於東蓀先生的「多鋒芒」，張中行先生還記述了一個事例，這事例是東蓀先生主動告訴他的。是說東蓀先生有一次參加一個會議，正好與一位新派哲學名人鄰座。這人發言，評論各學派，說西方形而上學的學者主張事物是不變動的。講完坐下後，東蓀先生忍不住問這名人，說自己孤陋寡聞，不知道哪位西方哲學家說過這樣的話。弄得那位名人很難堪。

東蓀先生是一個性情豪爽、惜才心切的人。

郭湛波先生在《近五十年中國思想史》〈張東蓀〉一節裏說：

---

❷ 張中行〈張東蓀〉，見其《月旦集》，頁72，經濟管理出版社，一九九五年十一月。

> 張先生浙江杭縣人，現年五十歲，曾任中國公學大學部學長
> 兼教授，國立政治大學，私立光華大學，燕京大學等校教授；
> 現任廣東學海書院院長。先生性豪爽，而愛才尤切，對於青
> 年之栽培不遺餘力。❸

　　郭先生此段話寫於一九三四年九月，故有「現任」字眼。郭先
生雖沒有舉出東蓀先生「性豪爽」的事例，但憑郭先生與東蓀先生
的交情，及他與東蓀先生的直接交往，所述當為不誣。

　　東蓀先生是一個急躁而又倔強的人，不敷衍，不忍受，
不作偽，不屈服，率性而行。

　　從日本陸軍監獄出來 (1942.6) 後，東蓀先生極言「監獄制度」
的不是，認為它不僅不能改變一個人的性格，反而常常把人性激成
偏狹。他舉自己為例說：

> 我的性格本來是急躁而倔強。但經過了這樣牢獄生活六個月
> 以後，我確自知我的性格有相當的變化。卻不是由急躁變為
> 溫和，由倔強變為隨便；乃是更急躁更倔強，更是率性而行。
> 平素對於不願看見的人尚能敷衍一下，現在不行了。平素對
> 於不願意聽的話能忍受一下，現在亦不行了。因為在真理之
> 前，不容有作偽，不能有屈服。❹

---

❸ 郭湛波《近五十年中國思想史》，頁183-184，北平人文書店，民二十
　　四年十一月。

❹ 張東蓀〈虜獄生活簡記〉，見其《民主主義與社會主義》之〈附錄〉，
　　頁96，上海觀察社，民三十七年七月。

　　這是東蓀先生自述本人性格極少的幾段文字之一。東蓀先生既崇尚「言語的真誠性」，所述性格當是可信的。

　　東蓀先生是一個徹頭徹尾的自由主義者，喜歡獨往獨來，特立獨行，而不願受任何拘束；他個性堅強，酷愛自由；無論在思想上、行動上、政治上或學問的研究工作上，總是獨立不羈，有點與眾不同。

　　東蓀先生老友俞頌華先生，一九四七年四月曾撰有一文，名曰〈論張東蓀〉， 述及東蓀先生生活的各方面，其中有幾段涉及其性格。俞先生云：

> 我很瞭解他的性格，……他是徹頭徹尾的一個自由主義者，他有獨特的見解與主張，他喜歡獨往獨來，特立獨行，而不願受任何拘束的。❺

　　在引用了東蓀先生《理性與民主》一書之〈序論〉論及自己組黨初衷的一段話以後，俞先生又說：

> 我與張氏，自從民國八年的春天認識以來，時光匆匆，將近三十年了。最近二十年間我們見面的機會極少，但我深知張氏個性堅強，酷愛自由，故敢保證他上面所說的，句句是實話，並無一點虛假。❻

---

❺　俞頌華〈論張東蓀〉，載葛思恩、俞湘文編《俞頌華文集》，商務印書館，一九九一年二月。

❻　同上。

在該文〈他的特點與貢獻〉一節裏，俞頌華先生又說：

> 我對於這位老友有一個發見，發見他最大的特點是在「特立
> 獨行」。他無論在思想上、行動上、政治上或學問的研究工作
> 上，總是獨立不羈，有點與眾不同。
>
> 就政治方面來說，他自辛亥革命以來，雖曾參加過實際政治，
> 做過不少政論，但他在政治上的行動與言論上，總是很理智
> 的，從來不屑為某黨某派作宣傳。他有骨氣，有正義感，這
> 就是他對於政治上的一種貢獻。就黨的方面來說，他的脫離
> 民社黨，完全是行其心之所安，並非立異以鳴高。在明眼人
> 看來，他這一舉動，表示該黨有人才、有人氣，對於黨毋寧
> 是一種光榮。❼

俞頌華先生與東蓀先生有長達半個世紀的交情，對東蓀先生之
為人、性格，應該是很瞭解的，更何況該文是寫於並發表於一九四
九年前，不必說假話，故其所述當有極高的可信度。

東蓀先生還是一個虛豁達觀的人，對於生命有敬畏，
有熱情，但並不貪生怕死；東蓀先生還是一個平實、謙和
的人，對國事、對朋友，不計較利害，只求行心之所安，
凡事以「當下合理」為依歸。

早在《人生觀ABC》(1928.7)一書中，東蓀先生就對於自殺有
了自己的見解。既然人生此世「就好像一葉孤舟在驚濤駭浪的大海
中航行」❽，有風有浪，無岸無伴，危險而又多痛苦，東蓀先生便

---

❼ 同上。

❽ 張東蓀《人生觀ABC》，頁79，上海世界書局，民十七年七月。

認為，自殺是不應當反對的。他說：

> 但我的意思卻不因此而反對自殺。我以為勇敢地認真地創造
> 地去走過這一條危險的「人生」長橋，是一種方法。率性不
> 走了，亦未嘗不是方法。所以佛教的出世，我們須得十二分
> 尊重他。並且從意志的自由上講，求生是自由，不是卑鄙，
> 則求死亦是自由，不是無聊。所以一班學者，否認取消生命
> 是一種方法實不免陷於偏見。不過人類既有向上的餘地，正
> 亦不必取消自己。❾

　　東蓀先生不反對自殺，並不意味著東蓀先生鼓勵自殺，亦並不
意味著東蓀先生厭倦生命，視活著為行屍。不是這樣的。對於生命，
東蓀先生充滿敬畏與熱情；對於坎坷多險的人生，東蓀先生充滿悲
憫之情。他之不反對自殺，是因為他對生命看得透徹，他知道生命
常常會拐入無奈之境，常常會失去「向上的餘地」。在這時候，自
殺便無異於一種創造、反抗與新生。有「向上的餘地」，求生不是
卑鄙；失去「向上的餘地」，求死亦不是無聊。

　　在稍後的《新哲學論叢》(1929.8) 一書中，東蓀先生進一步明
確了這層意思，他說：

> 這種出於自覺的自殺，我主張決不是罪惡。我這句話並非獎
> 勵自殺。老實說，獎勵自殺是不足畏的，因為人總是怕死的；
> 縱使你竭力獎勵人們自殺，而終不會群趨如鶩。❿

---

❾　同上。

❿　張東蓀《新哲學論叢》，頁65，上海商務印書館，民十八年八月。

東蓀先生後來在監獄中自殺，便是這些想法的產物。他並不是不要生存，只是不要那種「求生不得，求死不能」的所謂生存。以他的個性，要麼是「勇敢地認真地創造地」去生活，要麼便是自殺，「中間狀態」是不能忍受的。

關於「當下合理」一層，東蓀先生更是有深切的體會。他回憶四十年代出獄後的生活，覺得「生活甚窘，而精神確是甚樂」， 主要的原因便是自己有了「當下合理」的心態，有了王陽明所謂「道在險夷隨處樂」的襟懷。困窘的生活使東蓀先生領悟到，以簡單對付複雜，外邊愈複雜，自己愈簡單，這樣便能做到「當下合理」。在〈虜獄生活簡記〉的末段，東蓀先生說：

> 不過我在此又發現了一個做人的寶貴教訓，就是宋明理學家所提倡的「當下合理」。凡事只求當下而合於理，即會心安理得。千萬不要一味計較利害，想得十分複雜。這樣乃是自尋苦惱。有時在獄中生了小病，明知不會有人給以醫藥，又明知不致死，心神坦然，過一二天亦就自然好了。倘使大發愁，反而增加了不少的苦痛。生死一關如能打破，則利害的計較便會拋開。拋開了利害則對於一切事惟當下合理為依歸。無顧慮，無顧忌。我敢說我近年以來，對國事，對朋友，完全是這樣的。只求行心之所安，不計及任何其他。⓫

著者相信東蓀先生所說，是誠實的。

東蓀先生一生為「民主與自由」而奔忙，同時對於「真

⓫　張東蓀〈虜獄生活簡記〉，見其《民主主義與社會主義》之〈附錄〉，頁96–97，上海觀察社，民三十七年七月。

誠」之追求，亦不遺餘力；他崇尚「言論之真誠性」，任何
情形下只「說自己的話」，不作他人的「啦啦隊」；他個性
堅強，不苟且，不彎腰，自心所不同意者，雖死不說贊同
的話。

在《思想與社會》(1946.3)一書的結尾，東蓀先生談到「古人」。
他說「古人」有思想，著之於文字，無不是出於本心，從來沒有以
言論為他人作工具的，一切均是從「心坎中流出」，這便是「言論
之真誠性」。現代不同了，現代把言論當物品（即商品）來出賣的
行為，比比皆是。對此東蓀先生感到痛苦：

> 我以為出賣理智的良心比任何都可恥。現在報紙的言論都是
> 代人說話，固不必論；而最奇怪者是學者們亦專作他人的啦
> 啦隊。我今天乃是完全說自己的話，在未說以前，先以口問
> 心，是否所說即為真正所信，必須真信之不搖不動方敢說出。
> 因為我以為唯有人能說自己的話方能有學問。不然只有宣傳
> 而無學問，無學問即無文化。我們所以主張必有思想自由，
> 亦就是不欲文化為之停滯而已。所謂說自己的話就是自己覺
> 得非如此說不可。這是由於自己對於真理有切實感，因對於
> 真理愈切實，則對於言論便愈尊嚴。於是覺得侮蔑言論即等
> 於自墜人格。所以讀書人之人格就看其對於本人的言論自己
> 有無尊嚴的保持。凡甘為人作啦啦隊的都是自己願意把他的
> 言論作物品（即商品）來出賣，我以為非矯正此風不會有學
> 問，不會使文化有進步。⑫

---

⑫　張東蓀《思想與社會》，頁203，重慶商務印書館，民三十五年三月。

在稍後的《理性與民主》(1946.5)一書中，東蓀先生又談到「言行一致」的問題。他認為自己講民主、講自由，並不是隨大流、趨時髦，而是自己真對於它們有切實的嚮往與信仰。換言之，東蓀先生一生為民主與自由而奔忙，乃是出於真誠，而不是為了名利。當時有很多人罵汪精衛是「好話被他說盡了，壞事亦被做盡了」，東蓀先生在引用了此種「言行不一」的現象後，說：

> 我不敢說我曾經為民主與自由盡了多少勞苦，但我敢說在言論上和在行為上總是始終一貫的。從來沒有忽而這樣主張，忽而又那樣相反主張，在今天或今後出來高唱民主必定是一個時髦勾當。我敢說我今天來提倡民主不是趨時，不是湊熱鬧，民主思想在我心中數十年如一日。因此我敢自誇說，除張君勱先生外，國內最配在言論上對於民主來說話的恐怕就是區區小子了。❸

東蓀先生是說到做到的。當金岳霖先生「在共產黨的思想政治工作之下，開始向他為之奮鬥大半生的哲學宣戰，開始向他的人生觀和生活態度宣戰，開始向他的政治態度宣戰」❹的時候，當「張東蓀的同輩讀書人中，如馮友蘭、金岳霖都曾試圖放棄自己的觀點來適應新的環境」❺的時候，東蓀先生卻固執地，倔強地，在那裏

---

❸　張東蓀《理性與民主》，頁3，上海商務印書館，民三十五年五月。

❹　王中江《理性與浪漫——金岳霖的生活及其哲學》，頁35，河南人民出版社，一九九三年十二月。

❺　謝泳〈張東蓀這個人〉，見其《舊人舊事》，頁39–40，上海人民出版社，一九九六年三月。

挺直著脊梁：

> 同年七月黨的三十週年大慶的時候，大家都歡欣鼓舞地在報
> 上發表一些回憶慶祝文章。張東蓀解放後從來沒有發表過一
> 篇文章，我勸他在這個機會寫一篇。他還是不寫，他說他要
> 保持他的「沉默自由」。……我再三相勸，他才勉強在《光明
> 日報》上發表了四句七言打油詩來搪塞。❻

　　這是東蓀先生在燕京大學執教時的學生葉篤義先生，一九六〇
年向黨交心時所寫的有關張東蓀的材料，相信所述不會為假。謝泳
先生在〈張東蓀這個人〉一文中，引用了這份材料。

　　在那場「無數知識分子整體的自殺運動」中，在那「中國現代
史上知識分子改造和『再生』這一最驚人的一幕」❼中，有很多的
「××家」們，本來也是可以保持「沉默自由」的，只可惜他們不
具備這樣的個性，甘願放棄「沉默自由」的權力。在這場「革命大
洗腦」❽中，不彎腰，不苟且，不屈服者，除了東蓀先生、陳寅恪
先生、熊十力先生，還有幾人?!

　　**東蓀先生是一個不甘寂寞、不忘朝市，喜歡說長道短、
嘵嘵不休的人。**

　　這是張中行先生對東蓀先生的印象。張中行先生翻《後漢書》，
讀到「操子丕私納袁熙妻甄氏」，「融乃與操書」，最後融因快言快

---

❻　同上，頁39。

❼　王中江《理性與浪漫——金岳霖的生活及其哲學》，頁34，河南人民
　　出版社，一九九三年十二月。

❽　同上，頁34。

語招來殺身之禍一段，便想到了東蓀先生，覺得孔融是慣於快言快語而又不顧及安危的一位，東蓀先生也是「慣於快言快語，得天不厚的一位」 **⑲**。他寫道：

> 開始交往是四十年代後期。那時他住在北京內城西北部的大覺胡同，西口內路北一家的外院，是借住。……他好客，健談，見面總是上天下地，沒有倦容。關心人，所以也談柴米油鹽等身邊瑣事。幾次見面，印象是：人敞快，熱情；興趣廣泛，住在東壁圖書府卻不忘朝市。這不忘朝市的一面，可以褒，是有事業心；可以貶，是不甘寂寞。
> ……仍然好客，健談。話題多及時事，評論性的意見多，附和性的意見少，給人的印象是老牌的英國式的自由主義者。 **⑳**

張中行先生由孔融的喜歡說長道短招來殺身之禍，而聯想到東蓀先生的喜歡說長道短，並進而聯想到「生存與說話的關係問題」，表明張中行先生是以為東蓀先生在一九五〇年後的「消失」，乃咎於其「不忘朝市」的性情。不惟張中行先生，很多人都做如是觀。也許這是不錯的。

一九四七年六月，在回答林布先生（極左派）的批評時，東蓀先生順便解釋了自己喜歡「嘵嘵不休」的理由。他說：

---

⑲ 張中行〈張東蓀〉，見其《月旦集》，頁72，經濟管理出版社，一九九五年十一月。

⑳ 同上，頁72–73。

中國今後的文化前途當然亦須向左，但卻決不必走俄國的老路。所以宗派作風的左傾思想與機械性的文化態度實在沒有必要，倘使有人想在政治革命後順帶來一個思想清算，這是萬萬使不得的。

……至於我個人卻在潮流向右的時候決不右，所以即使在舉世向左時亦還是老樣子。記得有一天與董必武先生閒談，他說起小資產階級的浮動性，使我感慨萬端。我在我的書中往往提到「士」的使命，就是我自己知道開口農閉口工不是我的本份，做教員就是用腦的勞工，薪水等於工資，倘能盡了知識分子的真正使命，即不失為頂天立地的男子。我自信俯仰無愧，所以才願意出來向林布先生一類的人一進忠告。我之所以嘵嘵不休者並非為自己辯護，乃只是以為中國萬萬不可一如俄國革命的當年一樣，亦來一個思想界的變態，這必是中國文化前途上的一個極大損失。❹

原來東蓀先生不甘寂寞，喋喋不休，卻有一個一貫的目標，就是力圖通過辯論，來阻止那股極左的潮流，阻止俄國式的「思想清算」在中國重演。只可惜東蓀先生一人或幾人的力量，是無論如何也阻止不了政治革命後順帶而來的「思想清算」的。

東蓀先生是一個天真的理想主義者，就其常常超前現實來說話❷一點言，他又是一個典型的浪漫主義者。

---

❹　張東蓀〈從「廿紀世哲學」裏的蘇聯哲學說起〉，載《中國建設》四卷四期(1947)。

❷　張東蓀《民主主義與社會主義》頁75：「我自知本人是有一個缺點，即往往歡喜超前來說話。……我的主張未免太超前了。」上海觀察社，

　　東蓀先生相信計劃經濟可以和政治民主相並存，相信政治統制可以和文化、思想上的絕對自由相融合，這是其極端浪漫主義的典型表現。

　　當大批的教授恐懼未來的變化，擔心新立的政權會使學術自由與思想自由完全失去時，東蓀先生卻在那裏撰文說，這是一種誤會，一種杞憂。他的理由是，中國在接受西方文化的將近五十年裏，已經在思想界文化界中養成了一種「自由胸懷的陶養」(liberal mind)，此種精神雖還有待於發揚光大，但畢竟已有了「萌芽」、「植了一些根基」，不會斷滅，也不可能斷滅，他據此推出一個樂觀的前景：

> 我個人對於中國學術自由的前途不是悲觀的。因為我始終相信人類的知識一經開放，便無法退回到蒙蔽的狀態。中國在這數十年中既然已養成這樣的自由思想的風氣，誰也無法再壓倒下去。所以我們的任務還是如何把它發揚光大，總要比現在更自由些。對自由風氣的不能保全，卻不必擔憂。我個人在生活方面雖願望在計劃社會中作一個合乎計劃的成員，但在思想方面卻依然嗜自由不啻生命。㉓

　　這是東蓀先生在「新政權」建立的前夜，在那場以《觀察》週刊為陣地展開的著名的「自由主義往何處去」的討論中，所發表的觀點。他覺得知識分子在當時的「大變局」下不必害怕，無論政治、經濟如何變化，知識分子自有其始終不變的重要地位，不但不必害

民三十七年七月。

㉓　轉引自謝泳〈張東蓀這個人〉一文，見其《舊人舊事》，頁42，上海人民出版社，一九九六年三月。

怕被人清算，還能創造出比當時更好的光明前途。

此種天真的、善良的理想主義，所引致的後果是多麼慘烈，歷史的發展已經作出了說明。誰說知識一經開放，便無法退回到蒙蔽的狀態？它不是已經退回去了嘛！誰說自由思想的風氣，誰也無法再壓倒下去？它不是已經被壓倒下去了嘛！誰說不必擔憂自由風氣的不能保全？它不是已經被剷除了嘛！誰說在計劃的社會裏，知識分子總有其始終不變的價值？它不是已經沒有了嘛！誰說在那樣的「大變局」中，知識分子不必害怕被人清算？他們不是已經被清算，甚至已經被清除了嘛！誰說政治革命之後順帶搞「思想清算」要不得？它不是已經搞過了嘛！

東蓀先生是一個理想主義者，更是一個浪漫主義者！

二、詩人氣質把他引向浪漫之途

東蓀先生是一位詩人；他的詩人氣質幫助了他，卻也常常不知不覺把他引向浪漫之途。

東蓀先生作文或著書，喜歡引詩，表明他是常常沉浸在詩意中的。《人生觀ABC》(1928.7)一書的最後一句話是：

> 我嘗把李義山的兩句詩借來表明生活與理想是：
> 　　春蠶到死絲初盡；
> 　　臘炬成灰淚始乾。
> 生活與理想總是這樣不斷地下去。❷❹

---

❷❹　張東蓀《人生觀ABC》，頁111，上海世界書局，民十七年七月。

《思想與社會》(1946.3) 一書末段，東蓀先生引梁任公的詩，說明當時學者與「清末民初」學者之不同。詩云：

> 文字收功日，
> 全球革命潮。

又云：

> 十年以後應思我。

於是東蓀先生感嘆說：「可見那時候的學者是真有熱情，有理想，有昂首天外的氣概，有潔白高尚的心胸。決不像現在的人們說自己的話時顧忌多端，不敢率直出口；替人家來說話時卻勇氣百倍，一往如前。」❷⑤

一九四一年十二月被捕前一天，在洪煨蓮先生住宅，鄧文如（之誠）先生用京戲《空城計》中之辭句向東蓀先生戲言，謂「司馬懿的大兵來得好快啊」，東蓀先生即向鄧先生念舊詩云：

> 昔日戲言身後事，
> 今朝都到眼前來。❷⑥

在舊北大紅樓日本憲兵總隊牢房，東蓀先生對趙紫宸先生吟

---

❷⑤　張東蓀《思想與社會》，頁204，重慶商務印書館，民三十五年三月。

❷⑥　見張東蓀〈虜獄生活簡記〉，見其《民主主義與社會主義》，頁78，上海觀察社，民三十七年七月。

曰:

　　人生到此,
　　天道寧論? ㉗

　　受辱日本憲兵,東蓀先生滿腔怒火,隨時想和「這班野獸們」
一拚,但又壓抑下去,是謂「忍」。於是東蓀先生想起蘇格拉底所引
荷馬詩:

　　你已經忍了百次,
　　這一次豈可不忍。㉘

　　出獄後回到家中,東蓀先生大病一個多月,見日本人未來十分
強迫去做事,便回憶到鄧文如先生在獄中的詩:

　　豈料貔貅三百萬,
　　居然重視幾書生。

並說:「此詩對日軍頗能調侃。但重視卻只在被捕的前後,直到放出
來的時候,亦不復如以前的重視。這是我們所以能倖免的緣故。」㉙
　　在〈虜獄生活簡記〉一文的最後,東蓀先生又引王陽明詩說明
「當下合理」的好處。詩云:

㉗　同上,頁81。
㉘　同上,頁81。
㉙　同上,頁95。

道在險夷隨處樂。 ❸

為了說明自己對於中國政治前途的苦心，以及可能的被誤解，東蓀先生引〈黍離〉詩的兩句，作為《民主主義與社會主義》(1948.7)一書的結尾。詩云：

知我者謂我心憂；
不知我者謂我何求。 ❸

東蓀先生不僅喜歡引詩、吟詩，而且喜歡作詩。大約是在一九四七年的時候，東蓀先生曾應王崑崙先生之請，寫了一副七律的條幅寄給他。該七律云：

秋來何事最銷魂？殘照西風白下門。
他日差池春蒸影，只今惟餘晚煙痕。
心傷陌上黃驪曲，目斷江南烏夜村。
最是迎風三弄笛，玉關恩怨更誰論？

王崑崙先生謂：「解放戰爭形勢非常好，這詩以古喻今恰到妙處。」 ❸

---

❸　同上，頁97。
❸　張東蓀《民主主義與社會主義》， 頁75，上海觀察社，民三十七年七月。
❸　參見薛葆鼎〈聯牀夜話──憶王崑崙在紐約二三事〉，載《光明日報》一九八七年八月二十日第二版。

一九五九年，東蓀先生入城就醫，途遇梁漱溟先生，見梁面頗病容，歸而作詩曰：

> 病中一笑忽相逢，雅量休將早熟同。
> 獨剖拙書融孔氏，誰翻蕪史夢田豐。
> 空花魔佛原平列，奇跡人無豈互從。
> 車走雷聲何可語，歸來雜念似雲峰。㉝

一九五九年是東蓀先生被迫辭去教授職務，同時被趕出北大朗潤園，遷居成府平房的第二年。也是梁漱溟先生被毛澤東指責反對黨的經濟建設「總路線」、反對集中財力發展重工業的第六年。（梁先生在一九五三年九月的全國政協常委擴大會議上發言不慎，遭受大批判一年多，被毛澤東指責為反對「總路線」、「替農民叫苦」、「孔孟之徒」、「偽君子」、「惡意」、「以筆殺人」等。㉞）

被趕到成府低矮而昏暗的平房，東蓀先生除了抄詩、作詩解悶外，恐怕再沒有別的「娛樂」了。書不能教了，文章不能寫了，話也不能說了。孤寂無聊到極點時，吟吟詩，抄抄詩，作作詩，倒也不錯。

一九六〇年一月十九日，東蓀先生作〈即事〉詩一首，詩云：

即　事
西曆一九六〇年一月十九日作

㉝ 轉引自謝泳《舊人舊事》，頁177，上海人民出版社，一九九六年三月。

㉞ 李淵庭、閻秉華編《梁漱溟先生年譜》，頁207–213，廣西師範大學出版社，一九九一年六月。

瀛洲列島號脣齒，堪嘆窮年爭一紙。

顛倒恩讎豈有（?）因，循環起伏休讀史。

蠻鯨三窟乍相通，怒海千波誰可止。

僻處何人笑老夫，作詩了債胡得此。

　　此詩之後，東蓀先生接云：「嘗讀元遺山論詩絕句三十首，並知後人頗有仿製，乃思遵其體一試為之。因念講授西洋哲學史垂二十年，今老□困居，一燈回憶，不無（?）可記。蓋佛家義諦，以之入詩者，由來久矣。獨西方哲理，迄尚缺如，有之請自噲始。爰耴其（?）說，一鱗半爪，稍加私評，得五十首。始悟詩適於言情言景，而限於言理，誠不免有削足適履之誚也。（人名派名仍用西文，不用音譯。）」以下便是東蓀先生當時所作「西哲詩」（按：此為著者所命之名，原係手稿，無此名。另，因本書所錄詩詞均係手稿，殘破處、不能辨認處或不能完全辨認處甚多，著者特以"?"表不能完全辨認即不能確認之字，以"□"表殘缺和不能辨認之字。請讀者諒解。）

　　欲洗龜腸未□吟，西江一水作蹄涔。

　　笑他到眼紛華過，上占蓬窗半日陰。

　　此為第一首，塗改處甚多，極難辨認。

　　萬物雖殊倘一源，同從水出可重還。

　　斯人翻（?）到諸行底，引得千夫更汲泉。

Thales

此為第二首，詠西洋哲學之始祖泰勒斯 (Thales, ～ 624–547 B.C.)，無塗改。

無限方能萬化成，懸空未解後人癥（?）
地如圓柱今誰信，人出於魚或可徵。

Anaximander（?）

此為第三首，詠古希臘大哲阿那克西曼德 (Anaximamdros, ～ 612–546 B.C.)，塗改兩處。

氣凝成水氣為根，生滅只當聚散論。
地亦如球何計早，就中輕者是靈魂。

Anaximenes

此為第四首，詠古希臘大哲阿那克西美尼 (Anaximenes, ～ 585–526 B.C.)，無塗改。

萬物皆從數量詮，四為公正二婚聯。
生輪可轉休飧豆，論者疑由天竺傳。

Pythgoras

此為第五首，詠古希臘大哲畢達哥拉斯 (Pythagoras, ～ 580– 500 B.C.)，無塗改。

火是根元變不休，形成天地共遷流。

多因善惡言同一，相反相成漫效尤。

Heraclitus（?）

此為第六首，詠古希臘大哲赫拉克利特 (Heracleitos，～540–470 B.C.)，塗改甚多。

矢飛不動證難分，同證非多四喻存。
何事俗（?）真成二諦，一元論者苦相因。

Parmenides & Zenon

此為第七首，詠古希臘大哲巴門尼德(Parmenides，～515–450 B.C.)及古希臘愛利亞派重要代表芝諾(Zenon of Eleates，～490–436 B.C.)，塗改一處。

天道翻（?）從醫術明，成由於愛毀由憎。
必然法則能兼偶，四大同存不互生。

Empedocles

此為第八首，詠古希臘大哲恩培多克勒 (Empedocles，～493–433 B.C.)，無塗改。

宇宙安排出匠心，一中一切盡堪尋（?）。
重輕兩極由旋動，卻是疑團（?）直到今。

Anaxagoras

此為第九首，詠古希臘大哲阿那克薩戈拉 (Anaxagoras，～
500–428 B.C.)，塗改兩處。

　　修辭引出析名來，詭辯能資從政才。
　　多少是非顛倒後，人生疑問亦重開。

Sophists

此為第十首，詠古希臘著名哲學派別「智者派」(Sophists)，無
塗改。

　　德由智辯便能教，飲鴆狂犴不肯逃。
　　自認無知誰可比，知人何啻九方皋。

Socrates

此為第十一首，詠古希臘大哲蘇格拉底 (Socrates，468–399
B.C.)，塗改兩字。

　　以理為型萬物模，智人執柄世方□。
　　公妻共產何堪問，島上稚君未可扶。

Plato

此為第十二首，詠古希臘大哲柏拉圖(Plato，427–347 B.C.)，塗
改多處。

　　純形納質遞相資，博學何妨籍帝師。

今日但提三段法，金箴中道沒人知。

Aristotle

　　此為第十三首，詠古希臘大哲亞里斯多德 (Aristotle, 384–322 B.C.)，無塗改。

　　師徒學趣不相侔，天性分傳有兩流。
　　我信心惟追幻相，正如陰影洞中求。

　　此為第十四首，談亞里斯多德與柏拉圖師徒之異同，當與上首合而觀之。無塗改。

　　生空尋樂死休憂，動樂（?）終差靜樂優。
　　解縛便能除俗苦，臨危殘札幸遺留。

Epicurus

　　此為第十五首，詠古希臘大哲伊壁鳩魯 (Epicurus, 341–270 B.C.)，無塗改。

　　唯應修德與天通，家國財名一掃空。
　　習苦過嚴前後異，帝王奴僕共開宗。

Stoics

　　此為第十六首，詠希臘化時期之著名學派斯多葛派 (Stoic School)，塗改四字。

懸而不斷卻非慵，萬有存疑不啟蒙。

非數非名非各派，可惜從此起頹風。

Sceptics

此為第十七首，詠希臘化時期之著名哲學派別懷疑派 (Skeptics 或 Sceptics)，無塗改。

唯一混元不易猜，靈居魂上（?）反身諧。

不知多少玄冥感，只作他年景教材。

Plotinos

此為第十八首，詠古羅馬大哲柏羅丁(Plotinos, 204–270)，無塗改。

共名殊相本容爭，讉（?）論紛然抗教廷。

瑣屑成家難饜後，割刀一式獨堪矜。

nominalists & realists

此為第十九首，詠中世紀經院哲學之著名派別唯名派 (nominalists)與唯實派(realists)，塗改一字。

何勞五證漫云云，上帝無言苦問津。

豈料今能作新解，從教衰世祖斯人。

Thomas Aquinas

此為第二十首，詠中世紀最大哲托馬斯・阿奎那 (Thomas Aquinas, ～1225-1274)，塗改一句。

須知智鑿（?）是戡天，人力終能改自然。

治學新創歸納法，劇場偶像最應捐。

F. Bacon

此為第二十一首，詠十七世紀英國大哲弗蘭西斯・培根(Francis Bacon, 1561-1626)，塗改五字。

人求自保各如狼，力敵方知互讓強。

公約維持歸共主，縱橫留得巨靈狂。

Hobbes

此為第二十二首，詠近代英國大哲托馬斯・霍布斯 (Thomas Hobbes, 1588-1679)，塗改多處。

知如非確盡堪疑，惟有茲疑不我欺。

真理自明徒費辯，此君畢竟是晨雞。

Descartes

此為第二十三首，詠十七世紀法國大哲勒奈・笛卡兒 (René Descartes, 1596-1650)，無塗改。

天分能所化身全，能即為神所世間。

智有參天第三量，資生磨鏡樂終鰥。

Spinoza

此為第二十四首，詠十七世紀荷蘭大哲比里底克・斯賓諾莎 (Benedict Spinoza, 1632–1677)，無塗改。

譬如一實萬燈光，大小單元不有窗。
幸是諧和能預立，微分難辨屬誰創。

Leibniz

此為第二十五首，詠十七、八世紀德國大哲 G. W. 萊布尼茲 (Gottfried Wilhelm Leibniz, 1646–1716)，無塗改。

心如白板印痕留，有產方能有自由。
法訂人權出天賦，泰西奉此似傳郵。

Locke

此為第二十六首，詠近代英國大哲約翰・洛克 (John Locke, 1632–1704)，無塗改。

方圓諸相不離心，而況香和色及音。
莫訝言神非得已，塊然外物確難尋。

Berkeley

此為第二十七首，詠近代英國大哲喬治・貝克萊 (George

Berkeley, 1685–1753)，無塗改。

　　相由印入總鮮新，留影重生自不清。
　　因果相聯依屬（?）是，內觀無我義尤精。

Hume

　　此為第二十八首，詠十八世紀英國大哲大衛・休謨 (David Hume, 1711–1776)，塗改處極多。

　　靈（?）式時空限感官，便知外物異其原。
　　自家立法成通則，學派重開一紀元

Kant

　　此為第二十九首，詠近代德國大哲伊曼努爾・康德(Immanuel Kant, 1724–1804)，塗改三句。

　　有我還須非我兼，我與非我演為三。
　　但餘講話伸民氣，一式包羅毋乃貪。

Fichte & Schelling

　　此為第三十首，詠十八、九世紀德國大哲 J. G. 費希特 (Johann Gottliebieb Fichte, 1762–1814) 及 F. W. J. 謝林 (Friedrich Wilhelm Joseph Schelling, 1775–1854)，無塗改。

　　兩辭相悖豈成爭，純有生無只異名。

正反合皆儱侗語，助誰胸內造佳兵。

Hegel

此為第三十一首，詠十九世紀初德國之最大哲 G. W. F. 黑格爾 (Georg Wilhelm Friedrich Hegel, 1770–1831)，塗改多處。

意欲驅人總是盲，販來寂滅小乘 (?) 方。
明知厭世違西俗，翻設 (?) 窺真可繼康。

Schopenhauer

此為第三十二首，詠十九世紀德國大哲 A. 叔本華 (Arthur Schopenhauer, 1788–1860)，塗改一字。

求強□力□□□，懦弱群黎不值錢。
爭奈超人超不得，長留病榻作狂言。

Nietzsche

此為第三十三首，詠近世德國大哲 F. W. 尼采 (Friedrich Wilhelm Nietzsche, 1844–1900)，首句多次塗改。

自樂及人最可崇，利人愈廣便為公。
勿因近利拋長利，準此方成立法功。

Bentham & Mill

此為第三十四首，詠近世英國功利主義哲學家 J. 邊沁 (Jeremy

Bentham, 1748–1832)及J.穆爾(James Mill, 1773–1836)，塗改多處。

> 可知不可知兩分，治學艱難莫若群。
> 一語重勞嚴氏譯，萬班由簡入繁均。
>
> Spencer

此為第三十五首，詠近世英國大哲H.斯賓塞(Herbert Spencer, 1820–1903)，無塗改。

> 本無物我後才分，性有剛柔各立論。
> 亦詔（?）知行原合一，同工異曲比王門。
>
> James

此為第三十六首，詠現代美國大哲威廉・詹姆斯(William James, 1842–1910)，塗改多處。

> 範疇一一講難通，分析皆歸矛盾終（?）
> 真際只餘（?）當下感，若衡佛法近空宗。
>
> Bradley

此為第三十七首，詠現世英國大哲 F. H. 布拉德雷(Francis Herbert Bradley, 1846–1924)，塗改末句。

> 如霰（?）生源化不窮，含藏過去總前銜。
> 縱升橫落分心物，腦作機關卻自封。

Bergson

此為第三十八首，詠現世法國大哲亨利・柏格森 (Henri Bergson, 1859–1941)，塗改兩字。

心中自現萬如如，晚歲重闡笛氏書。

現象一辭異□□，□□□□□□流。

Husserl

此為第三十九首，詠現世德國大哲E.胡塞爾(Edmund Husserl, 1859–1938)，末兩句不得整存。

邏輯只應作探求，心由群造舊爭休。

育材留得遺風在，此土何人視若讎。

Dewey

此為第四十首，詠現世美國大哲約翰・杜威 (John Dewey, 1859–1952)，無塗改。

時空生物層層起，心上□□節節高。

條理萬端由底出，一層突創一層包。

Alexander & Morgan

此為第四十一首，詠現世英國大哲S.亞歷山大(Samuel Alexander, 1859–1938)及C.L.摩爾根(Conuy Lloyd Morgan, 1852–1836)，塗改兩字。

嘗（?）設（?）構思耴自東，擴充相對並時空。

萬緣周遍如波起，欽倒白頭我亦翁。

Whitehead

此為第四十二首，詠現世英國大哲 A. N. 懷特海 (Alfred North Whitehead, 1861–1947)，塗改多處。

談玄概出語言渾，物理成辭始判真。

形上問題無意設（?），趨途一轉起繽紛。

Carnap

此為第四十三首，詠現世德國 — 美國大哲 R.卡爾納普 (Rudolf Carnap, 1891–1970)，塗改一字。

乾坤靈（?）構事居先，曾向中邦亦進言。

一度北遊真巨眼，多年膜拜此君賢。

Russell

此為第四十四首，詠現世英國大哲貝特蘭・羅素 (Bertrand Russell, 1872–1970)，塗改三字。

天人損益總參□，療渴空思換舊方。

棄蚌拾珠誰氏子，老夫久已不舂糧。

此為第四十五首，亦是東蓀先生此批「西哲詩」的最後一首，

表達東蓀先生個人的感懷與無奈。

緊接此批「西哲詩」，東蓀先生又撰有六言詩三首，其言云：

　　　　試作六言詩（三首）
　　　任翳幻中業眼，偶尋寂後凡心。
　　　玩物生涯屑屑（?），鏤冰文字沉沉。

　　　破有迎頭愁有，逃靈（?）掉□□□。
　　　□□□□□夢，不嫌鼠穴驅車。

在此首詩之末，東蓀先生注云：「近□撰章四體說部，名曰夢遊野語，以代自傳，故及之。」

　　　市井婦孺耳熟，水雲耆舊心通。
　　　一夕編氓眼底，兩般雜霸寰中。

在此首詩之末，東蓀先生注云：「新居為大雜院故此。」

緊接以上三首六言詩，東蓀先生又填有〈南歌子〉一詞，詞云：

　　　　　南歌子
　　　與我周旋久，逢人退避空。狐埋知是為孤疑。終信無言桃李
　　　自成蹊。
　　　室內持千咒，門前對九嶷。東流水者（?）忽朝西。恰似風幡
　　　不動被心欺。

　緊接〈南歌子〉一詞，東蓀先生又填有〈賀新郎〉一詞。在詞牌下，東蓀先生注云：「曩者曾有人兩度以北京大學校長向余誘說，一在虜獄中，一則在石家莊旅居時。又一九五二年陳某欲（?）　余自白，以不得部長為憾。當時引為侮辱，嗣知人之自視與他人之相視實有千里相隔，亦不足怪，但可一笑置之耳。偶然憶及，徵之以詞。」

賀新郎

亦但捫方寸。□天涯、誰知我者，莫須置問。在世是非依勢轉，死後屢翻更案。已慣看、劇場打諢。豈謂梟鸞（?）從古判，只掉頭一嘯余（?）何恨。惟兩耳，欠全順。

故吾未益今吾損。任吹唇名牛名馬，自來無慍。俗人看人皆類己，安敢吠堯同論。固不比、佛頭著糞（?）。本似焦螟集蝨（?）睫，浮思應向靈（?）空隕。題往事，亦隨泯。

　緊接〈賀新郎〉詞，東蓀先生又撰有〈口占〉五絕二首，並注云：「此集獨少五絕，以此充數。」

口　占

鳶落群兒噪，風搖獨樹號。
東偏先入夏，何地破長宵。

宋日持符咒，登壇驅犬羊。
未知何道術，今且以沙量。

　　緊接此二首五絕，東蓀先生又用鋼筆（前此均用毛筆）寫下一
首七言詩，詩云：

　　　　自在能兼他在乎，翻將（?）存在對靈無。
　　　　嘆（?）知群集交相化，但用波辭配左徒。

　　在一個一九六三年二月印製、北京龍門裝訂廠印裝、北京市文
化用品公司發行的22頁22開練習本上，東蓀先生又用鋼筆寫下了許
多首詩、詞。但均潦草混亂，塗改嚴重，雜陳無章，顯係隨手塗畫
而成。現將著者稍能辨認者，錄之於下：

　　　　夢中說夢盡酸辛，信筆拈來亦太真。
　　　　誰可問厭世回天，人間何惜此微呻。

　　　　柘枰推後感知津，敝帚聊他枉自珍。
　　　　且化陳言為熱淚，倘容換眼出乾坤。

　　　　寥落乾坤成坤友，沸騰肝膽有詞詩。
　　　　文章四海孤波起，心事千年片石知。
　　　　共業風雷殷地發，群蚩河漢束身司。
　　　　浪浪夜聽空山雨，除了思公百不思。

　　　　吾道何時得少休，亦同橫海逐（?）空漚。
　　　　憶曾立雪談仁學，愧似眠沙□蜮□。
　　　　馬角偶生非可幸，泥刃不塞乃無尤。

漫憐吟罷柘株坐，大地寥天一律涼。

吾道何時得少休，曾同涉海摘空漚。
當年立雪談回劫，此日臨川嘆激流。
馬角偶生原可憲（?），泥丸不塞□□求。
一燈影映陳編上，思入微明萬劫收。

吊影無端掠逝波，人無共弊嘆（?）如何。
僅（?）他六十年前我，爭奈冤禽入夢多。

孤憤潛觀瓜剖圖，食龍有鳥恨何如。
五魔遍地千秋夢，四海橫波一代書。
藉曰大同疑古有，莫詢雜霸似今無。
重逢甲子誰□語，但憶當年破唾壺。

（著者按：在此詩之鄰頁，寫有「一八九八」及「1968–1898＝70」字樣，可斷言是詩乃寫於一九六八年，戊戌變法七十週年之時。）

靈飛鬼嘯一千年，不辨莊言與謠言。
治事本難觀理易，零珠碎玉不勝寒。

縱橫宙合霧千里，他化天中旦夕逢。
熟聽誅心驅口事，須彌（?）芥子盡碩空。

侈談人匠奪天功，抹電千波萬浪同。
說到一燈青透了，入懷殘月換晴空。

抱殘書自語，獨難遣，念臨川。耿舌可違心，世無信史，謗
亦空然。屏前寒煙衰草，欠霜筠雪竹志當年。何處蟠龍作雨，
浮雲終又歸山。

江邊暝色入窗殘，偃臥翠微間。是退志先存，以今例古，賢
者猶難。多番一石橋閑度，卻未妨大笑已忘言。千載天津橋
上，幾人還聽啼鵑。

這陳舊發黃的練習本上，不能辨認或不能完全辨認的詩、詞，
還有多首。從練習本出產時間及文中所書時間判定，所有這些詩、
詞，均是寫於一九六三－一九六八年間，再加上前述一九五九年及
一九六○年他所撰詩、詞，吾人便知這些詩、詞，正乃是東蓀先生
當年（從被趕出朗潤園到再次入獄）的全部精神生活。一九五八年
東蓀先生七十二歲，一九六八年東蓀先生八十二歲。從七十二歲到
八十二歲的這十年間，東蓀先生就是在這些詩、詞中度過的。他的
無奈，他的失望，他的孤寂，他的憤怒，他的信念和不滅的追求，
吾人從這些「信筆拈來亦太真」的詩、詞中，一眼便可讀出。一個
教了許多年書如今不能再教書的教授，一個出版了許多著作如今不
能再寫作的哲學家，一個說了許多話如今不能再說話的政論家，就
這樣在沉默孤寂中，打發時光：

吊影空江一鶴過，
天邊荒水去來波。
月華入地奈寒何。
宿露飧風都是夢，
聽猿聞雁亦當歌。

不嫌衣上酒痕多。

獨樹疏枝映晚霞，

忍寒露坐數昏鴉。

聲來何處似懷沙。

橫起流雲迷遠岫，

忽吹落葉打殘花。

誰驅綺夢到天涯。

　　這兩闋題為〈獨宜吟〉的寫在榮寶齋所產紙張上的〈浣溪沙〉詞，雖已無法具體判定寫於何時（但至少是寫於1958–1968年間），但卻能最為準確地表達東蓀先生當時的處境與心境。在孤寂裏自斟自飲，在寒夜裏坐數昏鴉，看吊鶴晚霞，睹落葉殘花，一任驅夢到天涯，想這時的東蓀先生，吾人怎忍得住熱淚?!

三、他的妻子、兄長、家庭住址的變遷

　　關於東蓀先生的家庭，吾人所知道的，也已經極少。

　　吾人只知道他有一個哥哥，名叫張爾田（孟劬），和東蓀先生有極親密的關係，早年曾督責東蓀先生學習傳統文化。吾人亦知道東蓀先生有三兒一女：張宗炳為長，兒子，生物學家，受「張東蓀案」牽連入獄七年 (1968–1975)，出獄後精神失常；張宗燧為次，兒子，物理學家，受「張東蓀案」牽連，一九六九年自殺於北京；張宗爔為三，兒子，社會學家，受「張東蓀案」牽連一九六六年自殺於天津；張宗燁為么，女兒，物理學家，曾在中國科學院高能物

理研究所工作。吾人亦知道東蓀先生有三個孫子：張飴慈為長，研究數學，現執教於首都師範大學數學系；張鶴慈為次，受「張東蓀案」牽連，曾被勞教十六年 (1963–1979)，解除勞教後遠涉澳洲謀生，現居澳洲；張凱慈為么，從事計算機教學，現執教於北京行政學院。吾人所知道的情況，就這麼多。

好在吾人還可以從過去的一些文字資料中，得到東蓀先生家庭方面的更多的消息。

第一個消息是有關東蓀先生夫人的。吾人得知東蓀先生夫人叫吳紹鴻，是東蓀先生的賢內助。東蓀先生在〈虜獄生活簡記〉一文裏記載說：

> （判刑後）我們退到等候室。一個兵士告訴我與陳其田，說你們的太太在會客室，可去一見。……兵士告訴判決一年半徒刑，兩個女士幾乎暈倒。……先由自己的太太作保，然後出去以後另覓保人。㉟

吾人便知，東蓀先生一九四二年六月十八日從北平日本陸軍監獄出來時，是其太太去接，且由其太太作保的。

在該文下一段落，東蓀先生又記載說：

> 我回家以後，知道曾有一件事亦是幸而未走錯路。我被拘既久，家中十二分焦急發愁。內人（吳紹鴻）當然最希望我愈早出來愈好。當時正有漢奸們作大東亞獻金運動。有人就提

㉟ 張東蓀〈虜獄生活簡記〉，見其《民主主義與社會主義》，頁94，上海觀察社，民三十七年七月。

議用此法贖出。我家固然無積財，而我妻亦卻深知我的性格。躊躇很久，決計拒絕這個獻計的人。事後我知道了，深為感激，不然將陷我於不義。**㊱**

從這件事情可以看出，東蓀先生夫人還是一個有見識、有頭腦的人，非一般家庭婦女所能比。在當時急盼東蓀先生出獄的情形下，她拒絕獻計的人，需要頭腦冷靜，也需要很大的勇氣。

鄧之誠先生是東蓀先生「獄友」，　不過比東蓀先生先出獄一段日子，他在記述同一事件的〈南冠紀事〉一文中，也提到東蓀先生夫人，說：「十七日晨，兩女及婿從予出城還家，繞道至孟劬處，兼晤東蓀夫人，詳告以獄中一切情況……」**㊲**

東蓀先生老友俞頌華先生，則從另一個側面來描寫吳紹鴻女士，說她是典型的賢內助。他說東蓀先生當時（一九四七年左右）處在一個極「優越」的環境中，這極「優越」的環境主要有三項，一是藏書豐富，二是有賢內助，三是所在燕大崇尚自由研究的學風，可放言高論。關於第二項，俞先生說：

> 第二，他有賢內助，做一切麻煩的家務，他一向不管，他的全副精力與時間，因此便可完全用在學問的研究、國事的考慮及著作的撰寫方面，沒有絲毫浪費。**㊳**

㊱ 同上，頁95。

㊲ 鄧之誠〈南冠紀事〉，見《燕大文史資料》第一輯，頁38，北京大學出版社，一九八八年四月。

㊳ 俞頌華〈論張東蓀〉，載葛思恩、俞湘文編《俞頌華文集》，商務印書館，一九九一年二月。

這裏她又好像只是一個典型的家庭婦女。

北京大學歷史系教授張芝聯先生，在一九九五年七月撰寫的〈我的學術道路〉一文中，也曾回憶到東蓀先生夫人。他說：

> （日軍佔領燕大後）孟老（按即張爾田）因受驚發病，不得不從西郊遷居西城，東蓀先生夫人要求我與孟老同住，照顧老人，直至翌年端午節前東蓀先生出獄，我才移居東城寬街，但每週仍往探視聆教。❸❾

從這裏亦可以看出，吳紹鴻女士除了照顧東蓀先生外，還得時常照顧張爾田先生。

第二個消息便是有關張爾田先生的。吾人以前只知他是東蓀先生的兄長，卻不知進一步的情況。偶然發現的文字材料，現在可以讓我們把他描繪得詳細些了。一九四五年十二月八日，《燕大雙週刊》第二期登載了吳興華先生的文章，題為〈張爾田（孟劬）先生〉，文章云：

> 先生浙江杭縣人，選學家簡松先生之後，東蓀先生之兄也。生於同治十三年（一八七四）正月二十九日。幼承家學，殫精文史，曾供職刑部主事，繼以知府筮任江蘇。國革後決意進取，從事著述。曾執教本校國文系，後以年高體弱，專任哈佛燕京學社研究生導師。
>
> 日美戰起，乃隨東蓀先生移居城內，暇日猶與三五及門，以

---

❸❾ 見張芝聯《從「通鑑」到人權研究：我的學術道路》，頁6，三聯書店，一九九五年十月。

治學為事。素體弱，舊患喘疾，偶感微寒，遂至不治。卒於
民國三十四年（一九四五）正月七日。春秋七十有二。
先生性喜納後進，誨人不倦。著述之刊行問世者，有《史
微》、《王靜生年譜會箋》、《遯庵樂府》等。❹

　　從這段文字吾人得知，張爾田先生長東蓀先生十二歲，且一直
和東蓀先生生活在一起，兄弟關係非常融洽。
　　在燕京大學哈佛燕京學社任研究院導師的張爾田先生，國學功
底很深厚，在當時是很有名的。現任北京大學史學系教授，曾是張
爾田先生學生的張芝聯先生，半個世紀後回憶到張爾田先生，依然
對其稱頌備至。他說：

在此期間（按即一九四一年秋，燕大被日軍佔領二個多月前）
我拜訪了研究院導師張爾田先生，人們尊稱他為「孟老」。一
位羸弱矮小的老人，蓄著短鬚，十分近視，說話帶有浙江口
音，經常咳嗽，但仍不斷吸煙。談得高興時手舞足蹈，目光
炯炯有神。我作了自我介紹，他說認識我父親，大約在光緒
三十年間兩人先後在蘇州候補知府。二十年代後期，他與胞
弟張東蓀先生一度在光華大學執教。孟老是清末遺老，與王
國維（靜安）、孫德謙（益庵）共稱「三友」，或稱「三才子」。
我逐漸發現，孟老在義理、詞章、考據、佛學等方面都有傳
世之作，他集浙東浙西學術於一身，而尤尊章學誠（實齋）
《文史通義》。　我暗自慶幸能拜孟老為師，他對我也格外誘

<hr>

❹　吳興華〈張爾田（孟劬）先生〉，見《燕大文史資料》第七輯，頁231，
　　北京大學出版社，一九九三年四月。

掖，愛護備至。孟老七十華誕，父親贈他七律兩首，末兩句曰：「洛社尋常何足道，最難爭獻見黃篇。」把孟老比作今之梨洲。從這時起直到一九四四年底我離京返滬這三年多時間裏，我不間斷地去向孟老請教，並把他的答問寫成摘記。可惜這兩本問答錄在「文革」中遺失了。**❹**

張芝聯先生的父親張壽鏞（號約園）先生，前文已言，是上海私立光華大學的創立者。張爾田、張東蓀兄弟一九二八年秋入光華大學執教兩年有餘，當然和張壽鏞先生熟悉，所以張爾田先生說認識張芝聯先生的父親。後來（一九三〇年秋）東蓀先生兄弟北上燕京大學，與上海遠隔千里，卻沒有間斷同張壽鏞先生的聯絡，所以才有後來張壽鏞先生贈張爾田先生壽詩的事。

在其著作《從「通鑑」到人權研究：我的學術道路》的另一處，張芝聯先生又提到張爾田先生，說：「一九四一年在燕京大學研究院，我跟張爾田先生學《文史通義》。張先生是清末遺老，他的學問非常淵博，經學、史學、諸子百家無所不通，還精於詞章，他寫了一部書叫《史微》，對《文史通義》作了發揮。」**❷**作者和張爾田先生之間的師生情誼，是很深厚的，已經遠遠超出了一般的師生關係。當作者一九四五年正月得知張爾田先生的死訊時，痛哭不已：「我見詩（按：當時作者父親在上海病危，曾寫有埋怨兒子不在身邊的詩句『生子為人用，生子亦何為』）決定立即還滬，但又不忍與孟老告別，依依不捨者久之。一九四四年底我與妻子返上海，一

---

❹ 張芝聯《從「通鑑」到人權研究：我的學術道路》，頁6，三聯書店，一九九五年十月。

❷ 同上，頁201。

九四五年舊曆正月初七日孟老病逝，我聞噩耗慟哭數日，不能自已。
唯一能做的是籌資刊印孟老的遺著《遯堪文集》，以表弟子悼念之
儀。這部書終於在一九四八年印出。」**❸**

談到張爾田先生與東蓀先生的關係，我們用「情同手足」一詞
來形容，是一點也不過份的。張爾田先生對於東蓀先生，是有一種
「長兄如父」般的關愛，時時扶佑著東蓀先生的成長。當東蓀先生
一九四一年十二月被捕入獄後，獄內，是東蓀先生做夢都想著自己
的兄長；獄外，是張爾田先生淚流滿面聽自己賢弟在獄中的消息。
兄弟情份，莫過於此。東蓀先生記載說：

> 有一次夢見回家，夢境十分清楚。到家時見著家兄孟劬。他
> 雖十分高興，然卻問我：你是鬼罷。我告訴他，我確是人，
> 不是鬼。確是人回家，不是魂回家。不料醒來依舊在監牢裏，
> 此時天尚未明，一燈如豆，其淒慘真是可絕人寰了。**❹**

獄友鄧之誠（文如）先生先於東蓀先生出獄，出獄後至東蓀先
生家中，告知獄中情形，張爾田先生淚流滿面：「……繞道至孟劬
處，兼晤東蓀夫人，詳告以獄中一切情況，謂東蓀等必當於一星期
內出獄，孟劬揮淚聽之，知人人皆有兄弟之愛也。」**❺**鄧先生的感嘆，
是不錯的。

---

❸ 同上，頁8。

❹ 張東蓀〈虜獄生活簡記〉，見其《民主主義與社會主義》，頁92，上海
觀察社，民三十七年七月。

❺ 鄧之誠〈南冠紀事〉，載《燕大文史資料》第一輯，頁38，北京大學
出版社，一九八八年四月。

第三個消息是有關東蓀先生家庭住址變遷情況的。據著者的考訂，東蓀先生家在北平的住址，依下列次序變遷：

⑴一九三〇年秋東蓀先生入燕京大學執教，家住北平西郊、燕大西北角之達園，即沈從文 (1903–1988) 先生在一封情書中提到的「落雨以後的達園」。東蓀先生《價值哲學》一書之〈序〉末標明時間地點為「民國二十二年十一月十六日張東蓀序於北平西郊之達園」❹，表明東蓀先生直到一九三三年底還住在達園，並在那裏完成《價值哲學》一書的寫作。

高長山先生〈張爾田在燕園的幾首詩詞〉一文說：「張爾田（孟劬）先生是史學家，也是當代著名詞人。先生原籍杭州，生於一八七四年，是燕大哲學系教授張東蓀先生的兄長。平生治史學、佛學甚深。民國初年曾預修《清史》，旋即任教北京大學。晚歲（三十年代初開始）任教燕大，居燕園迤北之『達園』。」❹若張爾田先生三十年代初和東蓀先生住在一起，則東蓀先生這時期亦住達園無疑。

達園是個很美麗的地方，天高氣爽，澄明透澈。沈從文先生對它有很美的描繪：

> 今天是我生平看到最美一次的天氣，在落雨以後的達園，我望到不可形容的虹，望到不可形容的雲，望到雨後的小小柳樹，望到雨點。……天上各處是燕子。
>
> ⋮

---

❹ 張東蓀《價值哲學》〈序〉，頁5，上海世界書局，民二十三年七月。

❹ 高長山〈張爾田在燕園的幾首詩詞〉，載《燕大文史資料》第七輯，頁232，北京大學出版社，一九九三年四月。

因為我住到這裏，每當黑夜來時，一個人獨自坐在這亭子的欄杆上，一望無盡的蘆葦在我面前展開，小小清風過處，朦朧裏的蘆葦皆細脆作聲如有所訴說。❹

從文先生這些話，是寫於一九三一年六月，恰是東蓀先生在達園居住的那時節。當時的環境，是從文先生給它描繪下來了。

⑵一九三六年十一月二十五日，東蓀先生一家已遷居北平西郊吉永莊王氏園，什麼時間遷入的，不得而知。在〈哲學究竟是什麼〉一文的結尾，東蓀先生標有「一九三六年，十一月二十五日，寫於北平西郊吉永莊王氏園中之新築」❹字樣，表明這時東蓀先生已遷居至此，並在那裏完成〈哲學究竟是什麼〉一文的寫作。

⑶一九三八年一月二十八日，東蓀先生一家已遷居北平西郊燕東園，什麼時間遷入的，不得而知。在〈思想言語與文化〉一文之末，東蓀先生標有「一九三八，一，二八寫於北平西郊燕東園」❺字樣，表明東蓀先生此時已遷居至此，並於此處在「心緒之惡劣」中完成了代表其前後期思想轉向（從哲學的知識論轉向社會學的知識論）的重要作品——〈思想言語與文化〉。

⑷一九四一年十月三日，東蓀先生一家又已遷回北平西郊吉永莊王氏園，何時遷回的，不得而知。在《知識與文化》一書的〈後序〉之末，東蓀先生標有「民國三十年十月三日序於北平西郊吉永

❹　沈從文《沈從文文集》第十二卷，頁9-13，花城出版社及三聯書店香港分店，一九八四年七月。

❹　見張東蓀〈哲學究竟是什麼〉一文，載《東方》雜誌三十四卷一號(1937.1)。

❺　見張東蓀《知識與文化》，頁195，重慶商務印書館，民三十五年一月。

莊王氏圃中之居易居不易齋」字樣，表明東蓀先生此時已遷回北平
西郊吉永莊王氏圃（前謂「王氏園」，當為一地），並在那裏完成並
最後定稿了其後期最重要的著作之一──《知識與文化》。

⑸一九四一年十二月燕京大學被日軍關閉後，東蓀先生一家從
北平西郊遷到了內城居住，起初是在馬大人胡同，後來是在內城西
北部的大覺胡同。張芝聯先生在其《從「通鑑」到人權研究：我
的學術道路》一書中記載說：「我的學運不佳，開學不到三個月，
一九四一年十二月八日太平洋戰爭爆發，日軍佔領了燕京大學，
大肆搜捕進步師生。孟老因受驚發病，不得不從西郊遷居西城，
……」❺¹張芝聯先生雖然沒有說明搬遷的具體時間，但這一時期東
蓀先生一家已由北平西郊（可能還是從吉永莊王氏園）遷居西城，
則是肯定的。

吳興華先生的〈張爾田（孟劬）先生〉一文，謂「日美戰起，
乃隨東蓀先生移居城內，暇日猶與三五及門，以治學為事」❺²，所
記述的，也是這件事。

錢穆（1894-1990）先生《八十憶雙親、師友雜憶》一書中有一
段話，可能就是描述東蓀先生一家遷居內城後的情形，他說：

> 余其時又識張孟劬及東蓀兄弟，兩人皆在燕大任教，而其家
> 則住馬大人胡同西口第一宅。時余亦住馬大人胡同，相距五
> 宅之遙。十力常偕余與彼兄弟相晤，或在公園中，或在其家。

---

❺¹ 張芝聯《從「通鑑」到人權研究：我的學術道路》，頁6，三聯書店，
一九九五年十月。

❺² 吳興華〈張爾田（孟劬）先生〉，載《燕大文史資料》第七輯，頁231，
北京大學出版社，一九九三年四月。

十力好與東蓀相聚談哲理時事，余則與孟劬談經史舊學。在
公園茶桌傍，則四人各移椅分坐兩處。在其家，則余坐孟劬
書齋，而東蓀則邀十力更進至別院東蓀書齋中，如是以為
常。❸

錢先生並沒有明說所述係何時之事，但據著者推定，當是在一
九四二年初至一九四五年初之間。所述之「上檔次」的生活，確為
當今中國文人豔慕，且徒具豔慕，卻是「哭也哭不來」。

張中行先生〈張東蓀〉一文記載說：

開始有交往是在四十年代後期。那時他住在北京內城西北部
的大覺胡同，西口內路北一家的外院，是借住。誰介紹，為
什麼去，記不清了。❹

錢穆先生所載是馬大人胡同，張中行先生所載則是內城西北部
的大覺胡同，若此兩胡同不為一地，則使錢先生之記載與張先生之
記載不生矛盾的唯一辦法，便是讓東蓀先生搬家。就是想像東蓀先
生一家在內城搬過家，是從馬大人胡同搬至西北部的大覺胡同，時
間大約是在一九四四年底或一九四五年上半年，並且是借住。

⑹在大覺胡同借住時間不長，大約是在燕京大學復校北平（一
九四五年十月）前後，東蓀先生一家又從內城遷居北平西郊燕京大

---

❸　錢穆〈憶十力、錫予諸友〉，載《玄圃論學集——熊十力生平與學術》，
　　頁28，三聯書店，一九九〇年二月。

❹　張中行〈張東蓀〉，見其《月旦集》，頁72~73，經濟管理出版社，一
　　九九五年十一月。

學之燕東園。張中行先生〈張東蓀〉一文，在記述了東蓀先生在內城的住址後接著說：

> 像是時間不很長，他就遷到西郊，燕京大學的燕東園。我去過幾次。由城內來，不知道有沒有近路，還是進學校西門，或說正門。入門，沿未名湖南岸東行，波光塔影，覺得有不少詩意。出個窄小的東門是成府（清人筆記寫為陳府村）的蔣家胡同，東口外不遠就是燕東園的西門。入門，路北第一座兩層的小樓是他的住處。格局比城裏好多了，有客廳，外文書很不少。 ❺❺

東蓀先生的此次遷居燕東園，是不是與燕京大學的復校有直接關係，換言之，是不是燕京大學召他返校的，吾人不得而知。

⑺可能是在一九五二年八月燕京大學被取消建制、北京大學進駐燕園以後，東蓀先生一家又從校園外的燕東園遷到校園內位於未名湖北端的朗潤園，門牌號是一七八號。張中行先生《張東蓀》一文說「解放後」東蓀先生是「由燕東園的小樓遷到成府一處平房」❺❻的，著者認為可能有誤。著者曾採訪東蓀先生後人，均說東蓀先生是從朗潤園遷居成府平房的。

⑻一九五八年東蓀先生被迫辭去最後一項社會職務 —— 北京大學教授之職，同時被迫從朗潤園一七八號遷至校園東門外成府一處平房。此處是個大雜院，東蓀先生在晚年所撰詩、詞中，曾有提及，謂「新居為大雜院」云云。

---

❺❺ 同上，頁73。
❺❻ 同上，頁73。

⑼在成府平房（大雜院）住了十年(1958-1968)後，一九六八年一月，東蓀先生被捕入獄，從此便以北京昌平秦城監獄為「家」，不復再有住址。一九七三年六月二十三日死於獄中。

四、他和梁任公、梁漱溟、張君勱、熊十力的交往

哲學家大多都是孤寂的，一生只有極少的幾個朋友。但東蓀先生有不同，他性格外向，喜歡說很多話，也喜歡交很多朋友。雖說不上朋友遍天下，但他確是一個交友極多的人。

他自己在著述中提到的友人，就不在少數，如學生或門人白旭、高銘凱、許寶騄、王光祥、李信恩等，友人俞頌華、錢經宇、馮友蘭、張君勱、李石岑、金岳霖、熊十力、郭湛波、胡適、梁啟超、陳獨秀、胡石青、梁漱溟、鄧之誠、陸志韋、姚璋、董必武、詹文滸、孫道升、吳文藻、李安宅、趙紫宸等；他自己在著述中不便提到因而沒有提到的，肯定還有很多。

東蓀先生與梁啟超（字卓如，號任公，1873-1929）先生的交誼，很早就開始了。東蓀先生留學日本的時期(1905-1911)，亦正是梁先生「戊戌變法」失敗後逃亡、旅居日本的時期(1898-1912)，兩先生在日本就已有交往。一九一二年十月，梁先生歸國，十二月在天津發刊《庸言報》（半月刊）。一九一三年，東蓀先生幾乎所有的文章，都發表在梁先生主辦的這份《庸言報》上。《庸言報》係半月刊，一年出二十四期。東蓀先生竟在1913年一年裏，在《庸言報》上發表文章超過三十一篇，平均每期超過1.3篇。其與雜誌主編

之關係，不可謂不親密。東蓀先生這些文章所討論的中心問題，是中國之政治、社會問題，如國會性質、憲法之性質與形式、統治權、民權、主權、國會選舉法、預算制度、內閣制、行政權、司法、二院制與一院制，以及道德墮落、學者負擔、教育等。

後來東蓀先生又和梁先生及張君勱先生、蔣百里先生等，發起新學會，希求從學術思想上謀根本的改造，以為將來新中國的基礎。一九一九年九月，新學會主辦之《解放與改造》雜誌出版，東蓀先生又成為該雜誌的中堅人物。一九二〇年三月，梁先生歐遊歸來，一改舊日對於國家問題和個人事業的方針與態度，決意完全放棄上層政治活動，傾全力於培植國民實際基礎的教育事業。從這年開始，梁先生著手承辦中國公學，組織共學社，發起講學社，整頓《解放與改造》雜誌，東蓀先生再次成為這一系列「實業」的主角。一九二〇年四月，梁先生致東蓀先生函，言共學社章程及編譯書目各事，謂「編譯書目已列單，請社員自認，匯齊當奉塵」**❺❼**。在一九二〇年九月至一九三五年七月的十多年時間裏，共學社在「共學社叢書」之總名下，編譯出版了馬克思研究叢書、今人會叢書、文學叢書、史學叢書、時代叢書、社會叢書、社會經濟叢書、羅素叢書、經濟叢書、政治叢書、科學叢書、哲學叢書、通俗叢書、教育叢書等叢書，出書逾八十種，對中國社會、文化成長之貢獻，是極大的。

一九二〇年五月十五日，東蓀先生致函梁先生，商討《解放與改造》雜誌之改名及編譯新書事宜，謂「雜誌事總俟百里來後細商再定，蓋改名稱與改體裁，均有問題，非慎重出之不可」**❺❽**，並謂

---

❺❼ 見丁文江、趙豐田編《梁啟超年譜長編》，頁906，上海人民出版社，一九八三年八月。

❺❽ 同上，頁910。

「編書事宜早登報，……宜譯之書目，明日開上，……宜另覓一人專辦關於編書之事務」❺❾，云云。七月，東蓀先生又致函梁先生，談「國民動議制憲」及「國民公決」事，並謂「蓀病胃，幾不能進食，困頓萬分」❻⓪，表示東蓀先生當時胃病又犯。七、八月間，梁先生又致東蓀先生兩函，商用發刊詞及宣言各事。九月，《解放與改造》雜誌更名（從第三卷第一期起）為《改造》，體裁與內容均有變更。九月五日，梁先生致東蓀先生書，商籌辦講學社各事，並力促東蓀先生出任中國公學教務長，謂「中國公學教務長望公決任勿疑」❻❶。東蓀先生接信後，思慮再三，覺不好推辭，於是提出先辭《時事新報》主編職。九月十日，梁先生再函東蓀先生，談講學社規約及董事會決議（第一年請羅素來華講學，第二年請倭伊鏗來華講學），談中國公學經費事，並謂：「公決任教務長，甚喜，惟同時擺脫報務，卻可不必，掛名主持，大事乃過問，不礙事也。」❻❷十月四日，羅素已在來華途中，梁先生乃致函東蓀先生，商迎羅素之事，說明自己不親自「南下迎羅素」的理由。十月二十四日，梁先生致函東蓀先生，報告中國公學各事，謂辦學絕無政治活動，請東蓀先生據實解明「滬上同人」之誤會。不久東蓀先生覆函蔣百里先生，認為「近代學術與古代學術不同，故近代教育與古代Academic（講學舍）不能盡同」❻❸，認為辦中國公學不當以任公一人之人格為中心，而當以「一團人之人格為中心」，「此團不限於吾輩固有之

❺❾ 同上，頁910。

❻⓪ 同上，頁916。

❻❶ 同上，頁919。

❻❷ 同上，頁920。

❻❸ 同上，頁925。

分子，但求志趣相同者足矣」❻。

　　一九二一年二月十五日，梁先生發表〈覆張東蓀書論社會主義運動〉一文（該文撰畢於一月十九日），以回應東蓀先生一九二〇年十二月十五日發表的《現在與將來》長文。八月間梁先生致東蓀先生書，談與聞時局情形。九月間又致函東蓀、蔣百里先生，表達對時局的態度。這年春夏間，東蓀先生等接辦中國公學，曾一度受阻；11月間該校再度發生風潮，情形較第一次更嚴重許多。後來雖和平解決，但已影響到東蓀先生等人的辦學方針。於是在十一月十九日，梁先生再函蔣百里、東蓀、舒新城先生，謂「但使勉強可辦得下去，則此校斷不宜捨棄」，並安慰說「天下豈有無風波之地耶」❻。十一、二月間，梁先生又有致東蓀先生、蔣百里、舒新城先生兩函，談中國公學事，及發展他校計劃，並謂：「東蓀來南開固極佳，公學既有辦法，自不能拋棄，且報館亦非得替人不可，……君勱既無分身術，則東蓀能脫離與否實一問題也。」❻又謂：「東蓀來此共業自是佳事，惟明年暑假前不宜來，第一件《時事新報》非妥當交代不可離開，第二件不宜當公學風潮甫息後來南開……。」❻

　　一九二二年六月一日，東蓀先生致書梁先生，談時局與同人應持之態度，並及中國公學事。六月十日，梁先生致書東蓀先生等，談時局並《晨報》、中國公學各事。不久又致東蓀先生書，討論對時局的態度。六月三十日，東蓀先生致書梁先生，報告《時事新報》經濟狀況，謂「僅有三月之糧」❻。十月一日，梁先生致書東蓀先

---

❻　同上，頁926。

❻　同上，頁938。

❻　同上，頁943。

❻　同上，頁945。

生，談著述情形及雜誌、報紙文章各事。不久又致書東蓀先生，請東蓀先生為其《學術講演集》作序，云：「本年來講演稿十三篇，擬匯印為《學術講演集》，並要求公作一篇序，寫公對於我這個人及對於我這半年來所勞作的實感，非要公恭維，……。」㊹

一九二三年二月二日，梁先生致書東蓀先生，討論時局態度及文化學院事，謂「吾輩須以奮鬥中堅隊自任」㊿。3月18日，再致書東蓀先生、張君勱先生等，商討出售並改組《時事新報》各事，認為不管能售與否，均「須由東蓀負全部編輯之責」㊷。一九二四年三月二十七日，東蓀先生致函梁先生，請全力籌辦中國公學所需六萬經費，並謂：「此事若成，不但可辦，且可辦得格外出色，彼時吾輩在南方，左有自治學院（按：恐即張君勱先生所辦之自治學院），右有中公大學部，自可與北大、東南鼎足而立。」㊸四月三日，東蓀先生再次致函梁先生，催「中國公學年息六萬一事」，謂海外飽學之士「與吾輩表同情者甚多」，並謂：「上海方面有自治學院、中國公學與《時事新報》，三者皆能充分發展，則吾輩在南中社會上之根基已不為小。」㊹四月二十三日，梁先生覆函東蓀先生及陳築山先生，謂中國公學基金「恐難辦到」。

一九二六年十月十五日，梁先生致函東蓀先生，談北京圖書館經濟情形。一九二九年一月十九日，五十七歲的梁先生病逝於北平

㊻　同上，頁960。

㊹　同上，頁970。

㊿　同上，頁985。

㊷　同上，頁990。

㊸　同上，頁1011。

㊹　同上，頁1012。

協和醫院。東蓀先生兄弟撰獻輓聯，聯云：

> 本方寸間不容已願輪，為先哲後哲續千燈，學通中外古今，
> 言滿天下，名滿天下，智過於師，萬口爭傳大王路；是歷史
> 上有關係人物，更升平津平張三世，身閱壞空成住，知惟春
> 秋，罪惟春秋，泣盡心血，一生肯作寧馨兒。

在一九二九年二月十八日上海《新聞報》有關「公祭梁任公先
生」的報導裏，東蓀先生兄弟的這一輓聯，被列在第一位。

在那場發生於一九二〇－一九二一年間的著名的「社會主義論
戰」中，東蓀先生和梁任公先生是同一戰壕裏的戰友。一九二〇年
十月，兩先生請英國哲學家羅素來華講學，東蓀先生陪同去各地。
東蓀先生陪羅素至湖南講演後，於一九二〇年十一月五日撰發〈由
內地旅行而得之又一教訓〉一文於上海《時事新報》，從而引發「社
會主義論戰」。 在這場論戰中，張、梁兩先生均認為當時的中國不
具備實現社會主義的條件，「沒有談論甚麼主義的資格」；均認為中
國的社會主義革命只能是「偽勞農革命」， 只能在「許多內亂上再
添一個內亂」； 均認為在中國搞社會主義會使「生產力日益涸竭」；
均認為在中國搞社會主義無法使人人得「過人的生活」； 均認為中
國第一要緊的事情是「講教育」，醫治大多數人的「無知病」；均認
為中國之勞動者「未能成為階級」，因而構不成「階級鬥爭」；均認
為在中國建立「無產階級專政」缺乏階級基礎，且即便建立起來，
也只能是「兵匪階級」專政。張、梁兩先生八十年前的論斷，在今
天看來，依然還有很重的份量。

東蓀先生與梁先生的友情， 建立在共同的志趣與共同的追求之

上，可謂情深意篤。但東蓀先生卻並不是一味吹捧自己的老友。他對梁任公先生有讚頌，也有批評，總能站在一個較公允的立場，來評判他一生的得失。在《思想與社會》(1946.3) 一書的末尾，在引用了梁任公先生「文字收功日，全球革命潮」及「十年以後應思我」三句詩後，東蓀先生感嘆說：

> 可見那時候的學者是真有熱情，有理想，有昂首天外的氣概，有潔白高尚的心胸。❼❹

這是對「清末民初之盛況」的讚頌，也是對梁任公先生本人的讚頌。

在《理性與民主》(1946.5)一書中，東蓀先生又說：

> 我的觀點是把民主來解作一個整個文化精神之代表或總稱。關於這一點在以前似乎曾有人注意到，即如梁任公先生一生為新中國而奮鬥，在前輩中我當然是最推崇他。因為他對於國家完全是出於真誠，沒有私心。不過我遍覽他的文章以後，覺得他對於民主式的文化之真髓尚未澈底瞭解。❼❺

這裏有褒有貶。真誠而無私心地為國家民主化而奮鬥，是其長；未能徹底瞭解民主乃是一整個的文化，是其短。

東蓀先生又說：

> 國民黨北伐以前的二三年我曾來北京訪梁任公先生於協和醫

---

❼❹　張東蓀《思想與社會》，頁204，重慶商務印書館，民三十五年三月。
❼❺　張東蓀《理性與民主》，頁3，上海商務印書館，民三十五年五月。

院。彼時他正要施行手術，我向之進言謂文化運動未有不含政治改革者，故僅文化運動是不夠的。他告訴我，他之所以不願再談政治就是對於民主完全提不起信仰來了。我聽了只好唯唯而退。到了今天回想起來，實在不能不引為中國之一大損失。中國之始終未能走上民主軌道可以說就因為沒有人肯作民主主義之殉道者。必須有人和迷信財神與送子觀音那樣，不恤徒步登山，數夜不睡，以迷信於民主主義，則民主方會發生力量。環顧海內，這個天賦的天命應該降在梁先生身上，他竟未曾擔起，豈不可惜。❼❻

說梁任公先生最適宜擔當起「民主主義」或「民主」之道義，只因為「民主運動根本是一個道德的掙扎，即對於不自由不平等不向上的一種抗爭」❼❼，而在當時，卻只有梁任公先生有這樣的人格魅力或感召力。東蓀先生引為「可惜」，引為「損失」的，是梁任公先生竟放棄了早年對於民主與民主主義的「迷信」與「掙扎」。

東蓀先生與梁漱溟（字壽銘，又字漱冥，1893–1988）先生的交誼，延續了將近半個世紀。從目前所知的材料看，他們的交往，是從梁先生出版《東西文化及其哲學》(1922.1)一書開始的。

梁先生鑑於西洋人「未聞大道」的「可憐」及中國人「人生的無著落」，決意放棄向佛的念頭，「導他們於至好至善的孔子路上來」，乃成(1921)《東西文化及其哲學》一書。書出版後，梁先生寄給東蓀先生兩本，一本給東蓀先生，一本給東蓀先生兄長張爾田先生。但兩本都被人搶去，東蓀先生只得從友人李石岑先生那裏，借

---

❼❻　同上，頁152。
❼❼　同上，頁152。

來一本閱讀。認為在當時「乾燥」、「淺薄」、「沉悶」的思想界，梁先生的書「好像在黑暗中點了一盞明燈」❼❽。然讀完全書，東蓀先生卻又「起了一個批評的心」，覺得有很多觀點不敢苟同。於是撰成〈讀「東西文化及其哲學」〉一文，刊於一九二二年三月十九日之《時事新報》，表達自己對梁先生這部書的「批評」。

首先東蓀先生認為，梁書「把文化還元到一個哲學學說，我總覺得這種態度未免太過了」❼❾。認為這是混淆了哲學與文化兩個概念。文化不是哲學所產，因而孔子哲學與中國文化、佛家哲學與印度文化、西洋哲學與西方文化，並非一一對應。所以梁書的第一個不足，便是只「專是從哲學方面而觀察文化」，而不是「從全體上(as a whole)研究文化」❽⓿。

其次東蓀先生認為，梁書「主張佛家文化將於較遠的未來而大興，這種主張是我所大反對的了」❽❶。認為主張厭世的佛家思想，不會成為未來文化的主流。東蓀先生認為，生活即是奮進，奮進中免不了有煩悶，但「努力的人生觀是一個正流，而厭世的人生觀則是一個伏流」❽❷。厭世思想並不為某一民族文化所獨有，它潛伏在一切民族文化中。

再次東蓀先生認為，他對於梁書最不滿足的一點，是「梁君說中國的自得其樂主義將代西洋向前奮進主義而興。我以為梁君這個觀察是錯了」❽❸。他認為西洋文化在未來，已不再僅是西洋的，而

---

❼❽　張東蓀〈讀「東西文化及其哲學」〉，載《時事新報》(1922.3.19)。

❼❾　同上。

❽⓿　同上。

❽❶　同上。

❽❷　同上。

是「已大部分取得世界文化的地位」**❽**，因而中國的自得其樂主義，不可能代西洋的向前奮進主義而興。中國應當最大限度地吸收西洋文化，而不應當恪守傳統的那種控制意欲的「不自然的生活」。

一九三三年三月，東蓀先生在〈教訓〉一文中，再次提到自己與梁漱溟先生的不同：

> 所可憂者只在沒有健全的主體。……今天的問題只在主體而不在方法與工具。不過須知所謂主體不是指中國全體人民而言，乃只是指領導人民的少數人而言。換言之，今天一切罪惡不在阿斗，而在於諸葛亮。這便是我和梁漱冥先生所見不同的地方了。梁先生首先發見「主體不行」之理，我很佩服。不過他的意思似乎把主體看得太廣泛了。好像是主張「中國人」不行。……我則以為這種論調似乎太富於哲學氣味。**❽**

東蓀先生以為，中國當時所以被日本步步緊逼，乃是因為中國「主體不健」。而主體不健的關鍵，「不是說中國人不行，乃只是說中國現在站在臺前的人們太不行了」**❽**。安分守己的老百姓是無罪的。若硬說他們有罪，他們也只是罪在不革命，罪在受了莫大的苦痛而尚不起來反抗。梁漱溟先生當時的見解則是，中國的「主體不行」，即是「中國人不行」，所以此後的關鍵在教養中國人，即改造中國之人性。只有當人民大多有了組織力，國家方可成立；只有當

---

❽ 同上。

❽ 同上。

❽ 張東蓀〈教訓〉，載《再生》一卷十一期(1993.3.20)。

❽ 同上。

人民大多有了合作心，社會方可構造。政治的性質，國事的好壞，是取決於民眾的素質。

　　著者在今天，倒是更傾向於梁先生的觀點。就是認為民眾的素質決定政治的素質。低劣的民眾之上決找不到優良的領導人；在政權之合法性來自武力的時代，民眾之素質決定革命之性質，並進而決定政權之性質；在政權之合法性來自選舉的時代，民眾之素質對於國家與領導人之素質，更是起著決定的作用。所以站在臺前的，雖只是少數人，但他們的背後，卻站著數不清的「同類」或「同志」。他背後的「同類」是不懂民主的，臺前的那人決不會講民主；他背後的「同類」是不問自由的，臺前的那人決不會講自由。所以臺前少數人的罪惡，是臺後多數「同類」慣成的，因為這多數「同類」本就有革命的權力，有起來反抗的權力，他們不革命，不反抗，表明他們認同了；或者本就有選舉的權力，罷免的權力，他們不重新選舉，不罷免其職，亦表明他們是認同了。

　　一九四九年十一月，梁漱溟先生在成都路明書店出版《中國文化要義》一書，書中多次提到東蓀先生及其著作。其書雖始撰於一九四二年春，但撰畢時已是一九四九年六月，是在東蓀先生後期三巨著出版以後。故其書參閱、引證東蓀先生處甚多。梁書第六章〈以倫理組織社會〉一節，在談到禮俗與法律時，引用東蓀先生《理性與民主》一書一大段，認為東蓀先生「正亦是見到此處，足資印證。不過為什麼，一則走向法律，一則走向禮俗，張先生卻沒有論到」[87]。第十章〈治道與治世〉一節，在談到基督教與西洋文化之關係時，再次引用東蓀先生《理性與民主》一書第十二頁，認為「張東蓀先生嘗論西洋文化之所以不斷進步，正在其有此互相衝突之二

[87]　梁漱溟《中國文化要義》，頁120，學林出版社，一九八七年六月。

元。我深承認之」❽。第十二章〈人權自由之所以不見〉一節，在論到中國人不得確立其自由的原因時，再次引用東蓀先生《理性與民主》一書，謂「張東蓀先生於所著《理性與民主》一書中，曾說『西方因為與教化不生直接關係，所以會引出平等自由等概念來，而中國則因為必須有待於教化，遂不發生平等與自由兩概念』（見原書第三章，〈人性與人格〉）。其言足資參考印證」❽。

　　梁書第十三章談「文化早熟後之中國」，其第一節「由此遂無科學」云：「張東蓀先生最看到此點，在他所著《知識與文化》一書，較論中西學術不同之故，曾有極可貴之闡明。」❾ 在引用了《知識與文化》一書之大段文字後，又說：「如上列出這些點，實在是一貫的。東蓀先生指出是中西人心思(Mentality)有些不同。……東蓀先生所謂心思之不同，若用我的話來說，便是：西洋人從身體出發，而進達於其頂點之理智；中國人則由理性早啟，其理智轉被抑而不申。」❾ 該節在談到宗教與科學之關係時，再次引用《知識與文化》一書，並說：「唯西洋有其宗教，斯有其科學。習俗但見宗教科學之相衝突，而不知其間線索之正相聯。東蓀先生在《知識與文化》上，既加以申論，並援引西哲為證：……這大都是從思路上說。」❾ 該節在論到中西人生態度之不同時，又引東蓀先生《民主主義與社會主義》一書，謂：「在西洋，人與自然彷彿分離對立，在中國，則人與自然融合。……張東蓀先生近著《民主主義與社會主

---

❽　同上，頁222。

❽　同上，頁278。

❾　同上，頁282。

❾　同上，頁283、284。

❾　同上，頁288。

義》中說：自然界的獨立分出是西洋文化上一大特色一大貢獻，亦是此意。中外學者言之者尚多，不備舉。」❸該章最後一節「中國文化五病」， 在論到中國文化的「不落實」病時，再次引用東蓀先生《民主主義與社會主義》一書「歐人自由主義開始於反抗不自由。……中國自辛亥以來……卻依然一件一件來破壞人民的自由」之一大段話，並說：「張先生指點在西洋抽象之理念為後出，而中國恰與之相反，自然很對。」❹

　　一九四九年後，東蓀先生與梁漱溟先生的交誼，繼續存在，但見面的機會已經極少。一九五〇年「張東蓀案件」發生後，據說梁先生曾為東蓀先生向毛澤東「求情」。 一九五二年八月，在和毛澤東「翻臉」的前一年，六十歲的梁漱溟先生，受六十六歲（虛歲六十七）的東蓀先生之託，在同樣是六十歲（毛澤東與梁先生同歲）的毛澤東面前探聽虛實：

　　　先生因受張東蓀之託，在這次談話臨末，向毛主席提到張東蓀犯罪問題。先生講：「張的為人聰明特出，久在學術思想界享有高名，與我相熟數十年。北京城的解放，張亦是奔走城內外之一人。一九四九年建國，組織中央人民政府，列居六十名委員之一，殊不料他親美，懼美（這時他是美國人辦的燕京大學教授），竟受一特殊間諜的誘惑，甘心為美國務院作情報，竊以政府會議文件密授之。此特務被捕，供出其事，張內心慌亂，如醉如狂，寢食俱廢。我對張『既恨之，又憫之』，雖無意為之求情，亦願探悉主席將如何處理。」毛主席

---

❸　同上，頁301。

❹　同上，頁302。

回答說：「此事彭真來向我詳細報告了。彭真要捉起他來，我說不必，這種秀才文人造不了反。但從此我再不要見他，他再不能和我們一起開會了。想來他會要向我檢討的，且看他檢討的如何吧！」

是日談話自此而止。⑨⑤

　　這是李淵庭、閻秉華合編之《梁漱溟先生年譜》一書，給我們留下的記載，也是目前著者所能見到的東蓀先生請梁先生向毛澤東「求情」一事的最詳盡記載。第二年，梁先生本人因和毛澤東「翻臉」，也不得不一而再、再而三地向毛澤東求情，兩個得不到「寬恕」（也許梁先生被寬恕了?）的古稀老人，自此以後，天各一方，自求存身之地，幾十年的交情，也就漸漸地淡漠下去。

　　一九五九年的某一天，寄身北京西郊成府一處低矮平房的東蓀先生，入城就醫，竟在路途意外地遇上滿臉病容、身心憔悴的梁漱溟先生。多年不見，感慨萬千。歸西郊平房後，東蓀先生忍不住吟詩抒懷。詩題為〈入城就醫途遇漱溟面頗病容歸而有作〉，詩云：

　　　　病中一笑忽相逢，雅量休將早熟同。

　　　　獨剖拙書融孔氏，誰翻蕪史夢田豐。

　　　　空花魔佛原平列，奇跡人無豈互從。

　　　　車走雷聲何可語，歸來雜念似雲峰。⑨⑥

⑨⑤　李淵庭、閻秉華編《梁漱溟先生年譜》，頁206，廣西師大出版社，一九九一年六月。

⑨⑥　此項記載見於謝泳《舊人舊事》，頁177，上海人民出版社，一九九六年三月。

　　此詩前文具引，求讀者諸君勿以重複囉嗦為咎責。因為這恐怕就是東蓀、漱溟兩先生此生的最後一面，以文學語言言之，這恐怕就是東蓀、漱溟兩先生的「永別」……

　　東蓀先生和張君勱（原名嘉森，字士林，1887–1969）先生，是最要好的一對朋友。他們的交情，也是開始於本世紀初。

　　東蓀先生留學日本，是在一九〇五年。兩年後，即一九〇七年（光緒三十二年），二十一歲的張君勱先生由寶山縣公費派送日本留學。二張的交誼自此開始❾。後來張君勱先生結識梁啟超先生，並被梁聘為《新民叢報》的編輯，和梁一起共同發起成立政聞社；這時期，恰是東蓀先生與梁啟超先生交誼的時期。因了梁啟超先生的媒介，二張之走到一起去，是很自然的。

　　回國後，東蓀先生與張君勱先生及梁任公先生等，共同發起新學會，共同主持《解放與改造》雜誌，共同謀中國民眾的「解放」以及中國學術思想的根本「改造」。一九一七年，東蓀先生接替張君勱先生《時事新報》總編輯之職，主編見解獨立的《時事新報》。張君勱先生任該職，始於一九一五年十一月，維持《時事新報》只兩年；東蓀先生接手後，則在困礙重重中主持《時事新報》達七年之久，直到一九二四年春離開。一九二三年張君勱先生在上海創辦自治學院的時候，東蓀先生在一面主持《時事新報》，一面受梁任公先生之託，承辦中國公學。自治學院、中國公學及《時事新報》，曾被東蓀先生稱為「吾輩」在中國南方之思想與行動的三座重鎮，自治學院和中國公學大學部，亦曾被東蓀先生視為有望「與北大、東南鼎足而立」的最好的大學。一九二五年十月，自治學院改組為

---

❾　李振霞《中國現代哲學史綱要》上冊，頁179：「（張君勱）在日期間結識梁啟超、張東蓀等人。」紅旗出版社，一九八六年十二月。

國立政治大學，張君勱先生出任政大校長的時候，東蓀先生被聘為該校教授。一九三〇年秋東蓀先生北上燕京大學執教，張君勱先生也於第二年九月隨之而來，在燕京大學講授黑格爾哲學。

　　在二〇年代初那場著名的「科玄論戰」中，東蓀先生是張君勱先生最得力的幫手。儘管東蓀先生與張君勱先生，很多觀點有不同，但在基本點上，東蓀先生卻是始終站在張君勱先生一邊，並因此而和張君勱先生一起，共同被罵為「玄學鬼」。 徐復觀先生在《中國知識分子精神之回向 —— 壽張君勱先生》頁49上曾說：「……憶余年少時在滬購一書曰《人生觀之論戰》， 於京滬車中急讀一過，內容多不甚了了。惟知有一派人士，斥君勱東蓀兩張先生為「玄學鬼」；玄學鬼即係反科學，反民主，罪在不赦。自此，『玄學鬼』三字，深入腦際。有人提及二張之姓名者，輒生不快之感。二十年後，偶讀張東蓀氏之著作，凡所言民主、科學、哲學、中國文化等，其成就幾無一不在當年反玄學鬼者之上，此當為有常識者所共許。而一部民主憲法，不促成於打倒孔家店之勇夫，竟出自熱愛中國文化之另一玄學鬼；此一皎然明白之事實，尚不足以引起中國知識分子之深思熟考耶。」❾❽ （收入《張君勱先生七十壽慶紀念論文集》）這是講「二張」各自的成就。其實就「科玄論戰」這一戰而言，雖出頭掛帥的是張君勱先生，但「玄學」一方實際的中堅卻是東蓀先生。換言之，就這一戰而言，東蓀先生的成就乃是在張君勱先生之上。東蓀先生的《科學與哲學 —— 一名從我的觀點批評科玄論戰》(1924.6)一書，被稱為是「對科玄論戰最有份量的論著」❾❾。

---

❾❽　轉引自（臺灣）葉其忠〈從張君勱和丁文江兩人和「人生觀」一文看一九二三年「科玄論戰」的爆發與擴展〉， 載臺灣中央研究院《近代史研究所集刊》第二十五期，頁259–260，臺北，一九九六年六月。

一九三二年四月，東蓀先生和張君勱先生等，創建再生社。五月，發行《再生》（其英譯名為*The National Renaissance*）雜誌，以「民族復興」為最高追求。在《再生》雜誌上，東蓀先生發表〈階級問題〉（一卷四期，1932）、〈辯證法的各種問題〉（一卷五期，1932.9）、〈中性子的發見是否有助於唯物論〉（一卷十期，1993）、〈教訓〉（一卷十一期，1933.3）以及〈討論道德根本問題答素癡先生〉（二卷二期，1933）等重要文章，表達自己的哲學觀、政治觀與時局觀。同時張君勱先生也以《再生》雜誌為陣地，發表一系列重要見解。一九三五年，張君勱先生把發表於《再生》雜誌的有關民族文化的文章，輯成一書，名曰《民族復興之學術基礎》。一九三四年十月，為了抵制國民黨「黨外無黨」之政策，再生社在北平召開臨時代表大會，宣佈成立中國國家社會黨。東蓀先生、張君勱先生等，作為再生社創始人，被選為該黨領導人。此外參與此事的，還有徐君勉先生、胡石青先生等。該黨在社會方面主張國家民族本位，反對階級鬥爭；在政治方面主張「以民主政治為根本原則，依國情充量實現之」；在經濟方面主張實行國家社會主義。不管該黨後來有何等變化，但這是東蓀先生、張君勱先生等，創建該黨的初衷。

　　也就在國社黨成立的這一年，張君勱先生南下廣州，創辦學海書院。作為張君勱先生的老友，東蓀先生也利用這一年的一段學術休假期，去學海書院當了六個月的院長。這年十月，東蓀先生編輯的《唯物辯證法論戰》一書，在北平民友書局出版，張君勱先生特為該書作「序」（1934.9），認為攻破「辯證法」（他稱為「達蘭克鐵克」，東蓀先生譯為「對演法」，日人譯為「辯證法」）乃是東蓀先生的功勞，並感嘆：「異哉，近年吾國思想界也！以外人為綱罟，

---

❾❾　同上，頁257–258。

自待若魚蝦，魚蝦入繩網之中，無異於自尋死路。以外人為圍場中之獵者，自視若兔雉，兔雉在天羅地網之中，終於為人所擒。人之投羅網而不自知，未有如吾國今日者矣！」⑩

「七七事變」後，一九三九年的秋天，張君勱先生在雲南大理籌設民族文化書院，致親筆信於北平，約東蓀先生兄長張爾田（孟劬）先生、友人鄧文如（之誠）先生及陳同燮先生，去書院擔任中西歷史課程。東蓀先生於是覆函張君勱先生說：

> 立兄如晤：致家兄與鄧公函已收到。鄧公另有覆信。家兄近益衰老，萬難跋涉長途，來書院任事。公來信措詞太露。須知所有信件俱由日憲兵查閱，並拍照留底。小有問題，立即拘捕。惟弟已向此間美英使官說通，以後往來信件均肯代為攜帶。請公亦向使館交涉，當無不見。須知弟在虎穴中無時不可發生生命危險也。拙作一篇即託彼等攜上。如《再生》不登即送《東方》雜誌為禱。八、十日遞上。⑩

大理民族文化書院於一九四〇年十月開學，張君勱先生任院長。吾人只知張君勱先生與該書院有關，卻很少人知道東蓀先生亦曾參與該書院的謀劃。東蓀先生的〈士的使命與理學〉一文的開頭，為我們偶然記下了這段鮮為人知的往事：

---

⑩ 張君勱《唯物辯證法論戰・序》，載張東蓀編《唯物辯證法論戰》，北平民友書局，民二十三年十月。

⑩ 此信載張東蓀《士的使命與理學》一文，該文寫於一九三九年八月十二日，發表於《觀察》週刊一卷十三期(1946.11.23)。

原來在南京淪陷後，政府移到漢口的時候，我在漢口與君勱先生商談。本有再辦一個書院的計劃。他託我到桂林去看地，以便造屋。迨我到了桂林，白鵬飛先生要請我在廣西大學任課。我以為燕京大學如能存在，不如在淪陷區多照顧幾個未能入內地的青年為宜。乃即潛歸北平。後來不久聞知君勱先生的書院居然在大理成立了。果爾又有其親筆來信，約家兄孟劬，友人鄧文如先生陳同爕先生去擔任中西歷史。這便是那時我為書院而作的一篇文章。當時滿以為寄去了，卻不料今天（按即一九四六年十月三日）反而寄回來。其中必有曲折，亦不必去追究。就中所言的雖經七年，似乎尚未過時。所以特把他寄給《觀察》。一則聊存鴻爪。二則亦是這個問題還有提出討論的必要。⑩

當時東蓀先生寫給民族文化書院的那篇文章，便是我們後來見到的〈士的使命與理學〉一文。在這篇文章中，東蓀先生闡發了自己對於「理學」（他在文章中稱「道學」）的獨到見解，認為所有的理學家出於其濟世利人之心，「對於政治無不干與」⑩；但到了今天，「士」的階級已不復存在，「士」的使命「在中國歷史上算已經完了」。「今後有一個新時代將要來了。士如果要仍然擔任一些使命，則決不能如產業革命者所主張，化為歐美式的中等階級。我以為只有加入大眾中，在大眾中除了擔任技術知識的需要以外，依然可以行使其提高道德的任務。換言之，即把大眾的道德水準設法提高，這就是他們的唯一任務。……所以理學不是完全過時貨。不過必須

---

⑩　同上。

⑩　同上。

有人出來為之大加整理，使其與現代的需要相符合，而刪去一切迂腐之談。這便是我所希望於君勱先生所辦的學院的了」。[104]這篇後來被部分移入〈不同的邏輯與文化並論中國理學〉(《燕京學報》第二十六期，1939.12)一文的長文，被謝泳先生稱之為「不太為人注意，其實是一篇有獨立見解的重要文字」[105]。

一九四一年十二月，東蓀先生被捕入獄。即使在獄中，東蓀先生依然惦念著自己的老友。他預計自己會死於獄中，或被殺，或折磨至死，或自殺，於是便立下遺囑。在遺囑中，東蓀先生要求死後將自己之著作與張君勱先生之著作合為一書，取名曰《二張集》。可見他們主張之接近與關係之親密。這件事，是美國學者紀文勳先生告知吾人的，他說：

> 張東蓀和張君勱是極其親密的朋友。兩人都酷愛哲學，都獻身於中國民主運動。他們在政治和哲學上的密切關係可從張東蓀的遺囑中看出。這份遺囑是他抗日戰爭時遭到囚禁時寫的。他預計自己會被殺害或會被折磨至死，甚至可能自殺，便要求在自己死後將自己和張君勱的著作編成一本書出版，不注明每篇著述的作者，書名即叫《二張集》。[106]

一九四三年初，東蓀先生寫成《思想與社會》（出版於一九四

---

[104] 同上。

[105] 謝泳〈張東蓀與「觀察」〉，載其《舊人舊事》，頁36，上海人民出版社，一九九六年三月。

[106] 〔美〕紀文勳《現代中國的思想衝突——民主主義與權威主義》，頁165，程農等譯，山西人民出版社，一九八九年。

六年三月）一書，當時遠在數千里之外，正因西南聯大學潮而受命結束大理民族文化書院，被迫幽居重慶南岸汪山的張君勱先生，毅然提筆，為老友的新著作長篇〈序〉言。在〈序〉言中，張君勱先生回憶與東蓀先生幾十年的交情，感慨萬分。他說：「吾與東蓀及適之，皆受歐美反理智主義哲學之洗禮之人也。東蓀民七譯柏格森氏《創化論》，我以和會後留歐，專攻柏氏及倭鏗哲學……。」❿在詳述了自己的「德性的理智主義」即「德智主義」（又稱「德性的唯心主義」）後，張君勱先生感嘆說：「噫！東蓀先生相距數千里外，無由會晤定其同異，然吾知其必有不謀而合者在矣。」❿對於兩人的志同道合，依然充滿自信。

這篇著名的〈序〉言，寫於一九四三年七月二十日，重慶汪山，所序之書卻延至一九四六年三月才正式出版，可見當時時局之艱難。正式出版的這部書，以張君勱先生相信與東蓀先生的「不謀而合」開頭，又以東蓀先生確信與張君勱先生的「不約而同」結尾，可見「二張」在這部書中的情份之深。這部書最末的幾句話是：

……故我名此為交互主義。此說和友人張君勱先生所主張的「函數說」是完全一樣的。他的說明詳見其書《立國之道》（按：該書出版於一九三八年八月）第五編末章〈吾人思想之哲學背境〉一章中，茲不繁引。其書雖早出版而我則於今日始得見之。兩地遙隔而所思意不約而同，亦可謂奇矣。❿

❿ 張君勱《思想與社會・序》，載張東蓀《思想與社會》，重慶商務印書館，民三十五年三月。
❿ 同上。
❿ 張東蓀《思想與社會》，頁204，重慶商務印書館，民三十五年三月。

相距、相隔數千里，一曰「不謀而合」，一曰「不約而同」，當然堪稱「奇蹟」！

一九四七年四月，張君勱先生代表民社黨（其前身即國社黨）與國民黨簽訂「新政府之施政方針」，並提出民社黨參加國民政府的名單，意在讓民社黨加入新政府。身為民社黨核心人物的東蓀先生，對此持懷疑態度並反對意見，覺得民社黨的參加政府，恐怕無益於國內和平及人權與自由的維繫。於是東蓀先生宣佈脫離民社黨。幾十年來親如兄弟的「二張」，就這樣分道揚鑣了。對此美國學者紀文勳先生解釋說：「張東蓀同情共產黨的事業，而張君勱卻偏向國民黨，這一事件標誌著二張友情的破裂。」⓾

一九四九年後，張君勱先生去了海外，東蓀先生留在了大陸。當張君勱先生在海外環球講學，積極倡導新儒學運動時，東蓀先生正受到官方指控、被剝奪公民權。當一九五八年張君勱先生在海外發起、起草並與唐君毅、牟宗三、徐復觀諸先生聯名發表「為中國文化敬告世界人士宣言」，即著名的「新儒家宣言」時，東蓀先生正被剝奪教授職務，及在燕京大學原住地的居住權，正被趕到校門之外成府的一處低矮昏暗的平房。當一九六七年張君勱先生應新加坡總理李光耀之邀，赴新講「社會主義運動概觀」時，東蓀先生正在這低矮昏暗的平房裏，吟詠那苦悶的詩詞，「忍寒露坐數昏鴉」。當一九六九年二月張君勱先生在美國西部柏克萊病逝時，東蓀先生正在北京昌平的秦城監獄，打發他一生最後的光陰。哲壇「二張」，就這樣完成了各自的命運。

張君勱先生是東蓀先生「敬愛的朋友」，是梁啟超先生「耳鬢

⓾　〔美〕紀文勳《現代中國的思想衝突——民主主義與權威主義》，頁169，程農等譯，山西人民出版社，一九八九年。

廝磨的老友」，東蓀先生與張君勱先生之間，以及他們與梁啟超先生之間的關係，吾人可以用張明園《梁啟超與民國政治》(1981) 一書的一句話來作結：

> 張君勱……和張東蓀……的私交，幾可以學生兄弟視之，友誼之篤，無與倫比……。他們之所以有深厚的友誼，蓋由於學問興趣相近，政治主張一致的關係……而最令人樂道的，是二人皆以師禮事任公，且始終如一……。⑪

　　東蓀先生與熊十力（字子真，號黃岡逸翁，1884-1968）先生的交往，有日常生活方面的，但主要是在學術與思想方面。
　　三十年代後期，東蓀先生與十力先生之間的論學書簡，往來頻繁。主要討論本體論之有無，以及哲學與科學之關係。王守常先生校點本《十力語要》，收錄了十力先生致東蓀先生函兩封，答東蓀先生函三封，東蓀先生答十力先生函兩封。在第一封致東蓀先生書中，十力先生說「北大轉到惠書，並大著《認識論》一冊」⑫，表明這封信大概是寫於一九三四年底或一九三五年初。在第一封答東蓀先生書中（這是一封超長的信），十力先生用了幾乎所有的篇幅，來談自己之哲學與東蓀先生之哲學的異同。
　　⑴東蓀先生主張中西分治；而十力先生則主張中西「合作」，認

---

⑪　張明園《梁啟超與民國政治》，臺北食貨出版社，一九八一年。轉引自（臺灣）葉其忠〈從張君勱和丁文江兩人和「人生觀」一文看一九二三年「科玄論戰」的爆發與擴展〉一文，該文載臺灣中央研究院《近代史研究所集刊》第二十五期，頁220，臺北，一九九六年六月。
⑫　熊十力《十力語要》，頁64，中華書局，一九九六年八月。

為「必須治本國哲學與治西洋哲學者共同努力」⑬，然後方有新哲學之產生。

(2)東蓀先生認為中人求學之動機，在求善而不在求真，在求修養而不在求知識，西人則反之，所以能成功科學；十力先生雖承認此話「是真見到中西文化和哲學根本不同處」⑭，但又認為修養不必離知識，知識亦並不離修養，中人之求善實即是求真，因為絕對之真無有不善，絕對之善無有不真，真善原是分不開。

(3)東蓀先生認為以西方求知識的態度治中國學問，必覺其甚空虛，因而看得一錢不值；十力先生雖承認此語「恰足表示今人對於中學的感想」⑮，但卻認為中學所以「不事邏輯」者，只是因為其視邏輯為空洞形式之知，不屑從事，並非因為其它。

(4)東蓀先生認為以中國修養的態度治西方學問，必覺人生除了權利之爭，毫無安頓處；十力先生雖則對此「不無相當贊成」， 但「終嫌太過」⑯，而認為知識與修養可以兼容，認為中國學問（尤其是儒家）其實並不反知。

(5)東蓀先生認為哲學是否談本體，要視知識之判分而定；十力先生則認為唯有本體才是哲學的正宗，「哲學只有本體論為其本分內事，除此多屬理論科學」⑰。

在第二封致東蓀先生書中，十力先生針對東蓀先生數年前的一個觀點──東方學問非宗教、非哲學，而亦兼此二者之性質──提

---

⑬　同上，頁64、65。

⑭　同上，頁66。

⑮　同上，頁69。

⑯　同上，頁70。

⑰　同上，頁71。

出批評，認為學術只能分為科哲兩途，不必於哲學外另立一非宗教非哲學的名目。科學是「知識的學問」，哲學「以本體論為其領域」，所以二者終歸是對立的。他說：「弟堅決主張劃分科哲領域。科學假定外界獨存，故理在外物，而窮理必用純客觀的方法，故是知識的學問。哲學通宇宙、生命、真理、知能而為一，本無內外，……弟以為哲學之領域既經劃定，即以本體論為其領域，……。」**⑱**

在第二封覆東蓀先生書中，十力先生主要談了兩點不同意見：

⑴東蓀先生認為宋明儒實取佛家修養方法，而實行儒者入世之道，其內容為孔孟，其方法則係印度；對此十力先生表示反對，認為宋明儒之方法決不是根據於佛家，而是根據於孔孟，「然弟則以為宋明儒本偏於玄學一途，其玄學方法仍承孔孟，雖有所資於禪，要非純取之印度，故於尊論微有異議也」**⑲**。

⑵東蓀先生認為英人懷特海之哲學與十力先生《新唯識論》之思想，頗有相通之點，並囑撰文以相比較；十力先生則以「余生」既未瞭解懷特海，又未瞭解「新論」為由，予以拒絕。

另外，在這封覆信中，十力先生依然固執地把哲學規定為本體論，而認為「哲學所窮瞭者為本體，而宇宙本體實即吾人所以生之理，斯非反求與內證不為功」**⑳**。

收悉此函後，東蓀先生有一答函，繼續表明自己關於宋明儒與佛學之關係之立場，認為宋明儒若反恃孔孟「反身」、「思誠」等，而不用印度傳統之瑜伽方法，便無以另成一新境界。宋明儒與佛家之區別，不在其方法，只在其歸宿，宋明儒所得為「當下合理」，佛

---

⑱　同上，頁72。

⑲　同上，頁117。

⑳　同上，頁118。

家所得為「實證真如」。「以西方術語言之，則一為玄學的，一為倫理的；一為求見宇宙之本體，一為體合道德之法則。潛修以窺破本體，其結果得一『寂』字。一切皆空，而空亦即有，於是事理無礙，事事無礙。潛修以體合道德，其結果得一『樂』字」⓫。

在第三封答東蓀先生書中，針對東蓀先生上述觀點，十力先生提出批評：

⑴不能說佛家為玄學的，而儒家為倫理的，只能說儒家與佛家同為玄學，區別只在一主入世，一主出世，「唯佛主出世，故其哲學思想始終不離宗教；儒主入世，故其哲學思想始終注重倫理實踐」⓬。

⑵不能說「求見本體」與「當下合理」是可以分開的兩件事，而將「求見本體」歸之佛，將「當下合理」歸之儒；只能說「求見本體」與「當下合理」是一件事情的兩面，「其所以為當下合理者，以是本體呈現故耳」⓭。若不見體，道德法則便無內在的權度。

⑶不能說儒家只有倫理學而沒有玄學，「實則儒家倫理悉根據其玄學，非真實瞭解儒家之宇宙觀與本體論，則於儒家倫理觀念必隔膜而難通」⓮。

收到此函後，東蓀先生再答十力先生，辨明並申述自己的態度：

⑴申明自己所謂玄學的與道德的云云，甚至本體論、宇宙論與認識論之分別，皆基於西方學術重分析之精神，不是基於東方的觀念；在東方，這一切根本上是「渾一」的。

⓫ 同上，頁119。

⓬ 同上，頁119。

⓭ 同上，頁120。

⓮ 同上，頁120。

⑵申明自己始終以為本體論乃西方哲學之特色，中國哲學「只講宇宙論而無本體論」❿，印度哲學是「以宇宙論代替本體論」❿；換言之，「則可謂西方確有本體論，印度只是以宇宙論當本體論講，中國又只是以人生論當本體論講」❿。

⑶重申西方之道德觀念與宇宙見解、本體主張，可以相關聯，但仍必為三者，不可混而為一；中國則不然，「其道德觀念即其宇宙見解，其宇宙見解即其本體主張，三者實為一事，不分先後」❿。

在這封答函的末尾，東蓀先生還提到自己的志向，就是「極思有以解決」東方之自得之樂與西方之馭物之智如何融合並存、中國思想如何在保留其「神秘主義」優點情形下仍能卓然自立於西方文明大昌之今日之重大學術問題。

以上便是著者目前所能見到的東蓀、十力二先生的全部「論學書簡」。這些「書簡」撰成於本世紀三十年代中後期，正是「七七事變」前後極困苦的時期，亦正是東蓀先生哲學從「哲學的知識論」較向「社會學的知識論」的關鍵時期。這些「書簡」所討論的一系列重大問題，如哲學與科學之關係問題、哲學與本體論之關係問題、宋明儒與佛家之關係問題、中國哲學（以《易》為代表）有無本體論問題❿等等，不僅對東蓀先生哲學之成長，對深一層瞭解十力先生哲學，而且對整個中國現代哲學之成長，都具有十分重要的意義。

---

❿　同上，頁121。

❿　同上，頁121。

❿　同上，頁121。

❿　同上，頁122。

❿　張東蓀〈不同的邏輯與文化並論中國理學〉，見《知識與文化》，頁213，重慶商務印書館，民三十五年一月。

只可惜著者所見並非全部；東蓀、十力二先生間定還有許多「論學書簡」，今無以得見。

　　四十年代前半期，燕京大學被關閉，東蓀先生入獄又出獄，其居所也由北平西郊遷至內城。他與十力先生的交誼，吾人更難以聞知。幸好錢穆先生和王元化先生，分別為我們保存了一段材料，讓我們得能窺知東蓀、十力二先生四十年代前半期交誼之一斑。錢穆先生記云：

> 余其時又識張孟劬及東蓀兄弟，……十力常偕余與彼兄弟相晤，或在公園中，或在其家。十力好與東蓀相聚談哲理時事，……。在公園茶桌傍，則四人各移椅分坐兩處。在其家，則余坐孟劬書齋，而東蓀則邀十力更進至別院東蓀書齋中，如是以為常。❿

　　這應該是發生在一九四一－一九四五年間的事。王元化先生論云：

> 他（按即十力先生）在論學時往往意氣風發，情不自禁。有一次他與張東蓀論學，談得興起，一掌拍在張的肩上，張逡巡後退。諸如此類傳說，不一而足，使他在人心目中成為一個放達不拘的古怪人物。⓭

---

❿　錢穆〈八十憶雙親、師友雜憶〉合刊，轉引自《玄圃論學集──熊十力生平與學術》，頁28，三聯書店，一九九〇年二月。

⓭　王元化《思辨隨筆》，頁178，上海文藝出版社，一九九四年十月。

　　這記載，應該是錢穆先生之記載的最好印證。它為我們保留下哲人生活的另一面，讓我們看到即便是嚴肅如「菩薩」的十力先生，在和東蓀先生論學時，也有如孩童般天真的一面。

　　四十年代中後期，東蓀先生在自己的著述中，經常提到並極力稱頌十力先生。在《思想與社會》(1946.3)一書〈結論〉部分，在談到哲學家研究人類知識的目的乃在檢討人類之有文化，即如何從自然演成的社會變到由理性規劃的社會時，東蓀先生很是稱讚十力先生在這方面的見識：

> 關於這一點友人熊十力先生見的很透。他每次來函都痛斥近來學者之專務於破碎的知識。在中國舊來則稱之為通儒，即指不從事於支離破碎的研究而言。[132]

　　此處是稱讚十力先生有「通儒」精神。稍後的《理性與民主》(1946.5)一書又說：

> ……一班時髦的學者都以能咒罵固有文化為得意鳴高。其實這是一個大錯誤。我在十餘年前有一天和熊十力先生談及中西哲學之異同，我說凡能澈底瞭解西洋哲學的，同時亦能瞭解中國哲學。現在一班學哲學的人不能瞭解中國哲學，並不是由於他們學習了西洋哲學，乃是因為雖學習了西洋哲學，而仍未澈底瞭解。[133]

---

[132]　張東蓀《思想與社會》，頁202，重慶商務印書館，民三十五年三月。

[133]　張東蓀《理性與民主》，頁125，上海商務印書館，民三十五年五月。

此處是暗指十力先生有中西「合作」的精神。《理性與民主》
(1946.5)一書又說：

> ……即在社會科學方面，政治習後是為做外交官的，法律習
> 完是為充律師的。這樣一辦，於是士乃漸漸真絕跡了。現在
> 存在的人中，除了馬一浮、梁漱冥、熊十力等尚有士君子風
> 度以外，簡直是愈來愈少了。……是於後起的讀書人信奉了
> 唯物論以後，更沒有自勉為士君子的了。⓭

此處是稱讚十力先生有「守死善道與殺身成仁」的「士君子風
度」。

一九四九年後，東蓀先生和十力先生是否繼續有交往，吾人不
得而知。吾人只知道十力先生是仙逝於東蓀先生入獄的那一年；東
蓀先生先入獄 (一月二十三日)，十力先生隨即仙逝 (五月二十三日)。

五、他為什麼「不忘情於政治」

《民主主義與社會主義》(1948.7) 一書，是東蓀先生一生中最
後一部著作。在這部著作的〈自序〉裏，東蓀先生談到自己與政治
的關係，他說：

> ……我將來尚擬把我與政治有關的所有事跡全寫出來。
> 我自辛亥革命之前一年起，即直接間接多多少少與所有幾件
> 政治上的大事都有關係。雖未直接幹政治，卻亦從未離遠。

⓭ 同上，頁176。

我要把這些經過作一個回憶錄。即等於自傳。命名為:「我與
政治」。但現在還未寫,即寫亦尚未到發表之時。

因為我願意將來到一個適當時候,即退出現實政治上的一切
關係。絕口不再談像本書上這些問題。

到那時即發表此文,以為結束活動的一紀念! ⑬

　　這篇〈自序〉寫於一九四八年四月十五日。東蓀先生在這裏⑴
承認自己一生跟政治有較密切的關係,⑵準備以「我與政治」為題
撰寫自傳,⑶準備在一個適當時候完全退出現實政治上的一切關係。

　　由此可知,東蓀先生雖未直接幹政治,但卻總是「不忘情於政
治」。 為什麼會如此,東蓀先生在《思想與社會》(1946.3)一書中,
曾有一個說明。他說:

　　我以為沒有言論自由就沒有文化。我之好為政論不外乎想抵
　　抗那個要毀滅文化的內外潮流。……不過朋友中亦很有人常
　　責備我以為我不應該同時治哲學而又譚政治。甚且有人對我
　　引為惋惜以為得成一個純粹哲學家不更好麼? 大可不必再涉
　　及政治方面。本書亦可以說就是我對於這個質問的一個答覆。
　　原來我在十年前自己亦時常苦悶,總覺得哲學與政治是截然
　　兩橛無法打通。不料思索了幾年以後,居然被我尋到了一條
　　出路,這就是本書所詳述的。⑬

　⑬　張東蓀《民主主義與社會主義》〈自序〉,頁2,上海觀察社,民三十
　　七年七月。
　⑬　張東蓀《思想與社會》,頁3,重慶商務印書館,民三十五年三月。

這就是說，東蓀先生之所以總是「不忘情於政治」， 是因為⑴他要借政治來抵抗那個毀滅自己與文化的內外潮流，⑵他認為哲學與政治是貫通的，一切哲學均不過是社會政治思想的「理由化」。

東蓀先生本人雖這樣解釋，但別人卻不這樣看。千家駒先生認為東蓀先生是「一個極端狂妄政治野心家」，他在〈論張東蓀案件〉一文中說：

> ……他估計世界第三次大戰一定要爆發，大戰結果，蘇聯必敗，美國必勝。美國勝利後，……他要求美國不要支持蔣介石返回大陸，而支持中國的民主個人主義者，這時張東蓀願意出來，收拾中國殘局。他說，在他的晚年，曾為北京的和平解放作出了貢獻，如能在蘇美三次世界大戰後，調停蘇美之間，在中國由他出來收拾殘局，再做出了貢獻，那就於願已足了。這真是白日做夢，一個極端狂妄政治野心家的自白書。[137]

金岳霖先生對東蓀先生的看法則是，東蓀先生是一個「玩政治」的人，金氏在〈晚年回憶〉中說：

> 我同張東蓀的關係，一部分是好的，另一部分是不愉快的。……這個人是一個「玩政治」的。這裏所謂「政治」和我們現在所瞭解的政治完全是兩件事。「玩政治」究竟是怎樣玩的，我也說不清楚，也不必知道。看來，在不同實力地位之間，觀情察勢，狠抓機會……等等是「玩政治」的特點。林

---

[137] 千家駒〈論張東蓀案件〉，見其《七十年的經歷》，頁213，香港鏡報文化企業有限公司，一九八六年六月。

宰平先生曾同我說過，「東蓀太愛變了，並且變動的可快」。⑬

　　金岳霖先生提到的「不愉快」的事，是指他委託東蓀先生給他的一個學生（殷福生）找工作，而東蓀先生卻沒有找好，使得金先生勉為其難地維持殷的生活。另外金先生還說「應該感謝」東蓀先生「安排或幫助安排」他加入民盟，使得他有機會接受民盟「幫助」的思想改造。

　　以上千先生與金先生的二則看法，均是出現於八十年代中期以後，大陸倡導「解放思想」之時。千家駒先生的書出版於一九八六年六月；金岳霖先生的「回憶」一九九四年先以〈金岳霖晚年的回憶〉為題發表於《東方》雜誌一九九四年第六期，後又入劉培育主編之《金岳霖的回憶與回憶金岳霖》一書，該書出版於一九九五年七月。就是說，從千家駒先生的看法到金岳霖先生的看法，有將近十年的時間；在這十年的時間裏，東蓀先生「政治野心家」及「政客」的形像，基本沒有變化。

　　但在一九四九年前人們對東蓀先生的看法，卻有所不同，甚至有很大不同，更甚至完全相反。東蓀先生老友、著名報人俞頌華先生，便認為東蓀先生在政治上確「無絲毫野心和任何企圖」。他在〈論張東蓀〉一文裏說：

　　　　他目前參加政治活動，發表政論，完全出於他對中國對世界的一種責任感。照我看來，他的個性，的確不適宜於黨派生活，在政治上他也確無絲毫野心與任何企圖。他參加政協，

----

⑬　金岳霖〈金岳霖的回憶〉，見劉培育主編《金岳霖的回憶與回憶金岳霖》，頁25，四川教育出版社，一九九五年七月。

脫離民社黨，擔任民盟職務都只是為了和平的實現。……一
言以蔽之，他是一個不折不扣的學者，不是一個黨人，也不
是一個政治家。如果有人期待他做一個黨人或黨魁，在政治
舞臺上立功，那就不是他的知己。……至於他參加政治，至
多也只能是在立德的方面示範，若使要他在政治上，尤其是
在今日中國的政治上立赫赫之功，那是決不可能的。這是我
對於他的認識。❸

　這段話寫於一九四七年四月二十四日，發表於一九四七年六月
二十日滬版《人物》雜誌，一九九一年二月入葛思恩、俞湘文合編
之《俞頌華文集》（商務印書館）。此處的東蓀先生，既不是「政治
野心家」，亦不是「玩政治」的「政客」，甚至連「黨人」或「黨魁」
也不是；他只是一個不折不扣的學者，他「報國的重心則仍然是放
在教育上與學問的研究工作上」❹；他只能夠「立德」、「立言」，在
道德與知識上「站在時代前鋒，為青年學子所敬愛的導師」❺，而
不可能到政治上去「立功」。

　以一九四九年為界，前後兩種截然不同的看法，著者是無以判
其真假的。因為著者不能起東蓀先生於地下，當面叩問，亦不能直
面評論者，質詢其來龍去脈。著者只能把它們擺出來，讓讀者諸君
去評判。不過就著者而言，真希望真實的東蓀先生是「俞頌華式」
的，而不是「千家駒式」的或「金岳霖式」的。著者希望真實的東

---

❸　俞頌華〈論張東蓀〉，載葛思恩、俞湘文編《俞頌華文集》，商務印書
　館，一九九一年二月。

❹　同上。

❺　同上。

蓀先生，只是一個哲學家，只是一個學人，而不是一個「野心家」，
不是一個「政客」！

美國學者紀文勳先生在其《現代中國的思想衝突──民主主義
與權威主義》一書裏說：

> 張東蓀將民主尊為人類的最高成就。在他看來，民主主義乃
> 是政治的正態，其他如專制制度都是政治的病態。雖然他是
> 一個虔誠的儒家士子，他也肯定以民主主義為根本的西方道
> 統的價值，要高於中國的道統之上。他指出，西方學術思想
> 本來極複雜，其中可使中國獲益的成份尚有多種，但作為整
> 個文化的民主主義，卻正是西方道統中最可寶貴的財富，也
> 是人類的至寶。如果中國要想攝取西方文化，就非學習這民
> 主主義不可，而取來這一點也就足夠，因為這一條路是正
> 路。❷

之下紀文勳先生列舉了東蓀先生幾項基本的政治觀念，如民主、理
性、言論自由、思想自由、公平、正義等。滿腦子填滿這樣一套觀
念的東蓀先生，怎麼會可能成為一個「政治野心家」，或「政客」？

東蓀先生是崇尚社會主義的，他說：

> 須知馬克思主義是社會主義之集大成，社會主義在西方有數
> 千年的歷史，已早形成為西洋文化中的一個主要部分，其來
> 源是與基督教有相當關係，……因此我們可以很自然的說：

---

❷　〔美〕紀文勳《現代中國的思想衝突──民主主義與權威主義》，程農
等譯，山西人民出版社，一九八九年。

英美文化與蘇聯文化只是一個西洋文化而已。中國要接收的只是這個文化，無所謂只要英美文化不要蘇聯文化；更無所謂只要蘇聯文化不要英美文化。⑭

但東蓀先生所崇尚的社會主義，卻只是自由主義的社會主義，他說：

可以說是由自由主義的精神來充分吸收社會主義（即共產主義），我個人即很喜歡這樣的態度。足證自由主義與社會主義本可融為一體，在內容上本不必有何爭論，只是關於態度與作風。……所以我主張今天要把社會主義的文化移植到中國來必須使其挾自由主義的精神，二者融會以俱來。⑭

東蓀先生所崇尚的自由，主要是思想自由，他說：

人民的一切自由權是以所謂精神的自由為根本；而精神的自由之最直接的表現就是思想自由。所以思想自由是一切自由之中心。沒有思想自由，則其他自由亦不會存在。……著者今年六十歲，自問一生是專為思想自由而爭，……。⑭

---

⑭ 張東蓀〈從「廿世紀哲學」裏的蘇聯哲學說起〉，載《中國建設》四卷四期(1947)。

⑭ 同上。

⑭ 張東蓀《理性與民主》，頁134–135，上海商務印書館，民三十五年五月。

東蓀先生所崇尚的社會主義，又只是民主主義的社會主義，他說：

> 須知平等與自由在民主原則上是並重的，缺一不可。所以我
> 說民主主義而不與社會主義相伴，則決不是真民主主義；反
> 之，社會主義而不與民主主義相伴，亦決不是真社會主義。
> ……就中國的情形，當然不能立刻責其必須實施高度的民
> 主，但卻必須走上民主的軌道。⑭

又說：

> 民主只是一個高懸的理想標準，可當作一個精神來看，這個
> 精神被貫澈一分就算一分，不必一定要百分之百的實現，不
> 過多一分自較少一分為好。就已有的國家而論，從來就沒有
> 一個能發揮到頂高度的。⑭

東蓀先生之所以崇尚社會主義，是因為他認定社會主義本身就
是民主主義，認定社會主義與民主主義乃是同一根上的兩株芽：

> 民主主義與社會主義同是西方文化的產物。其根本是在於幾
> 個概念：例如自由、平等、公正、公意、公理、人權等等。⑭

又說：

---

⑭　同上，頁144。
⑭　同上，頁144。
⑭　張東蓀《民主主義與社會主義》，頁1，上海觀察社，民三十七年七月。

我在本書開始時即言民主主義的概念基型是自由平等。這二概念可說是一個理想的基本概念。自由與平等有互相關係遂又發生一些概念，介乎其間，即公道、人權、與理性等是已。再把這一些概念加入其中便形成一簇或一個概念群。這個概念群（是一串概念），是民主主義與社會主義在概念方面的根底。我要鄭重告訴國人的是：民主主義的概念基型是這些概念，而社會主義的概念基型亦正是這些概念。並非有兩個不同的概念基型。正因為民主主義與社會主義同依據於同一的概念群為其基型，所以二者在本質上，就是一個東西。世人不瞭解這個道理，乃是由於不細按西方文化發展的史跡。西方歷史告訴我們：民主主義的運動與社會主義的運動係抱著同一目的，向著同一的方向而運動的。⓭

換言之，如果社會主義不是與民主主義同其根源，不是和民主主義一樣，以自由、平等、公道、人權、理性等等為概念基型，東蓀先生是不會崇尚社會主義的。

東蓀先生本也稱頌個人主義，認為必先經過一個個人主義的文化段落，方能真正走上集體生活的文化。但是東蓀先生對於中國的走上「保護個人一切權利的個人主義之路」，卻很悲觀：

中國第一個大不幸是鴉片戰爭時，中國不急起直追來採取西方個人主義的文化，因為那時候採取西方的個人主義還來得及，到了今天乃變成了來不及了。

中國第二個大不幸是在今天中國正在需要確立個人人格的時

⓭ 同上，頁26。

候而偏偏西方已走上資本主義的末流，百弊叢生的時代了。
中國實在沒有法子吸收這樣的資本主義，但對於做資本主義
的根基的個人主義卻正在渴望需要之，……。❿

　　個人主義在西方「有其光輝的歷史」，是西方近代文明的精華；
個人主義亦並不是社會主義的「正反面」， 而是可以和社會主義攜
手並進。基此東蓀先生認為，西方個人主義文化的優點，今後中國
人還是不應放棄,「現在所難者只是環境不許中國從容不迫來培養這
個個人主義文化」❺。總之徹底的個人主義，不是不需要，只是為
中國現實所不許。

　　遷就中國的現實，東蓀先生不是一個徹底的個人主義者，但卻
始終是一個徹底的民主主義者。一切與民主主義相違背的事情，都
為東蓀先生所不能容忍。沒有民主的社會，對東蓀先生而言，乃是
一個非人的社會。民主主義於東蓀先生言，不僅僅是一種政治制度，
更是一種以不斷進步為特徵的文化，一種真正的「天行健，君子以
自強不息」的文化。民主作為一種制度，是供人們遵循的最初路徑；
作為一種理想，它是人們永遠追求、永遠向之靠近的至高無上的目
標。民主制度能夠最好地促進人類理性的發展；也只有人類理性，
才能使這一制度成功而良好地運行起來。總之在東蓀先生看來，民
主乃是人類幸福的基石：沒有民主，人類便不會有幸福！

　　最後，東蓀先生所崇尚的民主主義的社會主義，更又是「具有
中國特色」的社會主義，他說：

---

❿　張東蓀〈由憲政問題起──從比較文化論中國前途〉，載《中國建設》
　　五卷六期（一九四八年十一月）。

❺　同上。

我在民國十一二年的時候曾撰一文論社會主義，我即主張中
國應該有中國的社會主義。須知同一社會主義到了英國即變
為「行會主義」(guild socialism)；到了法國即變為「工會主
義」(syndicalism)；到了俄國即變為「多數派主義」(Bol-
shevism)。……所以我當時很忠告那些熱心於社會主義的朋
友，說社會主義不是不能實行於中國，只是必須有合乎中國
國情的社會主義。那篇文章距今已有二十多年，不但使我仍
願固守原義，並且在這二十多年中事實證明那種只知呆板的
公式的人們用削足適履的辦法已把中國害得夠受了。 ❿

在中國明確地提出「中國應該有中國的社會主義」、「中國必須
有中國的民主主義」❿這一觀點，東蓀先生當為第一人。更為奇特
的，是東蓀先生早就預見到了「左」對於中國社會的危害，他說：

以馬克斯主義的公式而論，老實說，托派比任何都嚴守著，
可以說托派比史達林（按即斯大林）派為左。須知今天史達
林的成功就是由於他不太左。今天中國國內與國外的情形雖
確是迫得我們不得不進步，然並不是教我們非走到太左的極
端不可。中共的中央對於這一點恐怕是瞭解的，中共將來如
有成功，我敢說就在於他不太左。 ❿

以後歷史的發展，不幸而為東蓀先生言中。

❿ 張東蓀《理性與民主》，頁150，上海商務印書館，民三十五年五月。
❿ 同上，頁150。
❿ 張東蓀〈答林布君兼論左派理論〉，載《時與文》一卷十四期(1947.6.13)。

第三章 知識論：
「確有些是我自己想出來的」[1]

> 我常說研究學問的人必須有一個信條：就是以學問為至高無
> 上的。換言之，即必須把學問視為自足的。一切可由學問來
> 決定；而不可另有別的東西來決定學問。
>
> ——《唯物辯證法之總檢討》(1934.10)

　　關於東蓀先生的知識論，著者已在拙作《張東蓀知識論研究》
（臺灣洪葉，一九九五年十二月）一書中，作了詳盡的闡述。限於
篇幅，本書不願再重複。惟本書是以《張東蓀》為題，缺了「知識
論」一部分，便顯得極不完備，無以反映東蓀先生一生及其哲學的
全貌。不得已，只得把那本書中已經說過的話，在這裏重申一遍。
好在從與金岳霖先生比較的角度，論述東蓀先生知識論的文章，並
不多，不會太使讀者諸君感到厭倦。著者於是冒昧把《張東蓀知識
論研究》一書的〈結論〉部分，稍作修訂，貢獻給讀者。

---

[1] 東蓀先生〈多元認識論重述〉一文說：「……我自信這個主張是前人
　　所未言，……我雖不敢說是創見，至少我可以自白確有些是我自己想
　　出來的。」見《東方》雜誌三十三卷十九號(1936.10)。

《張東蓀知識論研究》一書的結論是：在二十世紀中國哲學知識論領域中，東蓀先生是卓有建樹的。這建樹主要表現為，在二十世紀二十到四十年代的大約三十年時間裏，東蓀先生先於金岳霖先生開闢了一條完全不同於金先生的知識論道路，從而給二十世紀中國哲學帶來了新的視角和新的思維方式。認為二十世紀前半期中國哲學中只有金岳霖先生一個知識論系統的傳統見解，是經不起推敲的。

「張東蓀先於金岳霖」之「先」，有兩方面的含義。一方面是時間上的，另一方面是邏輯上的；東蓀先生的知識論不僅在時間上「先」於金岳霖先生，而且在邏輯上、在理論的建樹上也是「先」於金岳霖先生的。確立這樣的觀點，需要有很大的勇氣，尤其是在東蓀先生一直被忽略而金岳霖先生已是名聲在外的今天。本書的詳盡考察為我們提供了這樣的勇氣，本書的結論並不是憑空捏造的。

本書確立這樣的結論，並不是要否定金岳霖先生的系統，也不是要證明東蓀先生的系統是完美無缺的。任何知識論系統，就人類認識的全過程看，都只是對人類知識問題的某種程度、某個層面、某一階段的解決，都免不了存在這樣或那樣的缺點。處於學步階段的中國近現代哲學，更是如此。東蓀先生和金岳霖先生，在向不注重知識問題的國度裏，毅然建立起各自的知識論，對中國哲學的影響，均是廣大而持久的。

一、兩條不同的知識論路向

在二十世紀中國哲學中，除了金岳霖先生所代表的知識論路向以外，還存在以東蓀先生為代表的另一條知識論路向，這是本書研

究所得的一個最重要成果。這一成果將在很大程度上，改變人們對於中國近現代哲學的傳統看法。這兩條知識論路向在人類知識的諸多根本問題上，都存在著相異或相反的觀點，茲略舉數端：

(一)知識與真實性

知識與真實性是不是等同，換言之，人類之求知究竟是不是僅僅為了追求真，還是一個尚有爭論的問題。東蓀先生認為人類知識的本性，是於混沌中求條理、雜亂中求秩序、流變中求常住；所求之條理與秩序，可以是真實的，但卻未必是真實的。相信世界有條理可尋、有秩序可找，是人類求知的出發點；唯有在條理與秩序裏，人的心靈才得稍歇與安寧，這是人類之求知的根本動力。所以知識不是臨摹、不是照相，也不是綜合與統括，而是「造作」與「再組織」，條理法式正是經此而「造作」出來、「再組織」出來。人類之認知水平提高一步，世界之條理秩序便隨之更深一層；人類之認知水平趨於無限，世界之條理秩序便亦隨之深於無限。東蓀先生曾借用柏格森(H. Bergson, 1859–1941)的「打洞」(Canalization)一詞來形容人類的認知，認為認知即是在這世界打洞，條理秩序是打成的洞壁。人之能力能打多深，條理秩序便有多深。世界並沒有一個固定不變的本質或本性，世界的本質是隨了知識的進化而不斷進化的，換言之，本質是動的而不是靜的。總之東蓀先生認為，知識的本性是求得條理秩序，讓這不斷流逝的世界稍得停住，以安頓人類的心靈。

在東蓀先生的理路中，條理秩序可以真、可以實，但卻未必真、未必實，即是說，真實性只是條理秩序的必要條件而非充分條件。這意味著東蓀先生並沒有把追求真實性當成知識的本性。金岳霖先生相反，他認為知識就是求真的、求實的，「論知識就是論真」。在

金岳霖先生的理路中，有知識就是有真命題，是否有知識就是能否得到真命題。他的《知識論》一書反覆強調「真假問題就是知識問題」，他「對知識論底興趣就是對真假底興趣」❷。真實性是《知識論》一書刻意要解決的最主要問題。

金岳霖先生把學問分為三類，一類如哲學，以「通」為目標，一類如工程學，以「便」為目標，一類如科學，以「真」為目標，其中「真」最為重要。「真」不只是科學的要求，「通」必以「真」為基礎，「便」亦必以「真」為基礎，真實性乃是人類一切知識的最終要求。

知識的真便是命題的真，命題的真就是命題與「事實」的符合，一旦符合，便有了真命題，便有了知識。吾人暫且不討論，要達到符合的目標，金岳霖先生要解決多少複雜困難的問題，吾人這裏只指出，金岳霖先生之認知乃是一次性的。一命題一旦為「真」，它便永遠是「真」，人類認知的進展，實即表現為真命題的不斷增加。人類認知之進程無限，真命題便累積疊加至無限。

對於同一的「事實」，可以有無窮的真命題，人類的認知每躍進一步，便留下一組描述此一「事實」的真命題。金岳霖先生認定在這無窮的真命題之間，沒有層層推進的關係，沒有程度的不同，沒有「進化」；所有階段上的「真」都是一樣的真。所以金岳霖先生雖也談條理（就算真命題也是一種條理），但其條理卻是沒有進展，沒有深淺之分的。這和東蓀先生的思路迥然不同。

㈡知識論與形而上學或本體論

先有一個形而上學的設定，然後以知識論去證明此設定，此種以形上學為知識論基礎的做法，是東蓀先生所不同意的。另一種傾

---

❷　金岳霖《知識論》，頁185、74，商務印書館，一九八三年。

向如康德，以知識論作形而上學的「導言」或「序曲」，講知識論只是為了建立本體論，也不為東蓀先生所認可。

以知識論為形而上學的先導，這是康德所做的；以形而上學的假定為知識論之基礎，這是金岳霖先生的一貫主張。東蓀先生反對這兩種傾向，視知識論為一切學問的根基，認為宇宙的本相不應事先假定，而只應到知識之結構中去尋找。離開了知識之所得，吾人不能對這世界說任何話。

康德把《純粹理性批判》一書的縮寫本定名為《任何一種能夠作為科學出現的未來形而上學導論》，充分暴露了康德對知識論與形而上學之關係的看法。《純粹理性批判》是談知識論的，但它卻只是未來形而上學的導論。康德談知識論問題，「醉翁之意不在酒」，目的並不在知識論本身。東蓀先生在《知識與文化》一書的〈緒論〉裏，表明自己是想要建立一種「獨立的知識論」，與康德取不同的立場。他說：「在西方哲學上有所謂『知識論在先』(priority of epistemology)的問題。本書並不想以知識論作為形而上學之序論或先奏曲。故本書之目的在使知識論成為一種獨立的學問，這個學問不專是為了形而上學作先導，並且亦可與社會科學作伴侶，當然即無所謂居先與不居先了。原來作形而上學先導的知識論是不注重於討論知識的各方面而只注重於認識問題，所以可名之曰認識論(theory of cognition)，可以康德的《理知檢別》(*Kant's Critigue of Pure Reason*)作一個代表。」❸

厚厚一冊《純粹理性批判》，無非是證明了這樣一個道理：把我們思維中的知性概念、範疇運用到超感性的無限的東西上去，是不合理的、不合法的，換言之，超感性的本體不能以科學知識為根

---

❸　張東蓀《知識與文化》，頁1，重慶商務印書館，一九四六年。

據，在科學知識裏找不到超感性的本體❹。這樣一個結論，東蓀先生亦是承認的。不同之處在於，康德證明在知識中找不到本體，是為了在道德中、在實踐理性領域設置這個本體，而東蓀先生既承認在知識中找不到本體，他便不再去尋找，而視本體為一無根據的假設。東蓀先生不逾越其嚴格的知識論立場，在知識中能找到的，他便承認，在知識中不能找到的，他便毅然地放棄。在知識中找不到本體，不管是「心」之本體還是「物」之本體，他便不認為世界有一個本體。吾人只能根據知識提供的信息來描述世界的結構。從嚴格的知識論立場出發，東蓀先生沒有本體論，而只有一個宇宙觀。知識提供給吾人的只有「架構」(structure)而沒有「實質」，換言之，知識告訴吾人說，「物」只是架構不是實質、「生」只是架構不是實質、「心」亦只是架構不是實質，所以吾人只能認為這個宇宙是無數架構套合交織而成的一個總架構，而不是任何別的東西。東蓀先生的「架構論」只是其知識論的延伸，而不是超越知識論的假定。東蓀先生不需要假定。

　　與此相反，金岳霖先生的知識論卻並沒有堅持嚴格的知識論立場。知識論以形而上學為基礎、知識論遷就形而上學的一系列假定、維護這些假定、為這些假定作知識論上的辯解，恰正是金岳霖先生知識論的最顯著特色。胡軍博士在論及《論道》一書時說：「《論道》一書表達的是金岳霖的本體論。金岳霖認為，本體論是全部哲學的基礎。……金岳霖得出結論，認為哲學要以通為目標。這一目標要求本體論和知識論的一致，而一致的基礎是本體論。金岳霖自己的哲學體系就是按照這一思想建立起來的。這就是說，在他的體系中，

---

❹　參張世英等《康德的「純粹理性批判」》，頁52–53，北京大學出版社，一九八七年。

本體論、知識論和邏輯學是一致的或通的，而他的本體論又是他的全部哲學的基礎。」❺如果胡軍博士的這個論斷符合金岳霖先生哲學的本義，吾人便可以斷言：金岳霖先生追求的是知識論向本體論看齊，以知識論遷就本體論；東蓀先生所追求的卻是宇宙觀向知識論看齊，以宇宙觀遷就知識論。這一迥異立場，會導致完全不同的哲學學說。

　　在討論知識之先，金岳霖先生便斷然設定了兩個毫無根據的前提——「有官覺」和「有外物」。他提出的理由是：「不承認有官覺，則知識論無從說起，不承認有外物，則經驗不能圓融。」❻從這樣一種不尊重知識的立場出發，是建立不起一套客觀的知識論的。「有官覺」和「有外物」都是有待說明的命題，以這樣一些尚未確定的東西作為知識論的出發點，實在是有悖於嚴格的知識論立場。當金岳霖先生進而肯定「有官覺」是一真命題、「有外物」也是一真命題時，我們便不能不懷疑金岳霖先生的知識論是否是真的知識論了。在缺少足夠證據的情況下，斷然肯定「有官覺」和「有外物」都是一真命題，只能是一種形而上學的假設，而且是一種十分武斷的假設，不是嚴格的知識論考察。這是金岳霖先生以知識論遷就本體論必然引出的結果。「有官覺」和「有外物」在本體論裏可以成立，他便以為在知識論裏也是必然可以成立的。

㈢歸納原則之地位

　　東蓀先生既把知識的本性規定為尋求條理法式，他便有必要回答條理法式自何而來這一根本重大的問題。考察西方哲學的發展，關於條理法式的來源，有種種不同的說法。其中主要有兩類觀點，

---

❺　胡軍《金岳霖》〈導言〉頁8-9，臺灣東大圖書公司，一九九三年。

❻　金岳霖《知識論》，頁76，商務印書館，一九八三年。

一類認為條理法式來自內界、來自主體，這是理性主義的立場；另一類認為條理法式來自外界、來自經驗，這是經驗主義的立場。前者反對抬高歸納原則的地位，後者則完全依賴於歸納原則。

走中間道路，在理性主義和經驗主義之間取一中道者，在西方不是沒有，但沿此中道走得成功者，卻不多見。康德算是成功的一例。但康德對歸納原則的看法卻完全是理性主義的，即是說，他並不認為條理法式可以從經驗的歸納中得到。條理法式只能是先天的 (a priori)，在條理法式之產生方面，歸納原則幫不上什麼忙。

東蓀先生對於歸納原則的態度，可以說是取了弱於理性主義而又強於經驗主義的一個中道，即是說，他不像理性主義那樣完全否定歸納原則的作用，也不像經驗主義那樣完全依賴歸納原則。他認為條理法式不是先天的，而只是先驗的 (transcendental)；條理法式是「由於經驗而不成於經驗」，「由於經驗」謂其與經驗不「相背」，「不成於經驗」謂其不能「倚靠」經驗而得到。

東蓀先生曾用一個「內外並起」說來說明他的這一態度。他認為條理法式作為普遍法則，不能不帶有主觀立法的性質，但此內界立法應用於外界而有效，其中必有緣故，「我們為便於解釋起見，不如就主張造車與合轍原來只是一件事並不是兩起的，遂致沒有閉戶與出門的嚴格分別」❼。換言之，東蓀先生所說的「先驗」只是邏輯在先，而不是時間在先；在時間上，內界立法與外界秩序、經驗與意謂(meaning)、「感」和它的開化，是「同時並起」的。

條理法式必有經驗上的根據，但卻不能以經驗為根據；以此推論，便知在東蓀先生的理論中，經驗對於條理法式有意義，但只有一個負面的意義，即從負面給條理法式以限制。舉例說，吾人從經

---

❼　張東蓀《新哲學論叢》，頁145，上海商務印書館，一九二九年。

驗中的圓歸納不出幾何學上的理想圓,但吾人從幾何學上必可推知,此一理想圓肯定不與經驗相違背。同樣,吾人從經驗的點與線歸納不出幾何學上的點與線,但幾何學上的點與線必與經驗不相違背,卻是可以肯定的。著者在本書的其它地方,曾把此種不求「倚靠」經驗只求與經驗不「相背」的主張,稱為「經驗對於條理的負面限制原則」,簡稱「負限原則」。

以此「負限原則」為基礎,東蓀先生確定了「歸納原則」在知識中的地位:(a)歸納法不是人類構成知識的基本方法,條理法式不可能通過經驗的歸納而達成;(b)歸納法不能讓我們達成真理,但卻可以引導我們接近真理,在此層面上,歸納法仍具有不可忽視的作用;(c)歸納法只是一種方法,而不是原則或名理,「歸納原則」的提法是很成問題的,因為它作為方法並不具有普遍性和永久有效性,而原則卻應是普遍的、永久有效的。

東蓀先生承認歸納法是接近真理的方法,表明他向經驗主義作了讓步;但他又不認為經此歸納法可以達成真理,表明他又跟理性主義達成了某種程度的妥協。對於「歸納原則」的這一中道觀點,於我們更深一層地探討人類知識,有很大的啟發意義。

跟東蓀先生比較,金岳霖先生對於「歸納原則」的看法,真可謂是「高不可攀」。金岳霖先生十分重視歸納原則在其知識論中的地位,他把歸納看作是「客觀的知識底唯一的來源」。 他視歸納原則為意念接受「所與」的根本原則,為保證此接受的正確性與有效性,他竟不遺餘力地去證明歸納原則的永真性。

此種證明從三方面來進行,一是分析歸納原則本身的真假值,說明此原則的永真;二是以時間延續說明此原則永真;三是以先驗的根據說明此原則永真。

金岳霖以這樣一種形式來表示歸納：

$$a_1 - b_1$$
$$a_2 - b_2$$
$$a_3 - b_3$$
$$\cdot \quad \cdot$$
$$\cdot \quad \cdot$$
$$\cdot \quad \cdot$$
$$a_n - b_n$$

則（大概）A—B

歸納常常失效，這是金岳霖先生不得不承認的現實。但金岳霖先生卻認為，歸納的失效並不影響歸納原則之為永真。他敢於說這樣的話，跟他對歸納原則的特殊表述有關。他把歸納原則表述為：

如果$at_1 - bt_1$，$at_2 - bt_2$，$at_3 - bt_3$，……$at_n - bt_n$

則（大概）A—B

$at_1 - bt_1$，$at_2 - bt_2$，$at_3 - bt_3$，……$at_n - bt_n$

$at_{n+1} + bt_{n+1}$

則（大概）A+B

這樣一表述，歸納原則當然是永真的。因為在 t_{n+1} 時刻出現的一個反例，所否證的只是大前提的後件A—B，而不是大前提本身。因為根據充分條件假言判斷的基本原理，只有在前件真而後件假的情況下，此判斷才是假的。出現後件假前件亦假的情況，此判斷依然是真的。故$at_{n+1} + bt_{n+1}$雖推翻大前提的後件，但並不影響歸納原

則之為真，因為大前提的前件也同時被否定了。

此種以分析歸納原則之真假值的辦法，來證明歸納原則永真的努力，還不是最絕的。最絕的是他用反證法，從時間延續的角度來證明歸納原則之為永真。他先斷定假如時間打住，歸納原則便假，然後說時間不可能打住，所以歸納原則永真。這樣的一種論證方式，真是絕妙極了。

為了堵死有可能出現的否證歸納原則的任何一點漏洞，金岳霖先生最後乾脆將此一原則置於本體論的地位，以收一勞永逸之效。他視歸納原則為「先驗原則」，說：「歸納原則雖不是先天的原則，然而它是先驗的原則。說它是先驗原則，就是說它是經驗底必要條件，說它是經驗底必要條件，就是說如果說它是假的，世界雖有，然而是任何知識者所不能經驗的。其結果當然就是，無論在任何經驗中，歸納原則總是真的，我們雖可以思議到一種我們根本無從經驗到的世界，然而我們不能想像到一種我們可以經驗而同時歸納原則為假的世界。」❽經驗不可能打住，作為經驗之必要條件的歸納原則，當然不可能變成假的。

東蓀先生只把歸納法視為一種接近真理的方法，並不認為它是一種普遍的、永久有效的原則；金岳霖先生不同，他不僅視歸納法為一種原則，而且認定此原則是永真的。金岳霖先生此種對「歸納原理」的執著，借用胡軍博士的話說，「在中國哲學界中是空前的」。

㈣感覺與外物

東蓀先生不太主張使用「感覺」(sensation) 一詞，而傾向於採用新實在論發明的「感相」(sensun) 一概念，來表示感覺內容的非純粹性與非獨立性。因為「感覺」一詞容易引起一種誤解，好像「感

---

❽ 金岳霖《知識論》，頁453，商務印書館，一九八三年。

覺」純粹只是一種覺，而不含有其他的成份在內；而「感相」一詞則易使人想起感覺中所包含的「相」，即是說，它除了來自內部的「覺」以外，還雜有來自外部的「相」。此詞比較容易表達東蓀先生關於感覺與外物關係的見解。

基於知識關係是內在關係這樣一種信念，東蓀先生徹底否定了由感覺可以還原到外物、外物在感覺之外獨立存在的觀點。依照內在關係的理論，實際上既不存在獨立純粹的感覺，也不存在獨立純粹的外物，嚴守知識論立場，我們只能得到一個介於此兩者之間的「感相」。「感相」是什麼呢？感相是「所與」，但卻絕不表示外物；感相是一種「覺」，但卻並非全存於心內。可以說它不屬於「心的」(mental)，又不屬於「物的」(physical)，它是心物共造的一個「中間物」。它不屬於「心」，是因為它由外而授與，對「心」有強迫力，而不為「心」所左右；它不屬於「物」，是因為它雖有其相應者，但卻並不與此相應者同一。「感相」就是這樣一個由心物擠壓成的獨立的「中間東西」。

吾人說「感相」是一個「中間物」，實際上是以設定兩端之「心」「物」的存在為前提的，簡言之，是先設定了「心」「物」，然後才說有一個「中間」。其實嚴格說來，這樣的一個設定是不合法的，因為它沒有知識論上的根據。這純粹只是一個形而上學的假設。站在知識論的立場，我們既不知道有「心」，也不知道有「物」，只知道有一個「感相」，這「感相」有一個「在外的相關者」與之對應。我們只知道有一個「相關者」，感相與此「相關者」有「相當的相關變化」，至於這「相關者」是什麼，性質如何，我們根本無法說。若一定要說，那也只能是一種假定。

如果我們假定有一個外物，感覺內容和外物絕不可能是同一

的。換言之，從感覺不能還元到外物，從感覺無法推知外物，這是東蓀先生堅定不移的信念，也是其知識論的基本立足點。他認為這一見解可以從兩方面去看，一方面，感覺本身倘沒有變化，就連「相關者」是否存在都無法斷定，就更談不上斷定外物之有無了。倘使感覺有變化，根據此變化，我們也只能知道有一個「相關者」，而不可能知道「外物」，相關者絕不可能是外物。另一方面，「外物」之觀念如桌子、椅子、房屋、樹木等等，都是許多感覺連綴起來投射到感覺背後造成的，都是所謂「造成者」，不是本有物。「外物」之成立絕離不開「心」的參與，這是無法否認的事實。

感覺內容和外物不同一，意味著「外物」是不可知的。但此種不可知又不是「絕對不可知」，而只是「相對不可知」。東蓀先生認為，就我們知道有一個「相關者」存在一層說，「外物」的許多方面還是可知的。至少有三個方面我們可知：(a)感覺與外物在比例上有相關變化，只是在性質上絕不相同；(b)雖無從知「外物」的性質或實質，但從感覺的變化上可看出它的架構；(c)若撤除「外物」有本相或本性的假定，我們亦可以說已經知道了「外物」，這外物就是「界點」、「關係」或「結構」。若我們本就不認為「外物」有「單獨的本身」，「外物」便變成可知的了。所以「外物」是可知還是不可知，是絕對不可知還是相對不可知，完全取決於我們對於「外物」本身的看法。

「外物」對於金岳霖先生來說，卻是一個不證自明的東西。他先假定有「物」、有「心」，然後去證明「心」可以認識「物」，以此構成其全部知識論體系。有時給人造成一個印象：好像他的許多結論都已經預設在前提中了，所謂「證明」只是一個幌子。

為要證明心與物的同一、感覺內容與外物的同一，他便提出所

謂「正覺中心說」。什麼是正覺呢? 他定義說:「正常的官能者在官能活動中正常地官能到外物或外物底一部分即為正覺。」❾「正覺」說之提出,本來是為了證明感覺內容與外物的同一;而現在「正覺」既本來就含有這種同一,這一同一便無需所謂「證明」了。正覺是知外物的覺,正覺存在,外物當然可知;外物既然可知,正覺當然存在。金岳霖先生在這裏似乎陷入了以正覺推外物又以外物推正覺的惡性循環。

但不管怎麼說,承認感覺可以還元為外物、承認外物在感覺之外獨立存在,卻是金岳霖先生不可動搖也是動搖不得的信念。「正覺」說保證了感覺內容與外物的同一,保證了外物的獨立自存性,所以整個一部《知識論》可以說都是在談正覺。他在《知識論》一書的結尾說:「這一整本書可以說是正覺底分析,不過開頭注重『正』, 現在注重『覺』而已,……本書可以說是始於正覺,終於正覺。」❿他名義上是假定「有官覺」和「有外物」為其知識論的出發點,實際上卻是假定「有正覺」和「有外物」為其出發點。他不需要從官覺中去找正覺,而是直接從正覺出發,「有正覺」是事先就設定好了的。

設定了「正覺」, 從而去證明感覺內容與外物的同一,是一件非常容易的事情。「正覺」的內容既已被規定為外物或外物的一部分,它和外物當然是同一的。金岳霖先生說: 「在正覺中呈現就是所與,所與就是外物或外物底一部分。它們根本不是兩個個體或兩件東西,呈現或所與只是外物或外物底一部分之為正覺者所正覺而已。」⓫又說:「所與有兩方面的位置,它是內容,同時也是對象:

---

❾ 同上,頁125。

❿ 同上,頁953。

就內容說，它是呈現；就對象說，它是具有對象性的外物或外物底一部分。內容和對象在正覺底所與上合一；在別的活動上這二者不必能夠合一。」⓬感覺內容和外物在正覺中本來就是合一的，它們當然能夠合一。

「正覺」的設定，也為證明「外物」的獨立性，提供了極大的便利。正覺就是反映外物或外物的一部分的覺，此種反映既是「正」的，它便沒有損害「外物」，「外物」既沒有受到損害，它當然可以保有它本來的樣子。但承認「外物」在正覺中保有了它本來的樣子，是不是就意味著承認「外物」可以離開正覺而獨存呢? 暫時還不能。於是金岳霖先生便引進「外在關係說」來補這一個空缺。他斷然認定知識關係就是「外在關係」，並以此為基礎，輕而易舉地證明了「外物」的獨立性。官覺者與外物之關係既是外在關係，官覺者對外物是獨立的，外物對官覺者當然亦是獨立的。

金岳霖先生把「外物」分為四類，一曰科學外物，二曰本質外物，三曰官覺外物，四曰本然外物。他認為這些外物有一個共同特徵，就是它們都是非唯主的共同的、獨立存在、有本來形色狀態、各有其自身同一性的，換言之，它們都是不依賴於感覺者而獨立存在的。他認為他所說的外物，主要是指官覺外物，而官覺外物「如椅子桌子張三李四等等」⓭，更是具有客觀性和獨立自存性，它們是「獨立於官能活動而存在的」⓮。

金岳霖先生既承認了「外物」的可知性，又承認了「外物」的

⓫　同上，頁135。

⓬　同上，頁130–131。

⓭　同上，頁62。

⓮　同上，頁131。

獨立性，與東蓀先生可說不是一路人。

(五)概念與經驗

東蓀先生承認概念(concepts)完全是經驗的(empirical)，是由經驗概括而來，換言之，概念完全是後天的、非純粹的。但概念在東蓀先生知識論中的地位卻並不高，概念只是其「知識之多元說」中不太重要的一元。

在東蓀先生「知識之多元說」中，起決定作用的一元是設準(postulates)，設準才真正是東蓀先生之知識論的根本和脊樑。「設準」沒有了，東蓀先生之知識論也就垮臺了。從早期到後期，東蓀先生的思想時有變化，但堅持以設準為根基沒有變，堅持圍繞設準來組織自己的知識論沒有變。

然而「設準」卻不是經驗的，而是先驗的(transcendental)，不是感性的，而是知性的，不是時間上的，而是名學上的，不是直觀上的，而是思維上的。經驗的概念常常失效，先驗的設準雖也有便利與不便利或較便利之分，但卻絕不會失效。概念之成立，就是由於在經驗上使用了設準總括而成。概念是內容(contents)而設準是條件(conditions)，概念由解釋而成，設準為解釋而用，兩者是有嚴格的界線的。要有效地組織經驗，構成知識，沒有先驗的設準是不可能的。

東蓀先生後期的思想有一些變化，弱化了設準，強化了概念，以致提出了概念和設準可以互相轉化的思想，但無論如何他沒有把設準降到經驗的層面。他講概念可以升而為設準，但升為設準的概念必不再是經驗的；他講設準可以降而為概念，但降為概念的設準必亦失去了其先驗性。他後來有一個「半先驗半經驗」的提法，以進一步弱化設準的先驗性，但他自始至終不肯完全剝奪設準的先驗性。

　　設準的先驗性或半先驗性，乃是人類知識之所以可能的條件；依靠純粹經驗的概念，是不可能達成普遍必然的知識的。這是東蓀先生知識論的基本立足點。這一立足點與金岳霖先生有嚴格的區分，金岳霖先生所堅持的是純粹經驗主義的立場。

　　如果說用設準組織經驗以構成人類知識，是東蓀先生知識論的主題，那麼用意念接受所與以形成人類知識，便是金岳霖先生知識論的中心。區別只在於東蓀先生的設準是先驗或半先驗的，而金岳霖先生的意念卻是純經驗的。「意念得自所與」，這是金岳霖先生堅定不移的主張。在他的心目中，意念或概念作為接受方式，大綱如時空、性質、關係、東西、事體、變動、因果、度量等，細則如山、水、土、木、蟲、魚、鳥、獸等，無一不是從經驗中得來。他說：「抽象的意念總是直接或間接地從『所與』中抽出來。」[15] 在談到「時空」意念的形成時，又說：「時空意念是直接由收容與應付『所與』底情形中得來的。……至於時空意念，我們把他們視為和別的許多的意念同樣，它們也是從所與抽象地摹狀所與而來的。」[16] 總之一句話，「經驗底重要不僅在供給內容而已，它也供給範疇」[17]。

　　從所與或經驗中如何能夠得到意念或概念呢？金岳霖先生回答說，通過「抽象」可以得到。抽象是形成意念的工具，「抽象是意念底充分與必要條件」[18]。抽象就是執一以範多、執型以範實，抽象的功能就是使具體的、特殊的化為類似具體的、類似特殊的，然後化為抽象的。簡言之，抽象就是使特殊的「所與」化為脫離「所

[15]　同上，頁630。

[16]　同上，頁575。

[17]　同上，頁243。

[18]　同上，頁333。

與」之特殊性的類似具體、類似特殊的意象，然後進一層使其化為完全脫離「所與」之特殊性的意念。經過上述兩個過程，意念便從具體的東西中脫出。

完全得自經驗的意念，按理是沒有普遍必然性的，但金岳霖先生卻認為它們完全可以反過來接受「所與」，規範經驗。他認為每一意念都是接受「所與」的方式，有了意念，我們便有了辦法應付來自任何一方面的「所與」。意念得自所與、得自經驗，這被金岳霖先生稱為意念的「後驗性」；意念又可以接受所與、規範經驗，這被金岳霖先生稱為意念的「先驗性」。他同時堅持這兩方面的立場，叫做後驗性與先驗性「並重」。他說：「只有後驗性，意念毫無用處，只有先驗性，意念也毫無用處，……總而言之，如果意念只有後驗性，它可以實而無效，如果只有先驗性，意念可以完全是空的。無論是二者之中任何一情形，我們對於新所與之來都只好瞠目結舌。要意念不空而又實在地引用，我們非要求它既有後驗性而又有先驗性不可。」⑲

金岳霖先生在這裏強調意念的先驗性，似乎與東蓀先生後期的思想有些相通。但細加考察便會發現，他們所走的依然不是同一條路。儘管他們都認為經驗的概念可以先驗地使用，但他們對這被使用概念的本性理解，卻是不相同的。經驗的概念一旦被先驗地使用，它便變成為設準，它便不再是純粹經驗的，這是東蓀先生的觀點；經驗的概念儘管已被先驗地使用，但它依然是經驗的，依然是得自所與的，這是金岳霖先生的觀點。完全得自經驗的意念不可能不變，而作為接受方式的意念卻要求不變，這兩種意念是有根本的差異的。

概念有效否而無取捨，設準有取捨而無效否；概念有變而無常，

⑲ 同上，頁402–403。

設準有常而無變；概念無限而設準有限；概念無對偶性，而設準有對偶性。東蓀先生懂得這一些，而金岳霖先生卻不懂。

知識是由於經驗而不成於經驗，這是東蓀先生的立場；知識是源於經驗且成於經驗，這是金岳霖先生的立場。

㈥經驗的本性

幾乎所有的知識都開始於經驗，幾乎所有的知識論都開始於對於經驗的考察。正是對於「經驗」(experience)的不同理解，構成了哲學史上形形色色的知識論。

對於經驗，東蓀先生有其獨特的理解，這一理解成為其後期知識論的支柱。在思想的早期和中期，東蓀先生更多地是受到康德的影響，希望借助先天之格式與先驗之設準，來組織經驗，構成知識。這樣的思路，受到了來自左右兩面的批判，「物質論」攻擊其「先驗論成分」，「觀念論」則批判其「經驗論殘餘」。在這樣的一種情形下，後期的東蓀先生不得不放棄先天的格式，同時弱化先驗的設準。知識的先天成份沒有了；設準也不再是純粹先驗的，而成為半先驗半經驗的。正當其拒絕「物質論」和「經驗論」的一貫立場有些支持不住時，他通過對於經驗的剖析，為自己找到了突破口。

東蓀先生對於經驗的理解，可說走的是批判實在論的路。他基本上完全接受了批判實在論的主張。他承認並認為：

第一，經驗不是直接的，而是間接的，不是感性的，而是論理的。即經驗者不可能帶著「白板之心」去經驗，經驗者的「心」不可能是沒有任何「背景」的。一個經驗，當其產生時，必已涵容經驗者的「背景」和推論於其自身中了。

第二，經驗不是純粹的，而是含混的，不是單一的，而是雜多的。經驗乃是印象和意謂(meaning)密切相聯的一個「團」(group)，

既含有「物」的成份，也含有「心」的添擴。它含有「心」的添擴，表明它不是純粹的；它不完全是「所與」，表明它不是單一的。

第三，經驗不是原子的 (atomic)，而是複合的，不是終極的，而是階段的。它不是原子的，表明它可以再分割；它不是終極的，表明它還可以進一步「加工製作」。羅素「邏輯原子論」所謂的「原子事實」或「原子經驗」，是不存在的。

第四，經驗不是對於實在的「摹寫」，命題也不是對於經驗的「描述」。知識要比這簡單的一一對應，深刻得多、複雜得多。

如果說東蓀先生對於經驗的理解，來源於對於早期羅素經驗論的反叛，那麼金岳霖先生之理解「經驗」，則是完全順依了羅素的思路，堅持的是新實在論的立場。這一立場認為直接的、純粹的、終極的經驗是存在的；不僅存在，它還是構成人類知識的最基本的「與料」。原子經驗乃是純粹的「所與」，而「所與」所代表的正乃是「外物」的信息。原子命題描述原子經驗或原子事實，分子命題描述分子經驗或分子事實，複合命題描述複合經驗或複合事實；「外物」的本性就這樣通過不可再分的原子經驗，進入到人類知識之中。原子經驗或原子事實之組合聯結，構成整個事實界；描述此事實界的原子命題之真值函項，構成人類知識之全體。

㈦發現與發明

人類求知之根本目標，在變中求常、殊中求共、事中求理，這是東蓀先生和金岳霖先生都承認的。但東蓀先生只偏重於追求此常、此共與此理本身，不置重於其真實性；金岳霖先生相反，他認為此常、此共與此理之「真」，恰乃是其知識論的目標。換言之，東蓀先生追求的是「理」，而金岳霖先生追求的卻是「真理」。

這歸因於他們對知識本性之理解的不同。在東蓀先生，此常、

此共與此理不是純客觀的，而是人求得的；既是人求得的，它就是
求者與被求者共同造成的；既是求者與被求者共同造成的，它之獲
得便既是一種「發現」也是一種「發明」。發現(discovery)此常、此
共與此理的過程，同時也就是發明(invention)此常、此共與此理的
過程。我們發現「真理」，同時也就是在發明「真理」，「科學上發
現 (discovery) 與發明 (invention) 只有程度上之分別絕無性質的不
同」**⓴**。我們只能通過知識去瞭解我們面臨的世界；但進入知識領
域的世界，再也不可能是純粹自然的世界。純粹自然的世界永遠只
是一個設定、一個理想，我們根本上是得不到的。我們「發現」了
這世界，同時也就「發明」了這世界；到我們「發現」世界的那一
天，我們必會發現我們所「發現」的不過是我們自己所「發明」的
世界。

　　與東蓀先生完全相反，金岳霖先生對於此常、此共與此理，則
是持一種純粹客觀的態度。他認為此常、此共、此理是硬的，是無
法發明、無法創造的，他說：「我們要求理論只能發現而不能發明也
就是要表示理論是有硬性的。」**㉑**理論既是硬的，它就有一個與實在
符合與否的問題，符合者為真，不符合者為假。我們所求是求那個
真常、真共與真理，這真常、真共與真理，代表了在我們身外獨立
存在的「純自然」的世界。這「純自然」的世界是「堅硬」的，無
法發明的；在這樣的世界面前，我們是「軟弱」的，人是「軟弱」
的。人只能去發現「真理」。

(八)綜合命題與分析命題

　　一九五一年，美國哲學家蒯因 (W. V. O. Quine, 1908–) 因寫成

⓴　張東蓀《思想與社會》，頁42，重慶商務印書館，一九四六年。

㉑　金岳霖《知識論》，頁110–111，商務印書館，一九八三年。

〈經驗論的兩個教條〉(Two Dogmas of Empiricism) 一文，系統批駁邏輯經驗論認分析命題與綜合命題有根本區別之觀點，而名噪西方世界，成為五〇年代美國分析哲學中最有影響的人物。其實如果瞭解了東蓀先生，西方世界對蒯因的評價也許就是另外一種格調了。

早在一九三四年，當蒯因還只是哈佛大學一名學生的時候，東蓀先生就在《認識論》一書中提出了這樣明確的觀點：「認識的多元論雖主張每一個認識都是一個連續的整個兒，然卻亦不能不承認在這個整個兒中起分化的時候，未嘗不是把已有的關係再重新配置一遍。這個『重新配置』好像就是綜合能力。……要而言之，我於此處……不承認分析判斷與綜合判斷在性質上有何根本重大的不同。綜合判斷既不大異於分析判斷，則可見配合換置與關聯本是知識的自性，而不必另求其背後超越的原故了。」❷❷

區分分析命題和綜合命題，在西方其實是一個久遠的「教條」，至遲自柏拉圖(Plato, 428–348 B.C.)就開始了。邏輯經驗論作這樣的區分，不過是對西方一個公認「教條」的繼承。蒯因批判邏輯經驗論做這樣的區分沒有根據，也只是指責它沒有提出充分的根據，指責它還僅僅停留在「相信」的階段，並不是說做這樣的區分沒有「先天的合理性」。蒯因本人在這一點上其實也沒有獲得很大的進展。東蓀先生不同，他不僅否定這樣的區分，而且提出了否定這種區分的理由。這理由就是他自二〇年代便開始創建的他自己別具一格的知識論。在他的知識論中，純粹先天的分析命題和純粹後天的綜合命題，根本上是不存在的，因為純粹的先天和純粹的後天不存在。知識的支柱是「設準」，而設準既非純粹先天的又非純粹後天的，它只是半先驗半經驗的。就此意義說，人類知識中只存在半先驗半經

---

❷❷　張東蓀《認識論》，頁122，上海世界書局，一九三四年。

驗的命題，不存在純先天和純經驗的命題。換言之，在東蓀先生的
理論中，任何分析命題都有其經驗上的根據，而任何綜合命題亦都
必包含先驗的因素在自身中。

據胡軍博士的研究，金岳霖先生對命題劃分及其性質的看法，
「受益於邏輯經驗主義者」[23]，「他大體上沿用了邏輯經驗者對於分
析命題和經驗命題的看法」[24]。金岳霖先生承認了綜合命題與分析
命題的嚴格區分，他說：「命題果然是綜合的它就不是必然的或先
天的；果然是必然的或先天的它就不是綜合的。」[25]

在這兩種截然不同的命題中，金岳霖先生認為他的知識論所需
要的命題是綜合命題，他說：「綜合命題底真假才是我們要談的真
假。」[26]他把自己這樣一限定，就不是受了邏輯經驗論的「益」，而是
反受其「害」了。因為根據邏輯經驗論對綜合命題的解釋，此類命
題的結論不是必然的，而只是或然的。這樣金岳霖先生全部知識論
之所得，便只有或然的知識與偶然的真理了。金岳霖先生當然不願
意淪入此境，於是只好說真是永真，是超越時空，超越知識者、超
越事物流變的真；一個綜合命題一旦得到證實或證明，它便具有了
這樣的真；它便是永真的。綜合命題的真既是永真，其所得當然是
必然的真理。

這種奇怪的邏輯，不僅沒有讓金岳霖先生超越邏輯經驗論，反
而使他顯得大大地落伍了。金岳霖先生寫作《知識論》(1948)一書
的時候，雖說讀不到蒯因的文章，但東蓀先生的書卻是可以讀到的；

---

[23]　胡軍《金岳霖》，頁260，臺灣東大圖書公司，一九九三年。

[24]　同上，頁262。

[25]　金岳霖《知識論》，頁46，商務印書館，一九八三年。

[26]　同上，頁53。

在出版《知識論》(1983) 一書時，這兩方面的材料應該是都可以讀得到了。假如金岳霖先生讀讀這些材料，思路或許會開闊一點。

㈨知識的標準

知識儘管是一種解釋，但它之作為解釋，卻不是任意的。它既要受到在外的「相關者」或「基型世界」的制約，又要受到內我的「境況」的制約。這來自兩端的制約給我們造成一種壓力，使我們不得不相信諸多解釋中的某一種解釋。對東蓀先生來說，這種我們不得不信、使我們產生「必然之感」(feeling of apodeicticity)的解釋，就是真理。

說這種不得不信的解釋是「真理」，也只是一種無可奈何的說法，跟傳統意義上的「真理」概念，相去甚遠。傳統意義上的「真理」是這樣一種知識，這種知識來源於外物又反過來符合於外物。除了邏輯真理或先天命題，傳統意義上的「真」，總跟「符合」有割不斷的聯繫。

東蓀先生上面所說的「真理」跟「符合」是沒有什麼關係的，所以他之所謂「真理」亦可以說並不是真理。他不認為「符合」是取得真理的途徑，他說我「絕不再進而主張以知識之合乎對應者與否而定真假。因為我覺得這是不可能的」❷。

「符合」能否成立，本身就是一個十分複雜的問題；退一步說，即使「符合」是成立的，其所得到的也不是「真」，而只是「對」。東蓀先生認為，「對」與「不對」跟「真」與「不真」，乃是兩個不同的東西，是不可以混為一談的。「符合」的是「對」的，但「對」的卻未必就是「真」的。

在吾人的知識之外，的確是有一個「相關者」，有一個「對應

❷ 張東蓀《知識與文化》，頁35，重慶商務印書館，一九四六年。

者」，但吾人對於這「相關者」與「對應者」的解釋，卻永遠不可能達到與之完全「符合」的程度，否則人類的認知也就停止了。「相關者」與「對應者」的本性，總是在隨著人們對它的解釋的進步，而不斷地擴展：本質是正在構造中的(in making)、「外物」是正在構造中的(in making)。知識作為解釋，是無法與一個正在構造中的東西「符合」的。即使有一個「對」，這「對」也不是一度的、永恆的、一次完成的。「對」總在變成「不對」，「不對」又總在變成「對」，人類的認識是不可能有一個終極的。

知識作為對「外物」的解釋，「對」的可以是一個「真理」，「不對」的亦不失為一種「道理」。「真理」和「道理」間，是經常相互轉化的，「真理」可轉化成「道理」，「道理」亦可轉化成「真理」。

東蓀先生不採用「符合說」，自有其知識論上的根由。同理，金岳霖先生固持「符合說」，也是由其知識論之總格局決定的。他說他不放棄「符合說」是「因為符合說是最原始的真假的說法」[28]，其他種種說法都根據於此，實是有些不誠實。他之不放棄「符合說」，實乃根據於他的知識論的經驗主義與實在主義立場，這才是真實的心理背景。

在二十世紀四十年代末和八十年代，還不願放棄「符合說」，金岳霖先生不是沒有感覺到實施這一「壯舉」的困難。但不管困難有多大，他都沒法放棄「符合說」，他一旦放棄，他的知識論便成為不「通」的了。於是他就只好在「符合」的含義上下功夫，說自己的「符合」不是照相式的符合，而是「一一相應」式的符合。「符合」不必要求是照相式的，「符合」的主要要求是一一相應的情形，「符合」只要達到了「一一相應」的狀態，也就夠了。

---

[28] 金岳霖《知識論》，頁896，商務印書館，一九八三年。

　　有很多情形是非照相式的符合，如衣服合身、提琴與鋼琴合奏、榫頭對榫等等，地圖與其相應地域對應、目錄卡片與書相應等等，都是符合，但都不是照相式的符合。金岳霖先生認為，他所要求的「符合」就是這樣的符合；這樣的「符合」可以是關係方面的，也可以是性質方面的。

　　他認為通過這樣的「符合」可以得到「真理」，這樣得來的「真」還是客觀的真、普遍的真、絕對的真，是超越時地、超越知識類的真實的真。這樣的「真」是客觀的，是不以人的意志為轉移的；這樣的「真」是普遍的，是放之四海而皆準的；這樣的「真」是絕對的，是沒有程度問題的，是百分之百的，換言之，這樣的「真」是永真的。

　　以什麼作知識的標準，是不採用「符合說」還是採用「符合說」，這不是一個簡單的問題，對知識論而言，這是一個根本重大的問題。

㈩中間道路的偏向

　　前文已言，東蓀先生試圖在理性主義和經驗主義之間取一中道，避兩者之短，揚兩者之長，他曾用「內外並起」的說法來解釋這一中道，認為「閉門造車」與「出門合轍」不是兩個過程，而是同一過程的兩方面。經驗和經驗的開化，在時間上是並起的。

　　但東蓀先生並沒有將此中道堅持到底，也不可能堅持到底。因為開化經驗的第一步是內界給出尺度，第二步才是經驗加以校正，內界與經驗之地位並不是同等的。經驗校正後，又要得到內界的修改與允許，如此反覆多次，尺度才算有效，更是表明內界之重要了。經驗只有負面的意義，知識最終的「成」與「不成」完全取決於內界，表明東蓀先生之知識論是有明顯的偏向的。他以半先驗半經驗

的「設準」為知識的脊樑，表明他給自己規定的路是此一中道。但他越往前走，越有偏離中道的傾向。用一句形象的話說，他走在中道上，眼睛卻向望著內界；他對於內界始終割捨不下。

金岳霖先生也號稱「理性與經驗並重」， 也試圖站在中道上同時得兩方面的好處。他在談到《知識論》一書的時候說：「本書從第一章到第五章注重經驗，從第六章到第八章注重理性。從第八章起，二者並重……。」❷❾

實際情形是怎樣的呢？實際上金岳霖先生走的並不是中道，而是徹底的經驗論與實在論的立場。他所說的注重經驗，就是指意念得自所與；他所說的注重理性，實際是指意念還治所與。以得自所與者還治所與、以得自官覺者還治官覺、以得自經驗者還治經驗，這不是什麼並重，而是徹頭徹尾的所與主義、官覺主義、經驗主義。

東蓀先生走了一條中道，只是還沒有擺脫偏向；金岳霖先生號稱要走一條中道，實際上並沒有走。對於東蓀先生而言，只有中道成功與否問題；對於金岳霖先生而言，則存在一個中道之有無的問題。能否走得通和究竟走不走，乃是兩種根本不同的態度。金岳霖先生連走都未走，當然便無所謂走通與否了。

二、東蓀先生知識論的三根支柱

以上的列舉已足以證明，東蓀先生和金岳霖先生走的是兩條完全不同的知識論道路。證明這一點，不是為了貶低金岳霖先生的地位，而是為了確定東蓀先生的地位。人們忽視東蓀先生、貶低東蓀先生，主要是因為對東蓀先生學說的性質不瞭解，有了上述的對比，

---

❷❾　同上，頁18。

東蓀先生在中國哲學中之地位，就比較容易把握了。

上列十項，幾乎都是知識論的重大問題。在這些重大問題上，東蓀先生和金岳霖先生走著不同的道路，表明他們所建構的知識論，的確是兩種不同的知識論。但任何一種知識論都有幾條根本的原則，為其支柱。現在要問的是，東蓀先生知識論的這幾根支柱是什麼？它們和金岳霖先生知識論之支柱有什麼不同？回答了這一問題，也就回答了東蓀先生知識論之能否成立的問題，同時也就回答了上列十項差異之根源何在的問題。

本書認為東蓀先生之知識論的支柱主要有三項，一是內在關係說，二是間接呈現說，三是非寫真說。這三根支柱是東蓀先生貢獻給中國哲學的最為重要的東西，構成東蓀先生之知識論的三大主要貢獻。

㈠內在關係說

「內在關係說」(theory of internal relation)的提出者是布拉德雷(F. H. Bradley, 1846–1924)，「外在關係說」(theory of external relation)的提出者是羅素(B. Russell, 1872–1970)，他們都是英國哲學家。前者是自立的，後者是為反對前者而提出來的。

東蓀先生並沒有提出「內在關係說」一概念，為什麼本書又認為倡導「內在關係說」是東蓀先生對中國哲學的一項貢獻呢？本書謂是貢獻，主要是出於這樣兩方面的考慮：東蓀先生第一個將「內在關係說」引進到中國哲學中，讓它成為中國哲學的一部分，這是貢獻；東蓀先生第一個用內在關係解釋知識關係，確係中國哲學史上從來未有之壯舉，這是貢獻。

用一句通俗的話來表達，「內在關係說」是這樣一種學說，它認為關係可以改變關係者的性質，換言之，它認為關係者一旦進入

關係，便失去其原有面貌與性質。東蓀先生認為知識關係就是這樣的一種內在關係，知識是內外和合的產物，進入知識關係的「外物」不可能再是本來意義上的外物，進入知識關係的世界不可能再是「純粹自然」的世界。

其實東蓀先生並不同意布拉德雷「一切關係都是內在關係」的說法，他覺得這一說法有點過於武斷。他認為「外在關係」還是存在的，如弓和箭的關係、書與桌的關係等等。他只是反對用「外在關係」去解釋知識關係。你可以說這種關係是外在的，那種關係是外在的，但你絕不可以說「我知道這個東西」是一種在外的關係。用「外在關係」解釋別的關係，東蓀先生可以接受；但若用「外在關係」來解釋知識關係，東蓀先生絕不讓步。

金岳霖先生相反，他不僅否定知識關係是內在關係，而且根本否定「內在關係」的存在。金岳霖先生完全地、毫無保留地接受了羅素「一切關係都是外在關係」的主張，可以說是一種極端的「在外論」。東蓀先生還很謙虛地向「外在關係」作了很大程度的讓步，金岳霖先生對「內在關係」卻可謂寸步不讓、毫不留情。他不僅主張知識關係是外在關係，而且堅持認為一切關係都是外在關係。

「外在關係說」主張關係不改變關係者的性質和面貌，進入關係的關係者與未進入關係前保持同一。金岳霖先生認為知識關係正是這樣的「外在關係」， 知識的對象在知識中與不在知識中，是一樣的，「這本書」雖有被知與未被知的關係不同，但沒有性質上的分別。進入知識的「外物」就是本來的外物，吾人所知道的「外物」的樣子，就是外物本身本來的樣子。唯其如此，我們才能認識「外物」。

金岳霖先生似乎沒有證明知識關係為什麼只能是「外在關係」，

而不能是「內在關係」。 關於前一方面，他僅僅停留在「官能活動不必有外在關係」「但是有外在關係」、「假如它是外在的」等等一類模稜兩可的說法上。關於後一方面，他認為「如果我們堅持內在關係論，我們所知道的絕不是事物底本來面目。……如此說來，如果我們堅持內在關係論，知識根本就不可能」❸。

這話未免太絕對了。只能說對於金岳霖先生本人不可能，對於別人也許是可能的。東蓀先生曾嘲笑新實在論的關係在外說「非常淺薄」、「不合理」，是「速斷」、「誤會」、「實不能成立」，看來「內在關係」對東蓀先生的知識論而言，不僅是可能的，而且是必須的。上面金岳霖先生所說的話，在東蓀先生這兒也許應改為「如果我們不堅持內在關係論，知識根本就不可能」。

(二)間接呈現說

「直知對象論」(theory of immediate object) 是英哲摩爾 (G. E. Moore, 1873–1958)提出來的，其基本含義是認為對象可以在能知中「直接呈現」，而無需「中間媒介」。換言之，此主張認為，能知可以直接和所知打交道，達到一個客觀內容，同時卻又不損害對象的客觀性。此一見解與摩爾「捍衛常識」的立場有密切的關聯。

「間接呈現說」一詞並不是東蓀先生本人提出來的，而是本書著者研究概括後加給東蓀先生的。東蓀先生反對上述摩爾的「直接呈現」理論，針鋒相對地提出了自己的認知主張，給其理論冠以「間接呈現說」一名稱，是恰當的。東蓀先生的此一主張有幾層基本的意思：(a)能知不是白板、明鏡或靜水，而是具有各種複雜之結構的，同樣所知亦不能獨立；(b)在能知與所知、內我與「外物」間，隔著感相、知覺、概念、設準等中介，由於這些中介相互間無法還原、

❸　同上，頁150。

無法同一，能無法直達所，內亦無法直達外；(c)「外物」或所知的「本來面目」只是一種設定，承認此設定，就需承認它達於能知時肯定已被「扭曲」，不承認此設定，便可直認透入能知之內的世界就是「本來」的世界。簡言之，對東蓀先生而言，所知是有呈現，但絕不是「直接呈現」，而只能是「間接呈現」。

本書之所以認定東蓀先生之「間接呈現說」是他對中國哲學的大貢獻，是因為中國哲學知識論領域，一直是直觀說和直知對象說的天下，從來沒有人打破這一格局。東蓀先生可說是打破這一格局的第一人，他幾乎是反叛了中國哲學知識論之全部傳統。這需要有很大的勇氣。

中國哲學之直觀說和直知對象說，走的都是「直接呈現」的路子，都是一種直接認識。前者直認本體，後者直認現象；前者是能所合一，後者是能所的性質相似或關係一致。總之都無需「中間媒介」。

金岳霖先生接受了摩爾的主張，同時卻也暗中接續了中國哲學的傳統。他認為認識就是引用所得意念於所與而得到的符合感，我們可以分析這一認識的歷程，以明其構成成份是怎樣的。但這是認識論的工作，而不是認識的工作，「認識是頓現的，不是推論的，甲認識X，他一下子就認識，他不是根據種種理由，而得到一結論，說X是某某，然後才認識它，這一點非常之重要」**❸❶**。

認識是頓現的而不是漸成的，是直接的而不是推論的，表明能所、內外之間並沒有「中間媒介」，所知的本性是直接呈現的。金岳霖先生說：「在認識經驗中，沒有問題的時候，官覺者直接認識個體。」**❸❷**如張某認識X，他是直接地認識X，而不是推論出X的；

---

❸❶　同上，頁269。

X直接呈現在張某的印象中，張某無需思考便用X意念接受了這一呈現。如果不出現問題，這一認識便算成立了。如果出現了問題呢？出現了問題，張某必然要引進「推論」，一般來說，認識便變成為間接認識。但金岳霖先生認為這種說法是不對的，張某引進「推論」，依然不妨礙認識之為直接認識，無論在怎樣的條件下，張某的認識都是直接的。

所知的性質和關係，在達於能知時並沒有改變其原貌，不管問題發生與否，能知心目中的性質與關係與所知本有的性質與關係，總是一一對應，總是符合的。認知者雖然引進了「推論」，但卻並沒有引進別的條件和中介，所以此種「推論」其實並不間接。能知心中的性質與所知之性質相似、能知心中的關係與所知之關係一致，依然是直接的相似、直接的一致。所以對金岳霖先生而言，不管出現什麼情況，認識總是頓現的直接的，官覺者總是直接認識個體，而「不是由官覺到性質相似與關係一致而推論到個體」。他其實沒有必要加上「除非問題發生」、「在沒有發生問題底時候」之類的狀語。

㈢非寫真說

「非寫真說」(non-opprehensional theory)是東蓀先生從批判實在論那裏借來的一個詞，他認為這個詞能很好地表達他自己的知識論觀點。他提出「非寫真說」顯然是受到了批判實在論的影響，但他之此說，卻遠遠超出了批判實在論。批判實在論只談到知覺(perception)的「非寫真性」問題，東蓀先生則證明了全部知識的「非寫真性」。

東蓀先生的「非寫真說」認為：⒜感覺與其背後的刺激在性質上大不相同，感覺上所現的都不是真有其物，所以感覺絕不是「所

---

❸ 同上，頁276。

與」，感覺不是解釋的材料，而就是解釋本身；(b)知覺亦不是簡單地「摹寫」感覺，知覺在把感覺配入全境中時，把意義(meaning)亦插入了進去，所以知覺也是對感覺的解釋；(c)概念亦不是對知覺的摹寫，它由知覺而來，卻又明顯地超出了知覺，添加了知覺中沒有的內容；(d)外在者或「外物」是什麼，完全取決於物理或形而上學的解釋，它根本上只是一個解釋的結果，而並非實有其物。

　　感覺、知覺、概念、外在者與設準，乃是東蓀先生所認定的知識的五元。這五元的關係是這樣的：設準不是概念的寫真，它是工具，是為解釋而設的；感覺、知覺、概念與外在者各各獨立、不可歸併、不可還原；感覺不是外在者的寫真、知覺不是感覺的寫真、概念不是知覺的寫真，簡言之，知識不是世界的寫真。——這些便是東蓀先生「非寫真說」的根本所在。

　　東蓀先生給中國哲學補進一個「非寫真說」，真乃是一樁了不起的事情。他從哲學的高度、從知識論的層面，對中國哲學中曾有的「言不盡意」思想，作了合理的說明。並從一方面指出了釋道兩家立「無言」之教的理論根據。

　　與東蓀先生相反，金岳霖先生是主張「寫真說」的。「正覺」是外物的寫真，知識是世界的寫真；知識之成為知識，正在其「臨摹」了或者「拓寫」了我們周圍的世界。正覺的呈現是「客觀的呈現」，客觀的呈現是「所與」，所與是「外物或外物底一部分」。金岳霖說：「所與有兩方面的位置，它是內容，同時也是對象；就內容說，它是呈現，就對象說，它是具有對象性的外物或外物底一部分。內容和對象在正覺底所與上合一……」❸在這裏，金岳霖先生終於把「直接呈現說」與「寫真說」結合起來，實現了此兩種主張的「合

---

❸　同上，頁130。

一」。

總而言之，東蓀先生以「內在關係說」、「間接呈現說」和「非寫真說」這三個根本觀念為主幹，在金岳霖先生的知識論之外，構築起另一個知識論系統。儘管這個系統還免不了存在這樣那樣的問題，但這個系統確實是存在的。金岳霖先生的知識論系統不是唯一的，更不是唯一好的。有了東蓀先生的工作，二十世紀前半期的中國哲學才有了另外一種丰采；於中國哲學的發展言，東蓀先生是功不可沒的。

三、東蓀先生超越金岳霖先生之所在

胡軍博士在其《金岳霖》一書中，高度評價了金岳霖先生哲學對於中國現代哲學之發展的意義。他認為本世紀三十年代末，四十年代初在中國出現了諸多哲學體系，在這些體系中，「金岳霖的哲學體系最嚴密、最富獨創性，它代表了中國現代哲學發展的高峰」❸。又說：「《知識論》是迄今為止中國哲學界中關於知識論的第一部系統嚴密的專著。……金岳霖是打破中國哲學中邏輯、認識論意識不發達這種狀態的第一人。」❸在談到金岳霖先生對「歸納原則」的分析時，胡博士說：「這一討論表現出金岳霖作為哲學家的機智和才華，也表現出了他對這一問題的深刻理解。這在中國哲學界中是空前的。而且可以進一步說，迄今仍未有人達到他所達到的高度。」❸在談到金岳霖先生的「真理論」時，又說：「金岳霖的真理

---

❸　胡軍《金岳霖》〈導言〉，頁1，臺灣東大圖書公司，一九九三年。

❸　同上，頁6。

❸　胡軍《金岳霖》，頁220，臺灣東大圖書公司，一九九三年。

論存在著種種困難。但是可以毫不誇張地說，在中國哲學中，金岳霖是創立了自己的真理理論體系的第一個哲學家。……其所達到的深度，在中國哲學界中也是空前的。金岳霖的真理論極大地豐富了中國哲學的內容，把中國哲學的真理論提高到了一個新的水平。」❸

著者對於金岳霖先生沒有什麼深刻的研究，所以對於胡軍博士的結論，不敢提出什麼意見。著者引用胡軍博士的話，實不是為了金岳霖先生，而是為了東蓀先生。金岳霖先生在中國哲學中既有如此崇高的地位，著者竟還說東蓀先生超越了金岳霖先生，是不是有點「吹拍過度」了？

撇開本體論不談，就知識論而言，著者細加考察，發現自己的結論還是可以成立的。吾人可以分幾方面來談這個問題。

⑴就其在中國哲學中的地位言，東蓀先生的知識論體系和金岳霖先生的知識論是同等重要的，但這兩個體系對於中國哲學的意義有不同。

說他們的地位同等重要，意思是說中國哲學向來缺乏對於知識的探討，在這樣極少知識論的國度，建立任何一種知識論都是有意義的。不管是成功還是失敗，有勇氣站出來構築一種知識論，本身就是對於中國哲學的貢獻。

地位儘管同等，但兩個知識論體系對中國哲學的意義，卻是不同的。前文已言，金岳霖先生的知識論體系在很多基本點上，都是接續了中國哲學的傳統，如「直接呈現說」、「寫真說」等等；而東蓀先生的知識論體系卻基本上是超出傳統的，是在傳統哲學中找不到的，他的「內在關係說」、「間接呈現說」、「非寫真說」等等知識論主張，均為中國哲學所僅見。

❸ 同上，頁285–286。

　　由於有這樣一個區分，吾人儘管不能從地位上說東蓀先生的知識論重要，但卻可以從意義上說東蓀先生超越了金岳霖先生。東蓀先生的知識論主張帶給中國哲學的衝擊，要比金岳霖先生大得多，它迫使中國哲學跨越素樸實在論的階段、跨越新實在論的階段，而直接升至批判實在論及其以後的水平。而金岳霖先生的思想卻基本上是素樸實在論的，至多是新實在論的。從這個意義上說，東蓀先生的建樹是要高於金岳霖先生的。

　　(2)就立說時間言，東蓀先生之知識論要明顯早於金岳霖先生之知識論，提出約早二十年，公諸於世約早五十至五十四年。

　　著者把《新哲學論叢》一書的出版定為東蓀先生知識論之正式出現的標誌，同時把《知識論》一書的寫成視為金岳霖先生知識論之正式提出的標誌，對此讀者恐怕不會有太大的異議。《新哲學論叢》一書正式出版於一九二九年，《知識論》一書初步完稿於一九四八年，其間相距大約二十年。

　　理論的提出是一方面，理論的公諸於世則又是另一方面。理論不公諸於世，只是私的，個人的，談不上社會影響力。而理論的公諸於世當然只能以論文的發表或著作的出版為標誌。從這方面去看，東蓀先生就更早了。金岳霖先生的《知識論》一書正式出版於一九八三年，比東蓀先生的《新哲學論叢》(1929)晚約五十四年，比東蓀先生《認識論》(1934)一書晚約四十九年，比東蓀先生《知識與文化》(1946)一書晚約三十七年。金岳霖先生《知識論》的晚出，無疑有「政治」的影響，但這裏我們是在談學問，不計算也不應該計算此種影響。

　　金岳霖先生在寫成《知識論》一書以前，也有一些有關知識論

的單篇論文發表，但這些單篇論文依然不能將金岳霖先生知識論之立說時間提前。雖說其〈休謨知識論的批評〉和〈外在關係(External Relation)〉兩文是發表於一九二八年，〈知覺現象〉和"Internal and External Relation"兩文是發表於一九三〇年，似乎較早，但卻依然晚於東蓀先生。包含了東蓀先生知識論之思想萌芽的《科學與哲學》一書出版於一九二四年，〈這是甲〉和〈知識之本質〉兩文發表於一九二六年，〈因果律與數理〉和〈名相與條理〉等文發表於一九二七年，均比金岳霖先生為早。所以即使從萌芽狀態去看，金岳霖先生的知識論也還是晚出的。

當然金岳霖先生 (1895–1984) 比東蓀先生 (1886–1973) 晚出生九年，理論的晚出是可以理解的。但我們討論中國哲學知識論之早晚時，年齡因素是應該撇開的。

東蓀先生的知識論經歷了一個從萌芽到成型再到圓熟的不斷變化、不斷演進的過程。這一過程大致以《科學與哲學》(1924) 一書為始，以《知識與文化》(1946)、《思想與社會》(1946)及《理性與民主》(1946) 三書為終，前後經歷約二十二年。至一九四六年，東蓀先生的知識論可算是基本完成了。在東蓀先生知識論基本成熟的時候，金岳霖先生還沒有開始寫他《知識論》一書的草稿，當然就更談不上出版這部書了。

這裏如此詳盡地考察時間，其實只是為了爭一個「第一」或「開拓者」的位子。胡軍博士給金岳霖先生的知識論冠上了許多「最」、「高峰」、「第一」、「空前」之類的詞，其博士論文又認金岳霖先生是「中國知識論領域的開拓者」，謂其知識論「達到了中國現代哲學的最高水平」、「表明知識論從此成為中國哲學的一個部門」，對金岳霖先生評價甚高。著者的意見稍微有些不同。著者不否認金岳霖

先生的貢獻，但認為同時亦應該肯定東蓀先生的功績。至少有兩點是應該肯定的：(a)在二十世紀中國哲學中，東蓀先生是知識論領域的「開拓者」； (b)在二十世紀中國哲學中，使「知識論從此成為中國哲學一個部門」的是東蓀先生，而不是金岳霖先生。

從這個時間意義上亦可以說，東蓀先生超越了金岳霖先生。

(3)若以當時西方哲學之發展為坐標，東蓀先生知識論之領先於金岳霖先生知識論，就更為明顯了。

金岳霖先生知識論的根本精神，是新實在論(neorealism)的、常識哲學(realism of common sense)的，雖然在某些細節上，他對這些學說有所訂正和修補，但在根本點上，他並沒有超出這些學說。新實在論和常識哲學主張「外在關係說」， 金岳霖先生也主張「外在關係說」； 新實在論和常識哲學主張認識的對相是實物，不是其物的影像，金岳霖先生也這麼主張；新實在論和常識哲學主張對相的獨在性，主張宇宙是已成的而不是創造的，金岳霖先生也這麼認為。總之，金岳霖先生的確是接受了新實在論和常識哲學一類的學說，但卻並沒有超出這些學說。

東蓀先生接受的是批判實在論 (critical realism) 及層創進化論 (emergent evolution) 一類的觀點，他的「間接呈現說」和「非寫真說」來源於批判實在論，他的「內在關係說」來源於新唯心論(neo-idealism)，他的「架構論」主要來自層創進化論。東蓀先生是從西方哲學出發構築自己的哲學體系的，他不可能完全擺脫當時西方哲學的影響。

但是東蓀先生卻並沒有停留在他所接受的那些哲學學說的原有水平上，他力圖消化這些學說，並以此為基礎提出自己的意見。他對批判實在論就是這樣處理的。批判實在論主張外物的獨在性，

認為此獨在性與認知活動無關，東蓀先生對此提出批評，認為純粹的獨在性並不存在；批判實在論只主張到知覺內容與外物自體的二而非一，從而構成「認識論上的兩元論」，東蓀先生更進一步，認為感覺、知覺、概念、外在者等知識之「元」，其實都是二而非一，都是不可還原、不可歸併的，從而在知識之兩元論的基礎上，建構起自己的「知識之多元說」。東蓀先生善於吸納各家學說，更善於從各家學說中發展出自己的見解。

　　一種後起的哲學之所以有價值，正在於它發現了它之前的哲學的破綻，回答了它之前的哲學無力回答的問題，這當是哲學史家的共通見解。批判實在論正是在新實在論面臨種種困境的情況下，出現的；它不能解決所有的問題，但它確實解決了許多新實在論無法解決的問題。一個後起的哲學若不能對它之前的哲學，有所超出，它在哲學史上便是沒有價值、沒有地位的。從這個角度去說，即使東蓀先生不對批判實在論有所超出，他也已經走在金岳霖先生的前頭了。跟金岳霖先生所接受的哲學學說比較起來，東蓀先生接受的是一種後起的、更為成熟的學說。

　　還可以舉一個例子來說明金岳霖先生的落伍。自三〇年中期波普爾 (K. Popper, 1902–) 系統提出「證偽主義」起，中經庫恩 (T. S. Kuhn, 1922–)、拉卡托斯 (I. Lakatos, 1922–1974) 至沃特金斯 (J. Watkins, 1924–) 等重要哲學家的大力推動，歸納主義和歸納原則受到了來自各方面的批判，在西方形成了一股強大的反歸納主義思潮。經過幾十年的發展，西方哲學家可說已基本放棄了「歸納主義」。而這一個時期剛好是金岳霖先生醞釀、撰寫並出版他的《知識論》(1948–1983) 一書的時期。這部書竟無視「歸納主義」在西方哲學中遭受的批判，在西方已經基本放棄「歸納主義」的情況下，還頑

強地、固執地為「歸納原則」或「歸納主義」辯解。這從一個側面證明，金岳霖先生的哲學基本上是落後於當時西方哲學的發展的。憑金岳霖先生的才學，他不可能不知道，當時他所討論的諸多知識論問題，在西方已經發展到怎樣的程度。一個哲學家，在建立哲學體系的時候，不知道自己的同行在當時正說些什麼，是十分危險的。金岳霖先生知道有這種危險，但他無法顧及這種危險。他的哲學體系逼著他去冒險。

東蓀先生不同，東蓀先生在哲學上的種種主張，基本都合乎當時西方哲學的潮流。其「負限原則」與「否證論」的相通，其「非寫真說」與波普爾「猜想說」的一致，其真理觀與波普爾真理觀的接近，都表明他在知識論上的幾乎所有重要觀點，都跟得上當時西方哲學的發展步伐。在某些觀點上，甚至還稍稍領先於當時的西方哲學。在這裏，東蓀先生不僅對中國哲學有貢獻，對世界哲學也有貢獻。

就引進說，東蓀先生先引進西方哲學給中國，金岳霖先生後引進西方哲學給中國，東蓀先生超越了金岳霖先生；就所引說，東蓀先生引進的是後起的更為成熟的哲學學說，金岳霖先生引進的是較前的業已受到批判的哲學學說，東蓀先生超越了金岳霖先生；就對西方哲學的處理說，東蓀先生消化了並超出了其所接受的原有學說，而金岳霖先生卻停留在其所接受的學說的原有水平上，東蓀先生超越了金岳霖先生。總而言之，參以當時西方哲學之發展，東蓀先生是超越了金岳霖先生。

在對中國哲學的意義上、在體系建構的時間上、在對西方哲學的處理上，東蓀先生都超越了金岳霖先生，這便是東蓀先生超越金岳霖先生之所在，也是本書敢於這樣立說的證據。

　　東蓀先生的思想長期被埋沒，假如在以前是由於政治的原因，那麼在今天，吾人便不應當再畏懼於這個原因了。在我們這個時代，我們應當去行使本屬於我們的「說自己的話」的權力。東蓀先生為爭得這個權力奮鬥了一生，吾人若是不敢「說自己的話」，可真有點對不起追求這一權力的東蓀先生的亡靈。

第四章 宇宙觀：
「真的外界只是『架構』」●

> 若就我的觀點來說，宇宙就沒有秘密；我們一生就尋不著最後
> 的真實。因為真屬於外界的，在經驗上只是所謂界點。……不
> 是愈追求愈逼近客觀的真際，乃只是愈研究愈推展自己的態
> 度。
>
> ——《哲學究竟是什麼》(1937.1)

　　說到自本世紀六十年代起風行歐美的結構主義(Structuralism)，
人們也許並不陌生，但若說到本世紀二十年代出現於中國的張東蓀
先生(1886–1973)的另一種「結構主義」(他稱之為「架構論」〔Theory
of Structure〕)，人們或許就有點意外和驚訝了。

● 東蓀先生在其〈思想言語與文化〉(1938)一文中謂：「真的外界只是『架
　構』(Structure)。」該文載《社會學界》第十卷，又作為《知識與文
　化》(書成於1940–1941年，出版於1946年)一書之〈附錄三〉再刊。

一、「架構論」之提出

東蓀先生的這種「結構主義」，不是一種方法，而是一種宇宙觀。他這種宇宙觀正式提出來，是在二十年代初。一九二三年一月，東蓀先生在《東方》雜誌二十卷一號發表〈這是甲〉一文，四月又在《教育》雜誌十五卷四期發表〈知識之本質〉一文，這兩篇文字均是討論認識論的，但東蓀先生認為，「從認知作用一點上我們能窺見宇宙的秘密」❷，所以這兩篇文字雖以討論認識為出發點，但討論至末，也便自然地引出了一種宇宙觀。這種宇宙觀「主張宇宙只是無數空架的結構在那裏套合於一起而進展著」❸。「宇宙只是空架的結構，不過這種空的架構可以進化，於是由簡而至繁，由散而至緊，由鬆而至密」❹。這是東蓀先生「結構主義」宇宙觀的最早形態。

架構和實體是相待而言的，所以講宇宙只是架構，就必須對於實體、實質或本體，有一個說法。對此東蓀先生認為，「近代哲學已將追求一個終極的實體(entity)或實質(substance)為宇宙根源或萬有元素的思想拋棄完了」❺。所以東蓀先生不主張對於宇宙作本體論的理解，而是主張「不必注眼於根源而當注眼於進程」❻。從此

❷ 張東蓀《新哲學論叢》，頁21，上海商務印書館，民十八年八月。〈這是甲〉與〈知識之本質〉在《新哲學論叢》一書中合併為「一個雛形的哲學」之上篇，故雖有修訂，但基本觀點仍屬一九二三年。

❸ 同上，頁21。

❹ 同上，頁22。

❺ 張東蓀《科學與哲學》，頁69，上海商務印書館，民十三年六月。

❻ 同上，頁90。

一角度說，即使有一個本體，此本體亦「寧可是正在創造中的而不是已成的」❼。這是一九二四年六月《科學與哲學》一書提出的觀點，此種觀點乃是對「架構論」宇宙觀的另一視角的說明❽。

脫稿於一九二七年十一月，發表於一九二八年四月的〈宇宙觀與人生觀〉長文，第一次以完整的形式把「架構論」做系統的表達，也是第一次把「架構論」作為一種「宇宙觀」正式地提出來。所以這篇文章，在東蓀先生思想發展歷程中，具有承上啟下的作用。此文包含了東蓀先生多年研究哲學，尤其是西方哲學的心得，是為「承上」；此文又不滿足於只研究旁人，而是要更進一層，提出著者本人的，亦即「我所獻議的一種」「宇宙觀與人生觀」，自此東蓀先生走上獨創新哲學的道路，是為「啟下」。這篇長文從「物」、「生」、「心」三個層面，逐層逐步地證明了，「我們的這個宇宙乃是無數架構互相套合互相交織而成的一個總架構」❾，證明了「所謂物並不是一個實質，生亦不是一個實質，心更不是一個實質」❿。此篇長文還第一次對「架構」(structure)的含義及其與相關概念的區別，作了明確規定，說：「所謂構造，亦稱結構，即是英文的structure，其實亦就是配列(arrangement)。我因為要將意義更顯明起見，又改譯為『架構』。」⓫可以說，此篇長文所創立的，已經是一種相當完

---

❼　同上，頁89。

❽　對於東蓀先生本人亦有明示，其《科學與哲學》一書頁90云：「以上所說與拙作〈這是甲〉……有關，如蒙參閱，亦所企盼。」上海商務印書館，民十三年六月。

❾　張東蓀〈宇宙觀與人生觀──我所獻議的一種〉，《東方》雜誌二十五卷七、八號(1928.4.10–15)。

❿　同上。

⓫　同上。

整、相當明確、相當周延的宇宙觀。

對這種宇宙觀作擴充證明的，是一九二八年十二月脫稿，一九二九年一月出版的《哲學ABC》一書。此書專列一章，陳述「我的宇宙觀」，並特以此作為全書之「總結」。該書把宇宙的最後本質擴充為五種，不僅證明了「物」、「生」、「心」只是一種架構，而且證明了「空間」與「時間」亦只是一種架構；還證明了「並不是物質為一個架構，空間為一個架構，時間又為一個架構；而乃是物質空間時間只是一個架構」⓬。

出版於一九二九年八月的《新哲學論叢》一書，所獲得的最重要進展，一是對業已確立的知識論、宇宙觀與人生觀作了充分的整理，而成脈絡清晰的「一個雛形的哲學」，二是給業已確立的「架構論」的宇宙觀，奠定了堅實的知識論基礎。「一個雛形的哲學」上篇談知識論，下篇談宇宙觀，附篇談人生觀，此種順序的安排，決不能視為隨意。相反這樣的安排，正表明東蓀先生的深意所在：「架構論」的宇宙觀不是「臆說」、不是「假定」，也不能是「臆說」、不能是「假定」；說宇宙是「架構」要有知識論上的根據，也已經有知識論上的根據；宇宙觀要根據於知識論而不是相反，也只能根據於知識論而不是相反。

這是東蓀先生對於中國哲學的開創性貢獻。在他之前，沒有任何一個中國哲學家主張「知識論在先」，主張本體論或宇宙論要有知識論上的根據；在他之後，也很少有哲學家聽取東蓀先生的教訓，而免於陷入「臆說」或「假定」。本書將列專章討論東蓀先生的這一貢獻，此處只是提及。就宇宙觀而言，《新哲學論叢》一書講得最多的已不是「架構」本身，而是宇宙之為「架構」的知識論根源。

⓬　張東蓀《哲學ABC》，頁95–96，上海世界書局，民十八年一月。

「從認知作用一點上我們能窺見宇宙的秘密」，　我們也只能於認知作用一點上去窺探宇宙的秘密。離開了認知作用，我們無以明瞭宇宙的本性，「我們討論『物』必先明白所以辨別物的『知』」 [13]；換言之，「我們討論一『物』是什麼必先討論我們如何以認知物」 [14]，討論的結果，是發現「對於物的本身，我們是不能知的；而我所知的只是關於物與物間相關的條理」 [15]，這樣的條理即是「架構」。

認知「物」是如此，認知「生」與「心」同樣是如此：我們只能認知「架構」不能認知實質，所以我們才說宇宙是「架構」而不是實質。《新哲學論叢》開出的這一思路，在〈條理範疇與設準〉（載《哲學評論》第四卷第二－四期）一文中得到擴展與強化。此文經修訂，載入一九三四年九月出版的《認識論》一書。這本專門討論認識論的著作，到最後竟自然地引出了一種宇宙觀：

> 總之，我們這個宇宙並無本質，只是一套架構。這個架構的構成不是完全自然的，而必須有我們的認識作用參加其中。因為我們不能拔開認識以窺這個架構的本來面目。但這個架構在認識中雖非本相，然而亦決不十分大虧其本性。所以仍可以說宇宙是個架構。 [16]

這是《認識論》一書的最後一段話。一部談認識論的書，以宇宙觀來結尾，本身就意味深長：知識是我們瞭解宇宙本性的唯一前提，

---

[13]　張東蓀《新哲學論叢》，頁29，上海商務印書館，民十八年六月。

[14]　同上，頁28。

[15]　同上，頁28。

[16]　張東蓀《認識論》，頁133，上海世界書局，民二十三年九月。

宇宙論其實只是知識論的邏輯推演。

　　三十年代中期以後，東蓀先生的思想發生了很大的變化，拋棄了一些觀點，修正了一些觀點，亦增益了一些觀點；但認宇宙為「架構」這一點，卻始終未變。這也許是東蓀先生堅持最久，且終生不曾放棄的幾個基本觀念之一。一九三六年五月出版的《張東蓀的多元認識論及其批評》一書，沒有放棄這一觀點。一九三六年十月發表的〈多元認識論重述〉一文，沒有放棄這一觀點；寫於一九四〇至一九四一年間、出版於一九四六年一月的《知識與文化》一書，還是沒有放棄這一觀點。而認「真的外界只是『架構』(structure)」❶。該書的〈後序〉依然認為：「在我的形而上學主張上根本不把『物』當作一個『存在』(substantial entity)，同時亦不把『心』當作一個存在。……因為我只承認『緣具』；須知緣具是『無自性』（此乃借用佛教術語）的。」❶此處所謂「緣具」亦即是「架構」。一直到五十年代初，東蓀先生研究佛學，依然還是本著「架構」的觀念，而認定佛理並無所謂「本」❶。

　　由是觀之，本書認定在歐美的結構主義之外、之前，還有東蓀先生的另一種形式的「結構主義」（即「架構論」），當是可以成立的。

---

❶　見張東蓀《知識與文化》，頁194之〈附錄三〉，該文寫於一九三八年一月，題為〈思想言語與文化〉。

❶　張東蓀《知識與文化》〈後序〉，頁5，重慶商務印書館，民三十五年一月。

❶　東蓀先生研究佛學的文章不多，據我所知，主要有三篇，一為〈出世思想與西洋哲學〉（載《東方》雜誌二十二卷十八號及《新哲學論叢》一書），一為〈中國哲學史上佛教思想之地位〉（載《燕京學報》三十八期），一為〈本無與性空〉（載《現代佛學》一卷一期）。各篇均有其獨到見解，為前人所未言。

二、「架構」之涵義

關於什麼是「架構」，東蓀先生曾有一個解釋，他說：

> 恆常關係的測定雖不表示有一種實質在其背後，卻表示這種
> 關係是一種構造。所謂構造，亦即結構，即是英文的structure，
> 其實也就是配列(arrangement)。我因為要使意義更顯明起見，
> 又改譯為「架構」。架構是什麼呢？我現在用極淺的比喻來說：
> 好像我們中國的字，往往有部分絕對相同而位置不同使成截
> 然兩字的。如「杳」與「東」，如「枷」與「架」，如「愁」
> 與「愀」等舉不勝舉。杳與東都是由「日」與「木」合成的，
> 枷與架都是由「加」與「木」合成的。但杳是日在木下，而
> 東是日在木中；枷是加在木旁而架是加在木上。可見兩者意
> 思的不同不在其質料而只在配列。更可見質料儘管相同，而
> 只要配列不同便成了兩樣東西。科學上首發見這個架構原則
> 的是化學。化學上有所謂「同質異物」，如炭與黑鉛及金剛鑽，
> 都是由炭素組成的，而只因其分子的配列不同，遂成截然不
> 相類的三物。後來電學繼起，亦是注重這個概念。近來科學
> 全部可算為架構原理所占領完了。[20]

可見東蓀先生所說的「架構」，即是結構主義所說的「結構」；其所
謂「架構論」，即是所謂「架構原則」、「架構原理」，或乾脆亦可曰
「架構主義」。東蓀先生要以此「原則」、「原理」或「主義」，去說

[20]　張東蓀《新哲學論叢》，頁31–32，上海商務印書館，民十八年六月。

明「物」、說明「生」、說明「心」、說明「空時」,直至說明整個世界。

東蓀先生在紹述層創進化論(emergent evolution)時,曾對此種「架構論」的宇宙觀作有一總括的說明。他認為此種宇宙觀包含如下基本方面:

⑴我們這個宇宙不是一個整塊的而是一層一層套著的。因此可以說多元論較近於真際。但多元卻不是散漫的多元,而是套合的多元。

⑵我們這個宇宙不是既成的,乃是正在那裏由著層次而突創新的出來。所以雖是一個多元的套合,卻仍是一層一層地擴大。

⑶我們這個宇宙不是隔絕的,乃是上層包收下層,下層受上層支配,所以是通體的(organic)或有機體的。

⑷我們這個宇宙不是無中生有的,乃是結構的樣式在那裏時有新的出來,所以好像萬花鏡,而其實還是根本一元。 **㉑**

簡言之,此種宇宙觀認為宇宙⑴是層次的,⑵是層層相生的,⑶是上統御下、高支配低的,⑷是由結構變化其樣式而成的。歸結起來就是兩條,一是謂宇宙乃因緣的和合,二是謂宇宙有突現的進化;即是謂宇宙萬象誠然是因緣和合而成,但因緣和合而成的一切卻亦是有進化的。

這是東蓀先生總結出來的層創進化論的宇宙觀,也是東蓀先生基本認可的宇宙觀。東蓀先生認為此種宇宙觀代表了「最近哲學上——尤其是宇宙論上——一個大潮流」 **㉒**,認為它「能盡吸納科學的成績而同時發揮玄學的技長」 **㉓**,在理論上是一種可取的學說。

㉑ 同上,頁367。

㉒ 同上,頁333-334。

　　我們既可以把此種宇宙觀視為「架構論」宇宙觀的最早形態，亦可以將其視為「架構論」宇宙觀之「由來」❷。東蓀先生對於「架構論」宇宙觀的最經典表述，是在其《認識論》一書中。此書將此種宇宙觀分述如下：

　　⑴此種宇宙觀根本上否認「本質」(substance)。以為本體論上的唯心論、唯物論、兩元論全是不對的。

　　⑵此種宇宙觀承認外界只是空的架構，而無實質。於是在本體論上便成為「泛架構主義」(pan-structuralism)。

　　⑶此種宇宙觀肯定感相在本體上無地位，即沒有「本體的地位」(ontological status)。❷

　　東蓀先生把上述幾條以及相關各點，視為「認識的多元論對於宇宙論上的貢獻」❷。很明顯，東蓀先生在這裏是站在知識論角度，談其宇宙觀的。所以和《新哲學論叢》相比，《認識論》一書之談宇宙觀，有其顯明的側重。《新哲學論叢》一書側重從正面說宇宙乃因緣和合而成；《認識論》一書則側重從負面說宇宙無所謂「本體」或「本質」(substance)。

　　《知識與文化》一書，則持一種比較綜合的說法。它既提到了「架構論」宇宙觀跟層創進化論之宇宙觀的淵源關係，也說明了「把這個意思再推進一步使其具有形而上學的性質」❷，從而得出「架

---

❷　同上，頁368。

❷　東蓀先生在《新哲學論叢》之〈自序〉中說：「讀者欲知現代哲學思潮似可先取第四至第九諸篇讀之，然後再看首篇便可知著者主張的由來了。」見《新哲學論叢》〈自序〉，頁1-2，上海商務印書館，民十八年六月。

❷　參張東蓀《認識論》，頁127，上海世界書局，民二十三年九月。

❷　同上，頁127。

構論」宇宙觀的過程。在這裏，「架構論」宇宙觀被表述為如下方面：

⑴此種宇宙觀主張凡是一個具體者都是由於和合而成，根本上不是一個自己存在者(self-existent)或自己潛存者(self-subsistent)。換言之，任何一個具體者都只是一個「緣具」(concrescence，此字訓為由因緣和合而發為具體者)、一個「結」(nexūs)或「群」(society)。

⑵此種宇宙觀根本不把「物」當作一個「存在」(Substantial entity)，同時亦不把「心」當作一個「存在」。亦就是說，此種宇宙觀主張完全可以把心、物二字取消或廢除。

⑶此種宇宙觀只承認「緣具」，而緣具是「無自性」的。「無自性」有三義，一曰和合而成，二曰依他而起，三曰瞬起即滅；故每一緣具均不是自足的，均與「全世界」連成一片。

⑷此種宇宙觀肯定在上述的「緣具」上，有兩個相反的趨勢，一曰「斷」與「逝」，二曰「連」與「住」；但此四者卻都只是在「緣具」上所現的方面而已，並不是獨立的東西。

⑸由是觀之，所謂斷、逝、連、住，都只是說明「緣具」的性質。換言之，即全靠此四者方能成為「緣具」：不斷不能起，起而不住由於逝；雖則不住仍必稱住，住必由於連。

⑹「斷」與「逝」是毀滅，「連」與「住」是創造，在毀而又創、創而又毀之永久長程中，這世界得著一個「如」字；在「如」字之下，一切「緣具」皆恰如其量；從「如」字上來講可以說沒有創造，同時亦沒有毀滅，但在「如」字內來看，則確有創造，亦確有進步。

---

❷ 張東蓀《知識與文化》〈後序〉之頁5，重慶商務印書館，民三十五年一月。

⑺此種宇宙觀是根據於某一種的知識論，所以此種宇宙觀並不認為自己所說就是唯一正確的；他人如有別說，它必亦認為同樣可以成立，只要此一說法有知識論上的根據。❷

以上諸條，層層推演，雖無「細目上的學說」，卻亦構成一個完整的宇宙觀。這便是東蓀先生「架構論」的或「緣具論」的宇宙觀：一方面認定宇宙只是因緣的和合，只是緣具；他方面卻又肯定這樣的「緣具」，在永久創毀之中，亦得有「進化」。

三、「架構」的知識論基礎

東蓀先生曾把「架構」視為知識的四個層次之一，第二層是感覺，第三層是「造成者」(constructions)，第四層是解釋，其第一層便是「架構」❷。可見東蓀先生是把「架構」當成知識論之一部分來解決的。

「架構」作為知識的「外在根由」，當然是知識論的對象；但對於「外在者」或「在外的相關者」的解釋，亦即是對於宇宙的解釋，所以「架構」一題亦可以歸屬於宇宙論。在東蓀先生的哲學中，宇宙論與知識論是相通的：知識是關於外在者的知識，同時外在者又無一不在吾人之知識中；從一方面看我們是在談宇宙論，從另一方面看我們又是在談知識論。

層創進化論所持之「架構說」，之所以被東蓀先生責為「臆說」(hypothesis) 和「假定」(assumption)❸，只因為東蓀先生認定，它

---

❷　同上，頁4-6。

❷　張東蓀《知識與文化》，頁194，重慶商務印書館，民三十五年一月。

❸　參張東蓀《新哲學論叢》，頁367-368，上海商務印書館，民十八年六

並沒有為此種學說找到知識論上的根據。而東蓀先生又之所以不承
認自己的宇宙觀是一種「臆說」和「假定」，也只是因為他認定自己
的宇宙觀是有其知識論基礎的。換言之東蓀先生認定，我們說宇宙
是「架構」，只因吾人之知識是這樣告訴我們的，我們只能承認到
這一層打止。再換言之，東蓀先生始終認定，談論宇宙之時，吾人
必須嚴守知識論立場。超越此立場，超越知識之範圍而奢談宇宙本
性，只能把宇宙變成獨斷的、沒有根據的「臆說」或「假定」。形
上學不是知識之外的形上學，也不是知識之上的形上學，而乃是知
識之中的形上學。所以東蓀先生才在懷特海 (A. N. Whitehead,
1861–1947) 那句「知識是自然中的知識」(perception within the
nature)之名言外，另外增補「自然是知識中的自然」(nature within
the perception)一句名言，認為「必須把這兩句話合而為一方可」❸。
在知識之外、之上，我們當然亦可以談形上學，但這樣的形上學是
沒有根據的；只有在知識之中的形上學才有切實之根據，才具有廣
大的感召力。

　　前文已言，《新哲學論叢》一書在「一個雛形的哲學」之總名
下，首談認識論，次談架構論，附談人生觀，此等安排，表明東蓀
先生認架構論只是認識論的自然延伸，人生觀又只是認識論與架構
論之自然延伸。「架構」不是假定的，而是人類認識必然之所得。
三十年代的《認識論》一書，更直接認「架構論」為「這個認識的
多元論對於宇宙論上的貢獻」，此點前文亦已言及。四十年代的《知
識與文化》一書，照樣認為「我的形而上學主張仍以研究知識的性

質。

❸　張東蓀《知識與文化》〈後序〉，頁6，重慶商務印書館，民三十五年
　　一月。

質為出發點」❸，同樣認為，其之所以秉持「架構論」而不採取他
人之說，只「因為這樣說可以和我的知識社會學相通」❸。換言之，
該書認為，只是為了照顧自己的知識論、「嚴守知識論立場」，東蓀
先生才「組成這樣的一種形而上學」❸；從這樣的一種知識論出發，
東蓀先生只能得出這樣的一種形上學。

東蓀先生認為，外界是「架構」這一結論，是感覺告訴我們的。
感覺有變化，是因為外界起了變化，我們除了知道這一點以外，除
了知道感覺之變化與外界之變化必是相應的以外，我們不可能知道
有關外界的其他信息。「最直接的所與只有感覺」❸，而感覺又並非
外物的「寫照」或「翻譯」❸，所以由感覺吾人無以推知外物。當
然從另一個角度亦可以說，我們已經「知道」了外物，這外物就是
所謂的「相關變化」。 我們只能在「相關變化」一點上知道外物。
而「相關變化」指示給我們的，恰又不是「質料」，不是「內容」❸。
所以吾人才敢斷定外物只是架構、只是方式、只是秩序，而不是實
質，「不是自感相上我們取得材料，乃是自感相中我們取得方式」❸。

嚴守知識論的立場，這個在外相關者的存在，吾人必須承認，
否則便無以說明感覺之有變化；若嚴守知識論立場，吾人也只能「說
到必須承認確有這個相關者為止」❸，至於相關者為何，吾人不能

---

❸ 同上，〈後序〉，頁4。

❸ 同上，〈後序〉，頁6。

❸ 同上，〈後序〉，頁6。

❸ 張東蓀《認識論》，頁48，上海世界書局，民二十三年九月。

❸ 同上，頁47。

❸ 同上，頁49。

❸ 同上，頁50。

❸ 張東蓀《知識與文化》，頁14，重慶商務印書館，民三十五年一月。

說，亦無法說。吾人謂外界為「物」、為「心」，為一元、為二元，均只是推測之一種，均超出了知識範圍，因而均缺乏有力的根據。

我們雖然不能通過感覺知道外物的性質，即不能通過感覺知道外物是什麼，我們卻可以通過感覺知道外物的結構，即知道外物是架構，「因為我們止能在感覺的變化上反映它的架構來」❹。感覺告訴我們外物是架構，感覺也只告訴我們外物是架構。除此而外，我們一無所知。

羅素(B. Russell, 1872–1970)曾用「數學法則」去說明外物，東蓀先生認為，吾人當然可以這樣做，但切不可認為此「數學法則」就是外物之真正性質。他認為，即使「數學法則」是一種性質，其所表示的亦只是一種結構，「須知此種數學法則只是對於它們的一種測量，即表示它們有可以合乎數學測定的結構罷了」❹。「數學法則」是人類智慧之出產品，並不是外物的本相或本性，「不過在這些數學法則上外在者的結構在大體上卻可顯現出來而已。我們不可把數學法則就當作真正地是那個相關者本身」❹。

東蓀先生認定，「就一個外在者的本身而言，我們無從知其性質；但就其與別的發生關係而言，卻可以知其關係，並且由關係而推其結構」❹，這是人類之感覺和「數學法則」共同昭示給我們的真理。我們不談宇宙則已，若談宇宙，就只能說它是架構，否則便是對於人類之知識的違背與不尊重。

---

❹　同上，頁15。

❹　同上，頁16。

❹　同上，頁16。

❹　同上，頁17。

四、對物、生、心的「架構論」解釋

東蓀先生以自己的「知識之多元說」為背景，重點討論了宇宙萬象之三大總象——物、生、心，從而構築起自己的「架構論」宇宙觀。

先討論「物」。東蓀先生認為，我們討論「物」是什麼，必先討論吾人如何認知「物」。換言之，「我們討論『物』必先明白所以辨別物的『知』」[44]。從「知」一方面說，我們普通所謂「物」，即是吾人所看見的。但吾人所看見的是顏色，所摸觸的是形樣，離了色、香、大小等等，沒有單獨的所謂「物」。色香味等等，顯然不是「物」其本身，因為它時常隨人之主觀變化而改變。大小、方圓等等，又是不是「物」之本相呢？亦無法貿然肯定。

若大小、方圓等等即是「物」之本相，吾人所謂「物」亦就變成為體積、質量、澀力、速度等等之總和，以東蓀先生的話說，「不啻把『物』只變為一套物理學上的公式而已」[45]。於是我們知道所謂「物」不是在感相上的，乃是在物理學上的，而物理學上的所謂「物」卻只是一套關於質量、速度等等的公式，於是我們推定「只有『物理』(physical law)而沒有『物』(matter)。或換言之，物即是物理」[46]。

「物理」表現的又是什麼呢？東蓀先生認為，是「物與物間的互相關係，換言之，物的相關共變」[47]，而「並不直接關於一個物

44　張東蓀《新哲學論叢》，頁29，上海商務印書館，民十八年六月。

45　張東蓀《認識論》，頁128，上海世界書局，民二十三年九月。

46　同上，頁128。

的本身」❹。就是說，「物理」只講物的關係，而不講物的實質或物的本身(thing-in-themselves)。質量、速率、惰性、密度等等，無一不是表示關係的樣式之一種，就是科學告訴我們的「電子」，也「只是為測算上計，於物的關係中所假定的一個單位」， 而不是「一個實在的質體」❹，它是離了關係不能單獨作一個實體的。

「物理」表現的是關係而非質體，關係表現的又是什麼呢？東蓀先生斷然答曰：「關係是一種構造。」❺ 其所表現的是一種結構、一種架構，就「物」而言，「物」所表現的只是架構。不僅「物」只是架構，相對論還告訴我們說，空間與時間亦只是架構。空時決非實體，因為絕對空時不存在。總之東蓀先生斷言：「關於外物，我們不能知其內性，但能知其關係；而此關係卻是一種比較固定的架構。若我們暫假定物質並無內性，而止是架構，則我們已可謂知道外物了。」❺

「物」既是架構，「生」亦不能例外，因為「生」並不是「物」之外的另一種東西，而只是「物」之結構「複雜至某種程度後所突現的一種新性質」❺。之所以這樣說，只因為生命無一不依託於生物，「生命」與「生物」直是一個意思。而吾人欲知「生物」之所以為「生物」，又只須明白生物與非生物、有機體與無機體之區別，便已足夠。據生物學者通說，生物之異於非生物、有機體之異於無

---

❹ 張東蓀《新哲學論叢》，頁24，上海商務印書館，民十八年六月。

❹ 張東蓀《認識論》，頁128–129，上海世界書局，民二十三年九月。

❹ 此兩處引文均見張東蓀《新哲學論叢》， 頁29，上海商務印書館，民十八年六月。

❺ 同上，頁31。

❺ 同上，頁32–33。

❺ 同上，頁34。

機體者，約有四端：一曰組織，體內性質不同之部分竟能合成一個機體；二曰職司，機官各司其職，如目司視、耳司聽、胃司消化、足司行動等；三曰發育，如活細胞自己長大並化為兩個細胞等；四曰應付環境，有吸收環境之潛力支持自己者，亦有抵抗環境之變化維持自己者[53]。

組織、職司、發育、應付環境這些東西，是不能完全用物理化學的法則去解釋的，因此東蓀先生認為，吾人雖謂「生」並非「物」之外之另一種東西，但卻決不可把「生」即歸結為「物」，以為說明「物」的那些原則，同樣適用於「生」。須知物理化學的法則，只是吾人對於「物」的一種測量，其作用是很有限的。拿了這種測量法而施用於他處，必有些扞格不入，以之測定「生」，必顯很不夠用。因為「物」純素(homogeneous)而「生」駁雜(heterogeneous)，「物」鬆散而「生」通體相關，牽一髮而動全身。故東蓀先生說：「即此足見無生物之為架構，可以說是一種比較單純的架構，而生物之為架構乃是更綜合一層更複雜一層更交互一層更精密一層的一種架構；對於單純的架構而言，便可說是另外一種。」[54]

換言之，「生」之架構雖以「物」之架構為基礎，但「生」之架構卻決不為「物」之架構所支配、所左右。恰恰相反，「生」之架構反而支配、左右「物」之架構，因為從「物」到「生」是一種進化，是架構複雜至一定程度後突現的新種類、新層面。物理化學的測量法，誠然可以對付單純的架構，但欲對付複雜的架構如「生」之類，便顯得力不從心了。必須另外添設若干新範疇，如「通體相

[53] 參〈i〉張東蓀《新哲學論叢》，頁33，上海商務印書館，民十八年六月〈ii〉張東蓀《認識論》，頁129，上海世界書局，民二十三年九月。
[54] 張東蓀《新哲學論叢》，頁35，上海商務印書館，民十八年六月。

關」、「發展的可能性」、「有機性」、「自支性」等等，方能有辦法。
速率、密度、質量、惰性等等範疇，於「生」依然還是有用，但「說
明生物時須以生物的範疇為先，有時且須拿生物的範疇去左右無生
物的範疇。所以說明生物時，生物的範疇居第一等重要，而無生物
的範疇反居第二等地位」❺❺。

最後得討論「心」。「心的現象亦必是比生的現象物更進一層複
雜，更進一層交互，更進一層綜合」❺❻，所以吾人拿解釋「生」的
諸範疇去解釋「心」，亦必顯不夠，亦必得添加新範疇，如「攝」
之類。「我知此山比那山高」、「他覺我對你說話」、「你懂得孔子困
於陳蔡」之中的「知」、「覺」、「懂」之類，便是「攝」，經此「攝」，
此山與那山、我與你、孔子與陳蔡等相對的兩項，盡收吾人心底。
此「攝」乃是和普通生理作用完全別樣、絕對不同的一種新活動。
東蓀先生認為，此「攝」最足以表現「心」之本性，因為「最足以
表示『心』的特徵的便是知」❺❼，而「攝」正是一種「知」。他認為
從進化與發展的角度講，在全「心」的歷程中，「知」是比較最後
進化的，即是說，「知」乃是「心」之進化中較高的一級。就目前
所知而言，是最高的一級。其他如「性」、如「意」等等，吾人比
較上容易用「生」之範疇去說明；唯獨對於「知」，吾人不另添新
範疇，便無以應付。

「心」即是「覺」，一如在英文awareness即是consciousness。
「心」外無「覺」，「覺」外無「心」。但按照西方傳統邏輯（東蓀
先生稱之為「舊式名學」），在「覺」之後還應有一個「我」，「覺」是

---

❺❺ 同上，頁35。

❺❻ 同上，頁37。

❺❼ 同上，頁39。

作用，「我」是實體，「我」在「覺」之背後以為「覺」的支撐。東蓀先生認為，這其實完全是多餘的假設，是「舊式名學」的一個「弊病」和錯誤。他認為「心」其實是極平易的現象，「心」是「覺」，它只是「覺」而已，吾人只說到它是「覺」就夠了，完全不必假定一個「我」之類的神秘實體在「覺」的背後❺⑧。東蓀先生由此認定，從根本上說，「心」不是實體，而是架構，只是它比「生」、「物」之架構更為複雜、更為交互、更為精密而已。

　　總之東蓀先生認定，宇宙間並無所謂「物」，並無所謂「生」，亦並無所謂「心」，只有若干的架構而已。我們把密度、引力等架構概括之而立一個名辭曰「物」，這個「物」其實只是一個空名，並無整個兒的存在者與之相應；「生」與「心」亦然。所以東蓀先生認為entelechy、spirit這些字可以作廢，life與mind亦都以不用為佳。凡是主張有一個物質或一個生命或一個精神的，都是誤把概念當成了實物，都是把本無其物的而變為有其物，把本來雜多不成一體的而變為一塊整個兒的❺⑨，都是犯了「舊式名學」的錯誤。「我們把物理而代替物，便亦正可把生理 (biological principles) 而代替『生』，把心理而代替『心』。就是有物理而無物質；有生理而無生命；有心理而無心靈。這亦就是說一切都是架構，而不是實質。而架構卻不是能離開我們的認識的。就好象鏡中的花，雖然花的形態顏色未必有大虧，然而卻是在鏡中。」❻⓪

---

❺⑧　同上，頁36。

❺⑨　參張東蓀《認識論》，頁130–131，上海世界書局，民二十三年九月。

❻⓪　同上，頁131。

五、「架構論」與層創進化論

六十年代大陸學界對東蓀先生「架構論」的評價是：「他把莫爾根・亞歷山大的『架構論』搬到自己的哲學中來，妄圖以『架構論』超越於唯心與唯物之上，取消哲學根本問題。」[61]

該評價後半句基本上是對的，因為東蓀先生的確是想超越唯物唯心之對立。但前半句稍微有些問題，就是東蓀先生之「架構論」到底是照「搬」「莫爾根・亞歷山大」，還是只以「他」為思想之源。

不知是作者誤會，還是排印錯誤，莫爾根(Conuy Lloyd Morgan, 1852–1936)和亞歷山大(Samuel Alexander, 1859–1938)本是兩個人的，現在竟變成為一個人。好在他們的很多主張都是相通的，將他們合而為一，亦未嘗不可。他們的較共通的主張，就是所謂的「層創進化論」(Emergent Evolution)，又叫「突現進化論」或「突創進化論」。 說東蓀先生的「架構論」是照「搬」他們的主張，本人認為有些欠妥，理由有二：

⑴「層創進化論」主要是一種「進化論」， 他們也講「架構」，但並不以「架構」為中心概念；東蓀先生相反，他雖也講「進化」，但其「進化」總必以「架構」為根基。

「層創進化論」之提出，是出於對柏格森 (Henri Bergson, 1859–1941)「創化論」(L'Evolution Creatrice)的不滿意；而柏格森「創化論」之提出，又是出於對達爾文(Charles Darwin, 1809–1882)

---

[61] 見《中國現代資產階級哲學資料》一書之「作者」部分，該書標明「本校內部使用」， 一九六一年六月印刷，不知是何校，亦不知由何出版社出版。

或斯賓塞(Herbert Spencer, 1820–1903)一流之生物學上進化論的不滿。總之都是圍繞「進化」來討論問題的。斯賓塞第一個從生物學的進化論，發展出一種進化哲學，他認為「進化」就是物質的凝聚與動力的消散，簡言之，即是物力的反覆凝散。聚而復散，散而復聚，成而復毀，毀而復成，我們可知的世界便是這樣的一個格局。柏格森不滿意於此種學說，以為這樣屑片的反覆聚散與屢次成毀只是「變化」，而不足以言「進化」。他以為不講「進化」則已，若講「進化」必得著眼於創新，即必有些新東西從舊東西中創生出來。他基於此點，而將斯賓塞的學說斥為「偽進化論」。

　柏格森的進化論可說全注重於創新，而能創出怎樣的新東西，卻是不可預測的。創新不可預測，「進化」便成為完全不可捉摸的東西，吾人對於未來便是絕對的不能有所知。有鑑於此，莫爾根等人便欲對柏格森之學說加以修正，而提出他們的「層創進化論」，即「新創化論」。此種學說認為，「創新」不是胡來的，而是有層階的，如物質為第一層，生命為第二層，心靈為第三層等等。原料與結構次第推進，常自創新，但此創新卻不是漫無限制的，而是限定的，不是不可預知的，而是可推測的。約而言之，「層創進化論」用五個基本的概念來說明我們的宇宙：一曰「突創」(emergence)，即突然創出新種類、新性質在原有舊種類、舊性質之外或之上；二曰「層次」(levels)，即認宇宙是無數級的高塔，一層一層突創著添築上去；三曰「包底」(involution)，即上層必包收下層；四曰「上屬」(dependence)，即下層為上層所左右、所支配；五曰「因緣」(relatedness)，即認新東西的創出只是結構改換了某個格式，而並無所謂實體或實質。❷

---

❷　此段概述據東蓀先生對「層創的進化論」的紹介，請參閱其《新哲學

　　如上所述，「層創進化論」是注重於「進化」，圍繞「進化」做文章的。它明顯地是一種「進化論」，而非「架構論」。東蓀先生不同，東蓀先生的學說只能謂為「架構論」，而不能謂為「進化論」，雖然它也講「進化」。「架構論」講「進化」，但它不是「進化論」，一如「層創進化論」講「架構」，但它不是「架構論」。東蓀先生從「層創進化論」那裏吸取的主要概念是「因緣」，也只是「因緣」，他從這「因緣」出發，擴展出一種「架構論」的宇宙觀，認宇宙萬象只是架構而無實質；他看重這一點，也只說到這一層為止，細目方面的東西，他是不願深究的，「……並無細目。並且亦不想要細目。因為我對於細目上的學說更看得活動」[63]。「因緣」的概念，在「層創進化論」的系統中不能獨立，但在東蓀先生的「架構論」中，卻是獨立的，甚至是唯一的。所以我們不能說東蓀先生是照「搬」了莫爾根、亞歷山大的「架構論」。莫爾根、亞歷山大的學說本來就不叫「架構論」，又何從「搬」起?!

　　(2)「層創進化論」主要以科學為依據，他們雖也講知識論，但並不以知識論為其宇宙論的出發點；東蓀先生相反，他雖也時常提到科學的成果，但他之提出「架構論」，卻主要是依據於自己的知識論。

　　東蓀先生認為，斯賓塞的研究出發點是當時的物理學，以當時物理學的結論而去說明全宇宙；柏格森的研究出發點是心理學，把心理學的原則用於「進化」全體，用於宇宙萬物；莫爾根等人則是「以化學為出發點，而以生物學輔之」[64]。化學上 H、O 二氣化成

　　　論叢》一書之相關部分。

[63]　張東蓀《知識與文化》〈後序〉，頁6，重慶商務印書館，民三十五年一月。

水，生物學上許多細胞拼成一個機體及許多機體組成一個生物，都是一種「突創」活動，甲乙合而創出丙，丙竟並非甲乙之和。「穆耿（按即莫爾根）等看見這個現象，遂十二分重視之。他便拿來定為一個原則，用以說明一切物的來源。他以為電子的組成原子，是與氫氧化成水一樣；原子的組成分子亦然；分子的組成物質乃至於細胞的組成亦其不然；甚至於生命的出於物質與心靈的出於生命都是這樣創生出來的。」**❻❺**

我們說「層創進化論」者之立說，是以科學為依據，就是指他們把特定科學的結論推而廣之而言。「層創進化論」的幾乎所有概念，都是自科學而演出。物理學、化學等等講「格構」重於質料，「層創進化論」便認為全宇宙亦是「格構」重於質料；物理學、化學、生物學、心理學等等將進化思想插入「格構」中，「層創進化論」便以為宇宙萬象亦必是「格構」的進化；生物學中的突變論、物理學上的量子論、心理學上的全局派(gestalt theory)等發現了「躍生」或「突變」的概念，「層創進化論」便進而推定一切的變化均是「突變」，一切新東西的出現均是「突現」。總之「層創進化論」雖係一種哲學，但其理論系統卻完全來源於科學結論之擴充或普遍化，所以東蓀先生才說「創化論者根本是一派自然主義者(naturalist)。其哲學的方法，不與康德、洛克、休謨等一樣，純由知識論入手。他們把哲學放在科學的基礎上」**❻❻**。

「層創進化論」之立說，不以他種知識論為依據，亦不以自身之知識論為依據，是很顯然的。在敘述完「層創進化論」之宇宙觀

---

❻❹　張東蓀《新哲學論叢》，頁340，上海商務印書館，民十八年六月。

❻❺　同上，頁341。

❻❻　張東蓀《現代哲學》，頁77，上海世界書局，民二十三年三月。

後東蓀先生說：「此種突創論本來是在本體論與宇宙論上的一種主張，究竟對於認識論有何關係呢？亞歷山大與穆耿都有他們認識論上的獨到主張。……他們的這種知識論很為複雜。我雖不敢說這種認識論與其在宇宙論上的層創論沒有十分關係，但我總覺得層創論自有其顛撲不破的所在，似乎可以不必以這種認識論為根據。這便是我所以只述層創論而刪去其認識論的緣故。」⑥⑦總之，其宇宙論與知識論根本不一貫，不共通。正是基於這不一貫與不共通，東蓀先生才將其宇宙觀斥為「臆說」(hypothesis)和「假定」(assumption)⑥⑧。

東蓀先生是不滿意於宇宙觀之「臆說」或「假定」的地位的，他認為宇宙觀必須以知識論為依據，而且必須以論者本人的知識論為依據，否則便是不通的、不實的、不真的。東蓀先生有多元論的知識論，所以才有「架構論」的宇宙觀；莫爾根、亞歷山大等人亦有自己的知識論，但其知識論卻與其「層創進化論」之宇宙觀無大關聯。此一點的區別至關重要。因為我們據此可以推定，東蓀先生的「架構論」決不能是照「搬」莫爾根、亞歷山大的理論，而毋寧說他只是以其、亞二氏的理論為源頭⑥⑨。

---

⑥⑦ 張東蓀《新哲學論叢》，頁360-361，上海商務印書館，民十八年六月。

⑥⑧ 同上，頁367-368：「以上是層創的進化論的『臆說』(hypothesis)。須知凡是一種臆說皆不外乎是一種『假定』(assumption)。我們是否贊成此種臆說則須從事實上研究……。」上海商務印書館，民十八年六月。

⑥⑨ 四十年代東蓀先生談到自己的形而上學主張時再次強調：「我在書中已說明所有的知識都是一個綜合。這個綜合又層層迭增。雖則層層上增，卻又連著其底，並不騰離。我在此可以說是適用層創進化論(emergent evolutionism)的『包底原則』(law of involution)。不過他是用於宇宙結構上，我則用於知識的結構上罷了。我之所謂綜合便無異

至於以科學為依據和以知識論為依據，有何大不同，則又是另外一個問題了。更深的不談，至少我們可以說，科學結論的確當與否，本亦是要求助於知識論的，所以即使科學的結論勉強可以作為宇宙觀的依據，它也只是第二順序的依據。換言之，它不能是最後的依據。宇宙觀之最後的依據，以知識論最為牢靠。

六、「架構論」與懷特海、波普爾、結構主義

要確立東蓀先生「架構論」之地位，必須找到兩個坐標，一為西方哲學之坐標，一為中國哲學之坐標。以前一坐標而明「架構論」在西方哲學中之地位；以後一坐標而明「架構論」在中國哲學中之意義。

東蓀先生「架構論」之直接來源，是「層創進化論」，是西方哲學，所以我們先建西方哲學之坐標。東蓀先生曾言，他自己之「架構論」和懷特海之「緣具說」很為接近，我們且就首先考察他和懷特海 (A. N. Whitehead, 1861–1974) 的關係。懷特海有一些基本觀念，和東蓀先生是共通的，如⑴主張「自然」(nature) 與「知覺」(Perception)合而為一，⑵主張變化不居的「事」(event)比常自同一的「物」(object)更為實在，⑶主張「知識是最後的」(knowledge is ultimate)，吾人只能分析知識之內容與其內在關係而不能追究為什麼有知識⓻，⑷主張具體者只是「緣具」(concrescence)，只是一個

於亞歷山大(S. Alexander)所謂「合現」(co-presence)了。」見《知識與文化》〈後序〉頁4-5，重慶商務印書館，民三十五年一月。

⓻　參張東蓀《新哲學論叢》，頁301-302，上海商務印書館，民十八年六

「結」(nexūs)，皆由因緣和合而成，而並非實體或實質❼，等等。但千萬不要誤會，以為東蓀先生的「架構論」，是從懷特海那裏抄來的。就時間上說，懷特海創立自己的形上學是在本世紀二十年代末、三十年代初，東蓀先生創立自己的「架構論」，也是在幾乎同一時期。可以說東蓀先生之形上學與懷特海之形上學，是同時創製起來的，不存在誰抄誰的問題。要抄也來不及，因為東蓀先生的《科學與哲學》(1924)一書之出版，早於懷氏之《科學與近代世界》(1925)，其〈宇宙觀與人生觀〉(1928)長文之發表，及《哲學ABC》(1929.1)一書之出版，均早於懷氏《過程與實在》(1929)、《理性的作用》(1929)等關鍵性著述。東蓀先生的確是時刻關注著西方同仁的思維動向，但並沒有要抄襲的意思。

就內容上說，東蓀先生儘管表示「全部承認」❼懷特海的學說，但實際上他並不是「全部承認」，而是在很多方面做了修正或增補。如對於懷氏的「永久物相」(eternal object)，便認為必加以變化，認為「永久物相」未必存在，因為一切「物相」只有編入於較大境況(situation)中，才有其存在，才有其意義。又如東蓀先生不像懷氏那樣主張「物相」嵌入(ingredient)於事流(event)上，而是主張事流合演為物相，把知識的要素根本加入於自然中。再如在懷氏「知識是自然中的知識」(perception within the nature) 一觀點之外，東蓀先

月。

❼　參張東蓀《知識與文化》〈後序〉，頁4-5，重慶商務印書館，民三十五年一月。

❼　張東蓀《新哲學論叢》頁309:「我們對於懷特海……的學說沒有批評，因為我們除全部承認外，亦只有驚服而已。」(上海商務印書館，民十八年六月)「驚服」一詞亦表明，東蓀先生是先有創見，然後才接觸到懷氏學說。

生又加上「自然是知識中的自然」(nature within the perception) 一觀點，認為須把兩方面合起來方為恰當 ❼❸。這一切都表明，東蓀先生雖「完全贊成」 ❼❹懷氏的學說，但並未「完全抄襲」其學說。

以一個並未留學歐美的中國哲學家的頭腦，而能理解並接受懷氏一流的主張，已經相當不容易；能從中悟出自己的創見，而使中國之哲思竟與西人之哲思比肩，更是難上加難。東蓀先生做到了這一點。能夠順應當時西方思想之大勢，在一個迥異於西方文化的文化傳統中，自覺地創製出媲美於西方思想的哲學學說的，在中國哲學史上，恐怕只有東蓀先生一人。不僅如此，東蓀先生的「架構論」還作了波普爾(Karl Popper, 1902–)「突現進化論」(emergent evolution)之先導，開了歐美「結構主義」(structuralism)之先河。

波普爾提出「突現進化論」， 是在本世紀五十年代以後，也就是東蓀先生被革命後的中國剝奪公民權與講課權（勞動權）， 直至被送進監獄的那時節。「突現進化論」的一些基本原則，其實東蓀先生在幾十年前就已提出了。如認⑴宇宙是層次的，⑵由甲層到乙層是突創出來的，⑶層與層之間是不可還原的，等等，這些原則東蓀先生早就有明確的表述，波氏只不過是予以重申而已。

更有甚者，東蓀先生還在波普爾之前幾十年，給了「進化」概念一個明確的規定。他把「進化」界定為「架構的由簡單疏散而變到通體圓活而言」 ❼❺，換言之，他認為架構的突創新種類還不是真正的進化，真正的進化必是「通體合作的性質增加一級，其綜合統

---

❼❸ 參張東蓀《知識與文化》〈後序〉， 頁6，重慶商務印書館，民三十五年一月。

❼❹ 同上，頁5。

❼❺ 張東蓀《新哲學論叢》，頁43，上海商務印書館，民十八年六月。

御的範圍增大一層，其活絡自主的程度增進一步」❼。「其通體相倚，其主宰統御，其攝收安排，無不是逐層而增，此即是進化的特點，唯此方為真進化。其異於平行的變化亦即在此」❼。專講「進化論」的波普爾，不知是否對於「進化」有這樣明確的規定。

在有一點上，東蓀先生之「架構論」是沒有做成波普爾「突現進化論」之先導的，這就是東蓀先生認定宇宙是架構，而波普爾對此卻置之不理。波普爾承認「世界1」的存在，承認物理對象及其狀態是客觀實在的，實際也就是承認了「實體」或「實質」❼。波普爾似乎是在完全無視本世紀初科學與哲學之發展的情形下，提出自己的「突現進化論」和「三個世界」說的。東蓀先生早就指出過，「近世科學可算以格構概念佔領其全部；不僅物理學化學注重於此，即生物學心理學亦皆以此為其基礎」❼，同樣，近世哲學也「已將追求一個終極的實體(entity)或實質(substance)為宇宙根源或萬有元素的思想拋棄完了」❽。波普爾無視這樣的現實，而斷然肯定「實體」或「實質」的存在，依東蓀先生的理論，無疑是一種獨斷。雖然東蓀先生的「架構論」，沒有做成波普爾「突現進化論」的先導，

---

❼　同上，頁43。

❼　同上，頁43。

❼　波普爾、艾克爾斯《自我及其腦》：「首先有物理世界，即物理實體的宇宙……我稱之為『世界1』；……」轉引自夏基松等編著《西方科學哲學》頁155，南京大學出版社，一九八七年。又，波普爾《科學知識進化論》頁409：「首先有物理世界——物理實體的宇宙——這是我在本節開始時所指的世界；我稱這個世界為『世界1』。」該書由紀樹立編譯，三聯書店一九八七年十一月出版。

❼　同上，頁353。

❽　張東蓀《科學與哲學》，頁69，上海商務印書館，民十三年六月。

但在一定的意義上，這卻並不是東蓀先生的過錯，——從西方哲學與思想的發展歷程去考察，波普爾在本世紀五、六十年代竟還肯定「實體」或「實質」或「本體」的存在，不僅不合時宜，而且是大大地落伍了！

　　東蓀先生的「架構論」既也是一種結構主義，它與西方的「結構主義」便理應有些相同或相似，至少在某些觀點上理應是如此。但西方的「結構主義」(structuralism)並不是鐵板一塊，其中不僅有思想家之間的分歧，而且有前、後期之間的區別，所以我們談東蓀先生「架構論」(theory of structure)與西方「結構主義」的異同，必須視具體情況而定。就總體來看，「架構論」與「結構主義」至少有兩點是相同（或相似）的，一是主張多元主義，二是不談本體論。結構主義者清一色都是多元主義者，這一點是無疑的，因為「結構主義」的興起，正是為了反對人本主義之「人本」的一元，以及馬克思主義之「經濟」的一元。阿爾都塞(Louis Althusser, 1918-)之「多元決定論」(plural determinism)的提出，就是這方面的一個典型。阿爾都塞是前期結構主義的關鍵性人物、「結構主義馬克思主義」的主要代表。本世紀六十年代中期以後，他在《保衛馬克思》(1965)、《讀「資本論」》(1965)及《列寧與哲學》(1969)等一系列著述中，運用結構主義的方法解釋人類社會，而認定在社會的經濟、政治、意識形態三個結構層次中，任何一項都不是唯一的決定者。歷史發展是一個複雜的「多元決定」過程，而不是簡單的「經濟一元決定」過程。阿爾都塞認為這種多元主義，乃足可概括馬克思的歷史觀。

　　東蓀先生的多元主義，也是表現在知識論與社會論兩個方面。知識論方面的多元主義似乎無需多說，因為其「多元認識論」或「知

識之多元說」的提出，正是基於對哲學史上「一元認識論」或「認
識論的一元論」(epistemological monism)以及「二元認識論」或「認
識論的二元論」(epistemological dualism)的反叛。社會論方面的多
元主義，要說的只有一點，就是東蓀先生不僅提出了和阿爾都塞類
似的主張，而且提出的時間要比阿氏早得多。在《道德哲學》(1931)
的最後一節，東蓀先生指出：「社會各方面無不互相關係。如政治
制度與法律有關係；法律與道德有關係；道德與教育有關係；於是
政治法律道德教育又無不與經濟有關係。……大抵此種關係止為函
數關係(functional relation)而非因果關係(causal relation)。」❽函數
關係是相關共變，各元素間沒有地位主次之別；因果關係是一種決
定關係，各元素間有主與次、決定與被決定之判分。東蓀先生認為
社會各元素間的關係，是前者而非後者。他以此批駁馬克思說：「惟
唯物史觀之馬克思則對此……加以改變。對於社會之相關性則改為
經濟一元論，即對於函數關係則改為因果關係；改互相關係而為片
面制定：即以經濟為因，以政治法律思想道德為果。止可由經濟而
左右政治法律道德思想而不可由政治法律道德思想以影響於經
濟。」❽總之東蓀先生是針對馬克思之「經濟一元論」，而提出自己
之「社會多元論」，與阿爾都塞把自己之「多元決定論」賦予馬克
思，可說是殊途而同歸。而且東蓀先生以函數關係與因果關係之別，
界定社會各元之關係，又似乎比「多元決定論」之含義，明確精準
得多。至於提出時間，即以《道德哲學》一書之出版時間計，東蓀
先生之「函數關係論」也要比阿爾都塞之「多元決定論」，早出三
十多年。在社會哲學這一方面，東蓀先生在許多觀點上無疑是領先

---

❽　張東蓀《道德哲學》，頁621，上海中華書局，民二十年一月。

❽　同上，頁623。

於阿爾都塞的。

　　至於不談本體論一點，「架構論」與「結構主義」亦是共通的。東蓀先生不談本體論、懷疑本體論，乃是一個確定的事實。此點前文已經論及，此處不贅。結構主義者當然亦不談本體，因為結構之為結構，正乃是本體的對立面；本體主義之衰竭，正乃是結構主義之興起。當有人問到後期結構主義代表人物皮亞傑(Jean Piaget, 1896–1980)對於本體論問題的看法時，這位哲學家斷然答曰：「我對現實世界這個問題不感興趣。」⑧其實不是不感興趣，而是不能感興趣；一個對本體論感興趣的人，不可能成為真正的結構主義者。

　　如果說前期結構主義與東蓀先生「架構論」之共通點要少一些，那麼以皮亞傑為代表的後期結構主義，則在很多根本點上走上了與東蓀先生「架構論」相同的道路。東蓀先生認為「架構」並不消滅人，不僅不消滅，人還是世界之架構的參與者，換言之，正是人與在外的相關者的共同努力，才造成了作為「架構」的世界。用中國哲學的一名老話，真可謂是「人與天地參」。　同樣，皮亞傑亦認定「結構」並未消滅人，他說：「在繼續談我們的結論的時候，的確有一個我們看來是應該提出來的，一個由比較研究得出的結論：『結構』沒有消滅人，也沒有消滅主體的活動。」⑧換言之，皮亞傑亦認為所謂「結構」，　是離不開主體的活動的。這和東蓀先生的觀點如

---

⑧　皮亞傑《結構主義》之〈譯者前言〉頁13有云：「他（按即皮亞傑）的六十年的研究工作，都指向於建立一種認識理論，關於有機體如何能知道它的世界的理論。據說當有人問到他對本體論問題的看法時，他似乎是說：『我對現實世界這個問題不感興趣。』」此一記載當是確實的。

⑧　皮亞傑《結構主義》，　頁99，倪連生、王琳譯，商務印書館，一九八四年十一月。

出一轍。在「結構」的本性問題上，皮亞傑與東蓀先生亦復相同。東蓀先生認定「架構」不斷有突創、有進化，於是才有宇宙不斷的日新月異；皮亞傑亦認為「結構」總是處在「構造」中，「結構」實即是一種「構結」，他說：「不存在沒有構造過程的結構，無論是抽象的構造過程，或是發生學的構造過程。」 **⑧⑤**他認為從知覺領域起，主體便已經參予結構的構造與調整作用，升至動作與智慧的層面，更表明結構有一個確實的構造過程。他又進一步認為主體絕不能隨意地、自由地安排結構，就「好像玩一個遊戲或畫一幅畫那樣」 **⑧⑥**。這些說法真有點像是從東蓀先生的書中抄來的。

東蓀先生的「架構論」是一種結構主義，但亦只是結構主義之一種。就前者言，它跟西方「結構主義」有共通處；就後者言，它又必定與西方「結構主義」有不同。否則「架構論」與「結構主義」，便不成其為兩種獨立的學說。跟前期結構主義比較，東蓀先生認為「架構」有進化，易言之，有演進之歷程，而前期結構主義者卻僅強調共時態之研究，忽視甚至反對歷時態之研究，易言之，僅強調靜態研究，忽視甚至反對動態研究。這是一個差別。另一個差別也很明顯，就是東蓀先生認定「架構」不消滅人、不消滅主體，而前期結構主義者卻強調「結構」消滅人、消滅主體，認為人只是結構之「載體」， 只是複雜關係網絡中的一個項元，一個被決定者，其

---

⑧⑤ 同上，頁100。

⑧⑥ 同上，頁43：「或者相反，我們將承認結構是主體把它們構造出來的。但是主體絕對不能隨意地好像玩一個遊戲或畫一幅畫那樣來自由地安排結構。」 又，頁98之「譯者按」：「……皮亞傑的構造論把結構看成是在不同水平上原有結構整合成更高水平結構的結果，有環境成分結合進來。」此話簡直就是東蓀先生的原話。

一切行為均不可避免地受「結構」之支配。

就整個「結構主義」而言，其與「架構論」之不同處，亦是很明顯的。主要的有兩項，一曰「架構論」是相對於質料主義而言的，而「結構主義」卻是相對於原子主義而言的；二曰「架構論」是一種宇宙觀，而「結構主義」卻只是一種方法。先談第一點差別。質料主義是一種古老的思潮，其基本點是認為世界萬象由質料（質點和材料或作為質點的材料）而構成。但這種觀念被二十世紀初科學的發展所打破。張抱橫先生《哲學與近代科學》(1934)一書論及此點時說：「近來科學家對於這個問題，有許多的新見解，……常識以為既說到物質，至少有一種可以捉摸的硬東西。但是科學家已將這樣堅硬的東西，分解成為雲影了。『物質』這一名詞，嚴格地講起來，或說在科學上講起來，已是名不符實了。因為既無所謂『物』，更無所謂質了。」[87] 傅統先先生《現代哲學之科學基礎》(1936)一書亦謂：「並沒有一個固定的質量，也並沒有一種確實的本質。……無所謂內容，無所謂本〉質。因此，物質的質量在實在上是不存在的。……在新物理學中我們找不到實質，看不見存在。」[88] 總之「質料」、「本質」、「實體」的觀念，在本世紀是被打破了。有科學的先行，而有哲學的同步。二十世紀的哲學，也自然朝著打破「質料主義」的方向發展。實用主義的「實在」、柏格森的「大生命」、創化論者的「時一空」、懷特海和羅素的「事素些」，都不是傳統哲學所講的「質料」或「實質」。 東蓀先生總結二十世紀初哲學的這一主

---

[87] 張抱橫纂述《哲學與近代科學》，頁56，上海世界書局，民二十三年三月。

[88] 傅統先《現代哲學之科學基礎》，頁236–237，上海商務印書館，民二十五年三月。

潮，而認為「質料主義」已經完全地破產，於是才得順著這一主潮，而提出自己別具一格的「架構論」。可以說「架構論」之提出，乃是「質料主義」之破產的自然結果。這與結構主義者逆著「原子主義」的潮流而提出「結構」的理念，很是不同。「原子主義」是一種「一尺之錘，日取其半，萬世不竭」的研究方法，試圖找到整個世界的最後質點；「結構主義」反其道而行之，強調從整體的、系統的、全部集合的層面去研究對象，因為他們認定整體不只是各元素的總和。即使我們找到了宇宙的最後質點，通過這質點，我們亦無法瞭解宇宙本身，因為宇宙本身不是這些質點的累加或總和。可以說結構主義乃「原子主義」之反動，而不是其自然延伸。

在尋找「質點」這一點上，「質料主義」和「原子主義」是相同的。但「質料主義」可以視宇宙的任何一層面為質料，因而可以停步於宇宙的任何一個層面上；「原子主義」略有不同，「原子主義」是以找到最後的「質點」為職志，所以它決不會在宇宙的某一特定層面停留太久。「最後」這個字眼總在被打破，總會被打破；這字眼對真正的「原子主義者」，實際上是不存在的。「質料主義」不破產，便沒有東蓀先生的「架構論」；但「原子主義」不破產，卻可以有西方哲學家的「結構主義」。「架構論」所面對的問題與「結構主義」所面對的問題，是不一樣的。

在理論的根本性質上，「架構論」與「結構主義」也不一樣，這便是上文提到的它們之間的第二點大的差別。東蓀先生的「架構論」一開始便是一種宇宙觀，而西方哲人的「結構主義」卻自始至終只是一種方法。皮亞傑總結結構主義說：「結構主義真的是一種方法而不是一種學說，⋯⋯作為方法，結構主義在應用上只能是有限制的。」❽反皮亞傑之言則可以說，「架構論」真的是一種學說而

不是一種方法。作為方法，「結構主義」可以運用到語言學、社會學、心理學、歷史學以及文學理論的研究中去；作為學說，「架構論」只是一種根本的觀念，是無從應用、也不必應用的。作為方法的「結構主義」，可以升變為一種宇宙觀，但「結構主義者」沒有這樣做；作為宇宙觀的「架構論」卻似乎永遠無法蛻變為某種具體的方法，所以東蓀先生也從來不說「架構是方法」一類的話。從哲學史的角度看，作為方法論的「結構主義」出現在作為宇宙觀的「架構論」之後，這其間有不有某種邏輯的聯繫，目前尚無以斷定。但有一點是可以斷定的，就是東蓀先生之「架構論」，作為另一種形式的結構主義，其正式形成要比西方「結構主義」之站穩腳跟，早出將近四十年。在二十世紀的哲壇，四十年不是一個短時期，四十年光陰裏，完全可以容納，也容納了無數種學說的興起與衰落。僅此一點，吾人亦當感謝東蓀先生的偉大智慧，亦當承認他對於中國哲學，特別是世界哲學的傑出貢獻。沒有留學歐美的中國哲人，有幾個做到了這一點；曾經長期留學歐美的中國哲人，又有幾個做到了這一點?!

七、「架構論」與熊十力、金岳霖、馮友蘭

賀麟 (1902-1992) 先生在其著名論文〈知行合一新論〉中曾斷言：「不批評地研究思有問題，而直談本體，所得必為武斷的玄學 (dogmatic metaphysics)，不批評地研究知行問題，而直談道德，所得必為武斷的倫理學(dogmatic ethic)。……不研究與行為相連的知

---

⑧⑨ 皮亞傑《結構主義》，頁102，倪連生、王琳譯，商務印書館，一九八四年十一月。

識，與善相關的真，當然會陷於無本的獨斷。」⑩在二十世紀中國哲學家中，倡導此種「無本的獨斷」的，還真不在少數。熊先生十力是如此，金先生岳霖是如此，馮先生友蘭同樣是如此。

玄學方面的此種「無本的獨斷」，有兩個根本的特徵，一是斷然肯定世界有一個終極本體，哲學即是本體論，或哲學必有本體論，二是斷然肯定此一本體不以知識為依據，甚至與知識相衝突，本體論先於知識論，而不是相反。固持此種立場，可以說是二十世紀中國哲學的主流，甚至幾乎可以說是其全部。唯有東蓀先生及其「架構論」構成一個典型的例外。在否認本體、摒棄本體論這一點上，東蓀先生幾乎是一木獨支。在二十世紀中國哲學舞臺上，他是孤獨的，同時卻又是特異的。

熊十力 (1884–1968) 先生是近現代中國固持「武斷的玄學」的中堅。本書下此結論，自有充分的理由。首先，十力先生認為有無「量論」，並不影響「境論」之造出，他是在終生沒有寫出「量論」的情況下，完成其「境論」的宏偉建構的，這是一種典型的「本體論居先」的立場及其實踐。在十力先生的理路中，「境論」主要討論本體論問題，「量論」主要討論知識論問題。他雖也時常提到「量論」，認為「量論」實有寫出之必要，但卻始終未能動筆，始終未能提上議事日程。最後留給後人的，竟只有「境論」，而沒有「量論」。很顯然，這樣的「境論」只能是「無本的獨斷」，只能是「武斷的玄學」。按東蓀先生的立場，這樣的「境論」不管說得如何天花亂墜，卻決定是無根據的、無依憑的。東蓀與十力兩先生在學術上的多次爭論，無不與此點有直接的關聯。十力先生在《新唯識論》

---

⑩　賀麟〈知行合一新論〉，見《近代唯心論簡釋》第三篇，獨立出版社，一九四二年。

（語體文本）中批評「更有否認本體，而專講知識論者」❾，雖未直接點名，其實即是針對東蓀先生而發。

十力先生認為，哲學的最終歸宿是「證體」，知識論是為「證體」服務的，只是在本體未證得的情況下，才需要知識論，這是其固持「武斷的玄學」的另一種表現。在東蓀先生，本體是在知識之後的，有不有本體，須視知識之結果而定，知識中有則有，知識中無則無。而在十力先生，本體是在知識之前的。肯定或否定本體之有無，不必依據知識之結果。他認為證得本體乃是哲學的唯一職是，所以否認本體便是脫離了哲學的立場，「因為哲學所以站腳得住者，只以本體論是科學所奪不去的。我們正以未得證體，才研究知識論。今乃立意不承有本體，而只在知識論上鑽來鑽去，終無結果，如何不是脫離哲學的立場？」❾在知識論上鑽來鑽去，當然鑽不出一個本體來，但繞過知識論而設立一個無根的本體，卻無疑是典型的獨斷行為，這一點十力先生肯定是知道的。按照十力先生本人的邏輯去推斷，他極有可能走上反知識的道路。但在二十世紀的哲學界，完全的反知幾乎已絕無可能。所以十力先生不得不給知一個地位。但這地位卻始終是次要的，因為這知無助於其堅固的本體論立場。他在〈答張東蓀〉信函中談到自己的《新論》，認為「《新論》只把知識另給予一個地位，並不反知」❾。雖不反知，但「另給予一個地位」實即是另眼相看，明白言之，即並不視知識論為哲學之正宗。這正是其〈答張東蓀〉信函結尾處表達的最後立場，這立場於十力先生，是不可動搖的：「但弟素主哲學只有本體論為其本分內事。除

---

❾　黃克劍等編《熊十力集》，頁82，群言出版社，1993年12月。

❾　同上，頁82–83。

❾　同上，頁286。

此，多屬理論科學。如今盛行之解析派，只是一種邏輯的學問，此
固為哲學者所必資，然要不是哲學底正宗。時賢鄙棄本體論，弟終
以此為窮極萬化之原，乃學問之歸墟。學不至是，則瞍而不通，拘
而不化。非智者所安也。」❾

　　十力先生固持「武斷的玄學」的再一種表現，是在承認知識中
無本體的同時，肯定有一個本體。按東蓀先生的邏輯，知識中無本
體，吾人便不可謂有本體；但按十力先生的邏輯，卻是正因知識中
無本體，吾人才可斷定有本體。這樣截然相反的兩種思路，並存於
二十世紀中國之哲壇，是耐人尋味的。

　　東蓀和十力兩先生都認為，通過理知不能求得本體。東蓀先生
自不必說，就是十力先生，亦以此點構成《新唯識論》一書的主題：
「今造此論，為欲悟諸究玄學者，令知一切物的本體，非是離自心
外在境界，及非知識所行境界，唯是反求實證相應故。」❾ 在這部最
具代表性的著作裏，十力先生嚴格區分了本心與習心，性智與量智，
從認識論的角度說，本心與性智屬一系，習性與量智屬另一系。換
言之，性智亦即本心，由性智而得本體，「性智者，即是真的自己
底覺悟。此中真的自己一詞，即謂本體」❾；量智不同，量智是「思
量和推度」，是「明辨事物之理則，及於所行所歷，簡擇得失等等
的作用」❾，故又名理智或理知。這理智或理知，只是性智的發用，
它是緣一切日常經驗而發展的；它的行為的方向是外馳的，專以明
辨外物之理則為職。故這樣的理智或理知，雖可發為科學知識，但

---

❾　同上，頁286。

❾　同上，頁81。

❾　同上，頁81。

❾　同上，頁81。

卻無以發為宇宙與人生之真解；簡言之，依憑此理智或理知，吾人不能獲得本體或對於本體的瞭解。

十力先生認為，由性智（或本心）吾人獲得哲學或玄學之真理，由量智（或理智、理知）吾人獲得科學之真理，此兩種真理是根本不同的。「科學尚析觀（析觀亦云解析），得宇宙之分殊，而一切如量……玄學尚證會，得宇宙之渾全，而一切如理」❾❽。雖說兩種真理各有所長，各有其論域，但科學真理之局限，卻是極其明顯的。在十力先生看來，其中最根本的局限，是不能證得本體，他論證說：「略言之，科學無論如何進步，即如近世物理學，可謂已打破物質的觀念。然總承認有外在世界。他們畢竟不能證會本體，畢竟不能通內外、物我、渾然為一。他們所長的還是符號推理，還是圖摹宇宙的表層，不能融宇宙人生為一，而於生活中體會宇宙的底蘊。……新物理學，無法證會本體，旁的科學亦然。繼今以往，各科學雖當進步，然其無法證會本體，當一如今日。科學的方法與其領域，終有限故也。」❾❾

理知無以證得本體，這是東蓀與十力兩先生共同的出發點。但從這同一點出發，兩先生卻走上了完全不同的途程。東蓀先生從理知不能證得本體出發，走上了放棄本體、放棄本體論之路，所以他的學說是有本的、是非獨斷的；十力先生卻從理知不能證得本體出發，走上了肯定本體、肯定本體論之路，所以他的學說是無本的、是獨斷的，簡言之，是「無本的獨斷」。一切缺乏知識論根據的理論與見解，均是「無本的獨斷」。與東蓀先生截然相反，奉行此種「無本的獨斷」，不僅是十力先生一貫的立場，而且是十力先生自

---

❾❽　熊十力《十力語要》卷二。

❾❾　同上。

引為驕傲、自引為自豪之所在。

　或許有人會這樣駁難於我：十力先生之本體與東蓀先生之本體，本不為一物，故其理論根本是不可較的。此話誠有一定道理，但尚須細加分析。十力先生所言之本體為何，是很明白的。他認為，就宇宙生成而言，本體之所以成本體者，在於(1)本體是備萬理、含萬德、肇萬化、法爾清淨本然的，(2)本體是絕對的，(3)本體是幽隱、無形相，即無空間性的，(4)本體是恆久、無始無終的，即無時間性的，(5)本體是全、圓滿無缺、不可剖割的，(6)本體是不變而變、變而不變的，謂其不變，已涵變於其中，謂其變，已涵不變於其中。⑩簡言之，十力先生之本體主要有四方面的定性：一曰本體為萬理之原、萬德之端、萬化之始，此為本體之原始、本源義；二曰本體既無對又有對，既有對又無對，此為本體之絕對義；三曰本體既無始，亦無終，此為本體之無限義；四曰本體可顯為無窮盡之大用，此為本體之終極義。⑩以此原本、絕對、無限、終極之本體，而比之於西方哲學，可說十力先生所言之本體與西方哲人所言之本體，是完全一致的。換言之，十力先生並沒有在一般所謂本體之外，另外提出一個自有特別涵義的本體。對於此點，張汝倫先生亦有論及，他說十力先生之本體「較之西方形而上學的相關思想，也並無特別之處。熟悉西方形而上學思想的人，恐怕都不會覺得熊十力的本體論有什麼特別新鮮的地方。這並非熊氏無能，而是傳統形態和思路的形而上學早已窮盡了其內在的可能性，再也提不出什麼新東西了；

---

⑩　參胡嘯〈「新唯識論」〉，載潘富恩主編《中國學術名著提要・哲學卷》
　　（全書主編周谷城），頁954，復旦大學出版社，一九九二年十月。

⑩　參熊十力《體用論》第一章，載黃克劍等編《熊十力集》，頁391，群
　　言出版社，一九九三年十二月。

同時也顯示形而上學改弦更張勢在必行。尤其是面對經驗科學在人類精神世界與日常生活中前所未有的地位和支配性影響，形而上學必須重新尋找自己的活力所在」[102]。從二十世紀中國哲學的現狀看，真正從事形而上學此種改弦更張工作的，似乎只有東蓀先生一人。

　　東蓀先生所言之本體，也極明白易曉。他在《哲學》(1931)、《從西洋哲學觀點看老莊》(1934)、《知識與文化》(1946)等著述中，多次論及本體，認為本體不外有實質(substance)、本質(ultimate stuff，即原始材料)、底層(屬性所依附者)、宇宙的原本材料(ultimate stuff or substratum)、底子(substratum)等含義。後又在〈中國哲學史上佛教思想之地位〉(1950)一文中，明確而簡潔地把本體規定為：「本體一概念是由『原始』與『本質』兩概念混合抽繹而成。」[103]即謂原始與本質乃係本體之最根本義。這與十力先生「在宇宙論中，賅萬有而言其本原，則云本體」[104]之言，可謂同出一轍，毫無二致。「賅萬有」，言其本質也；本原，言其原始也。總之，十力先生言本體，走的是西方哲學的路子，東蓀先生言本體，走的也只是西方哲學的路子。兩先生所言之本體，是基本一致的，因而兩先生之學說，是可以互相比較的。由此則可斷言，在本體觀上，東蓀和十力兩先生，的確是走上了兩條完全不同的道路。

　　設立「武斷的玄學」，固持「無本的獨斷」，不僅是十力先生的

---

[102] 張汝倫〈近代中國形而上學的困境〉，載陳明主編《原道》第三輯之頁302，中國廣播電視出版社，一九九六年一月。

[103] 張東蓀〈中國哲學史上佛教思想之地位〉，載《燕京學報》第三十八期之頁156，一九五〇年六月。

[104] 熊十力《新唯識論》（語體文本）卷上第一章，載黃克劍等編《熊十力集》，頁81，群言出版社，一九九三年十二月。

立場，而且亦是岳霖先生的立場。岳霖先生所謂「道」，與十力先生所謂「本體」，完全是一類的概念。十力先生所謂「本體」是絕對、無限、終極的，岳霖先生所謂「道」同樣也是絕對、無限、終極的。岳霖先生描繪「道」的那些詞彙，與十力先生描繪「本體」的那些詞彙，十分相似，幾乎可以互代。岳霖先生視其「道」為「哲學中最上的概念或最高的境界」 ⓐ，認為此「道」是「無生滅，無新舊，無加減，無終始，無所謂存在」的，是「無二，亦無內外」的，是「無動靜，無剛柔，無陰陽，無顯晦」的，亦是「無出入」的 ⓑ。並在《論道》一書的最後一章，把「道」歸結為三個最根本的命題：「道無始，無始底極為無極」、「道無終，無終底極為太極」以及「無極而太極是為道」。由此引出最後的結論：「有真底道(分)，有假底道（分），而道（合）無真假；有善底道（分），有惡底道（分），而道（合）無善惡；有美底道（分），有醜底道（分），而道（合）無美醜。有如底道(分)，有不如底道(分)，而道(合)莫不如如；……」 ⓒ

　　「道」之無生滅、無始終、無動靜、無真假、無善惡……等等的特性，吾人是如何知曉的呢？岳霖先生認為，這種種的特性，吾人決不能通過理智與知識的途徑去知曉。相反，「道」是不可言說、不可感覺，甚至不可思議的，換言之，「道」決無可能成為理智與知識的對象。他認為「道」是不可分析地說、不可用名言表達的，任何對「道」的解說，都與真正的、本然的「道」有距離。他認為

ⓐ 金岳霖《論道》，載《資產階級學術思想批判參考資料》（第七集），頁16，商務印書館，一九五九年四月。

ⓑ 同上，頁33–34。

ⓒ 同上，頁187–188。

勉強去言說本不可言說的「道」，只能利用「本然陳述」，此種陳述與理智或知識之經驗命題或科學命題，根本不同，它既不表達必然之理，亦不表達固然之理，而只是陳述某種哲學上的「元理」。 總之和十力先生一樣，岳霖先生認定「道」之世界「非知識所行境界」。

「道」既不在理智與知識中，關於「道」的一切描述，便只能是「無本的獨斷」， 以「道」為中心或基礎的玄學，便只能是「武斷的玄學」。 這一傾向在岳霖先生的理論中，表現得極為明顯。他著《知識論》，在未及討論知識之前，便預先設立「有外物」和「有正覺」兩個假定，便是最具有典型意義的「獨斷」行為。「有正覺」我們且不去討論它，「有外物」一命題，是無論如何須先加討論，無論如何不能作為自明之公理引入知識論的。「有外物」如果是自明的，知識論實無建構之必要，岳霖先生亦實無兩度撰寫七十萬字之必要。但岳霖先生卻就是這樣設計的。他說：「當官覺者官覺到外物時外物存在， 當他不官覺到外物時外物也存在。……無論如何，我們所要求的外物是獨立存在的外物。」⑩又說：「無論如何，本書在理論上直接地承認被知或官覺對象或外物。」⑩又說：「注重這兩點，我們很容易在前提上就老老實實地承認有獨立存在的外物。……本書一直認為它是真的， 並且在本書底立場它也是無可懷疑的。本書直接承認這一命題。」⑩所謂外物不依官覺與否而「獨立存在」，所謂「直接承認」，無一不是典型的「獨斷」語詞。

《論道》一書謂「道」不在理智與知識中，是一種獨斷；《知識論》一書認定「有外物」不證自明、可直接承認，是一種獨斷；

---

⑩　金岳霖《知識論》，頁63，商務印書館，一九八三年十一月。

⑩　同上，頁102。

⑩　同上，頁121。

認為本體論是知識論的基礎，本體論為知識論提供方向與基調，更
是一種絕對的獨斷。岳霖先生的全部學說，可說是以獨斷為基礎的。
在《論道》一書裏，他嚴格地區分元學（本體論）與知識論，謂「我
現在要表示我對於元學的態度與對於知識論的態度不同。研究知識
論我可以站在知識論底對象範圍之外（按：吾人不知他如何去站），
我可以暫時忘記我是人，凡問題之直接牽扯到人者我可以用冷靜的
態度去研究它，片面地忘記我是人適所以冷靜我底態度。研究元學
則不然，我雖可以忘記我是人，而我不能忘記『天地與我並生，萬
物與我為一』， 我不僅在研究底對象上求理智的瞭解，而且在研究
底結果上求情感的滿足。……知識論的裁判者是理智，而元學底裁
制者是整個的人」 ⓫。在《知識論》一書裏，他把本體排斥在知識
論之外，而斷言「假如有不可知的本體本書也不討論」、「無論它有
或沒有，本書不討論這一問題」， 並說「作者在別的立場也許承認
有類似本體而又無法可知的『東西』， 但是在知識論我們仍無須乎
牽扯到那樣的『東西』」 ⓬。岳霖先生嚴格區分本體論與知識論，目
的即是要闡明本體論與知識論。此種關係，他本人雖未敢明白說出，
但其意見卻是極顯明的。就是他認為，知識論當以本體論為基礎、
為鵠的，而不是相反。這一點，許多岳霖先生研究專家，均有見及。
胡軍博士研究岳霖先生多年後得出結論：「《論道》一書表達的是金
岳霖的本體論。金岳霖認為，本體論是全部哲學的基礎。……認為
哲學要以通為目標。這一目標要求本體論和知識論的一致，而一致

⓫ 金岳霖《論道》，載《資產階級學術思想批判參考資料》（第七集），頁
15，商務印書館，一九五九年四月。

⓬ 以上數句均見金岳霖《知識論》，頁5，商務印書館，一九八三年十一
月。

的基礎是本體論。金岳霖自己的哲學體系就是按照這一思想建立起來的。這就是說,在他的體系中,本體論、知識論和邏輯學是一致的或通的,而他的本體論又是他的全部哲學的基礎。」⑬胡偉希博士亦斷定:「與西方實證論哲學不同,金岳霖認為『元學』或形而上學在哲學中必佔有重要的地位,這除了因為它可以為知識論提供基礎之外,還因為元學或形而上學指涉出人生的意義與價值。」⑭

東蓀先生追求的是宇宙觀向知識論看齊,以宇宙觀遷就知識論;岳霖先生追求的卻是知識論向本體論看齊,以知識論遷就本體論。東蓀先生認定的是知識論裏沒有的東西,本體論決不能設立;岳霖先生認定的卻是本體論裏可以成立的,知識論裏亦應當而且必然可以成立。東蓀先生視本體論為知識論之延伸,認為本體論當維護知識論的尊嚴、程序與結論;岳霖先生則視知識論為本體論之後殿,認為知識論當維護本體論之一系列假定,並從各方面為這些假定作知識論上的辯解。兩種思路,兩種立場,構成為兩種完全不同的哲學。

友蘭先生之「新理學」,亦頗具「獨斷」意味,似更無需多說。其永恆、絕對、超時空、「不生不滅,不增不減」之「真際」,垂為有明、相對、第二性、具體之「實際」之範型,前者支配後者,且先於後者而存在,即是一個例證。總之二十世紀中國哲學的主潮,是⑴肯定本體之存在,⑵肯定本體論可以繞開知識論而設立,⑶肯定本體論為知識論之基礎。總之二十世紀中國哲學的主潮,是構建「武斷的玄學」,奉持「無本的獨斷」。惟有東蓀先生,反其道而行

---

⑬ 胡軍《金岳霖》〈導言〉之頁8–9,臺灣東大圖書公司,一九九三年。

⑭ 胡偉希〈金岳霖的「兩個世界」〉,載《哲學研究》一九九五年增刊之頁46–47,一九九五年十一月。

之，敢逆此主潮而上，孤身一人，另行開出一片新天地。這是何等的氣派，需要何等的膽略！

回頭反顧這段歷史，總覺東蓀先生冥冥中似對西方哲學有一種本能的了悟。他不曾到過西洋，留學歐美，但他把握二十世紀西洋哲學發展之新方向，似總比從西洋學成歸來的哲學家們，敏感得多、快捷得多、先導得多。「武斷的玄學」、「無本的獨斷」，是存在於西洋哲學的十八、十九世紀，不是二十世紀的主潮。捕捉到這一方向，順應這一主潮，並力圖在這一方向上有所建樹的，在二十世紀中國，似乎只有東蓀先生一人。

東蓀先生的意見是：⑴本體不存在，⑵宇宙論不能繞開知識論而設立，⑶宇宙論以知識論為基礎，而不是相反。

八、架構與佛教之「因緣」

架構與因緣的關係，亦是東蓀先生經常提到的話題。東蓀先生常說他的「架構論」和佛教的空論「其要點可謂大致相同」❶。吾人現當考察一下，它們之間是不是真的相同，若是，相同點有哪些，若不是，不同點又有哪些。

東蓀先生提到最多的是「因緣」和「空」這兩個概念，我們且就從這兩個概念開始討論。在佛教，「因緣」這個概念以及由此引出的「諸法從緣起」這個道理，是大小乘、各派學者共同承認的。但大多數的小乘學者，卻不承認它是無自性的，即不承認它是「空」的❶。所以「因緣」和「空」不是自然地相聯的，我們必須把它們

---

❶ 張東蓀《新哲學論叢》，頁41，上海商務印書館，民十八年八月。

❶ 參演培〈佛教的緣起觀〉，載張曼濤主編「現代佛教學術叢刊」之第

合起來去看，才能達成最高的真理。而合起來去看，也就是「緣起無自性」這五個字，在佛教中能夠徹底的建立緣起無自性的真理的，只有性空大乘[117]。

　　「因緣論」乃是佛陀世界觀的根本觀點，所謂「諸法因緣成，佛說其因緣」(Ye dhama hetuppabhava tesam hetumtathagatoaha)〔《五分律》卷第一六〕是也。一切的現象，都是相對的，成立於關係依存之上，離了這個依存關係，一物也不能獨自存在，這就是佛陀要強調的。因緣就是取名於這關係一語，佛陀有時把它說為因(hetu)，有時把它說為緣 (pratyaya)，有時又名為條件 (nidana)、集(samudaya)等等。表說有種種的不同，但術語間並無嚴格的區別，漢譯者結合那主要的兩語而名為因緣，就是要表達那廣大無邊的關係。[118]

　　因緣代表了廣大無邊的關係，因緣實乃關係之異名。諸法皆從緣而起，實即謂諸法皆成立於相對之關係，若關係分離，則一切不能成立。對此佛陀有如下的定義：

　　　若此有即彼有，若此生即彼生；
　　　若此無即彼無，若此滅即彼滅。

　　　　　　　　　（參照《雜阿含・十二俱舍計》第十九）

　　五十三種《佛教根本問題研究》㈠之頁 175，臺灣大乘文化出版社，一九七八年。

[117]　同上。

[118]　參知法〈因緣論〉，載張曼濤主編「現代佛教學術叢刊」之第五十三種《佛教根本問題研究》㈠之頁81，臺灣大乘文化出版社，一九七八年。

此有彼有、此無彼無兩句，表示同時依存的關係；此生彼生、此滅彼滅兩句，表示異時依存的關係。是以無論同時與異時，一切法必相依而存在，而無絕對獨立之可能性。時間上有種種異時的因果關係，空間上有種種同時的因果關係，相互依存，如帝網之重重無盡，此即是諸法因緣觀之根本精神⑲。

以此等因緣觀和東蓀先生之「架構論」相比較，可以看到，其根本精神是相合的。具體地講，其相合之處有如下幾項：

⑴否認萬物的自性，否認本體的存在，是佛教所主張的，也是東蓀先生所主張的。承認萬物有實在的本體，乃是大多數人的一個基本觀念。既執定萬物有實在的本體，所以他們即使承認萬物由因緣生起，也只是承認本體由這種種的因緣才得由隱微而呈顯露，絕不是承認本體亦是生於因緣。這樣推論的結果，就不得不落入一因而生多果的弊病。就是認為萬物是由一種東西生出來的；既是由一種東西生出來的，萬物就不能沒有一個原始；既有原始，就不得說沒有終止。各種宗教家、各種哲學家，沒有一個不是拚命地要說明這個萬物的原始。

不獨世俗之人，就是佛教中執有實有諸法的自性論者，也同樣認為有個實有自性為生命宇宙的本質。如以自然界說，合集的山河大地可說是假名有，但獨立的微細極微卻不能說沒有，因為它們是組合山河大地的基本原素，假使這一個個的原素也沒有，如何會有這樣大的世界出現？我們既不否認有這樣大的一個世界存在，我們當然亦不能否認有微細不可見的實有極微存在。再以生命界說，實

⑲ 參木村泰賢〈因緣論之世界觀〉，載張曼濤主編「現代佛教學術叢刊」之第五十三種《佛教根本問題研究》㈠之頁111，臺灣大乘文化出版社，一九七八年。

有論者認為，物心組合的生命固不可如一般常人誤認它為實在的自我，但組合生命的物心——五蘊——原素，卻不可說沒有。假使這也沒有，如何會有活潑潑的生命出現？既有活潑潑的生命出現於世，必有一組合它的基本元素存在。總之實有論者認為，宇宙人生的一切諸法，各個有個實有自性為它的本質，假使沒有實有自性為假有諸法的本質，假有諸法就不可能有了。這在〈瑜伽師地論〉中，有很透闢的說明：「譬如要有色等諸蘊，方有假立補特伽羅，非無實事而有假立補特伽羅。如是要有色等諸法實有唯有，方可得有色等諸法假設所表，非無唯事而有色等假說所表，若唯有假而無實事，既無依處，假亦無有。」⑫

　　世俗之人的見解自不必駁，在佛教，以為一切法本沒有自體，只是因為眾緣互相積集，而生的影相罷了。往上古推，萬物是沒有始的；往後世推，萬物是沒有終的。萬物既無始無終，所以毋須勉強去說它的原始，也無須要知道它的終極。一切法均無自體，宇宙間的一切事事物物都沒有一定的堅固的實在性，只是隨緣而動罷了⑫。

　　就是自性論者的主張，從緣起和合的立場看，也是不能成立的，因為眾緣和合的諸法，沒有一法可說有自性。假使某一法有實自性，就根本不能說它是從眾緣和合而生。緣起和自性，是相衝突而不能

---

⑫　參演培〈佛教的緣起觀〉，載張曼濤主編「現代佛教學術叢刊」之第五十三種《佛教根本問題研究》㈠之頁175-176，臺灣大乘文化出版社，一九七八年。

⑫　參持松〈緣起說〉，載張曼濤主編「現代佛教學術叢刊」之第五十三種《佛教根本問題研究》㈠之頁137，臺灣大乘文化出版社，一九七八年。

並存的。就以組合物相的極微說吧。所謂極微，實在說來是無實的，我們稱它為極微，不過是從無名中勉強給它安上的一個假名；何況細是對粗而言的，沒有粗哪裏會有細？同時，極微是最極微細而不可再見分割的最小物質點，這最小物質點本身就是一個矛盾的概念，因為假定有它的方分，就不能算物極微，假定沒有它的方分，就不得名之為色。還有，極微假定實有，在這實有的極微中，就有色香味觸的作分，有了色香味觸的作分，就不可名之為極微了。所以極微這個東西，在輾轉的推求之下，是沒有實在自性可得的。內而身心、外而世界的一切一切，都是假有無實自性的。這假有無實自性的原理，是佛從彼此相互關涉的緣起定義下發現的。佛教講因緣、講緣起，就是要顯示諸法的無自性。諸法是因緣有的，因緣有的諸法是不自在的，不自在的所以是空的，空的所以是無自性的，是無自性的所以能擊破根本自性見 ── 無明，而得還滅[122]。

　　東蓀先生說自己的主張「很近於佛教的空宗」[123]是很準確的，因為唯有空宗才徹底否認自性，否認本體。自性論者的主張和東蓀先生的「架構論」是有相當的距離的。在敘述完自己的「架構論」後，東蓀先生說：

　　　　以上述的宇宙觀與佛教的宇宙觀來比較卻有許多相同的地方，並且借佛教的說明更可以使上述的道理來得明顯些。以架

---

[122] 參演培〈佛教的緣起觀〉，載張曼濤主編「現代佛教學術叢刊」之第五十三種《佛教根本問題研究》㈠之頁176-177，臺灣大乘文化出版社，一九七八年。

[123] 張東蓀《知識與文化》〈後序〉之頁5，重慶商務印書館，民三十五年一月。

構言，正是佛教所謂「因緣」或即曰「緣」（梵語是paccaya）。佛教以為一切只是因緣，並無實質。所謂因緣即是關係，英文是relatedness。並且佛教於因緣和合而成的又名之曰「集」（梵語是samudaya）。此字卻與懷特海所用的event亦甚相當。原來此字普通譯為「事」亦是不錯。因為一件「事」就是因緣和合而成的一個「結子」，佛教的宇宙觀以為世界只是無數的因緣互相倚靠而存在，層層聯合，好像一個大網。所謂「帝網重重」與「事事無礙」便是指此。這種宇宙觀和我上文所述的可謂完全相同。因為只是因緣所以無實質，因為只是架構所以無實體。就無實質而言，佛教謂之曰「空」（梵語是suññat）。須知空並不是指「沒有」而言，乃是說不是實體，沒有本性，不能自足。所謂「畢竟空」就是這個意思。所以佛教說因緣所生，一切皆空。這是佛教的空論，亦名曰空宗。我上述的宇宙觀於這一點卻亦相同。以為這世界並無實質，只是一套函數(functional)而已。佛教雖是對於本質而說空，而對於法相卻又言「有」。這亦和我主張架構有客觀性是同一用意。所謂「法性自爾」（梵語是dhommaniyamatā），就是一切雖皆是由因緣而成，並無自性，但此因緣的方式卻常自不變。總之，上述的那種宇宙觀與佛教的宇宙觀，其要點可謂大致相同。⑫

　　架構對因緣，無實質對空，客觀性對有，東蓀先生在這裏提到的各點，都是比較上合乎實際的。就是說，在上述的諸點上，東蓀先生和空宗是相合的。

⑫　張東蓀《新哲學論叢》，頁40–41，上海商務印書館，民十八年八月。

⑵萬物沒有最初的原始，也沒有最後的根源，萬物都是依他而起，這是佛教所主張的，也是東蓀先生所主張的。上文已提到，承認本體必須承認原始與終極，否認本體亦必否認原始與終極，後者是佛教的一個重要觀念。在佛教，「此故彼」乃是「緣起」學說的一個最根本原則，一切的現象，全是根據這個原則而發生、發展、變化和消滅的。佛經上開示有情法的生命緣起時，總是說：「此有故彼有，此生故彼生，謂緣無明行，緣行識，如是乃至純大苦聚集……。此無故彼無，此滅故彼滅，謂無明滅則行滅，行滅則識滅，如是乃至純大苦聚滅。」 說明作為有情法的生命現象，是這樣的在「此故彼」的原則下而緣起的。有情的生命現象是這樣，非有情的一切自然現象也同樣是這樣的。所謂「有因有緣集世間，有因有緣世間集；有因有緣滅世間，有因有緣世間滅」， 說的就是世間的一切現象，全都在「此故彼」的因緣原則下產生、發展、變化、消滅⑫。

「此故彼」的原則所展示的，就是一切現象的相待性或依他起性。有此才有彼，有了這個才有那個。有了沸點的高溫度，然後才有氣體的蒸汽；有了冰點的低溫度，然後才有固體的冰。有了二氫一氧的化合，然後才有水分子；有了精蟲和卵子的結合，然後才漸漸地有人體的構成。沒有一種現象可以孤立、自主、獨存，一切現象的生成以至消滅都依賴於各種條件，全都是互相對待、互相關聯、互相依賴、互相制約的。

「此故彼」的原則是從「因緣論」中自然引申出來的，是用「因緣」去解說世界所得的必然結果。所以東蓀先生在說明「架構論」

---

⑫ 參僧愍〈畢竟空與勝義有〉，載張曼濤主編「現代佛教學術叢刊」之第三十六種《佛教哲學思想論集》㈠之頁 270–271，臺灣大乘文化出版社，一九七八年。

的本質是「根本不把『物』當作一個『存在』(substantial entity)，同時亦不把『心』當作一個存在」❶❷❻以後，接著就談到了「緣具」(concrescence，此字訓為由因緣和合而發為具體者) 以及「緣具」的「無自性」，說「無自性」有三義，一是和合而成，一是「依他」而起，一是瞬起即滅，並特別強調「每一緣具不是自足的，實與全世界連成一片」❶❷❼。說明東蓀先生對於這個「依他起性」，是有明確的意識的。

　　東蓀先生接著談到了「緣具」的兩個相反的趨勢：一是「斷」與「逝」，一是「連」與「住」；斷、逝、連、住四者又都只是緣具上所現的方面，並不是獨立的東西，「所謂斷、逝、連與住，四者只是說明緣具的性質。換言之，即全靠四者方能成為緣具。如果不斷就不能起；起而不住是由於逝。雖則不住而仍必稍住，否則便歸於無有。住則必由於連。前二者又可以說是毀滅；後二者亦可以說是創造。這世界永久在毀而又創，創而又毀之中，於是得著一個『如』字。在『如』字之下，一切緣具皆恰如其量。從『如』字上來講，可以說沒有創造，但同時卻亦沒有毀滅。但在『如』字以內來看，則確是有創造，並且是有進步。這只是觀點的不同，一個是從超越方面而普遍觀之，一個是從內在方面而特殊觀之罷了」❶❷❽。

　　東蓀先生之所以特別強調創造和毀滅只是由於觀點的不同而不是由於實在的不同，是因為創造和毀滅是成為緣具者，同時又都是緣具，都是和合而成、依他而起的。所以「斷」與「逝」不是時

---

❶❷❻　張東蓀《知識與文化》〈後序〉之頁5，重慶商務印書館，民三十五年一月。

❶❷❼　同上。

❶❷❽　同上。

間上的毀滅，「連」與「住」亦不是時間上的創造，在根本上，緣具是沒有時間的。宇宙萬象只是和合而成，只是依他而起，只是瞬起即滅，「我對於形而上學的意見只主張到這樣為止」❿。

真正「緣起說」不從時間上、不從發生學上談「因緣」， 真正的「架構論」也不從時間上、不從發生學上談「架構」。 架構有斷逝、有毀滅，但那與「終極」無關；架構有連住、有創造，但那與「原始」無關。架構是既無「終極」亦無「原始」的。正是基於上述的思路，東蓀先生才特別區分了「本無」與「性空」， 認為兩者「確有區別」、「並不相同」，並說：「照字面來說，本無是謂本來是無；性空則是以空為性。『本來』便牽涉到『原始』。所以人謂釋道安之本無義為：『無在萬化之前』；琛法師之本無義為：『從無出有，即無在有先，有在無後』云云。此等意義後來已發現其不妥。」❿

東蓀先生認為，「後來把本無一語廢棄」乃是一個「進步」❿。「本無」是一個譯名，原文是tathata（梵文羅馬字拼音），後來漢譯為「真如」，質言之，本無乃真如之舊譯。本無實預含有本體觀念，而「本體一概念是由『原始』與『本質』兩概念混合抽繹而成」❿。之所以說「後世翻譯廢棄本無而改用真如確是一大進步」❿，是因為「真如」一詞是較合乎佛教原意而「本無」一語離佛教原意較遠。佛教是一個「比較上最進步的宗教」❿，它已經超越了探究「原始」

---

❿ 同上。

❿ 張東蓀〈中國哲學史上佛教思想之地位〉， 載《燕京學報》第三十八期之頁157–158，一九五〇年六月。

❿ 同上，頁158。

❿ 同上，頁156。

❿ 同上，頁155。

❿ 同上，頁157。

和「本質」的階段,「過了這個階段以後創始的概念是被拋棄了,本
質的概念亦沖淡了。可見,『真如』一詞與『本無』確有很大的不
同」⑬。總之,東蓀先生認為,佛教是不講「原始」和「本質」(或
「終極」)的,他的「架構論」也不講「原始」和「本質」。察本溯
源,他說:

> 關於「體」這一範疇,上文既已言之,是由神的概念蛻化而
> 來,先含有「原始」的意義。在希臘亦正是先有ἀρχe這個字。
> 至於toon只是一個動詞。後來始轉為ousia即英文的Being。
> 更成為Substance,於是變成了「本質」的意義。希臘人以為
> 萬物皆出於水,是以水為萬有的本質。印度人亦有此類說法,
> 卻遠在希臘以前。《奧義書》更有「神我」(Atman)的主張。
> 這都是關於宇宙本質的說法。到了佛教卻大大進步了。即將
> 「原始」的意義完全拋棄,重將本質的意義亦由淡褪而廢除。
> 例如真如嚴格講來,只是「如實」之意,亦即是所謂「如如」
> 不必加「真」字於其上,故並不即是「體」。總之,最初是撥
> 用見體,後來變為即用顯體。這樣的一個變化在思想界不能
> 不說是一個波瀾。而這個情形卻正投了中國人所好。雖然如
> 此,但中國人並沒有十分瞭解,以致尚有些地方反而執著體
> 用的對立。⑬

「中國人」沒有瞭解,東蓀先生卻是有十分的瞭解的。他的「架

---

⑬　同上,頁157。

⑬　張東蓀《本無與性空》, 載《現代佛學》第一卷第一期之頁15,一九
　　五〇年。

構論」不再執著體用的對立，不再追問「原始」與「本質」一類早已過時的問題。他只講因緣和合，只講依他而起，只講無自性。他借用現代英人懷特海 (A. N. Whitehead, 1861–1947) 的名詞 concrescence 說明眾緣和合之造成，借用其 nexūs 一詞說明眾緣和合之狀態。他認為蘇聯學者斯秋拔次基 (Stcherbatsky) 把 sunya 或 sunyata 譯為「普遍相對性」(universal relativity) 〔見其書 *The Conception of Buddhist Nirvana*, p. 42〕而不譯為「空」或「空性」，「似較空為更切，因空容易引起誤會」⑬。須知「普遍相對性」不僅表達了因緣和合之意，更是表達了依他而起之義。東蓀先生稱讚這個詞譯得好，正是稱讚因緣和合之真理，更是稱讚依他而起之大義。

⑶萬物皆由因緣和合而成，而且其成更離不開「心」的參與，這是佛教所主張的，也是東蓀先生所主張的。前文已言，佛教之因緣觀，狹言之，僅因果律，廣言之，論理的條件之外，尚含有道德方面前件與後件之關係。更由同時之依存，而橫貫十方，由異時之依存，而縱涉三世。各個存在之活動與一切存在之活動，莫不有直接或間接的作用。此關係實重重無盡。此關係雖極複雜，卻又整然一絲不亂；表現於生活之命運，擴充為全世界之規則。「而握此大本營之軍符者，則為有情之心識，離此無所謂因緣論。此所以有三界唯心、萬法經識之結論也」⑬。

因緣論表達了佛教的宇宙觀，離心識無因緣論，表明宇宙之成立是離不開「心識」的參與的。「宇宙」一詞，在佛典中，大致以

---

⑬ 同上，頁14。

⑬ 木村泰賢〈因緣論之世界觀〉，載張曼濤主編「現代佛教學術叢刊」之第五十三種《佛教根本問題研究》㊀之頁114，臺灣大乘文化出版社，一九七八年。

「法界」一詞相近而代之，而「法」在佛學上主要是指「心」的所在及其表現。法界遍一切處遍一切時（在遍一切處上可大可小，在遍一切時上三世即一世），「心」亦遍一切處遍一切時。「心生種種法生，法生種種心生」，沒有「心」便沒有「法」。前法滅後法生，此法起彼法落，便都是「由心所為」。因此，「心」有「一切法」之義❿。一如《華嚴經》所言：「心如工畫師，能畫諸世間。五蘊悉從生，無法而不造。」❹

　　在談到「心」與架構的關係的時候，東蓀先生也有類似的看法。他認為架構之客觀性並不是「十分完全的」❹，即是說，它具有「高度的客觀性」❹，卻不具有完全的客觀性。因為我們對於這個客觀的外界，雖絞盡腦汁，想盡心機，用種種巧妙的方法去窺探其固有的條理，其所得卻始終不能脫去我們主觀的色彩，「就好像我們用種種眼鏡以看這個客觀，而眼鏡的作用總是影響及所窺見的物體，以致所見總未必即是其物的原樣」❹。但我們卻不能因此就說架構是純主觀的，完全是「心」的創造，因為「這個落在主觀格式中的客觀卻未必不即是客觀的一面」❹，至少它對於認識的主觀是「有

---

❿　參程文熙〈佛學宇宙觀〉，載張曼濤主編「現代佛教學術叢刊」之第三十七種《佛教哲學思想論集》㈡之頁210，臺灣大乘文化出版社，一九七八年。

❹　轉引自程文熙〈佛教宇宙觀〉，載張曼濤主編「現代佛教學術叢刊」之第三十七種《佛教哲學思想論集》㈡之頁209，臺灣大乘文化出版社，一九七八年。

❹　張東蓀《新哲學論叢》，頁32，上海商務印書館，民十八年六月。

❹　同上。

❹　同上，頁140。

❹　同上。

些中立的」 ⑭。所以對於架構「說他真卻未必全真，說它是妄亦未必全妄」 ⑭。

「心」是架構實現之一種，卻又參與架構之實現，表明「心」乃是一種特殊的架構。一方面它只是一種架構，另一方面它又超越於一般架構之上。它是架構複雜至相當程度的產物，就人類目前所能知的說，它是架構複雜至最高程度的產物。簡言之，「心」乃是一種最複雜的架構。我不知道佛教所講的「心」和東蓀先生所講的「心」是不是相同，若取「緣起無自性」或因緣正觀的立場，我想應該是相同的，至少是相近的。假設是如此，那麼我們就能在東蓀先生「心的作用就是參與這種結構的構成又為結構的構成時的表現」 ⑭這一意義上去詮釋佛教「一切唯心所造」、三界唯心、萬法唯識等學說。「心」造萬法，不是說「心」憑空創造了萬法，只是說「心」參與了因緣和合之過程；「心」造萬法，亦不是說「心」是萬法之外的另一種東西，「心」擺脫了因緣和合、依他而起之歷程，只是說「心」本亦是一法，「心」亦是法。「心」參與了因緣和合之過程，是謂「心造萬法」；「心」本身又是因緣和合之產物，是謂「心即萬法」。「心造萬法」和「心即萬法」這兩方面，是不可分離的，亦不應分開說的。對此兩方面，東蓀先生解釋說：

> 這句話的意思是主張宇宙只是無數空架的結構在那裏套合於一起而進展著。「心」亦就是所以使結構而架成；又所以使結構為表現。就前者而言，是心的動力；就後者而言，是心的

---

⑭　同上，頁33。

⑭　同上，頁140。

⑭　同上，頁21。

攝力。由攝而成普遍；由動而成各別。所以心有兩方面。一方面是順著所對的結構而施以統攝，此可謂爲純粹認識；一方面是本於自身的結構而發爲推動，此所謂純粹精神。此兩方面是同時並具而不能分開的。實際上沒有純粹認識，亦沒有純粹精神。而只有二者的混合。所以我們於認識所對時即是自己實現。一層認識真切，便是所對與主觀更融化一層，但這種主張並不是唯心論，乃依是有實在論的意味在內，不過把實在不認爲十分固定的罷了。雖不固定然仍有錯誤的可能。可見實在還是有必然性，不是可隨便的。**⑭⑧**

總之，「架構論」和因緣說之間，至少是可以相互發明、相互補充的。

但「架構論」和因緣說之間只是大致相合，不是完全相同，這一點上文也已經說到。只是大致相合，便意味著兩者之間有相合處也有不相合處。其相合處，上文已略略論及。其不相合處，現在也得簡單地說出幾項：

(1)佛教因緣說不談進化的問題，東蓀先生之「架構論」卻特別強調進化。因緣說所謂的異時的依存關係，要談的似乎也是萬法繼續存在的規則，但其要旨卻與進化完全不同。佛教強調的只是，世界一切雖皆無常變遷，然一事一物卻並非完全斷滅，所謂因緣，乃只是剎那變化與永遠持續之間的一定關係**⑭⑨**。簡言之，因緣說強調

---

⑭⑧　同上，頁21-22。

⑭⑨　參木村泰賢〈因緣論之世界觀〉，載張曼濤主編「現代佛教學術叢刊」之第五十三種《佛教根本問題研究》㈠之頁113，臺灣大乘文化出版社，一九七八年。

的只是因緣和合的斷滅與持續之雙重性,而不是「緣具」的進化。因緣是剎那變化的,又是永遠持續的,萬不可偏執哪一面,它強調的只是這一點。

東蓀先生剛好相反,他特別強調「進化」,認為承認架構的「進化」,乃是「架構論」之所以超出因緣說的根本方面之一。他說:「我們主張這個世界雖是自性本空的一簇架構,但這個架構卻自身在那裏進化,常有新種類突創出來。這種進化的發見在思想上可謂是啟了一個新紀元。」⑮

那什麼是「進化」呢?東蓀先生給「進化」規定了確切的涵義,說:「進化就是指架構的由簡單疏散而變到通體圓活而言。」⑮因緣發生新種類當然是進化的第一步,但從根本上講,這還不足為進化而只是「變化」(becoming)。「變化」與「進化」之間,是有很大的分別的。我們說從「物」到「生」再到「心」是一種「進化」,並不是隨便說的,而是從「物」的結構而進化到「生」的結構,從「生」的結構而進化到「心」的結構,其間確有些根本特點。就是「物」的互相倚靠不及「生」的互相倚靠來得深;「物」的互相交感不及「生」的互相交感來得切;「物」的通力合作不及「生」的通力合作來得大。「生」與「心」的關係亦然。「換言之,即由物到生,由生到心,這顯然的三級,其所以為增進的緣故即在通體合作的性質增加一級,其綜合統御的範圍增大一層,其活絡自主的程度增進一步。這個就是進化」⑮。從物到生,從生到心,「其通體相倚,其主宰統御,其攝收安排,無不是逐層而增。此即是進化的特點。唯此

---

⑮　張東蓀《新哲學論叢》,頁41–42,上海商務印書館,民十八年六月。

⑮　同上,頁43。

⑮　同上,頁42–43。

方為真進化」⑬。

而自由是和進化並行的，確切些說，是成正比例的，所以因緣或架構並不構成對於人的自由的威脅。在這一點上，東蓀先生和佛教又是剛好相反。在佛教，人唯有超越因緣才能獲得自由，在東蓀先生，自由即在因緣中，並隨因緣的進化而增加。「就是說進化即是『自由』的逐漸增高」⑭。因為統御力漸廣、主宰力漸大，本身就是自由度的增高。沒有絕對的自由，亦不是永久的定命，「而只是進化一些，則自由一些。自由只見之於自然歷程中，而並不是超自然的。所以只能順著這個自然的歷程以逐漸得自由，絕不能頓時得絕對的自由」⑮。

(2)上述的主張實際上已經涉及到佛教和東蓀先生人生態度的不同，確切些說，他們對於架構或因緣的態度的不同。在佛教，因緣和合之世界是否定的對象，「是他們所斥的生滅界與幻現」⑯；而在東蓀先生，由架構套合而成之宇宙，乃是我們唯一的宇宙，對於這宇宙，不僅不能否定，而且還要使其更複雜、更豐富。因而佛說的「幻現」正是生命的本相，「出世思想要把幻想還真；而我的主張則要把幻現使得更複雜更豐富。我以為宇宙只是空架的結構，不過這種空的架構可以進化，於是由簡而至繁，由散而至緊，由鬆而至密。所謂進化不過是幻相加富而已」⑰。

我們活下來，並不是為了求得解脫，以遠離因緣與輪迴；我們

---

⑬　同上，頁43。

⑭　同上。

⑮　同上。

⑯　同上，頁22。

⑰　同上。

活下來，卻正在於順著宇宙或架構的「進化級梯」而「把自己弄得圓滿完成」❸。這「圓滿完成」亦就是「人格的自己構成」(self-making of personality)。人格是一個進化的突創品，在宇宙的進化級梯上，它算得是目前所見的最高的一級，「因為他的統一最強，他的攝括最廣，他的交倚最密，他的支配最活」❸。人生的目的是順了這最高的架構而使之圓滿完成。所以人生並不悲觀。

(3)「架構論」只說到宇宙是架構，沒有對架構的種類做進一步的說明，而因緣說卻對因緣之種類做了極為嚴細的考察，這是東蓀先生和佛教的又一重大不同。以觀察之便利為立腳點，將因緣行種種之分類，而詳明其性質，是為阿毘達摩學者之職務。南方阿毘曇立二十四緣、舍利弗阿毘曇立十緣、有部六因四緣、唯識四緣，次第由複雜而單純化❸。

二十四緣分別是：因緣 (hetu-pratyaya,condition)、境界緣 (arammana-p.所緣緣，object)、增上緣(adhipati-p., dominance)、無間緣(anantara-p., contiguity)、等無間緣(samanantara-p., immediate contiguity)、俱生緣(sahajata-p., co-existence)、互為緣(annamanna-p., reciprocity)、依緣(nissaya-p., dependence)、近緣(upanissaya-p., sufficing-condition)、前生緣 (purejata-p., antecedence)、後生緣(pacchajata-p., consequence)、相續緣(asevana-p., succession)、業緣(Bamma-p., Barma)、報緣(vipada-p.異熟緣, effect)、食緣(ahara-p.,

---

❸ 同上，頁49。

❸ 同上。

❸ 參木村泰賢〈因緣論之世界論〉，載張曼濤主編「現代佛教學術叢刊」之第五十三種《佛教根本問題研究》㈠之頁112，臺灣大乘文化出版社，一九七八年。

support)、根緣 (indriya-p., control)、禪緣 (jhana-p., jhana)、道緣 (mmagga-p., means)、相應緣 (sampayutta-p., association)、不相應緣 (vippayutta-p., dissociation)、有緣 (atthi-p., presence)、非有緣 (natthi-p., absence)、離緣(vigata-p., abeyance)、非離緣(avigata-p., continuance)。

　　二十四緣說，可說至遲在阿肯王頃，即西元前三世紀中葉的時候就已成立。但二十四緣說太過廣泛，且模糊得不能滿足。於其中擇那重要的十種而為因緣的分類，是就成為舍利弗阿毗曇論之十緣的所以。十緣中，第七起緣、第八異緣，初看好像是在二十四緣中沒有的，但研究它的性質，起緣似相當於所謂近緣，異緣恐怕相當於南方的互為緣。所以十緣全部，都可說含於二十四緣之內。

　　在北方阿毘達摩論，以因緣論而被常談的，大體有兩種分類法，一為四緣論，一為六因緣。六因緣把萬有成立條件分為六種，即能作因(Bayanahetu)、俱有因(Sahabhuhetu)、異熟因(Vipabahetu)、相應因 (Samprayubtabahetu)、遍行因 (Sayvatyagahetu)、同類因 (Sabhagahetu)。另外，在七卷楞伽卷第二中，有與這不同的六因劃分法。四緣論是把因緣分為四種，即因緣 (hetupyatyaya)、次第緣 (samanantayapyatyaya，等無間緣)、所緣緣(alambanapyatyaya，境界緣)、增上緣(adhipatiyatyaya)。

　　就如十緣是從二十四緣簡約而來一樣，四緣也是從十緣簡約而來。四緣說成立以後，二十四緣說和十緣說基本上已被廢止，只是還有某些派，還固守二十四緣說和十緣說。

　　佛教對於因緣，還有種種不同的分類法，但歸結到一點，就是認為因緣（關係）是可以分類的，所立的視角不同，因緣（關係）種類便有不同。從理論上講，視角無窮，因緣之種類亦當是無窮的。

我們是有欲心生起的，把它從緣的立場看，就欲心從退出自己的舞臺而惹起他心一點說，是等無間緣；從成為對象的一點說，是所緣緣；如對它同起的心心所說，是具有緣或相應緣；如從成為那中心動機一點，或從不妨與沒有直接關係事件成立的一點說，是增上緣；由此而從起種種作用的一點說，是業緣；由此而從招惑後來異熟果的一點說，是報緣；如從其外種種的立場說，是就成為種種的緣。因緣的名稱不同，完全看我們從什麼視角去看它。苟以種種的現象視為因緣所生法，為使那成立的條件就是緣，在無數結局的地方，終於也可說是重重無盡❶。可以說，任何「緣具」都有重重無盡之因緣，都是重重無盡之因緣的和合品。

在如此詳盡地研究因緣(關係)之種類一點上，「架構論」是遠遠不及因緣說的。

⑷佛教承認知識之缺憾，認為知識無法把握因緣之真理；而東蓀先生則堅持認為架構是在知識中的，離知識我們不能說宇宙是任何東西，當然亦不能說宇宙是架構。在佛教，宇宙萬象是因緣和合品這一真理之獲得，不是知識、比量、理智的功勞，而是直觀、證量、性智的功勞，就此一點言，佛教是反對知識的（當然不是一般地反對知識）。 佛教列舉了知識的如下缺點：(a)知識是片面的、一點一滴的，看到外面不一定看到內面，知道這樣不一定知道那樣，每每顧此失彼、重此輕彼，佛教稱此為「擔板漢」。人世間的知識，由於其自身的片面性、點滴性，不但不能把握最高真理，就是對事物相互關係性，也每每忽略而錯誤，只以自己所重的片面知識作為

❶ 以上諸段均參知法〈因緣論〉，載張曼濤主編「現代佛教學術叢刊」之第五十三種《佛教根本問題研究》㈠之頁81–108，臺灣大乘文化出版社，一九七八年。

一切知識的基礎，來衡量一切。(b)知識是相對的，如見紅色，即不是白色等；沒有光明，即不知黑暗；有虛假才能顯示真實。這即是知識本身相對性，佛法稱此為「二」。「二」是一切認識的形態，沒有它就沒有認識作用的可能，知識必須在相對的形態與作用中表現出某事某物來。因知識的本身是相對的，所以它不能表達絕對的、一切而無外的究竟真理。(c)知識是落實的，即以名為實的。人類之思想、語言都是名字，名字是心想所構畫的假名，並不就是物體的自身，但人類的知識有一個習慣，一聽到「火」，一想到「火」的名字，甚至聽到「上帝」、聽到「龜毛兔角」，就以為真有此物，真有那個東西。這就是以名為實。人類的知識，每為名義的習慣使用，而相互紛爭、糾纏不休。宇宙和人生都是眾緣所成的，如幻如化，沒有決定的實體。世間的知識不能直顯此真理，這是知識之本性決定的。(d)知識是錯亂的，即以幻為實的。有時為了一個名詞的認識不同，而起爭端；有時把虛假當真實，把真實當虛假，這些都是常有而難免的錯亂。在諸法的事相上不見無常變化，因而每在無常變化中，又執實執常，這即是由於知識的根本錯亂而來。佛法說「常」是眾生知識的顛倒錯覺。在眾生的觀念中，世間諸法是常實的，豈不是顛倒錯亂？我們觀察桌子，知是木料與人工等關係而成，科學說人是九十幾種因素的集合，佛說人是六大假合。人與物都是多重因素的複合體，就是極小的電子，也還是複合的，諸法皆是緣起關係的存在顯現，哪有什麼絕對獨立的實體？個體，在佛法中稱「一」，自己獨存，稱為「我」。「一」與「我」乃是眾生知識中的根本錯誤，因為在緣起關係的決定下，世間並沒有絕對的獨立個體，並沒有真實獨存的「我」與「一」[162]。

---

[162]　參印順〈佛教的知識觀〉，載張曼濤主編「現代佛教學術叢刊」之第

　　總之，在佛教看來，人類不能由知識而達成對於宇宙真相的把握，不能由知識而達成真理。此種觀點和東蓀先生是正相反的。在東蓀先生，人類除了知識一途，沒有其他辦法去把握真理。若有，其所得必是「臆說」或「假定」，而「臆說」或「假定」卻不具有客觀性。我們說宇宙是「物」或「心」，都是「假定」，因為它們都不是從知識得來；我們說宇宙是架構，卻不是「假定」，因為我們的認識、我們的知識是這樣告訴我們的。我們從認識、從知識中，得到的只是關係、只是架構，所以我們說宇宙是關係、是架構；我們從認識、從知識中，得不到本體、得不到實質，所以我們說宇宙不是本體、不是實質，或者沒有本體、沒有實質。總之架構是知識中的架構，而不是外知識而假定的架構。東蓀先生說：「我們這個宇宙並無本質，只是一套架構。這個架構的構成不是完全自然的，而必須有我們的認識作用參加其中。因為我們不能撥開知識以窺這個架構的本來面目。但這個架構在認識中雖非本相，然而亦絕不十分大牖其本性。所以仍可以說宇宙是個架構。」[163] 在另一處，他又用這樣一句俏皮話來表達架構與知識的關係：「我們對於這些架構的構成必須把認識上各種格律的作用亦打進了算盤去。」[164]

　　東蓀先生說自己「十八歲讀《楞嚴經》便起了哲學的興味。平素嘗有一種癡心妄想：以為非窺探宇宙的秘密，萬物的根元不可」[165]，並說「我十九歲的時候本是佛教的信徒」[166]，甚至稱讚佛

三十七種《佛教哲學思想論集》㈡之頁 273–286，臺灣大乘文化出版社，一九七八年。

[163] 張東蓀《認識論》，頁133，上海世界書局，民二十三年九月。

[164] 同上，頁130。

[165] 張東蓀《新哲學論叢》〈自序〉之頁1，上海商務印書館，民十八年六

教出世思想是大勇大智大仁（其以蚊虻負山之勇氣而「欲把絕對無可奈何的宇宙整個推翻，使其歸真還滅」⑯，是為大勇；「在理論上居然尋得解脫的根據，成立一種精深無比的哲學，說明宇宙的構造，竟與現代思想有許多暗合的地方」⑯，是為大智；其「改造世界的動機絕對不是為了自己，完全以全體著想」⑯，是為大仁），但東蓀先生「架構論」之直接根源不在佛教而在西洋哲學，卻是無疑的。可以說，東蓀先生自己的思想正是起源於對於佛學的「大起懷疑」⑰。西洋的科學（如相對論與量子力學）與哲學（如層創進化論與批判實在論）直接引發了東蓀先生對於佛學的懷疑，同時亦直接引發了東蓀先生自己的「架構論」和其他哲學思想。正如他自己所言，「我個人的信仰則仍是循西洋哲學所走的路」⑰。在他的心目中，佛學出世思想固是大勇大智大仁，西洋淑世思想同樣亦是大勇大智大仁的⑰。

月。

⑯　張東蓀《新哲學論叢》，頁425，上海商務印書館，民十八年六月。

⑰　同上，頁445。

⑱　同上，頁445-446。

⑲　同上，頁446。

⑳　張東蓀《思想與社會》〈序論〉之頁3，重慶商務印書館，民三十五年三月。

㉑　張東蓀《新哲學論叢》，頁445，上海商務印書館，民十八年六月。

㉒　同上，頁446。

第五章 道德哲學：
「道德所企者毋寧曰『較善』」 ❶

> 並且我們的人生大部分是在不苦不樂中過生活。換言之，即
> 於快樂與苦痛兩種情調以外，尚有一種所謂"無差別"
> (indifference)，就是既不覺得有甚麼快活亦不覺得有甚麼不
> 舒服。……人生卻以在此種時候為多。
>
> ── 《新哲學論叢》(1929.8)

　　一九三六年六月八日，值郭湛波先生《近三十年中國思想史》
修訂再版（更名為《近五十年中國思想史》） 之際，東蓀先生致信
郭先生，總結自己之著述與思想。其中論及自己之道德哲學云：「拙
作《道德哲學》（中華書局出版）之結論一章，略抒鄙人對於道德
性質之見解，至於實踐道德，則在拙作《新倫理學》（新月書店出
版）之末一章有所主張。此外有《人生觀ABC》（世界書局）亦足
見鄙人對於人生觀 ── 態度。尚有《新哲學論叢》（商務），係匯集

---

❶ 東蓀先生《道德哲學》頁527：「蓋道德所企者，學者多謂為『極善』，
　　而吾則以為毋寧曰『較善』(the better)。」上海中華書局，民二十年一
　　月。

舊作，但其中意見已有變化，不足為據（就中一個雛形的哲學一篇
即與近作《認識論》不相同，故為已拋棄之見解）。」❷《新倫理學》
一書，今大陸不得見，故筆者只能以《道德哲學》一書為主，兼及
《人生觀ABC》等相關資料，來論述東蓀先生之道德哲學。

一、道德哲學之基本觀點

東蓀先生對於道德的意見，最集中地表達在《道德哲學》一書
的第七章第三節之〈結論〉部分，這一部分的任務，便是「一述著
者個人之主張」❸。現將其基本觀點羅列於下：

⑴生活只是一純粹事實，它即是「今此」，它只能「親歷」。東
蓀先生告訴我們，吾人唯一否定不了的，是我們現在在這裏活著。
這活著便成為我們考察道德之唯一出發點。活著而不停地去經歷，
便是所謂生活。所以生活不是別的，它只是吾人的一見一聞、一喜
一悲、一言一動，只是現在在這裏的一份經歷。東蓀先生目現在在
這裏（亦即此時此地）為「今此」(here and now)，以今代此時，以
此代此地，而認定「親歷此『今此』，或體驗此『今此』者則謂之
曰生活」❹。所以生活的特性無非有三條：一曰生活係純粹事實，
其本身既無意義，又無價值，人乃是生而後有欲，而不是有欲而後
方生；二曰生活即是「今此」，故生活必是當下的、新鮮活潑的；
三曰生活只能「親歷」，換言之，只能去「體驗」，而不能靠理性推

---

❷ 郭湛波《近五十年中國思想史》〈自序〉，頁5，北平人文書店，民二
十四年十一月初版，民二十五年八月再版。

❸ 張東蓀《道德哲學》，頁560，上海中華書局，民二十年一月。

❹ 同上，頁561。

論而得。

⑵生活之目的在放大生活，超越「今此」。東蓀先生告訴我們，完全拘於「今此」的生活，是沒有的，也是不值的。完全拘於「今此」的生活，乃是「原始生活」，陷於此等「原始生活」而不願自拔，並非真正的人所欲為。若一定如此去為，人便無異於禽獸，無異於草木。人活著的目的，一定不在「今此」本身。相反，人活下來，必定希望有所作為。這作為便是超越「今此」，放大生活。超越一分便解放一分、自由一分，放大一層便解放一層、自由一層。所以人生不是無目的，而是有目的的。只是這目的並非預懸，而是由於生活而出，出於不得不然。吾人不是有目的，才來到這人世；而是來到了這人世，才有生活之目標。這目標即是超越目前與當下，逼自己向著更寬更高的方向走。不這樣做，人便無法生存與立足。所以人是被逼的，同時又是自逼的。

⑶超越生活的途徑有很多種，但「知」卻是放大今此的第一步，也是最為根本的一步。東蓀先生告訴我們，知者非他，乃生活超越於時空限制之今此之第一步也。無論是感覺之知、知覺之知，還是概念之知、思想之知，其根本不外於亂中求定、雜中求純、渾中求分、流中求住、變中求恆。落實到吾人生活之時空交切點之今此，「亂中求定，渾中求分，所以超越空間上此地之限制也；流中求住，雜中求純，所以超越時間上此時之限制也。故『知』之特徵在所以越出今此。」❺就此意義上可說，知即為生(knowing is living/to know is to live)。換言之，東蓀先生告訴我們，吾人來到這人世，最主要的使命是求「知」；因為唯有求「知」，方能真正地超越當下之「今此」，而把自己之生命弄得圓滿完成。

---

❺　同上，頁564。

⑷生活之本身是獨一無二的，不可相通相共，亦無以重複；但生之放大與超越，卻是可通可共的。東蓀先生告訴我們，人之生於此世，猶如點燃一盞油燈。生必有放大，燈必有光。絕然無光之燈，與絕然無放大之生，均是不存在的。惟光之大小甚有不同。換言之，僅限於燈芯而無有光芒，不能謂之曰燈；一如僅限於今此而無有放大超越，不能謂之曰生。燈必有光，燈不可共通而光可共通；生必有放大，生不可共通而放大卻可共通。生猶如燈，燈是獨一無二的，甲燈不能為乙燈，乙燈亦不能為甲燈，這是燈之「主觀性」(subjectivity) 或「個體性」(individuality)。相反，光卻是可以共通的，甲燈之光可及於乙燈，乙燈之光亦可及於甲燈，二燈之光可共同遍及於某一特定區域，這是光之「主觀間相通性」(transsubjectivity)。依上文放大生活之根本途徑在求知之義，東蓀先生告訴我們，儘管生是獨一無二的，知即生之放大，卻不是獨一無二的。「故以生而言，我有我之生，汝有汝之生，生決不能相通相共。而知不然。我之知得為汝之知，汝之知亦得變為我之知，以知得相通相共也。由是觀之，生者知之本位也；知者生之放寬也。生以係本位故，乃限於主觀。知以係放寬故，乃通於各主觀之間」❻。

⑸人生之意義與價值，純視其人放大生活範圍之大小。以燈喻之，照亮範圍愈大者，愈有意義與價值。東蓀先生告訴我們，若謂今此之生活為生活之本身(the living in itself/life in itself)，其放大之範圍則可名之曰生活價值 (life-value)。所以吾人平素謂生活之意義與價值者，非指生活之本身而言，而係指此放大之範圍而言。換言之，生活倘止有時空之交切點，則無價值；惟超出此交切點，始有價值；且其超出之範圍愈廣，價值亦愈大。無人不有所超出、不有

❻　同上，頁567。

所放大，故無人不有其生活之意義與價值；特超出之範圍、放大之範圍各有不同，人生之意義與價值遂亦有不同。對於其中心點之生活本身而言的價值，名之曰主觀價值 (subjective value)，其以主觀為主體，其衡量也為一種「評價」(valuation)，亦即對於價值之經驗 (value experience)；不因主觀而異、共通於各主觀間之價值，名之曰客觀價值 (objective value)，亦名曰價值義蘊 (value essence)，其評價不限於直接經驗，可比較，雖以推算亦可得之。

(6)理想不是別的，理想即是今此之超越、生活之放大。東蓀先生告訴我們，現實不外時空交切點上之生活，而放大此交切點，超出此交切點，則可歸之於「理想」(ideal)，以生活之目的在超出此現實故也。「故生活為現實，而生活之目的為理想。生活所努力者即由現實以達於理想。」❼ 從另一角度言之，所謂現實即是有限，即是變，即是混亂；而理想即是無限，即是恆，即是確定。「以有限變亂之生活而自求有以達於無限永恆，斯謂之向理想而趨」❽，趨即是放大，即是超脫，愈超脫即愈表現其理想。

(7)真的生活即是變「是」而為「是什麼」、變「此」而為「何」。東蓀先生告訴我們，從「經驗」(experience)一方面言之，生活之本身即是純粹經驗，或原始經驗，或當前經驗，而放大生活、超出今此，正即所謂經驗之開化或經驗之加富也。若謂原始經驗為「此」(the thatness)，名開化為「何」(the whatness)，由「此」而變為「何」即可謂之曰生活。若謂原始經驗為「是」，名開化為「是什麼」，由「是」而變為「是什麼」，亦正可謂之曰生活。由「此」而變為「何」，由「是」而變為「是什麼」，正乃生活之必然趨勢，非自外

❼　同上，頁569。

❽　同上，頁569。

而逼迫者。因為生活之理想即在超脫生活 (the ideal of life is to transcend itself)，生活為限於時空之交切點，吾人必不能滿意於此，必欲超脫此時空之交切點而後快。而超脫此時空之交切點的第一步，便是「知」，因為「知」乃是化「此」為「何」，化「是」為「是什麼」，化變為恆，化亂為定，化渾為分之最佳門徑。「知」最能致生活於理想，「知」乃心之特徵，故歷來學者皆對唯心之說，不能不有所偏袒。

(8)生活放大之共通的部分，即是「文化」。 生活之放大，於特定主體而言，為主觀價值，於共通於各主觀間者而言，為客觀價值，此點前文已述及。東蓀先生告訴我們，此客觀價值其實又是所謂「文化」(culture)，亦即所謂「文明」(civilization)。學者向謂文化與文明有不同，文化偏於精神方面，而文明偏於物質方面。東蓀先生認為不然。他認為物質文明之創造而不以精神文化為依據，是不可能的。恰如衣服之製造必先有蔽體之觀念與禦寒之認識、房屋之興造必先有製造之技能與土木之研究、舟車之製造必先有水理之觀察與重力之辨認，沒有一種物質文明不以思想觀念為根底。故文化與文明在一定意義上，是可以通用的。東蓀先生謂客觀價值為文化或文明，亦即是謂「自有人類以來所有對於生活擴大之努力由共同而堆積之結果」❾為文化或文明。

(9)道德乃文化之一種。東蓀先生告訴我們，文化是有種類可分的。其最低級者為經濟價值(economic values)或經濟文明(economic civilization)，其超出有限、放大不多，對於生活之目的在超越自身者貢獻尚微；其上為政治價值或政治文明，其司調和整理之職，協調社會各方面，以為吾人合群力而超越生活之助；再上則有美之價

❾　同上，頁573-574。

值、信仰之價值、理智之價值等等，美之價值為美術，信仰之價值
為宗教，理智之價值為學術；於經濟、政治、美術、宗教、學術之
外，尚有一項，即是道德。故東蓀先生有定義云：「人類現實生活
受限制於時空之交切點，顧人無不欲超越此交切點；凡向此超越之
努力，堆集其共同者名之曰文化。文化有種種：對於物質需要則有
經濟；對於合群之維繫則有政治；對於條理之審知則有學術；而對
於行為方面有所律則者厥曰道德。」⑩ 總之道德作為客觀價值，乃
文化之一方面而已。

⑽超越今此、放大生活，需要有合同之努力，故需要有文化。
東蓀先生告訴我們，吾人各人獨自騰出其現實生活，其為事也必很
困難。即如最低級之騰越 —— 經濟價值之創造 —— 亦有待於群力協
作，其他如學術價值等，就更非學者個人所能創造。新思想、新研
究作為時代精神之推移，只不過是借精神優越之特定個人，作為表
出之具耳，決非此個人獨自之創造。所以東蓀先生斷言「個人而欲
超越其現實生活勢必不能」⑪。超越今此、放大生活，必待合群協
力，「此合群力而從事於超越現實之成績，總名之曰文化。文化者
吾人依生活超越其自身之目的由現實而趨於理想之合同努力
也」⑫。

⑾文化並非個人生活放大之簡單集合，而是其突創品。東蓀先
生告訴我們，各個個人放大生活之努力，可通可共，構成客觀價值
或文化；但此種客觀價值或文化，卻並非個人努力之簡單相加。文
化是由個人努力突創而出的，由個人努力獨自之性質，吾人無以推

---

⑩ 同上，頁575—576

⑪ 同上，頁577。

⑫ 同上，頁577-578。

知文化之性質，可見文化確為一種「突創品」(the emergent)。個人之居於此文化（社會文化層）中，猶如錫鐵之入於爐中，無形而融化。文化作為一種「突創品」，既是人類超脫現實之結果，又不只是人類超脫現實之結果，它一旦形成，便有自身之力量，故又可反過來對於個人加以熔鑄和陶冶。所以東蓀先生把人呼吸於文化中，比喻為魚之息棲於水中，「以水之性質而變易魚之性質；以文化之性質而變易人之性質。魚離水不能生活；人離文化亦不能生活」❸。人為生活計，求有以超越其現實，乃創有文化層，此文化層卻又反過來，制約其超越。

⑿道德於文化之進步，是必要的而非充足的，東蓀先生告訴我們，道德在文化進步中之地位，並不是至上的。他認為「道德在一方面為絕對不可缺；而在他方面又不能僅恃道德一端」❹，必以道德與法律教育等相輔而行，來求文化的常進。在批評道德一元論或道德至上論時，東蓀先生又進一步解釋說：「吾前謂道德為必須的者，即謂文化之一整體中決不可缺少道德之一方面。設其缺少，則不成為文化，換言之，即無文化。吾前謂道德為非充足的者亦即謂僅有道德一方面不能成文化之整體。苟有文化，則必須同時有道德經濟政治學術等等，各方面相倚相關以成其全也。」❺後來談到道德與救國之關係，東蓀先生依然持這樣的態度，而認為僅恃道德不足以救國，「道德對於救國是必須的條件但不是充足的」❻。

---

❸　同上，頁581。

❹　同上，頁586。

❺　同上，頁600。

❻　張東蓀〈討論道德根本問題答素癡先生〉，載《再生》雜誌二卷二期(1933)。

⒀道德性格既非完全源於先天，亦非完全來自後天，而乃係雙向建構而成。東蓀先生告訴我們，道德性格(moral character)是由文化而鑄成的，如仁慈、忠實、剛毅等等，皆可成性格，此等雖非天生而然，但鑄成以後卻無異於天性。這便是所謂雙向建構：「謂吾人個性純自天然而生成，非也；純由文化而造成，亦非也。乃二者有相關之點耳。不有水之流入，其凹形不能顯著；不先有凹形之跡，水亦不能流入。」❼人之性其原始未必不仁慈，亦未必為仁慈，使其為仁慈者，文化之力也。以個人與種族而劃分，東蓀先生認為，個人之具有道德大半可為先天的，而種族或人類之具有道德，則大致皆為後天的。故道德之在個人，有先天的痕跡；其在種族或人類，則概為後天的贏得。文化作為人類之創造，其未起以前，無有道德；既起以後，道德又隨之而進化。所以道德原非固定的與永恆的，道德性格亦然。由先天和後天雙向建構而成之道德性格，其在人身，正猶如綠色之在草木、堅性之在鋼鐵；草木失其綠色、鋼鐵失其堅硬，自身必有所虧，「人而失其道德之性格則亦必不復能為人矣」❽。

⒁不道德即惡，主要有三種。東蓀先生告訴我們，不道德即為「惡」(evil)，惡之來源有三：曰自然之惡、曰人性之惡、曰制度之惡。自然之惡係天然之缺陷，如生而跛一足或眇一目，此種天然缺陷之所以被視為惡，是因為它們足以阻礙吾人擴大生活與騰高生活之努力。故人類最初級之努力，大都集中於設法補救此種缺陷。人性之惡係指人原性之殘留，此種原性之殘留，有人名之曰「欲」，有人名之曰「本能」。　東蓀先生認為，視欲為惡與視欲為善，皆有不當。他認為欲本身是非惡非善的，其為善或為惡，要視其與文化層

---

❼　張東蓀《道德哲學》，頁589，上海中華書局，民二十年一月。

❽　同上，頁590。

之理想格局是否鑿枘不相入。設其不相入而與文化層之理想格局相扞格，則為惡；設其相入而與文化層之理想格局無扞格，則不為惡。人性之惡，指的是前一種情況。至於制度之惡，則是由於制度之硬化，漸漸喪失其原有之理想。東蓀先生認為，不拘何種制度，作為表現文化之具，其中必含三大原則：向上、自由與平等。向上者，提高之謂也，使文化更升入理想一步之謂也；自由者，解放之謂也，使文化破除其澀滯之謂也；平等者，公正或公道之謂也，使文化得以普遍、使各人之間皆得有其相當價值之謂也。此三標準，一切制度最好能同時而並具，倘僅具其二而失其一，則必不是良好制度。制度不為良好，則必有制度之惡。有制度之惡，個人行為之不道德則不能盡歸罪於其本人。總之以上三惡，常是混合在一起的，不易分開；一惡事之生成，常有人性因素、有自然因素，亦有制度因素，很難謂其純出於何種。

(15)道德與經濟、法律等之關係是相關關係，而非因果關係或決定關係。東蓀先生告訴我們，道德並不是自足的，但道德之不自足，並不意味著道德要為他種文化所決定。文化是一全體，在此全體中，經濟、政治、學術等等皆不能離其他而自成一獨立物。是先有文化，然後吾人從中分析出經濟、政治、學術、道德諸方面；而不是先有經濟、政治、道德等各自獨立之物，而後相聚合以構成文化。文化本為一整體，經濟、政治、學術、道德等等，只不過吾人為便利起見所做的抽象。所以東蓀先生斷言，經濟決不能離道德而獨立，道德亦決不能離經濟而獨立；但同時經濟又決不能決定道德，一如道德決不能決定經濟。其他各項的關係亦然。經濟有待於道德，是不言自明的，其合作必先有合群之道德，其交換必有待於公平、必先有應當之觀念；政治之有待於道德亦然，政治制度之創立必有待於

是非善惡之辨別，即必先有勸善抑惡或保善防惡之心然後方有制度，且制度之運用亦必先有此種認識與責任之自覺；學術之有待於道德亦甚明顯，欲於真理有所獲必先有誠心、不自欺、不欺人等基本道德。但經濟、政治、學術等有待於道德，並不意味著它們皆自道德而出，從而得出道德一元論之結論；道德其實亦同時有待於經濟、政治、學術等方面，如道德之進化就有待於經濟之進步與政治之良善、學術之提升等等。但從後一方面，吾人亦決得不出經濟一元論、政治一元論或學術一元論的結論來。總之它們之間的關係是互相的(correlates)，而不是因果的或決定的。經濟一元論（或經濟決定論）和道德一元論（或道德決定論），均是錯誤的，至少是片面的。

⒃道德因風俗習慣或倫理而見，但道德不即是風俗習慣或倫理。東蓀先生告訴我們：⒜雖然道德不能離禮俗而自存，但卻不能誤以為在各民族所有之各種禮俗之外別無道德其物。道德跟禮俗有不同，禮俗因民族、時代甚至階級而異，道德卻不因此而異。禮俗止為形式，而道德則在於意義(meaning)[19]。⒝道德是普適的，而禮俗或倫理不是普適的。如公正便是不限於某種具體事件，而僅為一種意義，只要其意義不變，雖事件千變亦可[20]。換言之，⒞道德不問做什麼(what)，只問怎麼做(how)，如孟懿子等問孝、顏回等問仁，孔子便有不同的回答，足見仁者不限於克己復禮，亦不限於愛人，亦不限於居處恭、執事敬、與人忠，而在得其意義[21]。不在具體做什麼，而在究竟怎樣去做。拉洋車無所謂道德不道德，拉洋車而不是出之以偷來的才是道德；坐洋車亦無所謂道德不道德，坐洋車而

---

[19]　同上，頁601。

[20]　同上，頁604。

[21]　同上，頁605。

不是出之不付酬方為道德❷。所以道德乃是另一種秩序。⒟風俗習慣或倫理是一種實際道德，所謂道德之起源與發展是指實際道德而言，道德自身必藉實際道德而表現，實際道德之逐漸改良乃所以表現道德自身之進化❷。換言之，道德自身之進化必表現在實際道德之改良中。

⒄最「起碼」之道德、最原始最基本之道德，有兩項，一曰「誠」，二曰「仁」。東蓀先生告訴我們，「誠」與「仁」即德國大心理學家翁德(Wilhelm Max Wundt, 1832–1920)之自尊與敬鄰，亦即孔子之「忠」與「恕」。「對己必誠、必忠；對人必仁、必恕。此實為道德之最初基本，其他一切道德皆由此而進展以出」❷。「誠」、「仁」作為最基本、最起碼之道德，是不能再追究其來源的，它為一切經濟、政治、學術等所必需挾以相俱者，而決非經濟、政治、學術等之所產。由「誠」之道德，發展、進化出愛名譽、愛真理等等；由「仁」之道德，發展、進化出愛群與犧牲等等。總之後來發展之道德，皆各有其原始胚子，此原始胚子即是「誠」與「仁」。

⒅道德之來源是在超越界，而道德之事項是在經濟界，換言之，道德之基礎是在內的，而德目是在外的。東蓀先生告訴我們，吾人對於道德當從兩方面觀之，一方面是道德之基礎或道德之來源或道德之胚胎，一方面是道德之事項或道德之實際。就道德之來源說，東蓀先生認為康德之說殊為至理，因為求之於自然界、現象界、經

---

❷ 參張東蓀〈討論道德根本問題答素癡先生〉，載《再生》雜誌二卷二期(1933)。

❷ 參張東蓀《道德哲學》，頁22–23、601、606，上海中華書局，民二十年一月。

❷ 同上，頁607。

驗界，吾人決無以證明何以必須有道德。吾人何以必須超越今此、放大生活，求於經驗無由索解，只能謂此乃吾人生活之本性，吾人活著，即為超脫此生活而活。故東蓀先生極為贊成康德，認為文化之所以為文化、道德之所以為道德，訴諸自然界皆無由以解釋，換言之，皆不能在自然界求得證明。但東蓀先生同時又認為，康德之說只能解釋道德之基礎，而不能據而推論道德之進化，論道德之進化必兼採自然主義。所以東蓀先生之道德哲學是兩方面的，一方面是超越主義、理想主義，以明道德之來源；一方面是自然主義、經驗主義以明道德之進化。東蓀先生之道德哲學，是此兩方面的綜合。

⑴⑼文化之進展，以道德為主要。東蓀先生告訴我們，謂文化之進展以道德為主要，只是謂一民族道德之根底素厚、又未遇摧殘，則此民族必可進化，此外並沒有其他意思。他又採用學者通說，而認為道德之發展進化有三期：一期曰習俗道德(customary morality)，以習俗即為道德；二期曰個人道德(individual morality)，以個人之良心為道德；三期曰反覆思考之道德 (reflective morality)，以道德之根基築於理性 (reason)。一期又曰群體道德 (group-morality)，二期又曰公民道德 (citizen-morality)，三期又曰理性道德 (reason-morality)。一期趨於公同、趨於普遍，曰社會化之趨勢 (socializing tendency)；二期趨於各人自覺，曰個性化之趨勢 (individualizing tendency)。三期趨於以理性為標準，曰合理化之趨勢 (rationalizing tendency)。東蓀先生聲明⒜此三趨勢在今日皆一律存留，⒝真正之道德僅有社會化之趨勢不足以成立，僅有個性化之趨勢亦不足以成立，必兼有理性化之趨勢而後始可謂有真正之道德，⒞其本人所討論、所注重之道德，只限於反覆思考之道德❷❺。

---

❷❺　同上，頁25–27。

⒇不必預設絕對自由與絕對不死，亦完全可以建立道德。東蓀先生告訴我們，吾人所需者只有實際自由即選擇，完全不必倣倣康德，預先設立絕對自由而為此實際自由之名學上的根基。吾人生存之現世界，總有少量之實際自由，由此少量之實際自由而進化，終必可得絕對大量之自由於未來。康德所說之絕對自由，是遼遠將來的事情，不必拿來作現實道德的根基。不死亦然。吾人對於不死之努力，是早已存在著的。自有人類以來，所有精神上之創造，小自感覺印象，大至記憶概念，無非為求此不死而努力。吾人所說之文化，即是人類對於不死之努力之意外的結果。吾人超越今此、放大生活，即是對於死亡之挑戰，其騰越愈高，放大範圍愈大，可謂愈近於不死。「吾人所有之理想即在此不死；吾人所有之努力亦即向此不死。生命之進化實以此為目標」 ❷ 。簡言之，吾人已有相對的不死，亦只需此相對的不死，康德所說的絕對的不死，在現世界是不存在的，因而亦無以成為現世界道德之依據。正如不必設有絕對的自由，然後始有道德，吾人亦不必設有絕對的不死，然後始有道德可言。吾人不妨置絕對自由與絕對不死於遼遠之未來，以為將來文化大進步，此種相對的自由與相對的不死可逐漸增高，安知不能達於絕對之一境？至於現世，則毋須以道德建立於絕對自由與絕對不死之概念上。縱使絕對自由與絕對不死不能得到證明，吾人之自由與向不死之努力，仍固若是，不會停止，亦不會被取消。所以吾人縱使得不到絕對自由與絕對不死，吾人依然是有道德的。道德實即超越現實生活之理想，其超越之進也無窮，道德之發展亦無限制。——道德是不會被取消的。

---

❷　同上，頁614。

二、「至善」之弱化

東蓀先生道德哲學之根本的目標，是要在理性主義與自然主義之間，取一中道；此中道不可能完全不偏不倚，故此中道又是一偏向理性主義之中道。就此意義上，著者將東蓀先生之道德哲學定性為「弱至善論」，恰如可將其架構論定性為「弱唯心論」，將其知識論定性為「弱理性論」，將其邏輯觀定性為「弱先天論」，等等。

東蓀先生道德哲學之中道傾向、之「弱至善論」傾向，有很多方面的表現。對「至善」問題的解決，便是其表現之一。「至善」問題，可說是東蓀先生《道德哲學》所要解決的主要問題。所以黃子通先生在〈黃序〉中才始終圍繞「至善」來評價東蓀先生的道德哲學。他說我們的這個時代，是一個以快樂為主的時代，在這人人都趨於快樂的時代中，「玄想的至善決不能使人信服。並且除了發展人的本能以外，就沒有道德。說是在現實的人生以外尚有一個玄妙而可見的至善，恐怕越找越沒有」[27]。順著這樣的一個潮流，東蓀先生建立起他自己的道德哲學。這種道德哲學把理想論與進化論熔為一爐，並能採納現代社會學的貢獻。所以東蓀先生所說的道德標準「並不是死板板的『至善』，也不是人各不同的『快樂』。追求至善者往往好高騖遠不近人情，主張快樂者又偏重個人而趨於紛歧」[28]，東蓀先生所走的，恰是這兩面間的一個中道。

「至善」概念很早就出現了。中國的《大學》中有所謂「大學之道，在明明德，在親民，在止於至善」的說法。西方的至善(summum

---

[27]　張東蓀《道德哲學》〈黃序〉，頁1，上海中華書局，民二十年一月。

[28]　同上，頁2。

bonum) 概念由亞里斯多德 (Aristotle, 384–322 B.C.) 引入倫理學領域，中經西塞羅(M. T. Cicero, 106–43 B.C.)，而成為道德哲學家中流行的話題。但真正使「至善」問題成為道德哲學中至關重要的、起決定作用的因素的，恐怕要數德國哲學家康德 (I. Kant, 1724–1804)。而康德之所以要設定「至善」問題，又恰是為了給自己的絕對形式主義（或絕對方式主義）尋找出路。

康德把道德之起源置於先驗界，若不設定「至善」， 其道德便永無涉於經驗界、自然界，其道德學說便不切實用、過於空泛。康德之所謂道德既不涉於經驗，既不由於現象界，其道德必為不具有具體內容，而僅為一種無待於外的格律，可用於任何時任何處。自其不限於某時某地而言，名之曰「無條件」(the unconditioned)；自其無待於外而言，又可名之曰「自足」(self-sufficient)。此種格律既是自足而無條件的，其存在實即等於知識上之先驗綜合判斷。無先驗綜合判斷，便不能有知識，同樣，無此種無條件之格律，便不能有道德。知識之成立，全賴先驗綜合判斷之存在；道德之成立，亦純恃此種自己所立之自足格律。當然，此種自足而無條件之格律，本身還不是先驗綜合的，而只是先驗的。要使其成為先驗綜合的，便必須設立「至善」，因為只有「至善」才能使此自足而無條件者，落實於經驗界、自然界，成為一般生靈的實際行為準則。自足而無條件之格律，是無目的的；但「至善」有目的。自足而無條件之格律，是不包含目的、快樂、功利、幸福的；而「至善」包含目的、快樂、功利與幸福。正是「至善」使康德之道德，從天上降臨人間，從而獲得實際的意義與內容。

康德以為以修德為獲取現世幸福之用足以搖撼道德之確實性，此理誠然。但同樣地，道德永久不與幸福一致，亦足以顛覆道德而

有餘。康德明白這一點。故其設立「至善」，正意在阻止此種顛覆。康德設定有不死，正意在明現世雖有德而受禍，而彼世則必可因有德而得福。現世之有德而受禍，只是一種偶然，非有德而必受禍，其間有必然之因果關係。所以「至善」的設立，挽救了康德的道德，挽救了其道德觀上的絕對方式主義或絕對形式主義。因為康德清楚，若絕對置幸福於道德以外，使兩者永不一致，必然會同時影響道德之確實性。為了彌補此缺點，康德方設立「至善」，以將幸福論亦吸收進自己之極端嚴肅主義中。

對於康德的道德哲學，東蓀先生是有些意見的。在《道德哲學》一書中，東蓀先生雖承認康德之道德哲學，有很多方面的可取性，但字裏行間，亦時常透露出東蓀先生對於康德道德哲學的不滿：

⑴東蓀先生認定康德所謂道德之落實於此世，落實於經驗界、自然界，乃是出於不得已，並不是出於自願。康德乃是超越主義的最大代表，而凡超越主義，無不以彼世優於此世為主張。只是在根本無以奔赴彼世情況下，不得已方轉而求有改善此世。康德之學說正是如此，「康德之思想要不失為改善此世，而其所以持為改善之根據者則又在於彼世。彼之主張重在意欲之自定規律用以拘束自己。……以思想之發展之順序論之，似為出世主義之回轉。蓋出世而不可能者，則唯有變易此世」❷。

⑵東蓀先生認為康德哲學以道德問題為歸宿，很成問題。康德哲學雖大部分在認識論，即研究知識之性質為何，但在實際上，其哲學乃是以道德問題為最後歸宿的。雖然東蓀先生對此沒有表示出明確的反對意見，但在其關於康德的敘述中，吾人亦不難發見東蓀先生之傾向。東蓀先生說：「康德學說之主要在研究知識何由而成

❷　張東蓀《道德哲學》，頁306，上海中華書局，民二十年一月。

立，似可謂其學說十分之七屬於知識問題。而細按之，當知康德之研究知識問題仍以求得人生問題之圓滿解決為其背景。故吾謂康德哲學以人生價值（即道德）為歸宿也。」**㉚**

⑶東蓀先生認為康德之道德學說只求方式上之貫合(formal consistency)，而不計其內容如何，太偏於抽象。如「不可毀約」、「不可說謊」、「不可竊物」等，照康德意思，必普遍適用，而沒有人、地、時之限制。東蓀先生以為不然，他說：「如醫生不願病者受驚而速死，雖其病不能愈而告以可愈，是明明說謊也；然此種說謊未必即為不道德。實際上求有一道德規律而絕對普遍，無絲毫例外者殆不能有。……以此之故，論者遂謂康德之說不切實用；其方式主義過於空泛。此評未嘗無理。」**㉛**

⑷東德先生認為康德承認有純粹道德與純粹幸福，是不對的，實際上沒有此純粹之一境。快樂論謂道德之目的在使人得樂免苦，功利論謂道德之目的在使人對於群體增益其幸福，幸福論主張道德與幸福一致、有德者必獲福，凡此諸說在康德看來，均非真正道德，因為他之所謂真正道德乃係為道德，非為快樂、功利、幸福而道德**㉜**。換言之，在康德，一方是純德，一方是純福，兩者是截然二分的。而在東蓀先生看來，實際上只有較德和較福，道德中含有快樂、功利、幸福，快樂、功利、幸福中亦含有道德，或功利居大部分道德為小部分，或功利與道德相等，或道德居大部分功利居小部分，總之德、福均不可能是純粹的。康德視此不足為真正道德，「未免過於極端，且亦將使道德之範圍過於狹小矣」**㉝**

㉚ 同上，頁308。

㉛ 同上，頁325–326。

㉜ 同上，頁320。

(5)東蓀先生認為康德以行為表現本體的作法，是不足取的。人於知識不能見本體，這是康德承認的，亦是東蓀先生承認的。不同只在康德既承認人於知識不能見本體，又承認人於行為乃足以表現本體❸；而東蓀先生則認為人既於知識不能見本體，便不能謂有本體，不管是以言語去表出，還是以行為去表現。

(6)東蓀先生認為康德之自律論只有和進化論及理想論相結合，方為適當。康德強調自由意志 (arbitrary will) 或自律意志 (auto-nomical will)，以為此種行為方為道德，而東蓀先生則認為，「……吾人於此自由的自律意志則止能視為道德之出發點。故康德之說能與進化論相結合者即在不視自律意志即為道德而視自律意志僅為道德之胚子」❸。於是道德之基礎雖仍在內，但道德之在外卻又有了修正與改良，隨時代而進展。談到自律論與理想論相結合，東蓀先生又說：「吾人以自律說與理想說相結合，乃可於一方面說明道德之與風俗習慣（即現實道德positive morality）並非一物；而又於他方面知必另有更高之理想時時誘道德而前進。由前之言，足見社會學上之道德觀非所論於真正道德；由後之說，則當知道德學又不能不以宗教哲學為根底。」❸

(7)東蓀先生更在「對於厭世論與自律論之批評」一節裏，對康德道德哲學上之自律論提出如下批評：「康德之道德學（即實踐理性）與知識論（即純粹理性）犯有同一弊病：曰大旨極是而證明不足是已」；「我以為自律論惟以限於說明道德之根源為宜，若不與進

---

❸　同上，頁327。

❸　同上，頁332。

❸　同上，頁335。

❸　同上，頁335–336。

化論相通，則必有絕塵而奔之弊」，故康德之自律論「不能單獨採用，必使其與進化說相調和，與理想說相合併」；不求道德於現實世界，誠有某一層面上的正確性，「特此點亦不可推之過甚，否則即無由以明此世界之有道德」，故「絕對不置德於此世界中，亦未為得也」。❸

以上是東蓀先生對於康德之整個道德哲學的意見。對於康德之「至善論」，東蓀先生亦有很多看法。從這些看法中，吾人更可見出東蓀先生之中道傾向、弱至善論傾向。現對有關說法做些簡單羅列：

⑴「夫所謂神乃指宇宙之最終本體而言。此本體必為『最完全之存在者』(the perfect Being)，一切具有理性者必為秉此最完全者之意而自趨於『極善』(summum bonum此辭又可譯為『完善』)。所謂極善者有二義，一謂最高善 (the highest good)，一謂『最完善』(the perfectest good)。二義合一乃名曰極善。須知中文『善』字不足以完全表現英文 "good" 字之義。而俗語所謂『好』卻或近之。……於是所謂極善即無異於所謂至高目的。」❸

⑵「彼預設天國，先立最善，用以說明退化者，乃根本上不明退化為何性者也。……以上所言雖與倫理思想無直接關係，然為駁斥至善在先之說起見，不能不討論及之耳。」❸

⑶「蓋以退化之結果決不能成為惡進而善亦進也。以此之故，置善於既成，置善於原始，皆有弊病。以如此則頗難以說明道德之

❸ 以上批評，詳見東蓀先生《道德哲學》之頁336-338，上海中華書局，民二十年一月。

❸ 張東蓀《道德哲學》，頁331，上海中華書局，民二十年一月。

❸ 同上，頁238。

進化耳。」[40]

⑷「故道德非不變者也；特其變不以革命之方法出之。蓋道德所企者，學者多謂為『極善』而吾則以為毋寧曰『較善』(the better)。在甲種境況之下覺有乙種境況較甲為善，於是在甲種境況時吾人之一舉一動一施一設而有合乎乙種境況者，或近於乙種境況者，則名之曰善；以之養成為性格則名之曰德。」[41]

⑸「於是善不限為遼遠之目標。若有目前之較善亦可求之。故理想不限於預立遠大目標，且預知此目標之所在。積無數目前之較善即可達於極善。……明乎此則吾人不必預立固定之目標，而即以『德』代表此『較善』。」[42]

東蓀先生討論「至善」的言論尚多，有些針對康德，有些針對其他人，在此不必一一列舉。著者在前文將東蓀先生之道德哲學定性為「弱至善論」，在此可得一說明。就是東蓀先生並沒有完全否定「至善」，而只是否定西方哲人對於「至善」的安排。換言之,「至善論」與東蓀先生之「弱至善論」的根本不同，不在要不要「至善」，而在如何安排「至善」。 綜合上面列舉的東蓀先生有關「至善」的言論，及他在另外文字中的相關言論，吾人可以得出「至善論」與「弱至善論」之主要區別：

⑴就時間言，「至善論」置至善於當下，而「弱至善論」則置至善於遼遠之將來，以為不積無數之「較善」，便無以成至善。

⑵就地位言，「至善論」予至善以無上高位，以為至善不以任何道德為前提卻又可以成為任何道德之前提，「弱至善論」則降低

---

[40] 同上，頁239。

[41] 同上，頁527。

[42] 同上，頁590。

至善之地位，以為道德之成立可以但不必以至善為前提。

⑶就性質言，「至善論」以為有純德與純福，至善即是二者之合一，「弱至善論」則以為純粹之德與純粹之福並不存在，因而所謂「至善」其實只是一種假定或設定。總之「至善論」以為道德是純粹的、最高的、最完全的，而「弱至善論」則以為此種純粹、最高、最完全之狀態，根本上就不存在，或只存在於遼遠之未來。

對於東蓀先生對康德道德哲學及「至善論」的批評，吾人是持贊同態度的。不惟贊同，吾人還可沿著東蓀先生之思路，對康德道德哲學及「至善論」提出其他的批評。東蓀先生已批評的，吾人不再提；吾人只批評東蓀先生尚未及批評的那些方面。這些方面主要有：

⑴康德所謂「至善」的基礎，是脆弱的。康德的所謂「至善」，建立在兩個前提之上，一是實踐理性的「優先地位」，二是實踐理性的「公設」。實踐理性與理論理性之統一，在康德理論中，不可能在理論理性的領域實現，而只能在實踐理性的領域實現，就此而言，實踐理性是優先於、優越於理論理性的。康德之所謂「至善」，正是建立在實踐理性對於理論理性的「優先地位」上。另一方面，實踐理性的三大「公設」也是理智世界與感覺世界協調一致的保證；沒有此三大「公設」，「至善」便無由實現，便會陷入飄忽空玄。但在吾人看來，實踐理性的「優先地位」是不存在的，真正處於「優先地位」的是理論理性而非實踐理性。吾人只能順著理論理性的方向，去尋找人生的價值與道德，去安排人在宇宙中之地位。換言之，吾人認定人的最根本的使命是求知，「知識人」是絕對優先於「道德人」的；吾人決不能超越知識，甚至撇開知識，去奠定道德的根基。道德只是知識的延伸，或知識的另一方面的稱謂，所以它決不

可能是「優先的」。至於「公設」，吾人更是持懷疑態度，即是懷疑它可以擔保「至善」的實現。把「至善」之根基建立在尚不穩固的「公設」之上，是危險的，至少是脆弱的。

　　⑵康德之道德哲學把一切經驗的質料、主觀的情感以及愛好、欲望和功利因素等等，統統排除在道德價值之外，是不現實的，也是不道德的。康德自始至終堅定不移地主張道德法則的自律性與純潔性，堅定不移地主張唯有出於責任的行為才具有道德價值，在此類原則問題上，康德從來就沒有動搖過、妥協過。康德對於經驗、愛好、欲望與功利等等的排斥，達到了幾近無情的地步，彷彿人活著只是為了盡義務，而不是為獲得幸福。但在吾人看來，一個拋棄了現實生活的人，是有缺陷的；不僅有缺陷，而且也不可能是有德性的。人的所知、所欲、所為，終擺不脫他生存於中的感覺世界；同樣地，人的道德，人內心的道德準則，終也不可能跳出感覺世界的「泥潭」。 康德不是不懂得這一點。康德是清楚的，否則他便不會提出結合德性與幸福的「至善」概念。康德只是不願意放棄他的形式主義的立場。而在吾人看來，完全排除個人之情感、愛好、欲望與功利，誠是不道德的；明知道德跳不出感覺世界的「泥潭」，竟還要完全否認情感、愛好、欲望與功利之價值，就更是一種公然的不道德。鄙棄一切的欲念，是不現實的；也並不是一切的欲念，都是一種不道德。欲念與道德，並不是不可調和的。欲念即含有道德，道德亦必落實於欲念中，──完全不含欲念的道德，是不存在的。

　　⑶康德之道德哲學、之「至善論」的出發點，是理智世界與感覺世界的截然對立；吾人認為此出發點，是有問題的。對康德而言，理智世界與感覺世界的截然二元化，乃是自由以及道德法則之存在的前提；又由於此兩個世界的嚴格分立使得它們之間直接的協調一

致成為不可能，它又成為「至善論」之設立的前提與出發點。但在吾人看來，理智世界與感覺世界並不是截然對立的，世界是在感覺中，同樣亦是在理智中。離開感覺的理智世界，是一種空想；離開理智的感覺世界，亦決不可能存在。這涉及到對於理智與感覺之本性的看法。在康德，以為純粹理智與純粹感覺是存在的，故可構成為兩個世界；而在吾人之觀念中，純粹理智與純粹感覺是不存在的，理智中雜有感覺，感覺中亦雜有理智，它們根本構不成截然對立的兩個世界。或者說，在吾人之觀念中，「純粹」一境根本上就不可能存在，不管是純粹理智、純粹感覺，還是純粹別的什麼東西。世界總是駁雜的，吾人之心靈總是駁雜的，「純粹」只是吾人的一種理想，不能當真的，更不能以此作為自己理論的基礎、前提或出發點。出發點只能是現實，只能是駁雜；理論只能是於現實中求理想，於駁雜中求純粹。總之康德之道德哲學、之「至善論」的出發點是顛倒的，是倒果為因、倒終點為起點，是於理不通的。

⑷康德明知本體沒有知識論上的根據，卻又公然以本體為道德與至善之源，是不通的。這實際上是以無知識論根據的東西，去說明道德，終使道德亦成為沒有根據的。康德明白承認，吾人之理智與知識只能及於現象，而無法及於本體；屬於本體界的東西，如自由、靈魂與上帝，只是一種假定，或公設。公設(postulates)是什麼，公設即是一種理論上不能證明、現實上具有實在性的理論命題；這些先驗理念在理論上無法認識，但在實踐領域中卻可以通過道德法則而獲得積極的意義。「人有自由」、「靈魂不朽」與「上帝存在」作為實踐理性的三個「公設」，同時亦作為形而上學之對象，表明本體亦只是一種「公設」，亦沒有知識上的根據，因而便不能成為道德與至善之源。在吾人的觀念中，無知識論上根據的東西，便可

視為不存在；本體無知識論上之根據，因而本體可視為不存在。不存在的東西不能成為道德與至善之源，因而本體便不能成為道德與至善之源。簡言之，本體不存在，至善便不能存在。因為本體乃是至善之直接根據。在否認本體的情況下，設立至善之無上地位，在理上無論如何是說不通的。吾人只能順著「沒有本體」的這一條線索，去尋找「沒有本體」的道德；卻不能逆著這一線索，去尋找「源於本體」的道德。在「沒有本體」的背境上，建立「沒有本體」的道德，理論才是圓融的；在「沒有本體」的背境上，建立「源於本體」的道德，理論便不圓融，換言之，便不合邏輯。所以吾人敢斷言，康德之道德哲學、之至善說，在其整個思想體系中，是不圓融的，是不合邏輯的。

⑸根據「靈魂不朽」之公設，康德之道德或至善是建立在「不死」這一基礎上的，換言之，只有相對於「不死」，康德之道德或至善才具有意義；而在吾人看來，道德或至善不必也不能建立在「不死」之上，正是相對於「死」，人的行為才獲得道德的意義。在康德的觀念中，人這種生活在感覺世界中的、時刻受自然本能影響的有限的理性存在，意志信念與道德法則的完全一致，在其生存期間，對他而言是可望而不可即，永遠不可能達到的。假設他還要以「至善」為追求對象，吾人便必須假設一種實踐上的無止境的進步，而此種無止境的進步又只有在假設了有理性者的存在及其人格的無限延續的情況下，才有可能。因為唯有如此，他才能超越此生此世之限制，而達到與道德法則完全一致的圓滿境界。沒有「不死」，沒有存在及其人格的無限延續，道德或至善便沒有實踐上的可能性。吾人的意思與康德剛好相反。吾人認定正是「死」成就了人類之道德；若是沒有「死」，或是只有「不死」，吾人之任何行為都很難獲

得道德的意義。譬如「捨己救人」吾人謂之曰道德，只因為「救人」必以「捨己」即犧牲自我為前提。若是「己」是不可「捨」或「捨」不了的，換言之，若是「己」是不死的，其「救人」之行為便變得無足輕重，更談不上道德或不道德。吾人作為感覺世界中時刻受自然本能影響的有「死」的一員，只能從這一有「死」的現實出發，去設置道德，去設置吾人生命的意義。「死」並不是吾人的缺陷與不足，吾人當正視「死亡」，不必為有「死」而感到羞慚或不快。「死」亦不是吾人道德的障礙，相反卻是吾人之所以成為「道德人」的根本基礎。吾人既是有「死」的，吾人之道德便只能是「有死之道德」，而不能是「不死之道德」。至善亦然。有人謂在康德理論中，「不死」只是至善之前提與根據，而不是道德之前提與根據，吾人以為不然。在康德的理論設計中，道德是絕對純粹、絕對純潔的，在吾人之不純潔的有限生命中，根本就沒有、根本就找不到康德所說的道德。不純粹、不純潔、有死、有限的吾人，根本就成不了康德心目中的「道德人」。康德之道德只在彼岸、只在來世、只在天堂，換言之，只在「不死」之中，又如何說「不死」只是至善之前提與根據，而不是道德之前提與根據？康德之道德與至善，表面上有區別，實質上是沒有區別的：至善的實現以「不死」為前提，道德的成立同樣亦必以「不死」為前提。

(6)康德謂道德是在知識之外，是要從知識的盡頭開始；吾人則認為道德是在知識中，知識達不到的地方，道德亦不復存在。所以道德不是開始於知識的盡頭，而是與知識共在，與知識共存亡。

(7)康德謂自然的「最高目的」是人，並進而謂創造的「終極目的」是至善，實有待商榷。「最高目的」吾人尚且不敢直接承認，更何況是「終極目的」！「終極目的」為何，康德坦然答曰：「終極

目的」即是這樣一種目的，它之成為可能不需要其他任何目的作條件，換言之，「終極目的」乃是無條件之目的，乃是目的之目的，或自身目的。「終極目的」之設立，乃是為自然之「最高目的」提供目的論說明。一個「最高目的」必須是能夠安置「終極目的」之目的，否則它便是未完成的。人既是自然之「最高目的」， 它便必然能夠指向一「終極目的」， 此「終極目的」在康德看來，便是人的道德存在，確言之，便是「至善」， 即幸福（自然）與德性（自由）的最高統一。沒有人類，世界只是一個沒有「終極目的」的浩渺荒野；而沒有人之實踐理性（即道德能力），「終極目的」亦不可能存在。因為理論理性（即認識能力）的人認識世界所得的，只能是有條件的、相對的東西，唯有在道德活動中，才能見出無條件的、絕對的自由。所以理性若是必須指定一個「終極目的」， 那它便只能是服從道德法則的人。這就是「至善」之成為「終極目的」之緣由。但在實際上，在吾人看來，人類之「終極目的」是不存在的。人類已經實現了無數目的，還將要實現無數目的，舊的目的實現了，新的目的又到來，目的在目的之外、在目的之後，永遠斷絕不了，永遠實現不完。但人類沒有「終極目的」，無數目的累加起來亦構不成「終極目的」。「至善」不是人類之「終極目的」， 功利不是人類之「終極目的」，知識不是人類之「終極目的」，享樂亦不可能是人類之「終極目的」， ——人類需要許許多多樣東西，但決沒有一樣東西有資格夠成為人類之「終極目的」。 所以人類既是有目的的，又是無目的的。謂其有目的，是指其有「最近目的」； 謂其無目的，是指其無「終極目的」而言。

(8)康德之至善既只是一種設定，吾人便認為它是可隨意撤換的，至少是可撤換的。換言之，康德可設定至善，吾人便可設定半

善半福；設定至善可以保證康德之道德的成立，設定半善半福，亦可以保證吾人之道德的圓成。設定至善，為康德之道德哲學所必需；設定半善半福，亦為吾人之道德哲學所必需。總之既只是設定，設定任何東西便都是可能的。

以上諸點，只是吾人順著東蓀先生的思路，對康德之道德哲學尤其是其「至善論」，所做的增補批評。本節的目標是論述東蓀先生在「至善」問題之處理上的中道傾向、弱至善論傾向，以上的增補批評，希望沒有離題太遠。

三、各家道德哲學之「批評」

東蓀先生道德哲學之中道傾向、之弱至善論傾向，還表現在他對各家道德哲學之「批評」，及批評後所做的「結論」中。

東蓀先生認為西方思想史上道德哲學 (moral philosophy) 之學說，有數十種之多，但大而別之，不外兩大潮流，即自然主義與理性主義(naturalism and rationalism)是也。於理性主義之下，他又分為二派，一為內在主義，二為超越主義；於自然主義之下，他又分有快樂論、功利論及進化論三種。屬於超越的理性主義者，他認為有厭世論（即解脫論）與自律論；屬於內在的理性主義者，他認為有克己論、直覺論（即良心論）及完全論（即幸福論）。 在《道德哲學》之〈序論〉部分，東蓀先生製表云：

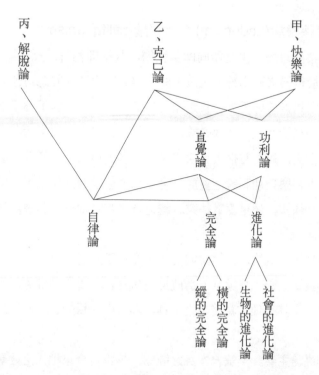

（採自張東蓀《道德哲學》之頁18）

　　東蓀先生解釋說：「表中直線乃表示相調和之關係：即快樂論與克己論相調和乃生有功利論與直覺論，但功利論仍偏於快樂，直覺論仍偏於克己論。其第二次所產生之進化論與完全論亦然。至於解脫論與直覺論相調和則生自律論，而完全論又受自律論之影響焉。」❹

　　東蓀先生正是依照上述之分類與順序，來敘述並批評各家道德學說的。吾人分析東蓀先生對各家道德學說之批評，亦當依此分類

---

❹　同上，頁19。

與順序來進行。

㈠關於快樂論(hedonism)與功利論(utilitarianism)

快樂論以為人生之所向即為快樂，故樂即為善，反之即為惡；凡致人於快樂者皆為善，凡致人於苦痛者皆為惡；善惡乃苦樂之別名，而所以定善惡要視苦樂之如何；於是人生之目的不外乎求樂而避苦。功利論亦是一種快樂論，不過是人我兼利之快樂論。快樂論注重於個人，以為有個人之快樂足矣，各人自求其快樂而不必慮他人之不得快樂；功利論注重於社會，以為必使我之快樂不背於一社會公共之快樂，始足為真快樂。總之二者都以快樂為基礎，惟側重點有不同。

東蓀先生認為，快樂論與功利論有如下共通特點：

⑴感覺主義。無論其為情感抑為感覺，要為訴諸感覺，而不訴諸推理。是其視理智為後起之工具，非人生之目的也。故與理性主義相反。

⑵經驗主義。無論為本身之經驗，抑為古今來他人之經驗，要其所以成為道德者不外乎自此種經驗中籀出之耳。道德者即人類於經驗上積成之教訓也。此說正與謂道德為普遍公理之說相反。

⑶結果主義。此說謂道德之判斷惟見於行為之影響。設有人居心殺人而結果反有益於人，則此人之動機可置而不論，而論其結果固未嘗為不道德也。此說正與善惡惟以動機為衡之說相反。

⑷他律主義。此說謂道德非自先天而固有，乃自外而附加。人既與人相處，其行為不能不有規律。故其制裁雖有屬於內心者，然其來源必仍自外界。此說與自律主義之說正相反也❹。

從以上之共通點可以看出，快樂論與功利論乃屬典型的自然主

---

❹ 同上，頁160–161。

義。對於此種自然主義，東蓀先生採取了一中道立場：

⑴他不否認快樂論有理論上「自圓」(consistency) 的可能性，但他認為此說很難施行，很難成為一種「指導原理」(leading principle)。一種哲學學說能否成立，只有一個標準，這就是「自圓」，即自身無矛盾 (self-consistency) 和能與其他學理配合 (coherence)。於倫理學則不然，東蓀先生認為，判檢一倫理學說能否成立，除了有「自圓」一標準外，還須立另一標準，即「指導原理」之標準。換言之，判檢一倫理學說能否成立，是否真理，「不僅須視其自身是否圓滿，且須視其能否付諸實踐」❹。

⑵他認為快樂論雖無法（至少是很難）施行，但卻並非全部瓦解。如邊沁(J. Bentham, 1748–1842)所舉計算苦樂之第七標準，該標準曰「我之快樂亦得及於他人」，詳言之，「兩快樂於此，一及於他人一否，則吾人應取其及於他人者而棄其否者；兩快樂於此，一及於他人甚眾，一及於他人甚少，則吾人應取其及於多人者而棄其及於少數者；兩苦痛於此，一及於人甚眾，一及於人甚少，則吾人應取其及於人較少者而棄其及於人較眾者」❻。東蓀先生認為，若此標準所依憑者不為快樂之情感，而為其客觀條件，「則此標準未嘗不可實用」❼。他舉著體育書為例，著述係我獨創之技，此我之快樂；書銷可稍獲版稅以助生活，此又我之快樂；書之內容大益於同胞或人類，凡讀者皆得致身於健壯而生快樂。書之使生快樂之讀者愈眾，我之快樂亦愈大。可見邊沁之第七標準並非全不可用。

⑶他認為功利論有諸多不足，但卻不可盡棄。功利論之大部分

❹　同上，頁125。
❻　同上，頁85。
❼　同上，頁149。

為政治學與經濟學，因而有誤解道德學之虞，但東蓀先生認為，功利論「非不佳也，乃不足耳。苟能於彼所言之範圍以外，另有標準以定道德，則吾人未嘗不可兼採功利主義」❹。換言之，功利論若能在人之生活之不涉於社會即與公共無關之方面補其不足，擴大道德之範圍，便仍不失為一種可以實踐之道德原理。

㈡關於克己論(asceticism)與直覺論(intuitionism)

克己論，又曰苦行主義，是快樂論的反面，主張人之所以為人不在依從欲望，追隨情感，而在能一反自然。此一反自然又必出之以鍛鍊，鍛鍊之目的一曰超出此自然界，此為厭世論或出世主義；二曰使自己在此自然界中得自由自在，此為理想主義(idealism)。出世主義與理想主義，乃係非自然主義思潮之兩支，一為超越，一為內在，一為離卻世間，一為改造世間。克己論初非求天國於彼岸，故大體應歸於理想主義一支。

直覺論亦正是功利論的反面，恰如快樂論以社會為出發點即變為功利論，克己論若以社會為出發點亦即變為直覺論。詳言之，以縱欲為立腳點，在古代以個人自足為出發點，斯為快樂論；在近代以應付社會為出發點，斯為功利論。同樣地，以制欲為立腳點，在古代以個人自足為出發點，斯為克己論；在近世以應付社會為出發點，斯為直覺論。

東蓀先生認為，克己論與直覺論有如下共同特徵：

⑴理智主義。以為善惡是非由理性而辨別，並非由於官感上之經驗，此正與感覺主義相反。

⑵普遍主義。謂道德本為普遍之存在，並非由經驗上習得之，一如直接之公理。此又正與經驗主義相反。

❹　同上，頁155。

⑶動機主義。以為道德不能和法律、政治一樣，只問結果，法律之範圍人也於其行，道德之範圍人也於其心。有不善之心，即足為有背於道德律。此正與結果主義相反。

⑷自律主義。以為縱使無社會，個人之行為亦必有其規則。且此規則由於自覺而自定，初非由於他人所強迫。此又正與他律主義立於相反地位。❹

以上之共同點若為不誤，克己論與直覺論乃屬典型的非自然主義或理想主義，當是無疑的了。對此非自然主義或理想主義之思潮，東蓀先生亦是採取中道立場：

⑴認為人雖然必須使用先驗格律或格式解決所面臨之問題，但此格律或格式本身卻只是一種設定，並非先天的、一成不變的。這是對克己論與直覺論之共同背境所做的弱化。克己論與直覺論的共同背境是理性主義，以理性為中心，以為行事之善惡、動作之是非，率可由吾人固有之理性以認識之。東蓀先生認為，人之應付環境固然必預先具有格式，但此格式卻並不是先天的，而只是一種假定或設定，「故理性者雖似本有若干條理程式，而要不外乎解決問題之設定，以便嘗試而已。……足為解決問題之助已耳。而此種最初之假定雖以論理方式表之，然初非一成不變，乃可隨解決問題之應用而有變化」❺。總之，東蓀先生一方面承認有理性，以為道德上理想主義之支撐，一方面又不視理性之條理為固有，為一成不變，以實現道德上理想主義之弱化。此不為中道又為何道乎？

⑵認為良心論有其可貴處，但其大弊在用實然解釋應然。良心論乃是理性論在倫理學上之應用，東蓀先生認為，良心論置良心之

<hr>

❹　同上，頁244–246。

❺　同上，頁224。

基礎於天生的利他本能，謂人之行善是由於本性為善，人之辨別善惡是由於本來具有良心，其實是在以實然（人之本來狀態）解釋應然（道德），由此造成自然法制(natural law)與道德訓條(moral order)的無分別。所以他認為良心論其心可嘉，其理卻有不通處。

(3)認為道德確有先驗因素存乎其間,但道德卻並非永遠不變。東蓀先生認為，克己論與直覺論承認道德中有先驗因素是對的，但以為道德律為一成而不變卻是不對的。「故在著者之意以為人類之所以有道德，與道德之所以有進步，皆在於吾人有理想。吾人懸理想以提高現狀。而此理想之自身則又逐漸而高，初非固定。……總之，論道德當從其『動的』(dynamic)方面著眼，不可專注重於靜的(static)方面也」❺。

總之東蓀先生認為，「理性主義之大弊在以靜的理性認為既成之物，又置之於原始之際。果爾，則必無進化，亦必無創造，以無待於創造故也。然而實際上吾人之有道德，既不若彼攝影者取諸既成境物為之攝影，亦不似彼採礦者對於礦石為之掘發，乃實頗類藝術家由自己之天才而有所創造」❺。他以伯夷、叔齊之「清」、比干之「忠」、曾參之「孝」、顏回之「信」為例，說明道德係天才之創造之理，「是以道德之初起多由於個性為之創造，而其成立則又在於為一群所公認」❺，「不論道德之由於個性創造，抑由於習俗之蛻變而成，則有可見者，道德決非既成，亦非先有也明矣」❺。

(4)認為克己論可行，但不適當；直覺論高遠，但不能實行。克

---

❺ 同上，頁235。

❺ 同上，頁239。

❺ 同上，頁240。

❺ 同上，頁241。

己論主張克制情欲，東蓀先生認為此簡便而易行，「雖反乎人之常性，尚不失為一種可以實行之方法」❺。所以克己論非不能行，實不便行耳。雖克己論可以挽縱欲恣情之狂瀾於萬一，但若不為解脫此世，畢竟無如此斬性伐情之必要。直覺論相反，「直覺論之最大缺點在不能實行」❺，因為它主張人之辨認善惡由於直覺，只是一種解釋說明，而不是一種指導方案。且按諸實際，縱使吾人有此直覺，各人之間亦頗有等差不齊，無以實施。故東蓀先生斷言：「是以吾謂直覺論於吾人行為之實際上指導實未嘗有補也。」❺總之，對於克己論與直覺論，東蓀先生是有褒有貶，有毀有譽。謂其共同優點是「分現實界(the actual)與理想界(the ideal)為二，而置道德於理想界」❺；同時又認為此種主張雖有優點，「然亦不可於此推論太過，致有絕塵而奔之弊也」❺。

㈢關於厭世論(pessimism)與自律論(autonomy theory)

厭世論與自律論，亦屬理性主義之一支，東蓀先生對於理性主義之態度，前文已述及。故關於厭世論與自律論，可不細述。

理性主義有兩種，一為內在的理性主義，一為超越的理性主義，前者如克己論與直覺論，後者如厭世論與自律論。所謂「超越」，即是置道德之根基於另一世界之意。超越主義亦有兩種，謂道德之根基在另一世界，吾人當求復返於此另外世界，斯乃人生之正諦，此為出世論或厭世論；謂道德之根基在另外世界，而吾人則本此以改

---

❺ 同上，頁241。
❺ 同上，頁242。
❺ 同上，頁244。
❺ 同上，頁246。
❺ 同上，頁246。

造此世間，使現世界即化為彼另外世界，初不必騰避之，此為自律論或超越之入世論。

自律論或超越之入世論，與內在之理性主義，如克己論與直覺論，有何不同，當是學者在此處極感興趣之問題。對此東蓀先生明確答曰：自其結果而言之，兩者誠同；然自其出發點而言之，兩者則頗有差異。細按之，差異至少有三點：⑴超越之入世論始終主張另外有世界，而內在之理性主義卻是即求理性於此自然界中；⑵超越之入世論不承認現實之現象界其本身有道德律，而內在之理性主義卻不離此以求道德；⑶內在之理性主義之改造此世界，近於進化論所說之進化，而超越之入世論之改造此世界，則近於出世論所說之還元返真。❻

厭世論與自律論還有一共同特色，就是以為惟有使道德建立於宗教上方足以鞏固不搖。換言之，此種超越主義大抵是與宗教相接近，以宗教為道德之背境的。當然，它們初非以現有之宗教來保障道德，而只是仍由道德而證明宗教為必要，並沒有指定究為何種宗教。

對於厭世論，東蓀先生未做過多評議，只是認為在今日不當也不能遽欲勸化世人共同走上出世一途，因為出世之是否可能，在學理上尚未有充分之證明，亦尚未有確切之實驗，其自相矛盾處甚多。

對於以康德為代表之自律論，東蓀先生有三點「批評」，從此三點「批評」中，吾人便可見出東蓀先生的中道傾向：

⑴認為康德之自律論大旨極是而證明不足。東蓀先生認為，這是康德之道德學（實踐理性）與知識論（純粹理性）所犯的同一弊病。如同其知識論設有先驗知識而其所列十二範疇卻不免失之幼稚

❻　同上，頁248。

一樣，其道德學謂意志有自立規律（東蓀先生認為此點極是）而其所立三公式則又不免失之空泛。故東蓀先生認為，「是故康德之偉大處在其能開發新方面，雖內容或有未妥，而大體方向無法搖動。此即康德所以為最大思想家之故也」**❻**。

(2)認為自律論在道德學上實為一種可取之學說，只是不能單獨採用。這又是一種中道態度。東蓀先生認為，若能使自律論與進化論相調和、與理想論相合併，則能得一最理想之道德學。他以為以自律論說明道德之根源，以進化論說明道德之開展，以理想論說明道德之目標，三者相合，最得圓滿。他認為自律論最好僅限於說明道德之根基，因為自律論若不與進化論相通，則必生絕塵而奔之弊。

(3)認為自律論不求道德於現實世界，誠有道理，但此點亦不能推之過甚。東蓀先生認為，絕對不置道德於此世界中，是不行的，「否則即無由以明此世界之有道德」**❻**。

㈣關於同情論(sentimentalism)與進化論(evolutionism)

同情論實即進化論之前期。所謂前期者，非正式之謂也，換言之，即未達於真正進化論之謂也。進化論自生物遺傳之觀點而研究道德；同情論則僅知社會的遺傳，自社會遺傳之觀點而研究道德。同情論僅知人類於生出後經教育之陶養與風俗之轉移而致道德潛滋默長；進化論則更知人類之道德的性格不僅由後天而潛長，實亦由先天而傳自其祖先父母。道德學上真正進化論之設立，是在達爾文(C. Darwin)之進化論出世以後；在此之前，亦有道德由風俗教化而逐漸產生之進化觀點，但其所詮以同情為中心，故不名其為進化論，而名之曰同情論。此是自細處言之。其實從廣義而言，凡視道德之

---

❻　同上，頁337。

❻　同上，頁337。

產生如樹者然，由種子而發芽，由發芽而生幹，由生幹而分枝，如是者均可謂之曰進化論之態度，進言之，均可納入於進化論一類。故自大處著眼，同情論與進化論實沒有太大分別。

東蓀先生認為，自同情論而至進化論，乃思想發展必經之程途。同情論者謂人有同情心，此已為最後概念，不可再事推溯。但吾人之研究卻不能到此為止，勢必再叩問曰：此同情何由而來耶？同情論者必答曰：最初之衝動只為情欲自求滿足，無分乎利己與利他。曾以利己之經驗而得快樂，其後乃愈趨於利己；曾以利他之經驗而得快樂，則必愈趨於利他。此言雖是，但求滿足之情又為何物耶？「足見同情論止從次級問題立論，而於根本問題則必有待他人為之補充。此所以吾必以同情論置於前，而以進化論列於後也。以進化論所詮者皆關於此種根本問題故耳。同情心之為何物，情欲之為何物，快樂之為何物，凡此必求之於進化論乃得其解決。」❻❸

對於同情論與進化論，東蓀先生亦採取了中道立場，這一點從其「對於同情論與進化論之批評」中，可以見出：

⑴關於同情論他認為，道德之與情感不可分離，人皆承認，但謂道德即為情感，可議處尚多。他認為同情論只可名為情感說，此說認定道德即係一種情感 (sentiment)。其實情感與道德二者範圍不盡相同，「故以情感視為道德之發動力則可，而謂道德即為情感則不可」❻❹。

⑵認為同情僅為道德之來源，而非道德之內容。東蓀先生批評同情論，但卻並不完全否定同情論，而是認為同情論有一定範圍內的真實性。「故吾認同情為道德之泉源而非道德之內容。蓋道德之

---

❻❸　同上，頁366。

❻❹　同上，頁410。

內容為是非 (right and wrong) 而同情所示者止為吾人何以知有此是
非。……是以吾以為謂同情心為道德之發動則可，謂道德即為同情
心則不可。其說之弊仍在於混『應然』與『實然』而一之」❺。

⑶認為進化論派欲使道德學變成純粹科學，功不為小，但謂道
德學成為科學以後，一切其他方面之見地皆退歸無用，則未免太過。
東蓀先生認為，使道德學變成性格學之後一部分，變成心理學與生
物學（性格學者以科學方法從心理與生理方面研究吾人之性格）之
一種應用科學，從而使道德學自哲學範圍中完全脫出，乃是進化論
派之思想欲達之目的，「著者以為此誠道德學之新方面。同情論啟
發於進化論，進化論又啟發此新方面，其功誠不為小。特欲以此一
方面概括其餘，謂道德學既成為科學以後，一切其他在哲學方面之
見解皆退歸無用，似又未免太早計也」❻。

⑷關於斯賓塞(H. Spencer, 1820–1903)東蓀先生認為，其快樂
論較其他快樂論為強而有力，但仍未能使快樂與幸福有所分別，從
而仍未能獲得穩固基礎。斯賓塞為進化論之主要代表，「道德學上
進化論之完成者」❼，東蓀先生對此人之態度，即可視為對整個進
化論之態度。東蓀先生認為，斯賓塞之說比較為徹底者不在其以生
物學為根據，而在其於哲學上以生命論為最高原理。他以生命論為
快樂論之根基，決非希臘思想之漫然推崇快樂者所能比。但斯賓塞
卻不明快樂與幸福之分別，千言萬語，依然擺不脫功利論曾犯之大
弊：不知幸福可在快樂之外求得之理。不分快樂與幸福，其說未免
有基礎不穩之憂，「彼以快樂論為媒介以結合生命論與進化論於道

❺　同上，頁413。

❻　同上，頁411。

❼　同上，頁373。

德學上，若此媒介而有虧則其學說全體必被其影響不待言也」**⑱**。

⑸認為克魯樸金 (Kropotkin, 1842–1920) 與蓋育 (Jeam Marie Guyan, 1854–1888)等人毅然決然拋棄快樂論，而直取進化論，至為精當，但亦各有困難。克、蓋二人均為進化論之代表，他們有見於以快樂論證明進化論之為無益，乃決定拋棄快樂論而直達進化論。東蓀先生認為，此誠不誣，卻困難重重。於克氏，困難有二：以互助為道德之唯一基礎，抹煞自然界之生存競爭，與事實不符，此一也；僅注重於互助，以為一切道德皆源於此，未免有縮小道德範圍之弊，此二也。於蓋氏，謂道德為生活力之泛溢，固較互助論範圍為廣，然以生活力之大小說明吾人之道德，總覺有未當之處**⑲**。不若以此說明吾人之功業簡而明也。

⑹認為進化論之倫理思想有較功利論高明之處，但進化論之倫理思想亦有其大弊，這就是太側重於自然主義。東蓀先生認為，以自然主義用之於道德，是有很多問題的；進化論以自然主義為根基，當然亦問題不少。他認為糾正進化論偏重自然主義之弊，另闢道德學之新局面的途徑是有的，這便是進化論與理想主義之中和：「然而須知進化論之根本原理固不限於必與自然主義結合；理想主義亦未嘗不可採取進化之概念。是以吾謂進化論之新局面，其即在與理想主義相溝通也歟?」**⑳**

㈤關於完全論 (perfectionism) 與自我實現論 (self-realization theory)

完全論亦名曰幸福論 (eudaimonism)，daimon 為支配命運之神，

---

⑱ 同上，頁429。

⑲ 同上，頁430–431。

⑳ 同上，頁438。

eu-為好或善，合而言之，亦可名曰「好運論」。此外，表示努力向上之「奮勉主義」(energism) 或「精進主義」一辭，亦頗與完全論同意，二辭似可以互相通用。完全論派之思想一方面吸收個人福利之快樂論與公眾利益之功利論，一方面又採納抑止情欲之克己論與尊重理性之自律論。雖亦酌取直覺論而崇尚良心，然究與直覺論派有所不同。直覺論在倫理思想上不討論人生目的，而完全論則認人生有目的，屬於學者所謂的目的論一類(Teleological systems)。

　　布拉德雷 (F. H. Bradley, 1846–1924) 與格林 (T. H. Green, 1836–1882) 所持之學說，皆名曰自我實現論 (theory of self-realization)。其實東蓀先生認為，作為完全論之代表的亞里斯多德 (Aristotle, 384–322 B.C.) 和黑格爾(G. W. F. Hegel, 1770–1831)之思想，同樣亦可視為屬於自我實現論之列。換言之，完全論與自我實現論並無大區別，「是『自我實現論』與『完全論』不過名稱之別而已。至今我仍分別二者亦不過為敘述便利之計，非有他也」❼。

　　就完全論與自我實現論之整個情形看，其思想進展的脈絡，十分鮮明。亞里斯多德之思想來自柏拉圖(Plato, 427–347 B.C.)。柏拉圖常往來於解脫主義與淑世主義之間，而亞氏則不認為有離卻現實世界而獨自存在之超越世界，此思想之變化一也。黑格爾之思想亦受亞氏影響，然又稍稍復歸於柏拉圖，主張先有空泛之理性。其有感於亞氏之進化論有層次而無程式，乃創有正反合之對演法。此思想之變化二也。布拉德雷以為黑格爾僅見兩概念之相待而證明背後必另有絕對，殊不知每一概念其自身即為矛盾，苟非有絕對必不足以挽救其弊。布拉德雷於是拋棄正反合之對演法，而另求一法足以

---

❼　同上，頁491–492。

證明絕對。此思想之變化三也。此外格林知僅恃黑格爾之說不足以折服自然主義者，勢必仍以康德為開始。此思想變化又一也。凡此諸種，表明完全論與自我實現論之代表，其思想各有不同，其不同中且頗能表示思想進化之跡 **⑫**。

對於完全論與自我實現論，東蓀先生有如下批評：

⑴認為完全論有很大成功之處，但其各家均坐假定太多之弊。完全論之基礎為理性主義，但亦兼收自然主義中之進化論，東蓀先生認為，其特長即在以理性之發展而說明進化，係理性主義的進化論，「須知以理性之發展說明進化本較以因果法則之說明進化為便利，此其最大之成功處也」**⑬**。但東蓀先生同時亦認為，建立道德學不妨先以研究道德現象為起點，初不限以唯心論或唯物論為道德學之旨趣，否則便有假定太多之嫌。此正完全論各家之大病，「統觀完全論各家如亞里斯多德，如黑格爾，如格林，皆不免陷於假定過多」**⑭**。亞里斯多德必先假定宇宙進化之階段，必先假定人類正在理性之一階段，而後方可說明人類之有道德；黑格爾必先假定宇宙理性之自行發展為正反合之程式，必先假定意志之求自由有向外向內與合化之分，而後方可說明道德之地位；格林必先假定有所謂大自覺之宇宙精神，必先假定此精神通於萬物，必先假定吾人之意志負此精神而出，故為自發，不受因果連鎖之拘束，而後方可說明道德之性質。「足見完全論各家有一共同缺點：曰假定太多是已」**⑮**。

⑵認為亞里斯多德之適中為德，有其價值，但謂凡適中皆為德，

---

⑫ 同上，頁492。

⑬ 同上，頁519。

⑭ 同上，頁522。

⑮ 同上，頁522。

又不免太過；認為黑格爾正反合之演化程式有一定道理，只是不能用以說明道德；認為布拉德雷之自我實現論，固有顛撲不破之理，但其「自我」一語尚不得確解；認為格林以理想主義與進化主義相調和，尚可謂為比較上可取之學說，但其以吾人精神不死為道德之唯一基礎，又不免太損傷了道德。東蓀先生認為，最為學者所稱道的亞氏之適中說，是受了希臘尚美精神之影響，「殊欠嚴確」，因為道德並不等於美。「特吾人按諸實際，所謂德者頗與折中有異。……故不能謂凡折中皆為德。且折中乃僅為德之一種。……是以適中說在今日觀之，未免失之粗樸耳」 ❼⑥。

關於黑格爾，東蓀先生認為，其正反合之演化程式「決不能用於道德」。「顧吾人則見惟道德界無革命，不意黑格爾以演化說明道德，乃轉使道德因演化而失其永恆。此豈黑格爾所及料哉！」 ❼⑦關於布拉德雷，東蓀先生認為，其學說之中心在自我實現，「其中所待解釋者厥為『自我』一語。……心理學既失之淺，哲學又失之深，於是吾人對於自我竟無由以得確解。設所謂自我者尚為待決之啞謎，則自我實現之說又從何譚起耶？」 ❼⑧關於格林，東蓀先生認為，其以不死為道德之唯一基礎，必先以全副精力從事於證明精神不死，然後以為一切道德方有安頓處。以為人生之價值純係於此。設人生而斷滅，一切皆成飄忽，了無意義矣。「此說雖亦有優點，而著者殊不謂然。竊以為道德之存在可無待於精神之不死。換言之，即道德之所以為吾人不可或缺者初不必謂其由於死後之禍福報應。縱使善人受禍，惡人獲福；縱賢者屈死，暴徒長生，而道德之存在屹然自

---

⑥　同上，頁523。

⑦　同上，頁524。

⑧　同上，頁524–525。

若也。縱使死後一無所有，吾人終於一死，而道德之存在亦屹然自若也。必如此方足與言道德。」⑲

　　(3)認為完全論各家有共同之優點，惟其形而上學之臭味太濃。東蓀先生認為，「置道德於全部文化中配合之以為說明」，乃是完全論各家共同之優點，「猶如耳目之在人身，耳目之功能不外乎完成全體人身之功能，道德亦須配合於人類全體文化中，甚至於配合於宇宙發展之生物進化全程中，以求其性質方可得其正解。此實完全論派之長處也」⑳。在「批評」之末了，東蓀先生斷言：「總之，完全論除具有形而上學之臭味太濃以外，實為比較上最可取之學說。吾人苟從社會學心理學而稍稍佐以科學之說明，則未嘗不可暫奉為定論。」㉑

　　可以看出，以上諸點「批評」，皆自中道立場而發出，則東蓀先生對於完全論與自我實現論係持中道之態度，當是無疑的了。

(六)關於綜合論與結論

　　《道德哲學》之〈結論〉部分，是東蓀先生本人的道德觀，其要點，前文已備述，其中道傾向與弱至善論傾向，亦極鮮明，無需詳論，因為它係「著者綜合各派所試建之說也」㉒。此處只摘錄東蓀先生有關「綜合論」的言論，以進一步明瞭其中道傾向與弱至善論傾向。在《道德哲學》第七章（〈綜合論與結論〉）第一節（〈綜合論〉），東蓀先生云：

---

⑲　同上，頁526。

⑳　同上，頁526。

㉑　同上，頁528–529。

㉒　同上，頁616。

吾嘗言倫理思想止有自然主義與理性主義之二大潮流，在其
始也自然主義之發現為快樂論，理性主義之發現為克己論。
以快樂論為本位而調和克己論者為功利論，以克己論為本位
而兼收快樂論者為直覺論，以功利論為本位而調和直覺論者
為進化論，以克己論為本位而兼收功利論者為完全論。是進
化論為完全論已純為自然主義與理性主義之綜合，吾曷為而
另立綜合論耶？須知吾今所謂綜合論殆等於進化論與完全論，
同為對於此二大思潮為之綜合耳。特進化論之綜合也仍偏於
自然主義；完全論之綜合也仍偏於理想主義。吾取綜合中之
較公平而不甚偏頗者名之曰綜合論。是綜合論者因非第三種，
不過進化論完全論中之較公允平均者而已。學者如以多立名
目為不足，則歸之於進化論可也，歸之於完全論中亦可也。⑧

　　總之東蓀先生所說的「綜合論」，乃是不偏不倚、公允平均之
中道的「綜合論」。偏於自然主義者為綜合，但不為真的綜合；偏
於理性主義者為綜合，亦不為真的綜合。真的「綜合論」必是嚴格
中道的，用東蓀先生自己的話說，「不偏於理性主義亦不偏於自然
主義而為公允之調和者為綜合說」⑧。

四、人生哲學之「弱至善論」傾向

　　東蓀先生人生哲學之中道傾向、弱至善論傾向，也是極其顯明
的。就思想史上看，人生哲學方面主要有兩大類思潮，一類謂人類

---

⑧　同上，頁530。
⑧　同上，頁533。

好樂而惡苦，就樂而避苦，乃是天性，此為快樂論 (hedonism)；一類謂理性方為左右人們行為之標準，故人類有時明知其苦而為之，明知其樂而不為，此為理性論(rationalism)。快樂論以希臘之普羅泰戈拉(Protagoras)、亞里斯第普斯(Aristippus)、伊壁鳩魯(Epicurus)，英國之霍布斯 (Hobbes，1588–1679)，法國之康第拉 (Candillac，1715–1780)、拉梅特里(La Mettrie, 1706–1751)、霍爾巴赫(Holbach, 1723–1789) 等人為代表；理性論則以希臘之蘇格拉底 (Socrates, 470–399 B.C.)、柏拉圖 (Plato，427–347 B.C.)，英國之卡德渥斯 (Cudworth, 1717–1788)，德國之康德(Kant, 1724–1804)，法國之笛卡兒 (Descartes, 1596–1650) 及荷蘭之斯賓諾莎 (Spinoza, 1532–1677) 等人為代表。東蓀先生之人生哲學便是介於此兩大類思潮之間。

　　東蓀先生《人生觀ABC》(1928)一書，在列舉了兩大類思潮對人生諸問題的不同解決方案後說:「至於後來研究的學者都不能完全站在那一邊，因為兩邊都是太偏。所以學者往往採取綜合說。這便是於兩大類思潮以外又有第三類思潮。」❽東蓀先生的人生哲學，便是屬於這「第三類思潮」，換言之，東蓀先生的人生觀自一開始，便是一個中道的人生觀。這種人生觀不走極端，依憑理智，平凡而又踏實。請看這種人生觀對一些相關問題的解決:

　　⑴關於宇宙之性質，它既不屬單純的唯物論，亦不屬神秘的唯心論，而是認為宇宙由進化而成，認為這個世界是由物質而到心靈的進化歷程。

　　⑵關於宇宙之構造，它既不屬呆板的機械論，亦不屬先定的目的論，而是認為宇宙是於呆板中逐漸創出來活動，於不自由中逐漸

---

❽　張東蓀《人生觀ABC》，頁21–22，上海世界書局，民十七年七月。

創增自由。

⑶關於宇宙與人生之狀態，它既不是純粹的自然主義，亦不是孤懸的人本主義，而是由自然中創造出來人文，認為人文是創造進化出來的。

⑷關於人類之行為規範，它既不主張無道德的隨便主義，亦不主張有萬世不變的道德之道德主義，而是認為道德乃進化的產物，是由無而有的。

⑸關於人生之目的，它既不屬個人主義快樂論，又不屬普遍主義克己論，而是主張自我創造，由此更前進，既不以自己之快樂為目的，亦不以利他為止境。

⑹關於行為之規律與善惡之判斷，它既不屬他律主義與經驗論，又不屬自律主義與直覺論，而是主張以自覺而運用經驗，以經驗而改正直覺，並置此互相關係於一個創造的歷程中。

⑺關於意志之自由，它既不屬預定的必然論，亦不屬漫然的自由論，而是主張以理智為工具，由不自由中逐漸增創出自由。

⑻關於行為之對象，它既不是結果論，又不是動機論，而是認為結果即在動機中，動機亦在結果中，不能分成兩橛。

⑼關於人生價值問題，它既不是樂觀論，又不是悲觀論，而是由悲觀中逐漸增加樂觀的成分。❸

簡言之，此種人生觀即是以為我們這個宇宙，乃是一個創造進化的歷程，於是人生便得隨著宇宙創造進化的大潮流而行，「其前進並無預定目標，好像放花砲一樣，一放以後，便散發開來，而開展的結果是有所創造。所以即創造即生活。一天生活即一天創造。這就是生活的意義」❼。很明顯，從其「創造進化的歷程」看，它

---

❸　同上，頁34–36。

是中道的；從其「並無預定目標」看，它又是弱至善的（弱至善不
是不要至善，只是主張不要把至善放到目前，當作當下的行為準則）。
關於其中道傾向、弱至善論傾向，東蓀先生說：

> 從上面所講的結論上看，便知道我們所應當採取的思想態度
> 必須異乎前章所述的那樣兩極端。換言之，即我們對於關乎
> 宇宙與人生無論提出何種問題我們都不可作兩極端的答案，
> 而當另取一種新態度。普通名此態度為綜合的態度，而我則
> 不以綜合為適當。我以為這種態度應當名曰進化的態度。就
> 是凡事都從進化方面來看，用英語來講是 evolution as
> method。詳言之，即進化當作一種方法，凡事都用這個方法
> 來解釋。❽❽

此處重點談創造進化，弱化終極、彼岸與至善。在敘述完基本態度
後，東蓀先生又說：

> 我們這個第三種思想的態度所以要發生是有鑑於上述兩極端
> 的思想態度不能說明完全的事實。……所以要有一個能說明
> 較為包括的，換言之，即能網羅各方面而不相矛盾的，則必
> 須另創一種新說。我們這個新態度就是為了這個緣故。……
> 試用的結果，不但從未見抵觸，未見有說不通的地方，並且
> 反覺得比以前便利得多，圓滿得多。❽❾

---

❽❼　同上，頁38。

❽❽　同上，頁32–33。

❽❾　同上，頁39–40。

此處重點談中道，弱化極端之態度。

　　中道與弱至善論傾向，表現在東蓀先生人生哲學的各方面。在《人生觀ABC》一書之〈自我〉部分，東蓀先生闡述了〈自我〉從無我到有我（即偽我），從有我再到真我（即佛教所說的無我）的進化歷程，認為「我是進化中的產物，而真我是我的更進化一層，更圓滿一層」❾⓿，所採取的是中道態度、弱至善態度。在該書之〈康健與不朽〉部分，東蓀先生強調「不朽的意義必須與進化的意義相並行。沒有進化即沒有堆積，沒有堆積即沒有不朽」❾❶，所採取的是中道態度、弱至善態度。在該書之〈本能〉部分，東蓀先生既不主張縱欲，亦不主張禁欲，而是主張「化欲」，提出一個處置本能的辦法，「就是最小限度的滿足。其故是在本能的滿足若求其高度是沒有底止的」❾❷，所採取的亦是中道態度、弱至善態度。在該書之〈結論〉部分，東蓀先生強調「人生就是好像放花砲一樣，相續而出，沒有預定的達到目標，所以可以說人生是無目的的」❾❸，所採取的是弱至善態度；強調「人類的價值是在全宇宙的進化歷程上而定的。個人的價值是在全人類進化歷程上而定的」❾❹，所採取的是弱至善態度；強調「我們本來沒有十分固定的本性」、「我們已早把自己的本性改變了不少」❾❺，所採取的也是弱至善態度。

　　在《人生觀ABC》一書的最後部分（按即〈餘論〉」部分），東

---

❾⓿　同上，頁49。

❾❶　同上，頁52–53。

❾❷　同上，頁59。

❾❸　同上，頁81。

❾❹　同上，頁85。

❾❺　同上，頁85。

蓀先生對自己人生哲學之中道傾向、弱至善傾向的性質，作了解釋。
關於中道之性質，他說：「我相信真理不能是多元的，而所以必須
要忍容的緣故不在世界上有多數並立的真理，乃是主張者自己所得
的未必是完全真理。例如我主張人文主義，但我不能不對於自然主
義有所尊重。這不是因為世界上有兩種相反的真理同時存在，乃是
因為我主張的恐怕尚未達到絕對真理的地位。因為自己所說未必即
為唯一的真理，所以不能不忍容異說。」❾⑥就是說，「中道」並非主
張各種學說應得並存，並非主張甲所持之甲說與乙所持之乙說都各
有真理，不能抹煞其一。所以東蓀先生又補充說：「因此我以為我
的人生觀是比較上稍近於真理。但恐怕不是十分接近，所以我對於
一切相反的異說，亦一律忍容。……一方面必須具〉有忍容的道德，
而同時他方面有接近真理的自信。」❾⑦

　　關於弱至善之性質，東蓀先生認為，儘管我們迄今從未得有完
全的真理、絕對的真理、唯一的真理，但我們依然不能說本來就沒
有完全、絕對與唯一，因為「如果我們遽然承認如此，則我們便不
須再向前追究了」❾⑧。換言之，則我們便失去了向前追究的勇氣和
信心。所以完全、絕對與唯一儘管吾人迄今尚未見到，但吾人卻可
以設置，也必須設置完全、絕對與唯一，換言之，吾人可以設置，
也必須設置至善，「把一個絕對真理的遼遠目標掛在面前，使我們
有前進的勇氣」❾⑨。總之東蓀先生強調，弱至善並不是不要至善，
而只是主張將至善置於遼遠之將來，將其作為一個永遠追求，然又

---

❾⑥　同上，頁107–108。

❾⑦　同上，頁109。

❾⑧　同上，頁108。

❾⑨　同上，頁108。

永遠達不到的目標。弱至善論與至善論的最根本區別，即是在前者堅決反對將至善置於目前，將其視為目前行為、思想的準繩與依據。至善是永遠達不到的，這是弱至善論的態度；至善可以在某時某地達到，甚至有些方面已經達到，這是至善論的態度。基於弱至善論的立場，東蓀先生特別強調「我們對於真理方在追尋中」，他說：「我們一天生存，便須一天窮究真理。」❿又說：「……就目的來論，可以說人生的目的由無而到有，由微而到著，由隱而到顯。就自由論，亦是由無自由而漸自由，由小自由而甚自由。」⓫所以從機械中爭自由、從自然中爭目的、從自然的機械性中爭人事的自由性，乃是吾人永遠不息的追求與目標，吾人活著一天便追尋一天，活著一代便追尋一代，直到人類自身消亡的那一天。所以至善根本上是與人類共存亡的，人類活著一天，它便存在一天；人類消亡了，它便亦消亡。但人類即便能活到永遠，活到無限，它卻也不可能達到，永遠不可能達到，永永遠遠不可能達到：人類有永遠，它比永遠更遠；人類有無限，它比無限更無限。

　　一九二九年八月出版的《新哲學論叢》一書，所述「一個雛形的人生觀」，其中道傾向與弱至善論傾向亦極顯明，限於篇幅，此處不述，尚希有心之讀者一參閱焉。

五、與唐君毅先生道德哲學之比較

　　二十世紀中國哲學（主要是指一九四九年前的中國哲學，一九四九年後中國無哲學）中，真正有見地的道德哲學系統，並不多。

---

❿　同上，頁108。

⓫　同上，頁82。

在東蓀先生的道德哲學之外，唐君毅 (1909–1978) 先生的道德哲學系統，恐怕是唯一值得重視的一個。他的這個系統，最早發表在《道德自我之建立》（民三十三年十一月，商務印書館）一書中。唐先生在該書之〈序〉裏說，《道德自我之建立》由三部組成，三部之寫作，均依問題之發展而層層深入，自成一全體，「以無通俗道德哲學著作之機械式之綱目，故三部互相照應之處，不可由綱目之明文以見。讀者必須玩其全文，於著者所欲表顯之道德哲學之意境有所會悟，乃能知其義蘊之相流貫也」❿。顯然，利用該書表達自己之道德哲學意見，無疑是唐君毅先生的自覺行動。

就時間而言，唐先生道德哲學系統之提出，要晚於東蓀先生。東蓀先生的《道德哲學》寫於一九三〇年九月，出版於一九三一年一月；唐先生《道德自我之建立》一書則是寫於一九三九年十月至一九四四年六月，出版於一九四四年十一月。兩者相差約為十三年。在這十多年的時間裏，中西哲學均獲得了飛速發展，留下了許多寶貴的理論學說與經驗教訓。按理，唐先生之道德哲學要比東蓀先生之道德哲學，更為成熟，更為圓滿。但實際情形卻並非完全如此。

唐先生之道德哲學，在很多方面，是重複東蓀先生的意見，沒有自己的創造與發明。如：

⑴他認為道德生活之本質即是自覺的自己支配自己之生活，這是東蓀先生已經說過的。唐先生說：「本書第一部道德之實踐，首指出道德生活即自覺的自己支配自己之生活。」❿又說：「……道德生活所想支配的是自己。然而自己之支配自己的生活必需是自覺的，

---

❿　唐君毅《道德自我之建立》之〈序〉，頁2，商務印書館，民三十三年十一月。

❿　唐君毅《道德自我之建立》，頁3，商務印書館，民三十三年十一月。

乃成道德生活。」[104]換言之，在唐先生看來，一生活是道德的，當且僅當(a)此生活是自覺的而不是出於純粹的生物本能，(b)此生活是支配自己的而不是支配物或他人，(c)此生活是自己支配的而不是外物或他人支配的。一曰自覺，二曰自己，三曰自律，此種生活便是唐先生所謂真正而純粹的道德生活。

　　東蓀先生除了不承認「絕對的自律」[105]一點外，其他諸點都已談到。他在談到「道德行為」之含義時說：「於是在道德學上乃不名之曰『動作』(action)，而特名之曰『行為』(conduct)，行為者謂動作之出於有意為之者也。……道德學所研究者為人類之行為，特必先設定人類之行為出於自覺，由於自發。」[106]又說：「吾人既能發為自動行為矣，既能自定其標準矣，則吾人於建立標準以後，必可依此以檢查所有之行為。」[107]合乎此標準者賞之，違背此標準者責之。前一段話說的是「自覺」，唯自覺之行為方為道德行為；後一段話說的是「自己」，唯自定標準、自我檢查之行為方為道德行為；後一段話當然多少亦涉及到「自律」。很明顯，唐先生之意見沒有超出東蓀先生之意見。

　　(2)他認為一切道德心理行為都表現一共同之性質，即超越現實自我之限制，這也是東蓀先生已經說過了的。唐先生說：「這一切道德心理行為都表現一共同之性質，即超越現實自我之限制，於是

[104]　同上，頁3。

[105]　同上，頁4：「道德生活是自覺自己支配自己是絕對的自律。但是人要真求自覺的自己支配自己是極難的。」商務印書館，民三十三年十一月。

[106]　張東蓀《道德哲學》，頁5，上海中華書局，民二十年一月。

[107]　同上，頁8。

說道德心理行為之共性是超越現實自我之限制。」❿唐先生把人之飲食男女求名求權等活動，由低到高加以排列，共分十二種，認為每一種活動「均含一種超物質現實精神之意義」，且層次愈高，「其所含之超現實的身體物質之意義愈多，亦即所超越現實之限制愈多」❾。換言之，人之一切行為都在求超越現實自我之限制，只是有程度和層次之不同；由此亦可看出，人之一切活動均是「同一的精神實在之表現，而可以互相流通互相促進互相改變」❿。

其實這一層意思，東蓀先生早就說過了。東蓀先生定義道德云：「人類現實生活受限制於時空之交切點，顧人無不欲超越此交切點；凡向此超越之努力，堆集其共同者名之曰文化。文化有種種：對於物質需要則有經濟；對於合群之維繫則有政治；對於條理之審知則有學術；而對於行為方面有所律則者厥為道德。」⓫換言之，道德非他，道德不過是超越現實生活、超越時空之交切點之一方面的努力耳。東蓀先生認為，人之生活之目的不是陷於生活，安於時空之交切點，而是求有以放大生活，超越時空之交切點，「質言之，即生活倘止有時空之交切點則無價值，而若超出此交切點則始有價值。……且其超出之範圍愈廣，則價值亦愈大。故人生之意義與價值純視此放大範圍。……特放大之範圍各有不同，人生之意義與價值遂亦有不同」⓬。可以肯定的是，除了將人類各種活動細分為十二種，唐先生幾乎是在一字一句地重複東蓀先生說過的話。

---

❿　唐君毅《道德自我之建立》，頁5，商務印書館，民三十三年十一月。

❾　同上，頁8。

❿　同上，頁9。

⓫　張東蓀《道德哲學》，頁575-576，上海中華書局，民二十年一月。

⓬　同上，頁568。

(3)他認為現實自我即是陷溺於現實時空中之現實對象之自我，超越現實自我即是從現實時空之現實對象中解放出來，這同樣亦是東蓀先生已經說過了的。在《道德自我之建立》之第三部，唐先生解釋了「現實自我」之含義，他說：「……現實自我即指陷溺於現實時空中之現實對象之自我，為某一特定時間空間之事物所限制所範圍之自我，亦即形而下之自我。而道德心理道德行為之共性即使自我自此限制範圍中解放不復有所陷溺，道德價值即表現於此解放之際。」⑬ 簡言之，現實自我即陷溺特定時空之自我，而道德價值即表現於「現實自我限制超越之際」，或「現實自我解放之際」⑭。

　　這番話可謂和東蓀先生完全相同。東蓀先生稱特定時間為「今」，稱特定空間為「此」，現實生活即是安於「今此」之生活，現實自我即是立於「今此」之自我。東蓀先生說：「生活之性質非他，夫亦曰新鮮活潑而已。……故新鮮活潑之義必含有此時此地(here and now)之義。此時此地可簡稱之曰『今此』(以今代此時以此代此地)。而親歷此『今此』，或體驗此『今此』者則謂之曰生活。」⑮東蓀先生不用「陷溺」，而用「親歷」或「體驗」一詞，和唐先生微有差異，但根本意思是一樣的。東蓀先生說：「此處所謂自由乃作『解放』之義。其放大之範圍愈廣乃愈不為時空所嚴限，自可謂愈從時空限制中得解放矣。愈得解放即愈為自由。」⑯東蓀先生此處所謂「解放」與唐先生所謂「解放」，完全是一個意思，都是指超越特定時空之限制；從此超越中尋求道德價值，兩先生也是

---

⑬　唐君毅《道德自我之建立》，頁5，商務印書館，民三十三年十一月。

⑭　同上，頁5。

⑮　張東蓀《道德哲學》，頁561，上海中華書局，民二十年一月。

⑯　同上，頁563。

一樣的，東蓀先生謂放大「今此」之範圍愈大愈有意義與價值，唐先生謂超越現實自我之限制愈甚其道德價值愈大。

總之唐先生道德哲學之根本立足點，與東蓀先生之道德哲學完全雷同。唐先生《道德自我之建立》的第一句話便是：「本書凡三部。三部各自獨立，而義蘊則相流貫，互相照應，以表示一中心觀念，即超越現實自我自覺的自己支配自己以建立道德自我之中心觀念。」⑩這一中心觀念，其實亦就是東蓀先生《道德哲學》一書的中心觀念，東蓀先生《道德哲學》〈結論〉部分的最後一句話便是：「蓋吾人之生活其本旨實在於超脫現實；凡關於此種超越者集而聚之則成所謂文化，而道德即文化之最重要方面也。故道德實為超越現實生活之理想。其超越之進也無窮，故道德之發展亦無限制。此蓋著者綜合各派所試建之說也。是否有當，惟賢者判之！」⑱簡言之，東蓀先生視道德為超越現實生活之理想，唐先生視道德為超越現實自我之限制自覺地自己支配自己，其辭有異，其意一也。

唐先生之道德哲學與東蓀先生之道德哲學雷同，並不意味著唐先生抄襲了東蓀先生。著者決沒有這樣的意思，讀者萬勿誤會。著者對此種雷同的解釋是：張、唐二先生各自獨立地建立起自己的道德哲學，殊途而同歸；張、唐二先生的知識背景和精神氣質，對於共同的現實問題所做的共同思考，決定了此種殊途同歸的必然出現。用「英雄所見略同」一語來解釋張、唐二先生的關係，是最為恰當不過的。

張、唐二先生之道德哲學也有不少相異點，如：

---

⑪ 唐君毅《道德自我之建立》〈序〉，頁1，商務印書館，民三十三年十一月。

⑱ 張東蓀《道德哲學》，頁616，上海中華書局，民二十年一月。

⑴東蓀先生「統述各大家後始殿以己見」⑲，而唐先生則「於古今道德哲學各派之成說無所討論」⑳，「於道德哲學上之不同學說本身……無所敘述與討論」㉑。

⑵東蓀先生之道德哲學「自全體而言可謂為『理想論的』(idealistic)；而自德目而言則可謂為『實在論的』(realistic)」㉒，而唐先生之道德哲學「則取資於諸理想主義者如康德菲希特、黑格爾等為多，然根本精神則東土儒佛之教」㉓。

⑶東蓀先生之道德哲學「可謂與翁德（按即 Wilhelm Max Wundt, 1832–1920）等相同，亦以文化而說明道德，特說明之法則稍稍異其趣」㉔，而唐先生之道德哲學則「自更近於格林（按即 Thomas Hill Green, 1836–1882）布拉德雷（按即 Francis Herbert Bradley, 1846–1924）之說，但格林布拉德雷之以道德必過渡到宗教，形上自我即通於神則非我所同情」㉕。

⑷東蓀先生之道德哲學將「至善」置於遼遠之將來，認為「至善」無以實現於現世間，故以為「若有目前之較善亦可求之」㉖；而唐先生之道德哲學則認為「心之本體無限制故至善」㉗，故「至

⑲ 張東蓀《道德哲學》〈自敘〉，頁2，上海中華書局，民二十年一月。
⑳ 唐君毅《道德自我之建立》之〈序〉，頁2，商務印書館，民三十三年十一月。
㉑ 唐君毅《道德自我之建立》，頁1，商務印書館，民三十三年十一月。
㉒ 張東蓀《道德哲學》，頁591，上海中華書局，民二十年一月。
㉓ 唐君毅《道德自我之建立》之〈序〉，頁2，商務印書館，民三十三年十一月。
㉔ 張東蓀《道德哲學》，頁560，上海中華書局，民二十年一月。
㉕ 唐君毅《道德自我之建立》，頁5-6，商務印書館，民三十三年十一月。
㉖ 張東蓀《道德哲學》，頁590，上海中華書局，民二十年一月。

善」可以實現於現世間，「歸到真善美之必可實現於人間社會」**⑫**。

張、唐二先生道德哲學之相異點還有不少，足見唐先生之道德哲學，是其獨立思考的產物。

六、正、反兩方面的「批判」

東蓀先生《道德哲學》一書出版以後，受到了正反兩方面的批評。站在肯定或較為肯定的立場批評東蓀先生《道德哲學》的，有全增嘏、素癡、瞿菊農、張抱橫等人；站在完全否定的立場批判東蓀先生《道德哲學》的，有葉青等人，尤以葉青為代表。全增嘏雖則批評東蓀先生在建立理論一方面失敗了，但依然稱其書為「精心結構」**⑫**之作；素癡雖指摘東蓀先生並未解決道德哲學之根本問題，亦仍然稱其書「就許多方面而論是很有價值的」**⑬**；瞿菊農對《道德哲學》一書予以推介**⑬**；張抱橫對該書作了解說**⑬**。這些均係正面的批評，肯定東蓀先生《道德哲學》無論如何有某一側面的價值。

但葉青先生卻對東蓀先生《道德哲學》持完全否定的態度，認為它幾乎是一部根本無需存在的作品。現將葉青先生之批評要點轉述如下：

---

⑫ 唐君毅《道德自我之建立》，頁8，商務印書館，民三十三年十一月。

⑫ 同上，頁10。

⑫ 見《新月》三卷七期之「書報春秋」欄，頁9。

⑬ 見《大公報》一九九三年六月一日之「世界思潮」欄，第四十期。

⑬ 見《北晨》第二十二期。

⑬ 見《北晨》第二十五期。

⑴關於《道德哲學》之〈序論〉，葉青先生認為「除了錯誤、混亂、矛盾、曲解外，不知道有甚麼價值」⑬。關於道德哲學的對象，他認為東蓀先生「根本沒有弄清楚」⑭；關於道德哲學的定義，他認為東蓀先生亦是「一點也弄不清楚」⑮；關於道德哲學的任務，他認為「與他對於道德哲學底定義相同，是一貫的混亂，並再加以矛盾，實在沒有給我們以明確的和邏輯的定論」⑯；關於道德哲學的創始，他認為東蓀先生以蘇格拉底(Socrates)為始祖是「曲解」歷史，「抹殺赫拉克里特（按即Heraclitus），絕不提及；曲解德謨克里特（按即Democritus），把他底快樂論說成理性主義」⑰。

⑵關於《道德哲學》之本論部分（葉青先生以「方法」名之），葉青先生認為「張東蓀對於道德哲學的分類、敍述、批判和建立，均可訾議。二十萬字，堆砌之作也，有許多是不必要的」⑱。關於分類，他認為東蓀先生將歷來道德哲學大別為快樂論、功利論、克己論、直覺論、厭世論、自律論、同情論、進化論、完全論、自我實現論、綜合論等十一個學型，標準「十分混亂」⑲；關於敍述，他認為在敍述的方法上東蓀先生「應用歷史法得很不好」⑳，在敍述的範圍上東蓀先生沒有述及拉・梅特利(La Mettrie)等法國物質

---

⑬ 葉青〈張東蓀道德哲學批判〉，載《二十世紀》第二卷第八期(1934)，頁65。

⑭ 同上，頁55。

⑮ 同上，頁57。

⑯ 同上，頁61。

⑰ 同上，頁64。

⑱ 同上，頁81。

⑲ 同上，頁67。

⑳ 同上，頁69。

論者及費爾巴哈(K. Feuerbach)等，「遺漏的很多」❶，在敘述的材料上「十分拉雜，非道德思想的哲學，他堆砌了很多」❷，在敘述中的學型解說上東蓀先生要麼曲解理性主義，要麼「一味讎視」馬克思，「不是錯誤，即是淺薄而欠充分」❸，在敘述學型發展上東蓀先生是採取「戲不夠神仙湊」的辦法，「很不合於科學」❹。

關於批判，他認為「張東蓀批判那些道德哲學，說了多少話，都沒有打擊著這些根本的錯誤」❺；關於建立，他認為「張東蓀底綜合論，是各種道德學型之東抄西襲的雜湊」❻，其所採用的「折衷的綜合法」其實就是「流行的抄襲法」。

⑶關於《道德哲學》之〈結論〉部分（葉青先生以「體系」名之），葉青先生認為「我們沒有找出一點新的地方，高於前人的理論創造，他底綜合論是十足的抄襲論，在方法上，是折衷的綜合，不是辯證的綜合」❼，認為：「他底綜合論既無創新，亦未超出他所敘述之陳舊的道德哲學底範圍」❽。

關於道德的位置，他認為東蓀先生的言論「沒有一點不合乎馬克思底物質論和物質史觀或社會的物質論」❾。認為東蓀先生的「今此」、「解放」、「覺」、「知」、「主觀間相通性」、「理想」、「現實」、

---

❶　同上，頁70。

❷　同上，頁70。

❸　同上，頁72。

❹　同上，頁73。

❺　同上，頁78。

❻　同上，頁79。

❼　同上，頁102–103。

❽　同上，頁103。

❾　同上，頁86。

「此」、「何」等新名詞「實則純屬常識」，造新名詞來敘述常識是
「故為高深、裝作高深」❿；認為東蓀先生「有理論價值的生活即
知識之說，及物質論底實踐即認識之一換語」❺，其他諸說「則全
是物質論和物質史觀底理論」❻；但東蓀先生卻又「還未充分理解
物質論和物質史觀，所以保存得有柏拉圖底痕跡」❽。

關於道德的意義，他認為東蓀先生的「道德」定義「不錯」，「都
是馬克思底物質史觀底道理」❻；但同時又認為東蓀先生是「竊取」
物質史觀，理解還膚淺，「所以沒有在他腦子中形成一貫的思想，
在一本書中說出很多的反乎這個定義的話」❺。

關於道德的性質，他認為東蓀先生是「竊取」士勃朗吉、馮德、
柏拉圖，並且還有弗洛伊德(S. Freud)的成分，「這正同他對於道德
底位置和道德底意義一樣，是絲毫新的成份都沒有的」❻；認為「張
東蓀雖反對自然主義，他自己也是自然主義者，並沒有站穩社會底
立場」❺。

關於道德的養成，他認為東蓀先生「全然是抄襲」馬克思之社
會的物質論、斯賓塞之進化的道德論以及穆亞的實在論、侯企孫(F.
Hutcheson)和沙甫志培萊的直覺論等，認為其觀點「一點理論價值
都沒有」❻。

---

❿　同上，頁86。

❺　同上，頁86。

❻　同上，頁87。

❽　同上，頁88。

❻　同上，頁89。

❺　同上，頁89。

❻　同上，頁91。

❺　同上，頁92–93。

關於道德的制裁，他認為東蓀先生的見解「對於物質史觀並無衝突，只不過表明張東蓀停留在尋常人底地步，沒有前進絲毫，亦沒有一點特殊的見解」[158]。認為東蓀先生「屏棄制裁不用而代以一般的互相關係，乃是由確切退到遊活，毫無是處。……實際上是自相矛盾的」[160]。

關於道德的進化，他認為東蓀先生是抄襲蘇格拉底、康德（道德格律說）、 格林及馮德等人的見解；認為其「道德無革命」之說乃是「資本社會末年市民學界流行的庸俗的進化論曲解，與胡適底一點一點的進化觀相同」[161]，並認為從忠君的忠到忠國的忠，就是一種革命。

關於道德的根源，他認為東蓀先生是抄襲康德、頡德等人的思想，「自己是沒有一點新添的」[162]，認為東蓀先生謂道德根源在超越界，在理性，「完全是穿上了馬克思（或馮德）衣裳的康德之人生哲學的演化」[163]，並認為「道德底根源在社會，所以道德為經驗的產物」[164]。

關於道德的前提，他認為東蓀先生的見解「都是康德的，……不過稍加修改罷了」[165]，並且修改意志自由所用的論據，「乃是從斯墨茨(J. C. Smuts)、摩爾甘、亞里斯多德那裏借來的，亦並非獨出心

---

[158]　同上，頁94。

[159]　同上，頁95。

[160]　同上，頁95。

[161]　同上，頁97。

[162]　同上，頁99。

[163]　同上，頁100。

[164]　同上，頁100。

[165]　同上，頁102。

裁」⑯。

在「批評」的末了，葉青先生將東蓀先生人生哲學定性為「新解脫論」，將其道德哲學定性為「新自律論」，認為「對於張東蓀，則新柏拉圖派或新康德派或修正主義的伯倫斯坦派，均稱適當」⑯。他認為東蓀先生之道德哲學試圖模倣馬克思，綜合發展進化論與完全論，是失敗的，並認為其失敗的原因不外兩點：「或者由於捨不得折衷的綜合；或者由於沒有站在物質論底立場。……總之，根本的原因是他不理解辯證的物質論及其社會的物質論（物質史觀）。」⑯葉青先生還對東蓀先生以本人道德哲學為「結論」，而只將馬克思道德哲學作「附錄」的作法，表示不滿，認為這是「以道德哲學大成者自況」，並斷言道德哲學之真正的大成者「不是張東蓀，乃是被他置諸道德哲學之外、僅看成道德哲學史之附錄的人——馬克思。他不獨是道德哲學底大成者，而且是道德哲學底革命家，在道德哲學史上創開了一個新紀元」⑯。

葉青先生〈張東蓀道德哲學批判〉（寫於一九三四年一月，發表於一九三四年八月）長文，共約4.6萬字，分前後二部分，前部分批判東蓀先生，後部分闡述葉先生本人的見解。上文所轉述者，便是葉先生批判東蓀先生道德哲學的主要內容。著者在關專節轉述葉先生之「批判」，並不是預備要對葉先生的「批判」作一反駁，而只是要達到如下目的：(1)讓讀者進一層明瞭東蓀先生之學說與「物質論」的不同；(2)給讀者增添一個確定東蓀先生道德哲學之地位的

---

⑯ 同上，頁102。

⑯ 同上，頁103。

⑯ 同上，頁104。

⑯ 同上，頁105。

參照系，以進一層明瞭其學說在二十世紀中國哲學中的意義。若此目的能達到，上文的轉述便不為多餘。

第六章　毀譽得失：
「玉關恩怨更誰論」●

近來中國學者有一個大毛病，就是不肯向難的地方去進攻。
他們總是想向容易的地方去嘗試，所以他們易於成功。至於
我則最喜歡向難處研求，愈難愈要追求。所以我終免不了失
敗。因此我自知我在哲學的創造上是一個失敗者，然或許是
一個很光榮的失敗者，比他們的成功還要光榮。我想到此，
我不能不以失敗自慰自豪了。

　　　　　　　　　　　　　——《新哲學論叢·自序》(1928.12.30)

　　東蓀先生似乎是過於複雜，所以對他的評價始終沒有固定過。
人雖已「蓋棺」二十多年，「定論」卻從來不曾出現。

● 東蓀先生贈王崑崙七律條幅有云：「秋來何事最銷魂？……玉關恩怨
更誰論?」見薛葆鼎《聯琳夜話》，載一九八七年八月二十九日《光明
日報》第二版。

一、評價之評價

對於東蓀先生的較早評價，是來自李達先生。李先生在〈張東蓀現原形〉一文中說：

> 張東蓀本來是一個無主義無定見的人，這幾年來，他所以能夠在文壇上沽名釣譽的，就是因為他有一種特長，會學時髦，會說幾句言不由中的滑頭話。
>
> 他作文章，有一種人所不能的特長，就是前言不顧後語，自己反對自己。這是因為他善變，所以前一瞬間的東蓀，與後一瞬間的東蓀是完全相反的。總之，張東蓀是文壇中一個「迎新送舊者」，我們必先瞭解這一點，才能批評他。❷

這一評價發表於一九二〇年十一月七日，時東蓀先生三十四歲。這一評價主要的不是關於其學術，而是關於其人格。就是在李達先生看來，東蓀先生是一個「無定見」的、「沽名釣譽」的、「滑頭」的、「善變」的人。著者不能親見東蓀先生，與之遊，與之伴，自然不能說李先生之評價，完全不合現實。但著者可以肯定地說，著者不相信東蓀先生是「無定見」的，是「沽名釣譽」的，是「滑頭」的，儘管著者也許相信東蓀先生「善變」。也許有人反駁著者，說你只是「不相信」而已，並不表示現實就是如此；著者只好答曰：「我就是不相信，我只是不相信，至於現實如何，我是不管的。」

❷ 李達〈張東蓀現原形〉，載上海《民國日報》副刊〈覺悟〉(1920.11.7)，署名「江春」。

　　本世紀三〇年代初, 葉青先生也開始以東蓀先生為評價對象,
他在〈張東蓀哲學批判〉一文中說:

　　　　是的, 張東蓀獲選了, 他可說是這種社會成分之一哲學上的
　　　　代表。因此, 他雖不是哲學博士, 而其造詣卻勝過哲學博士,
　　　　例如胡適。我覺得張東蓀在今日的東亞這一無哲學之文明古
　　　　國中, 實有可以稱述的地方。他在作了很多哲學的介紹之後,
　　　　拿出了一個自成系統底哲學。……不止這樣, 就是以文字而
　　　　論, 亦具有哲學的風味, 與胡適之……輩哲學著述之「門外
　　　　漢」筆調者, 迥不相同。就質量而論, 單把張東蓀所介紹底
　　　　《唯用論》與胡適之所介紹底「實驗主義」一比, 精、粗、
　　　　確、謬大有不同。❸

　　這一評價寫於一九三一年三月, 發表於一九三一年五月, 時東
蓀先生四十五歲。這一評價主要的有兩點: 一曰東蓀先生哲學造詣
勝過哲學博士如胡適之, 在作了許多哲學的介紹後, 竟拿出了一個
「自成系統底哲學」; 二曰東蓀先生之介紹西洋哲學, 水平要高於
胡適之一流, 不僅質量比他們高, 而且文字水平亦較他們更富哲學
味。此兩點評價, 著者基本同意。
　　一九三四年四月, 葉青先生又在上海辛墾書店正式出版《張東
蓀哲學批判 —— 對觀念論、二元論、折衷論之檢討》一書, 在對東
蓀先生哲學進行全面批判的同時, 也對東蓀先生作出某種肯定的評
價。葉青先生寫道:

---

　❸　葉青〈張東蓀哲學批判〉, 見《二十世紀》一卷三期頁113–114(1931.5)。

中國在五四時代才開始其古代哲學的否定，現在固沒有堅強
的近代體系，然而已在建設之中了。作這種企圖的，首先要
算張東蓀。所讀歐洲過去和現在的哲學著作很多，不像五四
胡適那樣，只讀一點美國書，失之淺薄。如果我們說梁啟超
和陳獨秀是中國近代哲學的啟蒙運動者，那麼張東蓀就是中
國近代哲學的系統建立人。❹

這一評價問世於一九三四年四月，時東蓀先生四十八歲。這一
評價謂東蓀先生是中國第一個試圖建立並建立了一個「近代哲學體
系」的人，著者深表贊同。所不同意者，只是著者認為，東蓀先生
建立的哲學體系，不是「近代哲學體系」，而是「現代哲學體系」，
——東蓀先生的哲學，在著者看來，完全是現代的！

一九三五年十一月，孫道升先生在《國聞週報》十二卷四十五
期發表〈現代中國哲學界之解剖〉一文，給予東蓀先生很高的評價。
該文說：

中國哲學界的新唯心論當然也是來自西洋。……張東蓀，林
宰平，瞿菊農，張君勱……可以說都是此派的中心人物。
這派哲學，自移植到中國以後，確曾幹了一些偉大的事業，
他敢明目張膽地抵抗新唯物論；他敢明目張膽地揭抑新實在
論；他敢一往無前的反對以科學代替哲學，宣揚用哲學保障
科學；他更敢鼓其銳氣征討實用主義，取其在北大哲學系之
地位而代之。這是一段何等光榮的歷史啊？

---

❹ 葉青《張東蓀哲學批判 —— 對觀念論、二元論、折衷論之檢討》之〈序
言〉，上海辛墾書店，民二十三年四月。

中國新唯心論的領袖，無異議的當推張東蓀先生。中國研究
西洋哲學的人，不可謂不多，說到能由西洋哲學中引伸出來
新的意見，建設新的哲學，恐怕只有張東蓀先生一人。關於
此點，不惟贊成他者如此稱許，就連反對他者也如此讚揚。
反對他的人尚這樣稱許他，可見他對於哲學是實有新的貢獻
了。他的著作很多，總在一百二十萬言以上。如《新哲學論
叢》，《人生觀ABC》，《道德哲學》，及《認識論》等，都是
近二十年中國哲學出版物中第一流的著作，就中尤以《認識
論》一書是他的精心傑作。著者個人認為張先生在這部傑作
中有三點最大的貢獻：一是條理部分認識論，二是名理絕對
獨立論，三是普泛架構主義。❺

　　這一評價發表於一九三五年十一月，時東蓀先生四十九歲。這
一評價包含如下基本方面：⑴東蓀先生是中國現代哲學界「新唯心
論」一派的「中心人物」和「領袖」；　⑵東蓀先生所領導的「新唯
心論」派，在中國哲學界曾幹出了一番「偉大的事業」；　⑶東蓀先
生的哲學體系是在深研西洋哲學後，從西洋哲學中引伸出來的；⑷
東蓀先生的許多著作，如《新哲學論叢》、《道德哲學》、《認識論》
等，都是當時中國哲學出版物中，第一流的作品；⑸《認識論》一
書作為東蓀先生之「精心傑作」，有三項「最大的貢獻」。

　　第一點評價與第二點評價，著者表示贊同，只是不同意「新唯
心論」一語，因為東蓀先生的哲學不是「唯心論」的。東蓀先生並
不否認「外界」的存在，也並不認為「外界」是由「內界」單方面

---

❺　孫道升〈現代中國哲學界之解剖〉，載《國聞週報》十二卷四十五期
　　(1935.11)。

產出的。第三點評價著者基本同意，但卻有一點補充，就是認為東蓀先生之哲學的來源，除了西洋哲學外，還有東方哲學，特別是佛教之因緣說。第四點評價著者亦基本贊同，但總覺這些著作還有「更哲學化」的餘地。第五點評價著者表示反對，著者認為《認識論》一書的確有上述三項主要主張，但不能說凡主張皆是貢獻或「最大的貢獻」；著者認為「條理部分認識論」是主張不是貢獻，「名理絕對獨立論」是主張不是貢獻，只有「普泛架構主義」才稱得上是貢獻。前二項主張，東蓀先生後來都放棄或弱化了；只有後一項主張，東蓀先生始終堅持，無怨無悔。

　　一九三六年十月，張聿飛先生在《現代評論》二卷一－二期發表〈現階段中國哲學界的派別〉一文，裏中評價東蓀先生說：

> 新唯心論派──這一派的哲學思想之根據，自然是來自西洋的，是和新唯物正相反對的一派哲學。這一派的人才很多，現在已經獲取了中國哲學界相當的地位。像張東蓀，林宰平，瞿世英，張君勱，黃子通，賀麟，鄭昕，彭基相，周輔成，南庶熙諸氏，都是這一派的中堅。
>
> ⋮
>
> 這一派的領袖是張東蓀先生，張先生近年來在哲學界大賣氣力，一手抓住世界書局，編譯有本派哲學理論的書籍，一手又把握住粵省的地盤，成立了「學海書院」，同時還給反對派施以反擊，並且要建立他自己的哲學了。但是在客觀立場上的我們看來，張先生的理論根據，是很複雜，是很欠系統的研究，並且在自然科學和社會科學上的根據太薄弱了！此外，

還有個弱點，就是，張先生往往是拋開了人家的理論根據而講人家的哲學，像《新哲學論叢》，像《道德哲學》就都是主觀的色彩太濃厚了，在這一點上，張先生自以為是建立哲學，更有一般附和張先生的人，說張先生是「建設新的哲學」，是「代表了知識論」的哲學家，這些話，似乎派別的氣味太重？我們實在不敢佩服！而且，我認為張先生講哲學，如果要是照現在這樣的做下去，前途如何？恐怕也很有限了！ ❻

此評價寫成於一九三六年九月十九日（「九一八」五週年之次日）， 發表於一九三六年十月，時東蓀先生五十歲。此一評價包含如下要點：⑴東蓀先生是「新唯心論派」的領袖；⑵東蓀先生準備建立「自己的哲學」， 但理論根據很複雜，很欠系統的研究，且在自然科學和社會科學上的根據太薄弱；⑶東蓀先生往往拋開人家的理論根據而講人家的哲學，主觀色彩太濃，如《新哲學論叢》、《道德哲學》等；⑷謂東蓀先生是「建設新的哲學」， 是「代表了知識論」的哲學家，乃是一種「派別的氣味太重」的說法；⑸東蓀先生照當時的樣子講哲學，前途很有限。

第一點評價，著者不完全同意，就是認為東蓀先生的確是這一派哲學的領袖，但這一派哲學不宜被稱為「新唯心論」。 這一派哲學的確是「極力反對新唯物論」、「批評新實在論」、「征討了實用主義」， 但並不意味著這一派哲學就是「新唯心論」的。東蓀先生本人從來不願把自己的哲學定性為「唯心論」，更不願把它定性為「新唯心論」； 況且「新唯心論」與「唯心論」究竟有何根本不同，還

---

❻　張聿飛〈現階段中國哲學界的派別〉，載《現代評論》二卷一－二期 (1936.10)。

是待商定的問題。東蓀先生決不會願拿這樣模稜兩可的詞，來標示自己的哲學。

第二點評價，著者不表贊同。因為東蓀先生在當時已經建立起了「自己的哲學」，而不是「要建立」；東蓀先生哲學的根據的確很複雜，但這不是要遭受否定的理由，毋寧說這是其哲學的光榮；東蓀先生對於哲學，並不欠缺「系統的研究」，他對於中西哲學，尤其是西洋哲學的瞭解，都是極系統的，在「系統性」方面超過他的人，並不多；他的哲學也並不缺乏「自然科學和社會科學上的根據」，毋寧說他的哲學，是來源於當時自然科學和社會科學所取得的成就，他對於「科學」之本性的瞭解，水平遠在那些成天鼓吹「科學」的人，如丁文江之流，之上。

對於第三點評價，著者持反對態度。認為東蓀先生並沒有拋開「人家的理論根據而講人家的哲學」，相反，東蓀先生是竭力反對這樣做的；他的《新哲學論叢》和《道德哲學》，更不是拋開「人家的理論根據而講人家的哲學」，相反，這兩部書對於「人家的哲學」的介紹，都是極公允平實的，既不添油加醋，又不斷章取義，在完全融會貫通的基礎上，用自己的語言說出；這兩部書對於西洋各派哲學的介紹，是一流的，直到七十年後的今天，著者尚不能讀到比這更優秀（出自大陸學者之手的）的介紹文字；東蓀先生的介紹，「主觀的色彩」並不濃，相反，他是極強調「客觀的色彩」的，比他的介紹更為「客觀」的介紹，並不多見。

對於第四點評價，著者亦表示異議。認為東蓀先生的確是建設了「新的哲學」，而且的確是「代表了認識論」的哲學家；這不僅是東蓀先生一派人的意見，而且也是東蓀先生反對者一派的意見，如葉青就曾如此稱許他。所以謂稱許東蓀先生為「門派」之見，是

沒有道理的。東蓀先生一派的人中，也有不少人批評他；不與東蓀先生同路的其他派人中，也有不少人讚頌他。這不是一個「派別」不「派別」的問題，而是一個事實。東蓀先生的確是二十世紀中國自覺地建立起知識論體系的第一位哲學家，這一事實誰也否認不了。

至於第五點評價，著者雖不便作肯定的結論，但相信東蓀先生不會這樣沒有前途；東蓀先生若照當時的態勢，繼續去建設、完善自己的哲學，前途一定是廣闊的，甚至是無限的。

一九四七年一月，賀麟先生在南京出版《當代中國哲學》一書，其第二章〈西洋哲學的紹述與融會〉評價東蓀先生云：

> 自從張東蓀、瞿菊農、黃子通諸先生於民國十六年創刊《哲學評論》後，中國才開始有專門性質的哲學刊物❼。

在敘述中國引進西洋哲學的歷程時，賀著又說：

> 講到這裏我們就不能不介紹一下張東蓀先生了。他以上海《時事新報》的名主筆，轉而研究哲學。他首先譯出柏格森的《創化論》和《物質與記憶》二巨著。後來又譯了《柏拉圖五大對話》。他又根據閱讀數十種西洋倫理學名著的結果，著成了一厚冊《道德哲學》，這書內容相當充實，其性質有似關於西洋倫理思想的讀書報告。此外他還撰了不少的論文，介紹西洋現代哲學。對於實用主義，新實在論，批評的實在論，層創論，新唯心論等等，他都以清楚流利的文字各有所介紹。

---

❼　賀麟《當代中國哲學》，頁27，臺灣宗青圖書出版公司，民六十七年十二月。

他搜集起來，成爲一巨冊，叫做《新哲學論叢》。中間有一篇
講述柏拉圖的「理型」的文字，表示他對於柏拉圖以及新實
在論的共相說，研究的結晶，而且也能見出他的批評與融會
能力。那或許要算是民國十八年前後，談西洋哲學最有價值
的一篇文字。此後幾年，他似乎讀了康德，對認識論用了一
番工夫，糅合各家學說，撰成一冊《多元的認識論》（民國二
十三年出版），認爲知識之所以可能，是由於感相及其背後的
條理，格式，設準，概念等所構成。這書同時有英譯本刊行。
這大概要算中國治西洋哲學者企圖建立系統的最初嘗試。然
而他的系統雖說是最早，卻算不得膽大。因爲他謙遜地自承
他只是折衷論者或雜家。九一八事變後幾年內，辯證法唯物
論盛行於國內，影響青年思想很大，蔚爲一種社會思潮。東
蓀先生曾純從學術立場予以駁斥和論辯。於一九三四年，他
約集了幾位朋友出版了一冊《唯物辯證法之論戰》。然而他的
壁壘似乎並不甚堅實，他自己的思想也常在轉變中，效力似
乎並不甚大。他因出身新聞記者，完全由於自學，方法或稍
欠謹嚴，思想前後亦不一貫。但他多年來都在不斷地努力，
於翻譯，介紹，自創學說，批評時代思潮，指導青年思想，
均有其相當的貢獻與勞績。抗戰以後，他留在北平燕京大學
任教，曾受過敵人的引誘與苦刑，而不變其節操，接受僞職。
在這裏我謹代表中國哲學界向他致敬意。❽

在談到「當代中國」之道德哲學時，賀著又說：

---

❽　同上，頁30–31。

張東蓀先生著有《道德哲學》一書，大都客觀介紹西洋各家倫理學說，前已提及。❾

此段評價寫成於一九四五年八月三十日，昆明，問世於一九四七年一月，時東蓀先生六十一歲。此一評價包含的要點是：⑴東蓀先生是中國哲學史上專門哲學刊物的主要創立者；⑵東蓀先生介紹西洋現代哲學，不僅文字「清楚流利」，而且有很強的「批評與融會能力」，其紹介堪稱一流；⑶東蓀先生「知識之多元說」是「中國治西洋哲學者企圖建立系統的最初嘗試」；⑷東蓀先生建立系統最早，但不算膽大；⑸東蓀先生對辯證法唯物論的駁斥與論辯，是「純從學術立場」進行的；⑹東蓀先生的思想常在轉變中，方法稍欠謹嚴，思想前後亦不一貫；⑺東蓀先生在翻譯、介紹、自創學說、批評時代思潮、指導青年思想等方面，「均有相當的貢獻與勞績」；⑻東蓀先生在淪陷的北平，在敵人的引誘與苦刑下，「不變其節操」，是中國哲學界的光榮；⑼東蓀先生之《道德哲學》不僅「內容相當充實」，而且介紹西洋各家倫理學說亦很「客觀」。

第一點評價、第二點評價及第三點評價，著者均表贊同。第四點評價著者亦基本贊同，但認為東蓀先生膽量並不小；要在高手如雲、名家薈集的西洋哲學領域以中國人之身份，自創新說，沒有極大的氣魄與膽量，是萬萬不敢的；在西洋哲學家奮鬥幾千年方達到的「知識一元說」、「知識二元說」之外，斗膽創立「知識多元說」，亦不得視為膽小。第五點評價，著者沒有異議。第六點評價，著者稍有補充，就是認為東蓀先生思想的轉變，並不是隨意的，混亂的，而是有內在邏輯性的；他的思想的「不一貫」，是在一根主線上的

❾ 同上，頁56。

「上下浮動」或「左右搖擺」，並非自相矛盾或雜亂無章可循；其思想的主線，就是建立「獨立知識論」的努力，早期偏重哲學、生物學方面，後期偏重社會學、心理學方面。第七點評價、第八點評價及第九點評價，著者均完全贊同。

一九四七年六月，東蓀先生老友俞頌華先生〈論張東蓀〉一文，在上海發表，其中「他的特點與貢獻」一節評價東蓀先生說：

> 張氏是一位學者，我相信，他在學術研究工作上，在教育與著述上，對於社會國家的貢獻，比較他在政治上，政黨上的貢獻更大。他辦過《時事新報》、《解放與改造》雜誌，對於介紹新思想是很有貢獻的。在五四運動時讀過他的報與雜誌的人，想必還都肯為我這話作證。他也辦過中國公學，他辦學時候，據我所知道，有兩大特色：一是毫無黨派成見，專門聘請好的教授；一是積極充實圖書設備，提倡自由研究的學風。這話是在那時中公畢業及讀過書的校友都能負責證明的。……
> 就他著述方面論，我所知道的是在過去譯過德國哲學家柏克森的名著《創化論》，那時白話文尚未流行，他是用文言文譯的。後來他用白話文寫過好幾本關於哲學和邏輯的書，恕我健忘，不能一一列舉其書名了。自從抗戰到勝利為止，他寫過三本書：一是《知識與文化》；一是《思想與社會》；一是《理性與民主》。《理性與民主》是他的近作，這本書裏提出的問題甚多，都煞費思考，而他對許多煞費思考的問題都有判斷，得出結論。從他這本書裏，我發現它有好幾個特點：
> ㈠廣博：討論的範圍很寬廣，涉及哲學、社會學、心理學、

邏輯、法律學、文化史。中外古今思想與文化方面的若干問
題也都提出來研討；㈡精深：對於問題的研究，都尋根究底，
引證中外名家的學說，觸到問題的核心。

記得前人嘗說：「必為世上不可少之人，必為世人不能做之
事，庶非虛生。」我覺得他在學術上的研究工作上，已經庶幾
近之。❿

此一評價寫成於一九四七年四月二十四日，上海，發表於一九
四七年六月二十日，時東蓀先生61歲。此一評價包含如下要點：⑴
東蓀先生對社會國家的最大貢獻，在教育與著述，而不在政治與政
黨；⑵東蓀先生對於介紹新思想、新哲學「很有貢獻」；⑶東蓀先
生《理性與民主》一書，既有「廣博」之特點，又有「精深」之特
點，涉及面極寬廣，論證卻又能「觸到問題的核心」；⑷東蓀先生
在學術的研究工作上，已快上達「必為世上不可少之人，必為世人
不能做之事，庶非虛生」之境界。

第一點評價，著者基本同意。第二點評價，著者表示贊同。第
三點評價著者略有補充，就是認為不僅《理性與民主》一書有上述
的特點，《知識與文化》、《思想與社會》等書，也有上述的特點，
甚至有過之而無不及。第四點評價著者稍有引伸，就是認為不管東
蓀先生是否已經上達「必為世上不可少之人，必為世人不能做之事，
庶非虛生」之境界，他卻確實是以此為追求目標的；他一生的奮鬥，
都在表現自己的獨特個性與獨立見解，決不「言前人所曾言，為前
人所曾為」；他言行的理想，的確是「世上不可少」、「世人不能做」。

---

❿ 俞頌華〈論張東蓀〉，載葛思恩、俞湘文編《俞頌華文集》，商務印書
館，一九九一年二月。

一九四八年七月，夏炎德先生發表〈讀了張東蓀先生新著「民
主主義與社會主義」之後〉一文，評價東蓀先生甚高。文章說：

> 全書除附錄〈虜獄生活簡記〉外，雖不過寥寥七十六頁，而
> 重要的問題多已論到，內容仍覺相當充實。
> 我認為本書最可貴的地方在把民主主義與社會主義兼為一
> 論，而且指明他在根本上是異名同實的東西，這一點實看到
> 了近代史的內層，著者覺得深有把握，才下了這個斷案，確
> 是一大手筆！ **⓫**

又說：

> 綜觀全書，著者以畢生治學的心得，對世局又那麼關心，內
> 容確有許多獨到的地方。尤其可貴的是討論政治經濟的問題
> 不挾黨派偏見，保持純正學者的態度，言他所當言。……以
> 他對於哲學、歷史、政治、經濟、文化各方面淵博的學識，
> 配得上稱通儒，當然以通儒論政並不就是主張「通儒政治」，
> 我讀畢東蓀先生原著還沒有發現這樣的主張。 **⓬**

此一評價發表於一九四八年七月三十一日，時東蓀先生六十二
歲。此一評價包含三個要點：⑴東蓀先生《民主主義與社會主義》
一書將民主主義與社會主義併為一論，乃是「看到了近代史的內層」，

⓫ 夏炎德〈讀了張東蓀先生新著「民主主義社會主義」之後〉，載《世
紀評論》四卷五期(1948.7.31)。

⓬ 同上。

極為「可貴」，是一個「大手筆」；⑵東蓀先生這本書討論政治、經濟問題「不挾黨派偏見，保持純正學者的態度」，尤為「可貴」；⑶東蓀先生可稱「通儒」，但並不主張「通儒政治」。

　　第一點評價及第二點評價，著者沒有異議。對於第三點評價，著者有一個說明，就是此處「通儒」之「儒」， 不可被理解為中國哲學中「儒家」之「儒」；「儒家」之「儒」是內聖、外王並舉，並以外王為歸宿的，東蓀先生則從來沒有「外王」的奢求，他只求在道德與理智，或良心與知識兩方面，盡自己做人和做公民的責任。

　　一九六一年六月，某校印刷「內部使用」之《中國現代資產階級哲學資料》(張東蓀卷)，書末附有「作者」介紹，該介紹云：

　　張東蓀(1887–)浙江杭縣人。為馬克思主義在中國的最凶惡的敵人之一， 在政治上是一個中國最反動的階級和帝國主義勢力的走卒。早在辛亥革命時，他就投靠保皇黨，反對革命派。五四時期，他依附北洋軍閥，為研究系政客中重要的成員。他竭力破壞當時的人民革命運動，宣揚羅素等人的基爾特社會主義等謬論，並與梁啟超等人一道，為反對中國的社會主義運動，和當時的馬克思主義者進行了所謂「社會主義的論戰」。第二次國內革命戰爭時期，他一方面與張君勱等反動政客組織國家社會黨，進行反動的政治投機活動，反對共產黨；另一方面積極參與蔣介石的「文化圍剿」，對當時在中國蓬勃發展的馬克思主義思想運動進行瘋狂的攻擊。他夥同一批反動哲學家及托派分子，共同發起了反對馬克思主義哲學的所謂「唯物辯證法論戰」。他那個由拾起反動的帝國主義哲學的破爛貨色拼湊起來的反動哲學「體系」，也是在這個時期提出

的。抗日戰爭時期,他與日、美帝國主義有著不同程度的勾
搭。解放戰爭時期,配合著美國帝國主義和蔣介石集團的政
治陰謀,竭力鼓吹所謂中間道路。解放以後,他仍然繼續與
人民為敵。

「多元認識論」是張東蓀全部「理論」的基石,它基本上是
新康德主義,也含有實用主義、馬赫主義等因素。張東蓀盜
用了康德的「先驗論」,在「多元認識論」的幌子下,宣傳不
可知主義、反理性主義。同時,他把莫爾根・亞歷山大的「架
構論」搬到自己的哲學中來,妄圖以「架構論」超越於唯心
與唯物之上,取消哲學根本問題。⓭

此一評價問世於一九六一年一月,時東蓀先生六十五歲。此篇
文字究竟出於何人之手,目前已無法考知,暫且以「作者」之作者
標示之。此一評價包含如下要點:⑴東蓀先生在政治上是「最凶惡
的敵人」、「最反動的⋯⋯走卒」、「反對革命」、「竭力破壞」人民革
命運動,宣揚「謬論」、搞「反動的政治投機」、參與「文化圍剿」、
搞「瘋狂的進攻」、「勾搭」日、美帝國主義、「與人民為敵」;⑵東
蓀先生的哲學體系是由「反動的帝國主義哲學的破爛貨色拼湊起來」
的,是「反動」的;⑶東蓀先生之「多元認識論」基本上是新康德
主義,兼含實用主義、馬赫主義等,是盜用康德的「先驗論」, 打
著「多元認識論」的幌子,宣傳不可知主義、反理性主義;⑷東蓀
先生之「架構論」是照搬「莫爾根・亞歷山大」, 是「妄圖」超越
唯物唯心,取消哲學根本問題。

⓭ 《中國現代資產階級哲學資料》(本校內部使用),一九六一年六月印
刷。

　　第一點評價著者不敢苟同，但也不便作過多辯護，只是認為東
蓀先生在政治上，基本上是進步的、開明的、愛國的、理智的、善
良的，決不曾「凶惡」，亦決不曾「瘋狂」。對於第二點評價，著者
表示抗議，因為東蓀先生的哲學不是胡亂的「拼湊」，不是「破爛
貨色」，更談不上「反動」；他的哲學的確是跟所謂「帝國主義哲學」
有關聯，但其本身卻決不是「帝國主義哲學」；再說「哲學」本就
無所謂「反動」與否的問題，不宜貼「反動」的標籤。對於第三點
評價，著者有不同意見，認為東蓀先生之「多元認識論」與新康德
主義，並不是一回事，新康德主義幾乎沒有了實在論成分，而「多
元認識論」則保留有相當程度的實在論因素；認為「多元認識論」
的確是含有實用主義、馬赫主義的因素，但這些因素所佔的份量，
並不重，如東蓀先生並不堅持徹底的約定論等；認為「多元認識論」
決不是「幌子」，而是實實在在的一種學說，一種理論；認為「多
元認識論」雖有「不可知主義」的傾向，但由於它本來就不承認知
識之外的「實物」或「物質」，所以亦可以說它是「可知主義」的，
不存在有意「宣傳」不可知主義的問題；認為「多元認識論」是絕
對「理性主義」的，絕不帶絲毫非理性主義或反理性主義的成份，
所以謂東蓀先生「宣揚」反理性主義，乃是無中生有，「憑空污人
清白」。第四點評價，更是有常識性的錯誤，因為西方哲學史上決沒
有「莫爾根・亞歷山大」這個人，而只有C. L. 莫爾根(Conuy Llogd
Morgan, 1852–1936)和S. 亞歷山大(Samuel Alexander, 1859–1938)
兩個人，都是英國哲學家；說東蓀先生是照搬他們兩位的「架構論」，
也不全對，東蓀先生的思想還受到了佛學的影響；至於說到超越唯
物唯心，也算不得什麼「妄圖」，有這樣的追求與理想，也應是正
常的；至於「哲學根本問題」，不知「作者」之作者所指為何，只

是著者總覺得，即是真的超越了唯物唯心之對立，也未必是「取消」哲學根本問題；是否「取消哲學根本問題」與超不超越「唯心與唯物之上」，沒有任何內在的、必然的聯繫。

一九八七年十月，以胡喬木先生為總編輯委員會主任、胡繩先生為哲學卷編輯委員會主任的《中國大百科全書・哲學卷》，在中國大百科全書出版社出版，其中楊鳳麟先生撰寫「張東蓀」一條，其言曰：

> 張東蓀(1887-1972)，中國近代哲學家。……張東蓀在哲學上自稱是「存疑的唯心論」者。他說「我們這個宇宙並無本質，只是一套架構。這個架構的構成不是完全自然的，而必須有我們的認識作用參加其中」（《認識論》）。他把他的認識論叫做「多元論」。這種理論認為「外物」和「自我」都是「絕對不可知的」。張東蓀的哲學是新康德主義的變種，他用它參與「唯物辯證法」的論戰、「社會主義」的論戰，反對馬克思主義的唯物辯證法。他認為馬克思只是「把黑格爾的辯證法顛倒了一下」，還認為中國只有「農人」、「工人」、「商人」，沒有什麼對立的階級和階級鬥爭。階級和階級鬥爭的理論不但在中國不適用，「即在外國亦不免於言過其實」。**❶**

此評價問世於一九八七年十月，時東蓀先生獄死後十四年。此一評價包含的要點是：⑴東蓀先生是中國近代哲學家；⑵東蓀先生的哲學是新康德主義的變種；⑶東蓀先生「反對」馬克思主義的唯

---

❶ 《中國大百科全書・哲學卷》，頁1141，中國大百科全書出版社，一九八七年十月。

物辯證法。

　　第一點評價，著者當然表示贊同，因為這是一九四九年後中國大陸公開出版物，尤其是大百科全書這樣的官方出版物，首次承認東蓀先生是一位哲學家，所以意義非同一般。第二點評價，著者有不同意見，認為東蓀先生之哲學不與新康德主義相同；也不願使用「變種」一類說法，因為這實在是一個模稜兩可的詞，不宜用來規定哲學之性質。第三點評價，著者基本贊同，但不主張把「反對」理解成一個貶義詞。

　　一九九五年六月，張汝倫先生編選的《理性與良知——張東蓀文選》一書，作為謝遐齡先生主編「中國近現代思想家論道」叢書之一種，在上海遠東出版社出版。在該書〈代編選者序〉〈中國現代哲學史上的張東蓀〉一文裏，張汝倫先生說：

> ……在中國，哲學是中西思想接觸交流的產物，這就注定西方哲學的影響構成了我們談論中國哲學的基本語境，無論是闡釋古代傳統還是建立現代中國哲學，都無法擺脫這一語境。正是這一基本事實，決定了張東蓀在中國現代哲學史，乃至中國現代思想文化史上的特殊地位。❺

談到東蓀先生的引進西洋哲學時，張文說：

> 在張東蓀這一輩中國哲學家中，不少人有在西方學習哲學的

---

❺　張汝倫〈中國現代哲學史上的張東蓀〉，見其編選《理性與良知——張東蓀文選》之〈代編選者序〉，頁8–9，上海遠東出版社，一九九五年六月。

經歷，尤其是後來專治西方哲學的人，大都如此。但張東蓀是個例外。他不僅未去西方留學學哲學，而且一開始也並非從事哲學，而是從事新聞工作。……但張東蓀卻在介紹和引進西方哲學上下了相當功夫。

……唯獨張東蓀是不拘一格，從柏拉圖到新實在論，從休謨到羅素，從柏格森到實用主義，從康德到劉易士，他涉獵的西方哲學的面之廣，當世罕見其匹。不僅如此，他的介紹也不像當時許多介紹西方哲學的文字那麼膚淺，而是有理解，有批評與融會，稱得上是真正的學術論文。……他可能是中國最早接觸實用主義的人，……。他收集在《新哲學論叢》中那些介紹西方哲學的論文，其理論深度與哲學的意味使它們至今仍值得一讀。更可貴的是，他始終密切關注西方哲學的最新發展，這在他的同時代人中也是十分罕見的。像弗洛伊德、皮亞傑、涂爾幹、漫海姆、胡塞爾、柯林伍德這些在一九七九年後被中國學術界當作新發現引進的人物及其學說，他在當時都有提及或論述。說張東蓀是他那個時代對西方哲學瞭解最多最深的人之一，決非溢美之詞。……最近十五年，中國對於西方哲學的瞭解與認識有了長足的進步，但像張東蓀這樣深且廣地瞭解西方哲學的人，似乎仍不多見。❻

談到東蓀先生自己的哲學體系，張文說：

　　……對於社會哲學、政治哲學、道德哲學、比較哲學、知識

_____

❻　同上，頁9-10。

論、知識社會學這些不僅當時，就是在今天國內哲學界也少有人涉及的領域，他都有獨到的研究與論述。他是近代中國第一個試圖建立一個認識論理論的哲學家。他揉合康德與新實在論的一些觀點，提出了所謂的「認識的多元論」。雖然未脫西哲窠臼，但卻是近代中國哲學在認識論上的第一次系統認真的努力。……不僅如此，他也是中國現代哲學研究的主要推動者之一，他不僅自己從事哲學教育和研究工作，還與瞿菊農、黃子通在一九二七年創辦了中國第一本專業哲學雜誌《哲學評論》，這對現代中國哲學的發展具有開創性意義。❼

談到東蓀先生的「不要本體論」，張文說：

現代中國哲學家中有不少人對「本體論」感興趣，……直到今天，依然如此。或是受海外新儒家的影響，或是生吞活剝近年傳入的西方哲學，「重建傳統本體論」竟然成了一個時髦口號。張東蓀通過對中西語言差異的分析，提出西文（以英文為例）中與「存在」或「本體」有關的那些關鍵詞及其用法在中文中都找不到相當的字。……所以中國思想不把「本體」當作一種重要的問題。……這種對中國思想基本特徵的揭示不僅令人一新耳目，而且也澄清了國人在本體論問題上的模糊認識，對於現代中國哲學的發展具有重要意義。尤其是當代西方哲學在本體論問題上也逐漸放棄了「是何在先」的態度而轉向「如何在先」的態度，這就為中西哲學真正建

---

❼　同上，頁10–11。

設性對話提供了一個基本主題。

……也因為這個哲學觀，他坦然承認中國哲學沒有本體論。由於沒有本體概念，不注重「是何」，所以認識論也不發達，宇宙觀也只是寓於人生觀。……張東蓀對於哲學根本目的的解釋，以及對中西哲學特點的描述當然不是沒有問題的，但這種從哲學的目的上認識哲學比只是從西方哲學的外在一般形態上來理解哲學，無論如何是不可同日而語的。❽

談到東蓀先生的邏輯觀，張文說：

……他認為邏輯是由文化的需要逼迫出來，因而不是普遍的與根本的，沒有「唯一的邏輯」，而只有各種不同的邏輯，……卻是真有創見。不管他提出的形式邏輯、數理邏輯、形而上學邏輯和社會政治思想的邏輯是否成立，但如果有不同的思想模式的話，那麼邏輯自然也不可能是「唯一的」。……當我們把西方思想作為一個真正的他者，而不是對立者或普遍者來對待時，也許我們可以更深刻更全面地瞭解我們自己，真正確立自己的同一性。這也許是建立現代中國哲學關鍵所在。❾

談到東蓀先生對待西方文化的態度，張文說：

回顧一個世紀以來的西方文化接受史，問題仍在於對西方文

---

❽ 同上，頁16-18。
❾ 同上，頁19-20。

化瞭解得不夠，理解得更不夠。……相比之下，張東蓀對於
西方文化的態度，才是真正科學的態度，積極的態度，建設
性的態度。[20]

談到東蓀先生哲學前後期的不同，張文說：

抗戰前基本上可稱為「認識論中心」階段，此時他哲學研究
的重點是在「認識論」或「知識論」上。……他的認識論思
想明顯來自康德，但加進了新實在論的本體論思想，真理觀
則明顯是實用主義的。現在看來，雖然張東蓀認為他在認識
論上有自己獨到的見解，但基本上沒有脫離西哲的窠臼。還
必須指出的是，張東蓀接受的那些西方認識論的觀點，大部
分正是被西方哲學發展的邏輯在本世紀逐漸加以揚棄的東
西。因此，這一時期張東蓀的著作的理論價值不是很大。張
東蓀哲學發展的第二階段是從抗戰到一九四九年。……這一
階段可稱為「文化主義」的階段，即從社會文化的角度來理
解哲學和知識。這個階段是張東蓀哲學思想的成熟期，也是
他真正有創見的時期。這一時期發表的三部主要著作《知識
與文化》、《思想與社會》和《理性與民主》至今仍不僅有思
想史的價值，更有思想的價值，它們為繼續發展現代中國哲
學提供了豐富的養料與資源。
在這個階段，張東蓀仍關注知識問題，但他對知識理解的視
野大大拓寬了。……大膽地提出「知識即價值」。[21]

---

[20]　同上，頁23。
[21]　同上，頁23-24。

談到對東蓀先生哲學的總體評價，張文說：

> 既然張東蓀是這樣來理解與規定哲學和哲學家的任務，我們
> 便不能以一般的學院哲學的要求來要求張東蓀及其哲學。比
> 起同時代的有些人，他的思想的確不成系統，立論與論證也
> 不嚴密，……但他的思想不虛誇，不矯飾，純粹出於至誠，
> 達到了真正哲學家的境界……。
> ……如果哲學不僅是一種理論活動，而且也是一種人生實踐
> 的話，那麼張東蓀無愧哲學家的稱號。他的品格與思想，將
> 活在未來的歲月裏。㉒

此評價問世於一九九五年六月（或許問世更早，但著者沒能讀
到），時東蓀先生獄死後二十二年。這是著者讀到的一九四九年後評
價東蓀先生最公正、最客觀、最美好的文字，表明張汝倫先生已經
對東蓀先生及其哲學有了相當深刻、相當全面的瞭解。此一評價包
含如下要點：

⑴在現代中國哲學史，乃至思想文化史上，東蓀先生佔據著「特
殊地位」。

⑵東蓀先生是他那個時代瞭解西方哲學「最多最深的人之一」，
其涉獵西方哲學面之廣「當時罕見其匹」，其介紹文字中有「理
解」、「批評」與「融會」，極具「理論深度」與「哲學意味」，並始
終密切關注西方哲學的「最新發展」。

⑶東蓀先生是近代中國第一個試圖建立認識論體系的哲學家，
其「認識的多元論」揉合了康德與新實在論的一些觀點，「未脫西

㉒ 同上，頁28–29。

哲窠臼」。

⑷東蓀先生等人創辦《哲學評論》，對於現代中國哲學之發展具有「開創性意義」，極大地推動了現代中國哲學的研究。

⑸東蓀先生認為中國思想沒有「本體論」，令人耳目一新，「澄清」了國人在本體論問題上的模糊認識，極有助於現代中國哲學的發展，為中西哲學真正建設性對話「提供」了基本主題。

⑹東蓀先生取消邏輯的「先在性」、「最高性」、「普遍性」與「必然性」，認為沒有「唯一的邏輯」，乃是「真有創見」，有助於我們更深刻更全面地瞭解自己，真正確立自己的「同一性」，有助於現代中國哲學之建立。

⑺東蓀先生把西方文化當成一個「真正平等的他者」，而不是「對立者」或「普遍者」，是「真正科學的態度，積極的態度，建設性的態度」。

⑻東蓀先生在「認識論中心」階段所建立之知識論，來自康德，但加進了新實在論之本體論思想，且採用實用主義真理觀，是被二十世紀西方哲學「逐漸加以揚棄的東西」，「理論價值不是很大」。

⑼東蓀先生哲學之「文化主義」階段是其「真正有創見的時期」，此時期之著述不僅至今仍有「思想史的價值」，而且更有「思想的價值」，為現代中國哲學之發展提供了豐富的「養料與資源」。

⑽東蓀先生之思想「不成系統」，立論與論證也「不嚴密」，因而不能以一般「學院哲學的要求」來要求東蓀先生及其哲學，只有當哲學「也是一種人生實踐」時，東蓀先生才「無愧哲學家的稱號」。

第一點評價，著者沒有異議。第二點評價，著者稍有引伸，就是認為東蓀先生不僅是他那個時代瞭解西方哲學「最多最深的人之一」，而且就是唯一的瞭解西方哲學「最多最深的人」；認為東蓀先

生不僅是他那個時代瞭解西方哲學「最多最深的人」，而且是我們
這個時代（直到我們這個時代）中國哲學界瞭解西方哲學「最多最
深的人」。 第三點評價，著者有不同意見，認為「認識的多元論」
並沒有「揉合」「新實在論」的觀點，毋寧說它跟新實在論是剛好
相反的；認為「認識的多元論」是對於西方哲學的發展，最好不要，
也不宜用「未脫西哲窠臼」一語評價之；當然著者承認東蓀先生是
二十世紀中國第一個試圖建立知識論體系的哲學家，其「知識之多
元說」是「近代中國哲學在認識論上的第一次系統認真的努力」。第
四點評價，著者表示贊同。第五點評價、第六點評價及第七點評價，
著者沒有異議。

　　第八點評價，著者以為不然；著者以為東蓀先生前期之知識論，
並沒有「加進」，也不可能「加進」新實在論之本體論思想，並沒
有採取，也不可能採用實用主義之真理觀；以為其所接受的「西方
認識論」觀點，並沒有被二十世紀西方哲學的發展所拋棄或「揚棄」，
而是永遠被「定格」在了西方哲學大潮的那一段；以為東蓀先生這
一時期的著述不是「理論價值不是很大」，而是理論價值很大，極
大地推動了西方哲學的發展（理論上），以及中國哲學的現代化(理
論上與現實上)。 第九點評價，著者基本贊同，但有一個補充，就
是認為這一時期是東蓀先生「真正有創見的時期」，「知識之多元說」
時期同樣也是東蓀先生「真正有創見的時期」； 後期東蓀先生是有
思想的、有創見的，前期東蓀先生同樣也是有思想的、有創見的，
同樣有助於現代中國哲學的發展。第十點評價，著者不表贊同；著
者以為吾人可以以一般「學院哲學的要求」來要求東蓀先生及其哲
學；以為不論從「學院哲學」的角度，還是從「非學院哲學」的角
度去觀察，東蓀先生都無愧於「哲學家的稱號」； 以為東蓀先生之

思想不是「不成系統」，只是不是「一成不變的系統」，不是論證「不嚴密」，只是論證「不晦澀」，不玩弄詞藻，不假裝高深，不故弄玄虛，不有意把本來明白的說得不明白。

二、自我之評價

在吾人為東蓀先生哲學定性過程中，東蓀先生之自我評價，佔有舉足輕重的地位。所以陳列東蓀先生自我評價之文字，當是不無意義的。

一九二四年六月，東蓀先生總結「科玄論戰」的重要著作《科學與哲學──一名從我的觀點批評科玄論戰》一書，在上海商務印書館出版。在該書之末，東蓀先生談到自己學說的性質，說：

> 這樣冗長的文章，想讀者必覺疲倦，於是著者不得不急求最後的結果。我想讀者於讀完我批評諸位先生的話中必然發見著者個人的立腳點。現在我願對於我這個立腳點加以名稱。我這個主張當然是物觀的理想主義 (objective idealism) 之一種，但我卻願搶丁在君先生的「存疑的唯心論」這個名詞據為己有。因為我是以認識為出發點。我以為拿柏格森的「打洞」(canalization) 來比喻認識作用是最切了。則能認識與所認識只是一個作用的兩方面。……但雖只是一個打洞的一打，然而總有一個赤裸的所與。所與的開化便是知識；知識的成立便有秩序的世界。所以我們順著知識的開化而講，自然是唯心。而只就所與來說，逆進以詮其本來面目則便是不可知的。因此我們的意見亦可以名為存疑的唯心論。但卻與

丁在君先生的截然不同。……丁在君先生亦只是一個生理的相對主義者。並且我從這種物觀的理想主義上證明科學的價值：不但不因唯心而低抑科學，卻反而因為唯心乃認科學本身即是一個大理想的實現，且是一個最有價值的精神活動。科學不是描寫外界的實在，乃是本於知識所固有的創造性，來改造世界。因此我與張君勱先生所見並不相同。❷

此段自我評價撰成於一九二四年五月十五日，問世於一九二四年六月，時東蓀先生三十八歲。此段自我評價，在東蓀先生哲學中，具有劃時代的意義，它標誌著「報人東蓀」的結束、「哲學家東蓀」的誕生，標誌著一種全新的哲學，從此登上中國哲學的舞臺。此段自我評價包含的要點有：⑴東蓀先生的主張是「物觀的理想主義」(objective idealism),亦可名之曰「存疑的唯心論」(skeptic idealism)；⑵東蓀先生之主張以「認識」為出發點；⑶東蓀先生認為認識就如「打洞」(canalization)，能知為打者，所知或所與為打成的洞壁，所與的開化便是知識，知識的成立便是秩序世界的建立；⑷自開化所與而得知識講，是「唯心」，自逆探所與難以窺其本來面目講，是「存疑」，合而言之，為「存疑的唯心論」；⑸「唯心」不但不會「低抑」科學，反而會認科學為一「大理想的實現」，反而會使科學從純粹的「描寫」變成「改造世界」的創造性活動；⑹「存疑唯心論」一詞是從丁文江（在君）先生那裏借來的，與丁先生之原意「截然不同」，與張君勱先生之所見亦「不相同」。

在一九二八年七月上海世界書局出版的《人生觀ABC》一書之〈餘論〉部分，東蓀先生談到自己的思想方法，說：

❷　張東蓀《科學與哲學》，頁88–89，上海商務印書館，民十三年六月。

有許多學者主張各種學說應得並存，甲所主張的甲說與乙所
主張的乙說都各有真理。不能抹煞其一。所以非有忍容不可。
我的意思則不然，我以為忍容（在英文為tolerance）乃是學
者所必具的德。如其學者而不能忍容與其相反的異說，則其
人的思想必無進步。不過忍容止是一種治學的道德上態度，
卻與真理無關。我們不可因為主張非有忍容不可而便主張真
理亦是多元的。

我相信真理不能是多元的，而所以必須要忍容的緣故不在世
界上有多數並立的真理，乃是主張者自己所得的未必是完全
真理。㉔

　　此段自白寫成於一九二八年六月二十日，問世於一九二八年七
月，時東蓀先生四十二歲。此段自白包含如下要點：(1)「忍容」
(tolerance)是學者必具的「德」，與學說之真假無關；(2)「忍容」異
說，不意味著異說便為真理，被他人「忍容」，不意味著己說便為
真理；(3)真理不是「多元的」，不是「多數並立的」，但誰也無法達
到「完全的真理，絕對的真理，唯一的真理」，真理永遠是「在追
尋中」的。吾人可以把此段自白，視為東蓀先生的真理觀。

　　東蓀先生曾譯席勒(S. C. F. Schiller)〈唯用派哲學之自由論〉一
文於國內，在該文篇末長篇「按語」中，東蓀先生說：

　　總之，吾譯此篇，其目的即在從哲學上宣傳淑世思想。以吾
以為唯此始真為西方之真髓；且惟此始真為吾族之所缺而非
輸自西方不可者。此種淑世思想有三大特彩：一曰理性。即

㉔　張東蓀《人生觀ABC》，頁107，上海世界書局，民十七年七月。

主張吾人認識作用自身有「合理性」因此得使宇宙為之理性
化。二曰進化。即主張世界在今日雖未完美，而將來終可趨
於圓滿，且復日日較進。三曰自由。即主張吾人自身有改造
世界之能力，得隨吾心所欲而行。此三點搏為一體，不可缺
一，則淑世思想乃完全實現矣。在吾中國，此三種主張皆付
缺如。最近三十年來始由嚴幼陵先生譯《天演論》，乃將第二
種主張稍得傳入吾族腦中。至於第一第三仍未見真正輸入
也。㉕

此段自白撰成於一九二五年五月，問世於一九二五年五月
《東方》雜誌二十二卷九－十號），後轉入《新哲學論叢》一書，
再次面世於一九二九年八月，時東蓀先生四十三歲。此段自白，可
視為東蓀先生在哲學上的理想與追求，這就是⑴宣傳「淑世思想」，
倡導「理性」、「進化」與「自由」；⑵為中華民族引入「淑世思想」，
填補中國思想在「理性」、「進化」與「自由」上的完全缺失。東蓀
先生用自己的實際行動，向吾人證明，他漫長多難的一生裏，從來
就沒有偏離過這條軌道；不管遭遇怎樣的挫折與打擊，不管命運用
如何樣方式來對待他，東蓀先生從來沒有對「理性」、「進化」與「自
由」，產生過懷疑。

在一九三一年一月上海中華書局出版的《道德哲學》一書中，
東蓀先生再次談到自己的思想方法。他說：

例如今有一銅圓於此，正視之為正圓；斜視之為橢圓；側視
之為一線。謂此銅圓止為正圓而非橢圓不可也；謂此銅圓止

㉕　張東蓀《新哲學論叢》，頁223，上海商務印書館，民十八年八月。

為橢圓而非正圓亦不可也。然既為正圓即不能為橢圓，以一物不能有二形故。於是爭論乃起。有主張其為正圓者則駁斥橢圓之說；有主張為橢圓者則駁斥一線之說。而要以著者觀之，此諸說不妨同時成立。何以言之？蓋皆為可能的見地，其物本含有此數種觀點故也。

……吾謂此諸見地雖同時俱屬可能，然並非謂此諸見地皆一律同等，無高下深淺之別也。……吾以為甲雖為一種見地，乙為另一見地，然乙之見地中未嘗不可包括甲之見地。自此點言之，謂乙較優於甲可矣。仍用銅圓為例以言之。雖橢圓有其特性，然橢圓可容納於正圓之中。故謂銅圓為正圓，其為說也較謂其為橢圓者為優。何也？以橢圓不能包括正圓(指同樣大小者)，而正圓可以包括橢圓。……足見凡一研究之對象雖可有數種不同之看法，然於此數種中未嘗不可有高下之分與較真較偽之別。其高下與真偽之標準即在包括之廣狹。於是愈包括即愈近於真(more comprehensive more true)。……故吾人之真理標準曰「包涵」(comprehensiveness)，即包涵愈廣眾其為真理也必愈可信。是以吾人對於所有諸見地諸看法固非漫然以同等視之也。明乎此，則吾之所以必求綜合者其故可知矣。夫亦曰愈綜合即愈包括，愈包括愈為真理已耳。**㉖**

此段自白寫成於一九三〇年九月一日，問世於一九三一年一月，時東蓀先生四十五歲。此段自白包含的要點是：⑴對於同一對象，因了視角的不同，可以同時並存諸種看法；⑵同時並存之諸種

㉖ 張東蓀《道德哲學》，頁531–533，上海中華書局，民二十年一月。

看法，理論地位卻並不等同，其間有高下深淺之別，有較優較劣之別，有較真較偽之別；(3)高下與真偽之標準，即在「包括之廣狹」，包括愈廣則愈近於真；故最高、最真之學說，乃係包括最廣、包涵最眾之學說，東蓀先生亦因此常以追求「綜合」為目標。東蓀先生哲學以「綜合」各家學說，兼容並包為長，不是偶然的，而是自覺的，有意為之的。學者對於此點，不能不察。

一九三二年九月至十一月，東蓀先生在《大陸》雜誌一卷三－五期，發表《認識論的多元論》長文，刊布自己多年來研究知識論之所得。關於這一學說之名稱，東蓀先生說：

> 我這個主張並無現成的名辭可以利用，名之為實在論固然不對，名之為意象論亦是不對。我以前曾搶過丁在君先生的一個名詞，就是存疑的唯心論(sceptical idealism)。我所以要搶他的亦無非想利用現成的罷了。其實這個名詞與我的主張並不十二分切合。論起「存疑的」一個名辭來，他是指外界的廬山真面目而言我們不能離開範疇與設準，自然可以說是可以存疑的，所以這個名辭尚屬可用。至於「唯心論」雖是Idealism（此字我譯為意象論）的譯語，然而卻不可襲用。……我所以反對唯心物與唯物論這兩個名辭乃正是由於此。我以為唯心論與唯物論一樣都是具有許多的聯想，這些聯想不僅使我們對於本題有許多的誤解，並且在我們的態度上還產生許多惡影響。所以我們總以能夠把這兩個名辭都屏除不用為佳。
> ……以上是說我所以拋棄「存疑的唯心論」一名的緣故，但卻又不能沒有一個名稱。立一個名稱又不能完全是新的。……

這樣又等於不立名稱一樣，因為太無內容了。……換言之，
即至多必須是半新的而不能是全新的。因為這個緣故，我對
於我此說立了一個不甚切合的一個名稱曰：認識論的多元主
義(epistemological pluralism)。❷

　　此段自我評價發表於一九三二年九－十一月，時東蓀先生四十
六歲。此段自我評價包含如下要點：⑴「知識之多元說」既不是實
在論的，亦不是唯心論的或意象論的；⑵原從丁文江（在君）先生
那裏借來的「存疑的唯心論」(sceptical idealism)一詞，不能十分切
合「知識之多元說」的根本精神，故應予拋棄；⑶「唯心論」「唯
物論」兩詞，容易使人產生許多聯想，並造成許多態度上的「惡影
響」，故最好摒棄不用；⑷命自己之知識論為「認識論的多元主義」
(epistemological pluralism)，乃是一種不得已的作法，並不表示這
一名稱已經徹底、準確、客觀地表達了東蓀先生原本的思想。著者
以為東蓀先生的這一說明，對於吾人完整準確地把握其思想發展脈
絡，是很重要的。
　　一九三四年九月，東蓀先生《認識論》一書，在上海世界書局
出版。在這部書的〈結論〉部分，東蓀先生再次談到「認識的多元
論」之性質。他說：

　　……可見名辭之誤人，害人。唯物論者所犯的弊病恐怕就在
　　此。他們以為有個整塊的實質，就是所謂物質。生命論的哲
　　學乃至唯心論亦都是犯了這個弊病。此病不除，在哲學思想

❷　張東蓀〈認識論的多元論〉，載《大陸》雜誌一卷三－五期 (1932.9-
　　1932.11)。

上決不會有進步。從這一點上，我的主張既非唯心論又非唯
物論，更不是生命派的哲學。㉘

此段自我評價，撰成於一九三四年四月，問世於一九三四年九
月，時東蓀先生四十八歲。此段自我評價，依然主張拋棄「唯心
論」、「唯物論」一類「誤人」、「害人」的名詞，以為不如此，哲學
便不能有進步；以為自己之學說，既非「唯心論」的，亦非「唯物
論」的，更非「生命派哲學」的。

一九三六年五月，孫道升先生在其〈讀張先生認識論所感〉一
文（該文脫稿於一九三五年七月十五日）中，提到東蓀先生的自我
評價，說：

> 他（按即東蓀先生）曾說他自己的學說是存疑的唯心論，又
> 曾說是「認識的批評論中之一種」，更曾說他的認識論是「遵
> 循康德的這條軌道」進行，所以我們為便於稱呼起見，不妨
> 把他這種學說叫做「存疑唯心論的新超越主義」。㉙

此一評價顯然不合東蓀先生之精神，因為「存疑唯心論」是東
蓀先生已經拋棄的名詞，至於「新超越主義」，似尚可用，但又總
嫌康德的意味太濃。

一九三五年七月，東蓀先生為詹文滸先生編《張東蓀的多元認
識論及其批評》(1936.5)一書作〈跋〉。在這篇極具學術價值與思想

㉘　張東蓀《認識論》，頁131，上海世界書局，民二十三年九月。

㉙　孫道升〈讀張先生認識論所感〉，見詹文滸編《張東蓀的多元認識論
　　及其批評》，頁154，上海世界書局，民二十五年五月。

史價值的〈跋〉中，東蓀先生就自己之主張是否可稱為「唯心論」一層，談了自己的看法。他說：

> 例如認識論上所謂「物」是指對象而言，決不是本體論上所謂的「物」。認識論上所謂「心」是指知者而言，決不是形而上學上所謂的「心」。我以為傳統的唯物論與唯心論都有這個混認識上的物或心與本體上的物或心為一的弊病。他們一切誤解皆導源於此。他們學說所立的基礎不十分穩固亦是因此。

在分析了哲學的三種型式——第一式以本體論為出發點，由本體論推出宇宙論（含認識論），第二式以宇宙論為出發點，由宇宙論引伸出認識論（不談或吸收本體論），第三式以認識論為出發點，由認識論推定本體論（吸收宇宙論於其中）之有無——後，東蓀先生繼續說：

> 這三個式的不同就在於㈠以本體論為最高；㈡以宇宙論為最高；㈢以認識論為最高。要解決我的此說是唯心論的與否，當先看我是採取那一個式。……現在我願意自白：我是極嚴格採取第三式。倘使夾雜的第一式或第二式來看我此說，那是不相侔的。所以我此說在認識論上當然是「唯心論」，不過不是完全的唯心論，乃只是一種溫和性質的而已。但我此說若從宇宙論或本體論上來說，則又可以說不是唯心論。因為我只承認每一個能知的「知」中含有普遍方式。這個普遍方式便可名之曰「普泛的心」(consciousness überhaupt)。須知所謂普泛的心並不是一個「東西」(entity)。乃只是一個名詞

表示各個人心中的普遍方面而已。因此，普泛的心不能視為「宇宙的大心」(cosmic mind or the great intelligence)。從不承認宇宙的大心一點而言，我此說可謂非唯心的。❸⓪

此段自我評價寫成於一九三五年七月十七日，問世於一九三六年五月，時東蓀先生五十歲。此段自我評價，專就「知識之多元說」與「唯心論」之關係立論，思想獨到，發人深省。此段自我評價包含的要點是：⑴不可把認識論上之「物」或「心」，與本體論上之「物」或「心」，混為一談；⑵東蓀先生之哲學嚴格以認識論為出發點，並以認識論為歸結，屬於哲學型式上的「第三式」；⑶「知識之多元說」在認識論上是「唯心論」的（亦只是「溫和唯心論」的），在本體論上卻不是「唯心論」的，因為它不承認「普泛心」是一個「東西」(entity)，亦不承認「宇宙大心」(cosmic mind or great intelligence)為實有。對於東蓀先生的此一自我評價，著者略有異議，就是認為「唯心論」、「唯物論」兩個名詞，根本上就是一對本體論的概念，與知識論毫無關係；吾人可以說一知識論是經驗論的或理性的，是一元論的或多元論的，卻不可以說一知識論是「唯心論」的或「唯物論」的。故著者以為，東蓀先生花大氣力解釋自己之知識論可否稱為「唯心論」，直是無謂；「唯心論」與知識論根本不相關涉。

一九三六年七月，郭湛波先生增修其《近五十年中國思想史》一書，向東蓀先生函詢其思想脈絡。於是東蓀先生覆函，介紹自己的思想。其函曰：

---

❸⓪ 見詹文滸編《張東蓀的多元認識論及其批評》，頁192-194，上海世界書局，民二十五年五月。

　　湛波兄惠覽　承賜大作，業已匆匆翻閱。微覺體裁不甚一律。此書既非再版，似不妨重訂章目，如科玄論戰、社會史論戰、唯物辯證法論戰，應各為立一專章，將雙方論據一一歷舉之。凡有創見者，亦不妨各列一章。至於無本人心得，而僅宣傳外國思想，則應就其派別，列為若干派而通論之，似不必各人單獨一章也。且足下此書，本為引論性質，亦似不必多加論列。倘能將各作者——原文擇其最精采最扼要處錄入，亦足為讀者之幫助矣。至於承詢拙著及思想，茲分述如下：

　　關於認識論上與宇宙觀　拙著《認識論》中〈認識的多元論〉一章最詳，其末尾尚有論及宇宙觀處，此為鄙人最成熟——見解迄今未有變化。

　　關於道德問題　拙作《道德哲學》（中華書局出版）之〈結論〉一章，略抒鄙人對於道德性質之見解。至於實踐道德，則在拙作《新倫理學》（新月書店出版）之末一章，有所主張。此外有《人生觀ABC》（世界書局），亦足見鄙人對於人生觀——態度。尚有《新哲學論叢》（商務），係匯集舊作，但其中意見已有變化，不足為據。（就中〈一個雛形的哲學〉一篇，即與近作《認識論》不相同，故為已拋棄之見解。）

　　關於政治理論　鄙人一方面相信社會主義，一方面復堅信民主主義，其詳見《再生》雜誌創刊號第一篇。

　　孫君道升曾目鄙人為唯心論者，其實鄙人——主張在認識論方面，大體承緒於康德，但與康德相較，則實在論之成分反而為多（倘康德為唯心論成分居十分之八，實在論居十分之二，則鄙人至少實在論成分居十分之四，唯心論居十分

之六也）。

　　而在宇宙觀亦復採取Morgan、Alexander一流之突創的
泛架構論(emergent structuralism)，特彼等皆為極端的實在
論，鄙人則以唯心論成分加入其中，則謂鄙人之宇宙論有唯
心論成分居十分之二，實在論成分十分之八，亦無不可……
此上即請
大安　　　　　　　　　　　　　　　　　　東蓀上八日 ㉛

　　此函寫成於一九三六年六月八日，面世於一九三六年八月，時
東蓀先生五十歲。這是著者所見東蓀先生本人介紹其思想的最詳盡
文字，意義不可謂不重大；可以說，此函乃是東蓀先生對自己一九
三六年以前哲學思想的一個清算和總結。此函包含的要點是：⑴在
一九三六年以前，東蓀先生已經建立起包括認識論、宇宙觀、道德
哲學、政治理論在內的完整哲學體系；⑵這個哲學體系不完全是「唯
心論」的，就認識論方面說，至少實在論成分居十分之四、唯心論
成分居十分之六，就宇宙觀方面說，唯心論成分居十分之二、實在
論成分居十分之八，換言之，認識論上唯心論成分居多，宇宙觀上
則是實在論成分居主要；⑶這個哲學體系一直尚在建設中，不是已
完成的，一些觀點被拋棄，另一些觀點在產生。在著者看來，東蓀
先生此函的缺點，是沒有向吾人展示其哲學未來發展的趨向，不能
使讀者對其將來，有一個輪廓的瞭解。

　　〈多元認識論重述〉是一篇極重要的論文，其地位不下於《認
識論》一書。有兩個版本，一登《東方》雜誌三十三卷十九號(1936.10)，

_____

㉛　見郭湛波《近五十年中國思想史》之〈再版自序〉，頁4-6，北平人文
　　書店，民二十四年十一月初版，民二十五年八月再版。

有副標題「我的多元認識論與康德之比較」；　一入胡適、蔡元培、王雲五先生合編之《張菊生先生七十生日紀念論文集》(1937.1)，較前文增補甚多。後一版本有許多觀點，為前一版本所無，故後一版本尤為重要，可說彙集了東蓀先生前期哲學的全部精華。在這篇文章中，東蓀先生多次「自我評價」其哲學。其一曰：

> 我在五年以前，作了一篇文章，題目是〈條理範疇與設準〉。在這篇文章中，我提出一個認識論上的主張。我自信這個主張是前人所未言。因為中國哲學向來不注重知識問題。在中國，以前自是沒有像我這樣的主張本不待言。然即在外國，以我所知，亦沒有和我一樣的議論。我雖不敢說是創見，然至少我可以自白確有些是我自己想出來的。不過我所創造的地方不在於其中那一點是由我作古，而在於把那些相關的各點綜合在一起便成了一個從前未有過的整個兒東西。換言之，即我此說之所以為新不在其中的任何一部分而只在於各部分間的配置與綜合。因為綜合是新的，所以其所得的結果亦可說是新的。㉜

此段自我評價寫成於一九三六年十月三十日，北平西郊，問世於一九三七年一月，時東蓀先生51歲。此段自我評價包含的要點是：⑴「多元認識論」是對於中國哲學的貢獻，對於西方哲學的發展，意義亦十分重大；⑵「多元認識論」建立之方法為「綜合法」，　即

㉜　張東蓀〈多元認識論重述〉，　見胡適、蔡元培、王雲五編《張菊生先生七十生日紀念論文集》，頁95-96，上海商務印書館，民二十六年一月。

將前人之相關學說重新「配置」，而成為一個「創造」的、「新」的、「從前未有過的整個兒東西」。吾人在此處可以見出，東蓀先生多年前談到的「思想方法」，在這裏發生了效力。

其二曰：

> 我此說在大體上可以說是「修正的康德主義」(revised Kantianism)。所以大部分與康德相同，尤其是在趨勢上是採同一的方向。
> ……我在以前的那篇文章內曾提出一個名詞，曰「方法論上的認識論主義」。於此所謂方法亦就是指居首而言。即以認識論居首為方法。但這樣的方法卻發生很重大的結果，就是勢必致於以認識論代替了形而上學。㉝

此段自我評價有兩點值得注意：⑴東蓀先生謂其「多元認識論」大體上是「修正的康德主義」(revised Kantianism)；⑵東蓀先生謂其建立學說之方法，是「以認識論居首為方法」，即所謂「方法論上的認識論主義」。此種說法，與《張東蓀的多元認識論及其批評》一書之〈跋〉中的說法，一脈相延。

其三曰：

> 我把形而上學中的本體論根本上完全取消，而僅留有宇宙論。不過這個宇宙論卻就隱隱約約宿於認識論中。這就是說，我們研究人類的知識即大致上可以窺探宇宙的結構。因為宇宙的結構雖非完全呈現於知識中，然至少二者有若干的相應。

㉝ 同上，頁96–97。

所以我們即根據在知識中所呈現的宇宙結構可加以推論而擴大之，便成為一個宇宙論。因此我的認識論同時乃就是一部分的宇宙論。換言之，即同時就是一部分的哲學。再詳言之，即依我此說，認識論不是替哲學開先路，乃是認識論中即含有哲學（形而上學）。這是我與康德不同的所在。這個不同乃是根據於學說內容。因為康德的認識論中預留了新的形而上學可以發生的地方，而我此說則是自足的，沒有餘地留給別的……。**㉞**

此段自我評價重點談「多元認識論」與本體論和宇宙論的關係，其中有幾點至關重要：⑴在「多元認識論」中，根本上沒有本體論的地位，因為從人類知識中找不到本體；⑵在「多元認識論」中，知識論即是宇宙論，或謂宇宙論「隱隱約約宿於」知識論中；⑶知識論不以任何理論為前提，而任何理論均必以知識論為前提，故「多元認識論」是獨立的；⑷知識論不為形而上學留餘地，形而上學卻必以知識論為依據，故「多元認識論」又是「自足的」。東蓀先生的目標，是建立獨立而自足的知識論系統；形而上學宿於知識論中，故其目標亦是建立獨立而自足的形而上學系統，或哲學系統。

其四曰：

總之，我的多元認識論有一個要點：就是各方式各層次必須互相倚靠在一起，互相疊合在一起，卻同時又必是互不相生。……我在舊作上曾提出一個意思，即說認識是一個和合的產物。我現在更換一句話來說明之，即我此說可稱為知識作用

㉞ 同上，頁98。

之多重因子說(multiple factors of knowledge)。 **㉟**

此段自我評價強調知識諸元的相關性、獨立性、不可通約性、強調知識是「多重因子」共同作用、共同「和合」的產物，並啟用「知識作用之多重因子說」(multiple factors of knowledge)一名稱，有助於吾人更深一層瞭解東蓀先生之哲學。

將近十年以後，歷經磨難的東蓀先生，在重慶商務印書館出版了其劃時代的著作《知識與文化》。 在這部書之〈結論〉部分中，東蓀先生「自我評價」說：

……門人孫道升作了一篇〈中國現代哲學〉（載於數年前的《國聞週報》上）。後來美國德布士(H. H. Dubs)即根據他那篇文章又在 *Journal of Philosophy* 上述中國哲學的現狀。都把我列入「新唯心論」一派中。我向來不願意自居於這個名稱。我認為唯心與唯物不僅是哲學上派別的名稱，而皆有社會思想上的涵義。同時在政治運動上又都有暗示的作用。……所以我對於唯心唯物之爭不從其本身上來看，決不願意討論唯心唯物孰為真理，且我以為這種討論與爭執本身上是毫無意思的。讀者如果通讀本書全體當知此種態度是根據書中所言的一貫立場。但就書中所言，論知識的本性一部分好像是近於唯心論的；論文化制限知識一部分卻又頗似近於唯物論的。故如有人把我列入那一類，他必定自己會發見其不對，不待我出來更正。此外孫君對於中國現代哲學分兩大派。一派是純粹從西洋哲學出來的；另一派是由調和中西而成的，把我

㉟ 同上，頁132–133。

列入前一派中。我自審亦不完全相合。我的主張固然大部分
是出於西方哲學，但我主張哲學就是政治思想，同時根本上
不講唯心唯物，這些地方卻又與中國的傳統態度相合。並且
我要聲明：我並不是最近才有態度的變化。我的態度始終沒
有變化。讀者如肯一讀拙作《新哲學論叢》與《道德哲學》
二書（都是十年以前出版的）便見本書所言在大體方向上並
沒有十分和那二書不同。不過論證與敘述有很大的差異而已。
故在此特別提出聲明曰：孫君所說的「新唯心論」一名稱是
我所不承認的。**❸❻**

　　此段自我評價，寫畢於一九四〇年四月三日，問世於一九四六
年一月，時東蓀先生六十歲。此段自我評價，包含極豐富的內容，
其中重要之點有：⑴東蓀先生不承認自己是屬於「新唯心論」一派，
認為自己論知識之本性雖近於「唯心論」，但論知識之制限卻又近
於「唯物論」；⑵東蓀先生認為自己之學說並非「純粹從西洋哲學
出來」，而是在很多點上「與中國的傳統態度相合」，且此態度始終
未變；⑶東蓀先生認為《知識與文化》一書，並沒有根本改變自己
哲學的方向，「大體方向」依然和《新哲學論叢》、《道德哲學》二
書一致，只是「論證與敘述」方式有了很大差異。東蓀先生的這番
自我評價，是吾人不得不知的。

　　在該書〈附錄三〉「思想言語與文化」一文中，東蓀先生又說：

　　我知有人看了此文，必以為我野心太大，而以「古今中外派」

---

❸❻　張東蓀《知識與文化》，頁144-145，重慶商務印書館，民三十五年一
　　月。

來罵我。不過古今中外派不一定是壞名詞。如拿古今中外來
胡亂附會，自可鄙棄。倘使真能把古今中外會合而通之，似
亦不必認為不可。此只在乎人之見仁見智了。**㊲**

　　此段自我評價，寫成於一九三八年一月二十八日，問世於一九
四六年一月，時東蓀先生六十歲。此段自我評價，是東蓀先生為自
己「思想方法」所做的辯護。就是認為以「綜合」或「兼容並包」
為方法，並沒有什麼不對；「古今中外派」因而也並不是一個罵名，
真要會合「古今中外」而通之，還不是一件容易的事。

　　在該書〈後序〉中，東蓀先生又說：

　　懷氏（按即懷特海）有句名言，是說我們講的知識是「自然
　　中的知識」(perception within the nature)。我還要加上一句
　　是：我們講的自然是知識中的自然(nature within the per-
　　ception)。必須把這兩句話合而為一方可。這便是無自性論所
　　以能成的緣故了。現在所講的和我以前舊作《多元認識論》
　　（尤其是初稿）頗有不同。有許多地方都是我已經拋棄的了。
　　因為恐怕讀者或有誤會，所以才寫此後序，用以補充之。**㊳**

　　此段自我評價，寫成於一九四一年十月三日，北平西郊，問世
於一九四六年一月，時東蓀先生60歲。此段自我評價說此處之觀點
與〈多元認識論〉，尤其是初稿，「頗有不同」，著者以為不盡然；
〈多元認識論〉，尤其是初稿，承認外界三條理的存在，承認此三

㊲　同上，頁195。

㊳　同上，〈後序〉，頁6。

條理不在知識中，而在知識外，固然是不對，但其基本方向並沒有錯；東蓀先生所「拋棄」的，在著者看來，只是這一具體觀點，而不是〈多元認識論〉的基本方向；在「舊作」中，東蓀先生承認「自然是知識中的自然」(nature within the perception) 同時「知識是自然中的知識」(perception within the nature)，在以後的「新作」中，東蓀先生依然只是承認「自然是知識中的自然」同時「知識是自然中的知識」。　所以著者以為，在現代中國哲學史上，只有一個東蓀先生，而沒有全然不同的兩個東蓀先生。

在一九四六年三月重慶商務印書館出版的《思想與社會》一書中，東蓀先生說：

> 西方的學術思想本來極複雜。其中可寶貴者，尚有多種而大概與我們相比卻並不見得可貴。而唯獨這個當作整個兒文化的民主主義卻正是西方道統中最可寶貴的東西。我們要接受西方文化亦只須取來其這一點即足了。因為這不僅是西方的至寶乃且是人類的至寶。只由於這一條路是正路，而其餘一切路徑都是邪路。我個人從有自己讀書的能力以來即傾心於這樣的理論，數十年如一日始終不變。雖不直接從事於政治活動，然亦自來即為這樣的民主理想而努力。❸❾

此段自白寫成於一九四三年左右，面世於一九四六年三月，時東蓀先生六十歲。此段自白包含如下要點：⑴民主主義是西方道統中的「至寶」，也是人類的「至寶」；⑵民主主義是人類的唯一「正

---

❸❾　張東蓀《思想與社會》，頁179-180，重慶商務印書館，民三十五年三月。

路」，其餘一切路徑都是「邪路」；⑶中國接受西方文化，以民主主義為主要，甚至僅取民主主義一點，便已足夠；⑷從懂事起，東蓀先生即傾心於此，並「數十年如一日始終不變」地為「民主理想而努力」。此段自白表達的是東蓀先生的西方文化觀，及其政治追求。

在一九四六年五月上海商務印書館出版的《理性與民主》一書中，東蓀先生再次提到自己學說的性質，他說：

> ……（我）在數十年以前就以為凡與理性主義相背的思想決不能為人群造福。所以我敢說經此次大戰以後，二十世紀的中期思想乃迥異於其初期。中期的思想既不能不是復返到理性主義，則對於十九世紀的思想與其說是相違反，不如說是相近了。或可說二十世紀自初期以後其思想潮流反而折回來與十九世紀相接近。現在即正在這個趨勢進行中。郭湛波先生於十年前撰有《中國近五十年思想史》一書，把我亦列入，並評定為在十九世紀思想一類中，我聞之並不引為貶辭。因為我始終自信十九世紀一類的思想反而會變為二十世紀後期思想的主潮。凡是在二十世紀初期轟動一時的思想必定因為引起大亂而終被人們所厭棄。現在我的預想果然都驗了。❹

此段自白寫成於一九四六年二–三月，問世於一九四六年五月，時東蓀先生六十歲。此段自白可視為前段自白的一個補充；前段自白講「民主」，此段自白講「理性」，二者均是東蓀先生一生的追求。此段自白認為⑴二十世紀後期思想必然會從初期的非理性主義或反理性主義，走向理性主義，⑵自己之學說被定性為「十九世紀思想」，

---

❹　張東蓀《理性與民主》，頁117，上海商務印書館，民三十五年五月。

並非貶損，而是一種榮耀，因為「十九世紀思想」正是「理性主義」
的同義詞。這些看法，有助於吾人瞭解東蓀先生哲學之性質。

　　一九四七年四月五日，在沙灘北京大學紅樓北樓，東蓀先生向
北京大學的師生，發表一生中有關自己哲學的最後「告白」，他說：

> 　　我覺得，我們所學的學問如果與人類幸福無關，則其價值都
> 是可疑的。我這樣說，並不是淺薄得不講理論的價值。我是
> 研究知識論的，讀康德(Kant)最多，後來改從社會學去研究
> 知識論，興趣漸漸轉到社會研究上去，而不再專講形而上
> 的奧妙的那一套，於是就變為社會學與知識論的合併，把
> 文化發達與社會學配合起來看。我的這種轉變，一般人很
> 少知道，總還根據我以前寫的書來研究我。知識社會學現
> 在已成為一種學問，但還幼稚，在歐洲致力於此的也沒有
> 幾個人……。❹

　　此段自白「演講」於一九四七年四月五日，刊佈於一九四七年
四月十一日，時東蓀先生六十一歲。這是著者所見東蓀先生一生中，
談論自己哲學及其轉變過程的最後文字，所以此段自白彌足珍貴。
此段自白包含的要點是：⑴哲學上，東蓀先生一生只以知識論為主
要追求目標；⑵儘管前後期有思想的「轉變」，但以知識論為中心
之思路，並沒有變，前期從哲學（形而上學）研究知識論，後期則
是「從社會學去研究知識論」；⑶後來的「轉變」很重要，僅根據
前期著述來研究東蓀先生思想，是遠遠不夠的。看來，東蓀先生從

---

❹　張東蓀〈哲學是甚麼？哲學家應該做甚麼？——四月五日在北京大學
　　演講〉，載《時與文》週刊1卷5期(1947.4.11)。

哲學的知識論轉向社會學的知識論，乃是自覺的，有意為之的。

三、著者之評價

著者現在用最簡短的文字，來對東蓀先生的哲學，作出評價。

東蓀先生有一個「自成系統底哲學」。

這個「自成系統底哲學」，是從知識論開始的，在二十世紀二十到四十年代的大約三十年時間裏，東蓀先生以「內在關係說」、「間接呈現說」及「非寫真說」為主幹，先於金岳霖先生，開闢了一條完全不同於金先生的知識論道路。

東蓀先生不否認「外在關係」的存在，但堅決反對用「外在關係」去說明知識關係；東蓀先生強調能所內外之交接、會合，不是直接的，而是間接的，其間必經過設準、概念、感相等中介；東蓀先生主張知識只是施一設準於當前、所與或造成者之所得，即主張知識只是一種「解釋」或「構造」，而不是「臨摹」或「拓寫」。金岳霖先生相反，金先生主張「內在關係」不存在，知識關係只能是「外在關係」；主張能所內外之交會，沒有亦無須「中間媒介」，認識是「直接的」；認為知識的根基在「正覺」，而正覺正是「臨摹」或「拓寫」「外物或外物底一部分」的覺。東蓀先生與金先生，代表了兩種完全不同的知識論路向；東蓀先生在前，金先生在後。

由知識論而引伸出一種宇宙觀。就是認為宇宙中並無所謂「物」，並無所謂「生」，亦並無所謂「心」，而只有若干的架構(structure)而已；吾人把密度、引力等「架構」概括之而立一個名辭曰「物」，這個「物」只是一個空名，並無整個兒的存在者與之相應，「生」與「心」亦然；故entelechy與spirit這些字可以作廢，life

與mind這些字亦都以不用為佳；換言之，宇宙中有「物理」而無「物質」，有「生理」而無「生命」，有「心理」而無「心靈」，一句話，有「架構」而無「實質」；且「架構」的構成還不是完全自然的，而是必有「認識作用」參加其中。所以我們的這個宇宙不是一個整塊的，而是一層一層套合的；不是既成的，而是正在那裏順著層次而突創新的出來；不是隔絕的，而是通體的(organic)或有機體的；不是無中生有的，而是結構的樣式在那裏時有新的出來。

「架構」不是認識過程之外的「臆說」或「假定」，而是人類認識自然之所得，吾人說宇宙是「架構」，只因人類知識是這樣告訴吾人的，吾人要承認，也只能承認到這一層為止；簡言之，在東蓀先生看來，架構是知識中的架構，知識是架構中的知識，自然是知識中的自然 (nature within the perception)，知識是自然中的知識 (perception within the nature)，兩者無法分離。這樣的宇宙觀，同於西方哲學中亞歷山大 (S. Alexander) 的「合現」(co-presence)、懷特海 (A. N. Whitehead) 的「緣具」(concrescence)，更近於東方哲學中佛教的空宗：一切具體者都是因緣和合而成，根本上不是一個自己存在者 (self-existent) 或自己潛存者 (self-subsistent)，根本上不是一個「存在體」(substantial entity)；只有「緣具」，只有由「和合而成」、「依他而起」、「瞬起即滅」三義綜合而成的「緣具」或「無自性」。東蓀先生這樣的宇宙觀，第一次打通了東方哲學與西方哲學的「隔閡」與分離，為人類哲學的發展，開闢了一片「豁然開朗」的新天地。

又由知識論、宇宙觀，而引伸出一種道德哲學和人生觀。就是認為吾人來到這世界，猶如在宇宙無邊黑暗裏，點燃了一盞油燈；吾人活著，即是用這燈火去照亮塵世的黑暗。吾人生命之意義與價

值，取決於其照亮範圍的大小：照亮範圍越大，吾人生命之意義與價值便越大；照亮範圍越小，吾人生命之意義與價值便越小；無有照亮，便無有意義與價值。活著只是一純粹事實，活著只是此時此地 (here and now) 的一見一聞一喜一悲一言一動；所以僅限於「今此」(here and now) 的活著，便等於不活，僅限於「今此」的人生，便無異於「非人生」。超越「今此」，放大「生活本身」(the living in itself)，才是吾人生活之真正目的。而「知」(to know) 便是達此目的的第一步：「知」之本性在流中求住、雜中求純，此為「今」之超越，「知」之本性又在亂中求定、渾中求分，此為「此」之超越。「知」之大小廣狹深淺，於是便決定吾人理性之照亮範圍的大小，並由此而決定吾人生命之價值與意義的大小。就此點而言，「知即為生」(knowing is living / to know is to live)。同時「今此」亦即是「現實」，為有限、為變、為渾亂；而超越「今此」即是「理想」，為無限、為恆、為確定。故吾人之超越「今此」，實即是「以有限變亂之生活而自求有以達於無限永恆」，實即是向「理想」而趨，實即是向「不死」所做無限之努力。所以「不死」不在彼岸，不在「今此」之外，而即在對於「今此」的超越，對於「生命」的放大中。

　　東蓀先生這樣的道德哲學與人生觀，基本思路是和存在主義 (existentialism) 相同或相近的。東蓀先生說吾人是先活下來，然後才去找尋意義與價值，而不是先有意義與價值，吾人才活下來，可說是與存在主義「存在先於本質」的根本命題，完全一致。東蓀先生這樣的道德哲學與人生觀，又是在相對獨立封閉的環境裏，和西方存在主義同時建立、發展起來的。東蓀先生的《人生觀ABC》是出版於一九二八年七月、《新哲學論叢》是出版於一九二九年八月，

差不多與M. 海德格爾(M. Heidegger, 1889–1976)的《存在與時間》(1927) 同時；東蓀先生的《道德哲學》一書是出版於一九三一年一月、《新倫理學》是出版於一九三五年以前，要早於讓一保爾・薩特(J.-P. Sartre, 1905–1980)《存在與虛無》(1943)、《存在主義是一種人道主義》(1946) 兩書的出版。差別只在東蓀先生所走的路，是「理性主義」的路，而存在主義所走的路，是「非理性主義」的路；當存在主義在西方宣佈「知」不能解決人生苦難時，東蓀先生在東方，正試圖用「知」去解決人生的苦難。

東蓀先生對於中國哲學，有極重要、極寶貴的貢獻。

⑴這種貢獻，從大的方面說，有三項：⒜在二十世紀的中國，東蓀先生第一個給中國哲學，貢獻了一個完整的哲學體系；⒝在中國哲學史上，東蓀先生第一個也是最後一個給中國哲學，貢獻了一個「以知識論居先為方法」的全新的方法論；⒞在二十世紀的中國，東蓀先生第一個把中國哲學家的哲學水準，提升到可與西方大哲平等地、建設性地對話的新高度、新境界。

第一項貢獻是顯而易見的。東蓀先生的哲學體系，是極完整的體系，由知識論而架構論，由知識論而道德觀、人生觀，由知識論而邏輯觀、名學觀，由知識論而中國哲學觀、中西哲學比較觀，由知識論而社會哲學、政治哲學，沒有哪一個哲學體系，像他的體系那樣，把一種觀念貫徹得如此徹底。東蓀先生的哲學體系，又是二十世紀中國最早的一個哲學體系，梁漱溟先生的「新儒學」、 熊十力先生的「新唯識學」、馮友蘭先生的「新理學」、賀麟先生的「新心學」， 以及金岳霖先生的知識論等，都是在東蓀先生的哲學之後，建立起來的。

第二項貢獻更有目共睹。以知識性居先、以知識論為最高、以

知識論為出發點和最終歸宿，不僅在幾千年中國傳統哲學中沒有，不僅在二十世紀前半期中國哲學中沒有，而且直到現在，在二十世紀後半期的中國哲學中，還是沒有。貢獻「方法論上的認識論主義」(methodological epistemologilism)，貢獻「以知識論居首為方法」的方法，不僅是東蓀先生過去的貢獻，不僅是東蓀先生現在的貢獻，看情形，還有可能是東蓀先生將來的，甚至是永恆的貢獻。在幾千年無數傳統哲學家中，沒有「以知識論居首為方法」者，自不待言；就是在東蓀先生同時代的中國哲學家中，也沒有一位是「以知識論居首為方法」的，熊十力先生不是，馮友蘭先生不是，金岳霖先生更不是；這之後又有許多的「哲學家」出現，但似乎還是沒有一個人，能夠懂得東蓀先生貢獻的意義，而將其發揚光大，以補中國哲學之「獨斷論」偏失。順著東蓀先生的方法走下去，本來有望擺脫中國哲學幾千年的「獨斷」傳統；只可惜二十世紀的中國哲學家們，依然對東蓀先生的工作熟視無睹、視而不見，繼續沿用中國哲學的老傳統，建立自己的哲學體系；這樣建立的哲學體系，沒有一個不是「獨斷論」的，熊十力先生設定「本體」是獨斷，馮友蘭先生承認新實在論的「共相在外」說，是獨斷，金岳霖先生以「有外物」和「有正覺」作為自己知識論的出發點，更是一種徹底的獨斷。可以毫不誇張地說，除了東蓀先生，二十世紀的中國哲學，基本上都是「獨斷論」的哲學。

第三項貢獻亦是顯而易見。在二十世紀中國哲學家中，能夠通過研究西方哲學而對西方哲學有貢獻的，恐怕只有東蓀先生一人；能夠以中國人身份，在西方哲學家極熟悉的知識論領域，提出被西方哲學家經常引用的知識論觀點的，在二十世紀中國哲學家中，恐怕也只有東蓀先生一人。東蓀先生的許多哲學觀點，不僅和西方哲

學家同步，而且還在許多重要方面，稍稍領先於西方哲學家，如「架構論」之於結構主義(structuralism)，「知識多元說」之於批判實在論(critical realism)，「知識解釋說」之於波普爾(Karl Popper, 1902–)，人生觀之於存在主義 (existentialism) 等等，這在二十世紀中國哲學家中，也是絕無僅有的，至少是罕見的。把對中國傳統哲學的研究，提升到能與西方大哲平等地、建設性地對話的水平，已經很不容易，如馮友蘭、熊十力先生所做的；把對西方哲學的研究，提升到能與西方大哲平等地、建設性地對話的水平，更是難上加難，甚至是異想天開。但東蓀先生做到了。東蓀先生的哲學成就，絕不在熊十力先生、馮友蘭先生、金岳霖先生等哲學家之下。

　　第一項貢獻，說的是東蓀先生在二十世紀中國哲學中的地位；第二項貢獻，說的是東蓀先生在整個中國哲學中的地位；第三項貢獻，說的是東蓀先生在西方哲學以及在中國哲學之現代化中的地位。

　　⑵這種貢獻，從中的方面說，也有三項，這就是：⒜東蓀先生在經驗論與實在論佔主導地位的近現代中國哲學界，獨立地打起「觀念論」與「理性論」的旗幟；⒝東蓀先生在「本體論居先」、「為何在先」佔統治地位的中國哲學界，獨立地打起「知識論居先」、「是何在先」的旗幟；⒞東蓀先生在向不注重知識問題的中國哲學界，第一個勇敢地建立起獨立而自足的知識論系統。

　　第一項貢獻也許需要稍加說明。就是，也許有很多人以為，近現代中國哲學並不是以經驗論佔主導地位。著者以為此話誠有一定道理，因為純粹的經驗論，就如同純粹的理性論一樣，根本上就不存在。就連東蓀先生本人，也是試圖在經驗主義與理性主義之間，取一中道。但完全的中道是不可能存在的，任何欲取中道的人，不是偏向經驗論，就是偏向理性論，不可能徹底「居中」。著者說近

現代中國哲學以經驗論為主導，也只是後面這個意思：就是並非指近現代中國哲學是以純粹經驗論為主導，而只是指它以「偏向經驗論」為主導。平心而論，在近現代中國哲學家中，沒有誰會公開承認自己是純粹的經驗論者，甚至沒有人會公開承認自己是「偏向經驗論」者，而只承認自己是「經驗與理性並重」。金岳霖先生便是一個典型的例子，他打著「理性與經驗並重」的旗號，走的卻是徹底的經驗論與實在論之路。他所說的「注重經驗」，是指意念得自所與；他所說的「注重理性」，是指意念還治所與。以得自所與者還治所與，以得自官覺者還治官覺，以得自經驗者還治經驗，這不是什麼「並重」，而是徹頭徹尾的所與主義、徹頭徹尾的官覺主義、徹頭徹尾的經驗主義。

東蓀先生的貢獻，不在他採取純粹理性論的立場，也不在他試圖在經驗論與理性論之間取一中道，而在他自覺採取了「偏向理性論」的立場。我曾在《張東蓀知識論研究》（臺灣洪葉文化公司，1995.12）一書裏，把東蓀先生的這一立場，稱為「負限原則」就是東蓀先生認為，條理法式誠有經驗上的根據，但卻不能以經驗為根據；經驗對於條理法式有意義，但卻只有一個負面的意義，即從負面給條理法式以限制。用東蓀先生自己的話說就是，條理、秩序與知識是「由於經驗而不成於經驗」。換言之，吾人只能做到不求「倚靠」經驗，只求與經驗不「相背」這一點。此種「經驗對於條理的負面限制原則」即「負限原則」的提出，表明東蓀先生向經驗論作了讓步，但卻依然固守理性論的立場，而只給經驗論一個負面的意義。在近現代中國哲學家中，堅持「偏向理性論」立場的，恐怕只有東蓀先生一人。

第二項貢獻似乎無須多說。因為中國傳統哲學一直採取「為何

在先」的態度、二十世紀中國哲學一直採取「本體論在先」的態度，乃是一個不爭的事實，沒有人會表示反對。傳統哲學暫且不說。二十世紀中國哲學家中，不以本體論居先，不以知識論遷就本體論、不以宇宙觀遷就本體論、不以人生觀遷就本體論的人，是沒有的。熊十力先生認為哲學只是本體論，金岳霖先生以知識論為本體論的延伸，無一不是採取「本體論居先」的立場。只有東蓀先生，獨自一人，勇敢地站出來，為知識論吶喊。他以知識論的研究結果為依據，徹底取消了本體論，從而重又回到中國傳統哲學不要「本體」的立場；他從知識論引伸出宇宙論、邏輯論、人生論與政治論，從而徹底避免了這些學說常常帶有的「獨斷性」；他用「是何在先」的立場，徹底糾正了傳統哲學只問「為何」、只問「如何」、不問「是何」的偏枯，從而使中國人的思維，回到一條較平實的軌道上來。東蓀先生是功不可沒的。

第三項貢獻更是不當有任何異議。傳統哲學沒有系統的知識論，自不待言。二十世紀中國哲學中，也只有三大知識論系統，一以東蓀先生為代表，一以金岳霖先生為代表，一以毛澤東先生為代表。金岳霖先生的知識論系統是寫成於本世紀四十年代中後期，問世於本世紀八十年代初期；毛澤東先生的《實踐論》與《矛盾論》是寫於一九三七年七－八月間，公開出版於本世紀五十年代初。後兩大系統均要比東蓀先生的系統，晚出若干年。而且從理論性質上講，後兩大系統相當接近，大致可以歸成一類；唯有東蓀先生的系統，獨樹一幟，傲立哲壇，表現出作者高度的智慧，與無窮的創造力。

⑶這種貢獻，從小的方面說，至少也有三項，這就是：㈎東蓀先生為中國哲學知識論貢獻了「內在關係說」，㈏東蓀先生為中國

哲學知識論貢獻了「間接呈現說」, (c)東蓀先生為中國哲學知識論貢獻了「非寫真說」。

「內在關係說」認為,「外在關係」誠然是存在的, 如弓與箭的關係, 但吾人決不能用「外在關係」去解釋知識關係, 決不能說「我認識這個東西」是一種在外的關係; 認為能所一旦發生關係, 則一關係者必影響另一關係者, 並互相使對方的面貌與性質, 發生改變; 知識是內外和合的產物, 進入知識關係的「外物」不可能再是原來意義上的外物, 進入知識關係的世界不可能再是「純粹自然」的世界。

「內在關係說」(theory of internal relation) 本是英哲布拉德雷 (F. H. Bradley, 1846–1924) 提出來的, 他基於新唯心論立場, 以為「一切關係都是內在關係」。 著者謂「內在關係說」是東蓀先生的貢獻, 不是謂此一主張為東蓀先生所首倡, 只是謂: (a)東蓀先生把「內在關係說」引進中國哲學中來, 使它成為中國哲學的一部分, 這是貢獻; (b)東蓀先生在中國第一個用「內在關係」解釋知識關係, 改變了中國哲學幾千年的傳統, 這更是貢獻。著者謂「內在關係說」是東蓀先生的貢獻, 還有一層意思, 就是以為它是金岳霖先生知識論之外的另一派; 金岳霖先生不僅完全地、毫無保留地接受了羅素 (B. Russell, 1872–1970)「一切關係都是外在關係」的主張, 而且徹底地、堅定地以為知識關係只能是「外在關係」。

「間接呈現說」以為, 能所內外之交接、會合不是直接, 而是間接, 其間隔有設準、概念、感相等中介; 能知不是白板, 不是明鏡, 不是靜水, 而是帶有始式、設準等層層結構; 所知亦不能「客觀獨在」, 所知的「在」是吾人知識以內的在, 是無論如何離不了能知的在; 吾人與其無端假定一個獨在的所知, 不如放棄此一假定,

而直認透入到能知之內的世界，就是本來的世界，直認介入於知識層面的宇宙，就是本來的宇宙；更有甚者，能所內外之間起「隔閡」作用的感相、知覺、概念、設準等「知識諸元」，　相互間同樣亦是不能同一、不能還元、不能歸併，因而「相互隔離」的。

　　著者謂「間接呈現說」是東蓀先生的貢獻，只因為中國哲學知識論領域，一直是「直觀說」（能所合一）與「直知對象說」（能所的性質相似或關係一致）的天下，東蓀先生是打破這一「千年格局」，反叛這一「千年傳統」的第一人。著者謂「間接呈現說」是東蓀先生的貢獻，還是相對於金岳霖先生的知識論而言的；金岳霖先生全盤接受了英哲摩爾 (G. E. Moore, 1873–1958) 的「直知對象論」(theory of immediate object) 主張，及其「捍衛常識」的立場，認為知識關係不會損害對象的「客觀性」，　知識可以達到一個「客觀內容」；認為能所、內外之間沒有、也不需要「中間媒介」，認識在任何情況下，都是「頓現」的與「直接」的。東蓀先生的主張與金岳霖先生的主張，相互間立於一個正相反對的位置。

　　「非寫真說」以為吾人之知識，不是「臨摹」或「拓寫」，而只是一種「解釋」(interpretation)；以為知識之本性，無非是施設準於當前、所與或造成者，之所得；以為感覺與其背後的刺激在性質上大不相同，感覺上所現的都不是真有其物，故感覺決不是「所與」，決不是解釋的材料，而就是解釋本身；以為知覺亦不是簡單地「摹寫」感覺，知覺在把感覺配入全境時，同時亦插入了意謂(meaning)，故知覺亦是對感覺的解釋；以為概念雖由知覺而來，但其形成時卻又明顯地添加了知覺中原本沒有的新內容，故概念亦不是對知覺的「摹寫」，而是基於知覺的一種「解釋」；以為外在者或「外物」是什麼，完全取決於物理學或形而上學的解釋，它根本上只是一個「解

釋的結果」，而並非實有其物。總之，「非寫真說」以為，人類知識本質上只是一個「解釋」，一個「構造」，一個「造成者」，一個「多重的和合產品」； 以為吾人認識世界，不是去「摹寫」世界，而是以吾人自己為背景去「解釋」世界，吾人認識宇宙，不是去「摹寫」宇宙，而是以吾人自己為背景去「解釋」宇宙；以為世界只是吾人的世界，宇宙只是吾人的宇宙，吾人不可能求一個世界於吾人的知識之外，吾人亦不可能求一個宇宙於吾人的知識之外。

「非寫真說」(non-opprehensional theory)是東蓀先生從批判實在論(critical realism)那裏，借來的一個概念。著者謂此一學說是東蓀先生的貢獻，不是謂它為東蓀先生所首創，只是謂⑴東蓀先生把它擴展了、發展了、提升了，這是貢獻，⑵東蓀先生把它增補到中國哲學中，增補到中國哲學之知識論中，從一個全新角度重新解釋人類之知識，這更是了不起的貢獻。東蓀先生用這個「非寫真說」，從哲學高度、從知識論層面，對傳統中國哲學中「言不盡意」的思想，作了合理的說明，並從一個方面指明了釋、道兩家立「無言」之教的理論根據；他用這個「非寫真說」，打通了柏拉圖 (Plato, 427–347 B.C.)以為不可能打通的「知識」與「意見」，打通了金岳霖先生以為不可能打通的「發現」與「發明」， 打通了熊十力先生以為不可能打通的「理智」與「性智」， 亦打通了馮友蘭先生以為不可能打通的「科學」與「形上學」、「綜合命題」與「分析命題」，等等。誰能說，這一切不是東蓀先生的貢獻?!

著者謂「非寫真說」是東蓀先生的貢獻，亦還有另一層意思，就是相對於金岳霖先生的知識論，東蓀先生的此一主張是別具一格、「特立獨行」的。金岳霖先生是竭力主張「寫真說」的。他以為「正覺」是外物的寫真，知識是世界的寫真；以為知識之成為知識，正

在其「臨摹」、「拓寫」或「寫真」了吾人周圍的世界；以為正覺的
呈現是「客觀的呈現」，客觀的呈現是「所與」，而所與正是「外物
或外物底一部分」。　總之，金先生的主張是「寫實主義」的，與東
蓀先生的「非寫真說」，完全不同。

　　總合起來，著者對東蓀先生哲學的評價是：正是有了東蓀先生
的工作，二十世紀中國哲學才有了另一種風采；於中國傳統哲學的
現代化，於二十世紀中國哲學的成長與發展，東蓀先生的貢獻與勞
績，是巨大的，且具有永恆的價值。

東蓀先生年表

清光緒十二年(1886)，丙戌，0歲

先生生於江蘇吳縣（今蘇州）。先生名東蓀，字聖心。父簡松先生。祖籍浙江錢塘。

德國心理學家考夫卡(Kurt Koffka, 1886–1968)生，德國哲學家巴爾特 (Karl Barth, 1886–1941) 生。王韜任格致書院院長。前一年，哲學家熊十力(1885–1968)生。

清光緒十三年(1887)，丁亥，1歲

英國哲學家勒阿德 (John Laird, 1887–1964) 生。日本井上圓了設立哲學館。日本《哲學》雜誌創刊。政論家張君勱(1887–1969)生。語言文字學家錢玄同(1887–1939) 生。

清光緒十四年(1888)，戊子，2歲

蘇聯哲學家布哈林(N. I. Bucharin, 1888–1938)生。

清光緒十五年(1889)，己丑，3歲

德國哲學家海德格爾 (Martin Heidegger, 1889–1976) 生。法國哲學家馬塞爾(Gabriel Marcel, 1889–1973)生。英國哲學家、史學家柯林武德(R. G. Collingwood, 1889–1943) 生。奧地利哲學家維特根斯坦(L. Wittgenstein, 1889–1951)生。

清光緒十六年(1890)，庚寅，4歲

法國《哲學年鑑》(*L'année Philosophique*)創刊。《一元論者》雜

誌(*Monist*)創刊。馬建忠出版《富民說》。

清光緒十七年(1891)，辛卯，5歲

德國哲學家卡爾納普(R. Carnap, 1891–1970)生。德國哲學家萊辛巴赫(H. Reichenbach, 1891–1953)生。胡適(1891–1962)生。德國學者文德爾班出版《哲學史》(*Geschichte der Philosophie*)。

清光緒十八年(1892)，壬辰，6歲

郭沫若 (1892–1978) 生。李石岑 (1892–1934) 生。美學家鄧以蟄(1892–1973)生。鄭觀應刊行《盛世危言》。陳熾刊行《庸書》。

清光緒十九年(1893)，癸巳，7歲

英國哲學家布拉德雷刊《現象與實在》(*Appearance and Reality*)。毛澤東(1893–1976)生。哲學史家湯用彤(1893–1964)生。

清光緒二十年(1894)，甲午，8歲

日人井上圓了刊《戰爭哲學一斑》。日人加藤弘之刊《道德哲學的進化》。

清光緒二十一年(1895)，乙未，9歲

德國無產者領袖恩格斯 (1820–1895) 卒。德國社會哲學家霍克海默爾(Max Horkheimer, 1895–1973)生。日本井上圓了刊《哲學史》。日本大西祝刊《西洋哲學史》。

清光緒二十二年(1896)，丙申，10歲

梁啟超等在上海發刊《時務報》，主張維新變法。嚴復譯英人赫胥黎《天演論》成。法國哲學家柏格森刊《物質與記憶》(*Matière et Mémoire*)。哲學家金岳霖(1896–1984)生。日人大西祝刊《倫理學》。

清光緒二十三年(1897)，丁酉，11歲

美國哲學家詹姆斯刊《信仰的意志》(*The Will to Believe*)。

清光緒二十四年(1898)，戊戌，12歲

德國哲學家馬爾庫塞(Herbert Marcuse, 1898–1979)生。

清光緒二十五年(1899)，己亥，13歲

德國哲學家庫恩(Helmut Kuhn, 1899–)生。德國哲學家希爾伯特刊《幾何學之基礎》(*Grund-Lagen der Geometrie*)。

清光緒二十六年(1900)，庚子，14歲

德國哲學家尼采(1844–1900)卒。德國哲學家弗羅姆(Erich Fromm, 1900–1980)生。德國哲學家胡塞爾刊《邏輯研究》(*Logische Untersuchungen*)二卷。日人運藤隆吉刊《支那哲學史》。

清光緒二十七年(1901)，辛丑，15歲

美國哲學家莫里斯(Charles William Morris, 1901–1979)生。

清光緒二十八年(1902)，壬寅，16歲

美國哲學家胡克(Sidney Hook, 1902–)生。奧地利哲學家波普爾(Karl R. Popper, 1902–)生。法國哲學家彭加勒刊《科學與假設》(*La Science et L' hypothese*)。

清光緒二十九年(1903)，癸卯，17歲

英國哲學家H.斯賓塞(1820–1903)卒。德國哲學家阿多諾(T. W. Adorno, 1903–1969)生。法國哲學家柏格森刊《形而上學導言》(*Introduction à la Mètaphysique*)。美國哲學家杜威刊《邏輯理論研究》(*Studies in Logical Theory*)。英國哲學家羅素刊《數學原理》(*The Principles of Mathematics*)。蔡元培譯《哲學要領》。

清光緒三十年(1904)，甲辰，18歲

俄國哲學家波格丹諾夫刊《經驗一元論》(*Empiriomonismus*)。德人文德爾班刊《意志自由》(*Willensfreiheit*)。

清光緒三十一年(1905)，乙巳，19歲

先生東渡日本留學，攻佛學與哲學，後放棄佛學，專攻哲學、心

理學。後畢業於東京帝國大學哲學系。

法國哲學家薩特(Jean Paul-Sartre, 1905–)生。奧國哲學家馬赫刊《認識與誤謬》(*Erkenntnis und Irrtum*)。

清光緒三十二年(1906),丙午,20歲

是年十一–十二月,先生刊〈心理學懸論㈠〉(與藍公武合譯)、〈物種由來〉(與藍公武合譯)、〈催眠心理學〉(與藍公武合編)及〈杭州佛教公所〉於日本東京《教育》雜誌一號;刊〈心理學懸論㈡〉(與藍公武合譯)、〈真理篇〉於日本東京《教育》雜誌二號。同時該雜誌2號另刊有先生兄長張爾田(孟劬)〈再和並示東蓀弟〉詩。

章炳麟刊《俱分進化論》。嚴復刊《述黑格爾唯心論》。

清光緒三十三年(1907),丁未,21歲

法國哲學家柏格森刊《創化論》(*L'evolution Créatrice*)。美國哲學家詹姆斯刊《實用主義》(*Pragmatism*)。馬敘倫刊《原性》。

清光緒三十四年(1908),戊申,22歲

法國哲學家波伏娃 (Simone de Beauvoir, 1908–) 生。法國哲學家梅洛・龐蒂(Merleau Ponty, 1908–1961)生。法國哲學家列維一施特勞斯 (Claude Lévi-Strauss, 1908–) 生。美國哲學家奎因 (W. V. O. Quine, 1908–) 生。法國哲學家彭加勒刊《科學與方法》(*Science et Mèthode*)。美國哲學家詹姆斯刊《多元論的宇宙觀》(*A Pluralistic Univers*)。

清宣統元年(1909),己酉,23歲

美國哲學家詹姆斯刊《真理之意義》(*Meaning of Truth*)。唐君毅(1909–1978)生。

清宣統二年(1910),庚戌,24歲

美國哲學家詹姆斯 (1842–1910) 卒。英國哲學家艾耶爾(A. J.

Ayer, 1910–)生。奧國哲學家弗洛伊德刊《論精神分析》(*Überpsy-choanalyse*)。蔡元培刊《中國倫理學史》。

清宣統三年(1911),辛亥,25歲

　　先生約於是年或前一年自日本歸國,留學日本凡六年左右。先生參加孫中山組織的南京政府,任南京臨時政府內政部秘書,並任上海《新時報》總編輯。是年五月二十三日,先生刊〈論現今國民道德墮落之原因及其救治法〉於《東方》雜誌八卷三號,署名「聖心」。

　　美國哲學家詹姆斯遺稿《哲學諸問題》(*Some Problems of Philosophy*)刊行。

中華民國元年(1912),壬子,26歲

　　南京臨時政府解散,其中大部分人到北京參加袁世凱組織的政府,先生不往。孫中山組織國民黨,把凡在南京任事者一律作為黨員,先生之名亦在其列,但先生不予承認。自是年起至一九一六年,先生擔任上海《大共和日報》編輯、《庸言》(梁啟超主持)編輯、《大中華》(梁啟超主持)雜誌編輯。

　　法國哲學家彭加勒(1853–1912)卒。美國哲學家詹姆斯《徹底經驗論》(*Essays in Radical Empiricism*)刊行。美人培里刊《新實在論》(*The New Realism*)。梁啟超刊《中國道德之大原》。

中華民國二年(1913),癸丑,27歲

　　是年二月十六日,先生刊〈國會性質之疑問〉於《庸言》一卷六號。四月六日,刊〈論憲法之性質及其形式〉於《庸言》一卷十號。五月一日,刊〈論統治權總攬者之有無〉於《庸言》一卷十一號。五月十六日,刊〈余之民權觀〉及〈道德墮落之原因〉兩文於《庸言》一卷十二號。六月十六日,刊〈國會選舉法商榷〉及〈主權討論之討論〉兩文於《庸言》一卷十四號。七月一日,刊〈余之孔教

觀〉及〈論普通裁判制度與行政裁制制度〉於《庸言》一卷十五號。
七月十六日，刊〈議員薪俸問題〉、〈中國之社會問題〉及〈財政與
道德〉於《庸言》一卷十六號。八月一日，刊〈□位連任問題〉、〈亂
後之經營〉及〈王氏憲法芻議之商榷〉、〈王氏憲法芻議之商榷補論〉
於《庸言》一卷十七號。八月十六日，刊〈預算制度論〉、〈關稅救
國論〉及〈學者之負擔〉於《庸言》一卷十八號。九月一日，刊〈內
閣制之精神〉於《庸言》一卷十九號。九月十六日，刊〈國民之聲〉、
〈中華民國憲法草案略評〉、〈國會委員會之研究〉於《庸言》一卷
二十號。十月一日，刊〈國民會議之主張〉及〈行政權消滅與行政
權轉移〉於《庸言》一卷二十一號。十一月一日，刊〈政治會議之
性質〉、〈行政裁判論〉及〈司法問題與教育問題〉三文於《庸言》
一卷二十三號。十一月十六日，刊〈對抗議之價值〉、〈法治國論〉
及〈論二院制與一院制〉於《庸言》一卷二十四號。

　　法國哲學家加繆(Albert Camus, 1913–1960)生。德國哲學家雅斯
貝爾斯刊《一般精神病理學》。 德國哲學家胡塞爾刊《純粹現象學
和現象哲學論考》(*Ideen zu einer reinen Phänomenologie und pha-
nomenologischen Philosophie*)。

中華民國三年(1914)，甲寅，28歲

　　是年一月十五日，先生刊〈正誼解〉及〈內閣論〉(待續)於《正
誼》一卷一號。二月十五日，刊〈內閣論〉(待續)、〈約法會議之
商榷〉於《正誼》一卷二號。三月十五日，刊〈中國共和制度之最
後裁判〉於《正誼》一卷三號。四月十五日，刊〈政治革命與社會
革命〉及〈讀張秋桐「政本論」〉 於《正誼》一卷四號。四月，先
生有〈和孟劬兄春感韵〉刊行。五月十五日，刊〈予之聯邦組織論〉
於《正誼》一卷五號。五月十六日，刊〈言論之道德〉於《中華》

雜誌一卷三號。六月一日，刊〈國民性與立法〉及〈行政法與□政院之討論〉（待續）於《中華》雜誌一卷四號。六月十五日，刊〈復辟論之評判〉於《正誼》一卷六號。六月十六日，刊〈新生命之要求〉及〈行政法與□政院之討論〉（續）於《中華》雜誌一卷五號。七月一日，刊〈用人與守法〉、〈美國憲法會議之大教訓〉及〈泣血之言〉（署名「聖心」）於《中華》雜誌一卷六號。七月十五日，刊〈根本救國論〉及〈中國之將來與近世文明國立國之原則〉於《正誼》一卷七號。七月十六日，刊〈地方制之終極觀〉及〈自懺〉於《中華》雜誌一卷七號。八月一日，刊〈暱敵與第三者之責任〉於《中華》雜誌一卷八號。八月十五日，刊〈吾人之統一的主張〉（待續）於《正誼》一卷八號。九月一日，刊〈心理學上之亂覺觀〉於《中華》雜誌一卷九號。九月十五日，刊〈吾人之統一的主張〉（續完）及〈石□與帝制〉於《正誼》一卷九號。十月一日，刊〈本社同人攝影〉及〈公法私法之區別與行政法〉於《中華》雜誌一卷十號。十一月一日，刊〈三年中政治經驗之大暗示〉（署名「聖心」）於《中華》雜誌一卷十一號。十二月一日，刊〈系統建設之研究〉於《中華》雜誌一卷二號。

美國哲學家皮爾斯 (1839–1914) 卒。英國哲學家布拉德雷刊《真理與實在》(*Essays on Truth and Reality*)。英國哲學家羅素刊《哲學的科學方法》(*Scientific Method of Philosophy*)。

中華民國四年(1915)，乙卯，29歲

先生可能於是年三月至九月間，再次東渡日本研修。是年一月一日，先生刊〈就純理上討論邦先於國之理〉於《中華》雜誌二卷一號。三月二十二日，先生有《書憤》、《浣溪沙》刊行。五月十日，刊〈政治根本論〉於《甲寅》一卷五號。六月十日，刊〈行政與政

治〉於《甲寅》一卷六號。七月十日，刊〈政制論〉（上）於《甲寅》一卷七號。八月十日，刊〈政制論〉（下）於《甲寅》一卷八號。九月十日，刊〈憲法與政治〉於《甲寅》一卷九號。十月一日，刊〈聯邦立國論〉（未完）及〈聯邦之性質及其精神〉於《新中華》一卷一號，均署名「聖心」。 十月十日，刊〈吾人理想之制度與聯邦〉於《甲寅》一卷十號。十一月一日，刊〈聯邦立國論〉（完）、〈聯邦之性質及其精神〉（完）及〈美利堅各邦之憲法及政府〉於《新中華》一卷二號，均署名「聖心」。 十二月一日，刊〈聯邦制度與憲法制度〉及〈具體之制憲〉於《新中華》一卷三號。

德人文德爾班 (1848–1915) 卒。奧國哲學家弗洛伊德刊《精神分析學》。

中華民國五年(1916)，丙辰，30歲

一月，先生刊〈國本〉於《新中華》一卷四號，署名「聖心」。四月，刊〈善後建設論〉於《新中華》一卷五號，署名「聖心」。 六月，刊〈今後之政運觀〉及〈修改國會組織法及選舉法私議〉於《新中華》一卷六號，均署名「聖心」。 十二月二十日，刊〈地方制度草案商榷〉於《大中華》二卷十二期。

奧國哲學家馬赫 (1838–1916) 卒。英國史學家刊《宗教與哲學》(*Religion and philosophy*)。謝無量刊《中國哲學史》。丁文江任地質調查所所長。日本《哲學研究》創刊。

中華民國六年(1917)，丁巳，31歲

是年先生接替張君勱而成為上海《時事新報》總編輯，同時主編《解放與改造》雜誌（後更名為《改造》）。《時事新報》以見解獨立而稱譽於當時，其文學副刊「學燈」，與北京《晨報》「思辨」副刊及上海《民國日報》「覺悟」副刊，共稱「五四」時期「三大著

名副刊」。 四月一日，先生刊〈地方制度草案商榷書〉於《政法學會》雜誌第二期。十一月十五日，刊〈賢人政治〉於《東方》雜誌十四卷十一號。

英人希克斯刊《批判實在論之基礎》(*The Basis of Critical Realism*)。蔣維喬刊《論理學講義》。

中華民國七年(1918)，戊午，32歲

是年三月四日，先生刊〈學燈宣告〉於《時事新報》。自此，先生在該報上發表大量文章。是年計有：「講壇」欄「隨想錄」十二篇，分別為〈國人讀書力之缺乏〉（三月十一日）、〈販賣外國書籍之必要〉（三月十八日）、〈中西思想之絕對相反，中西文章之絕對相反〉（三月二十五日）、〈說鬼〉（四月一日）、〈運命思想亡國論（上）〉（四月十五日）、〈運命思想亡國論（中）〉（四月二十九日）、〈運命思想亡國論（下）〉（五月九日）、〈運命思想餘談〉（五月十三日）、〈論演說〉（五月十六日）、〈論釋書〉（五月二十三日）、〈論報紙（上）〉（五月二十七日）、〈論報紙（中）〉（五月三十日）；「教育小言」欄十六篇，分別為〈職業教育〉（三月十八日）、〈人格之感化〉（三月二十五日）、〈教育與生計〉（四月一日）、〈教育與教會〉（四月八日）、〈門戶之見〉（五月六日）、〈競爭之風〉（五月十三日）、〈「革命之心理」序〉（六月十日）、〈教授留學〉（七月十五日）、〈哲學與教育〉（九月二日）、〈文藝與教育〉（九月十六日）、〈本欄之提倡〉（九月三十日）、〈秦鶴蘭之思想〉（十二月六日）、〈止崇拜而不模仿〉（十二月九日）、〈模仿與文化〉（十二月十日）、〈新……舊〉（十二月十四日）、〈人格與主張〉（十二月十六日）。

李大釗刊〈庶民的勝利〉及〈布爾什維克主義的勝利〉二文於《新青年》。魯迅刊《狂人日記》。德人柯亨(1842–1918)卒。美國哲學

家路易斯刊《符號邏輯學研究》(*Survey of Symbolic Logic*)。

中華民國八年(1919)，己未，33歲

　　從是年四月下旬始，先生邀著名報人俞頌華任「學燈」副刊主編，凡三月。三月後俞氏去蘇聯採訪。歸國，先生邀他暫時共同主編《解放與改造》半月刊。是年一月十五日，先生刊〈世界公同之一問題〉於《時事新報》。三月四日、五日、六日刊〈運命之感想〉於《時事新報》「學燈」副刊。五月十五日，刊〈政治上懷疑論之價值〉於《民鐸》六卷一號。六月四日，刊〈全國學生聯合會之組織問題〉於《時事新報》「學燈」副刊。六月六日，刊〈介紹「挽近哲學之新趨向」並批評〉（下）於《時事新報》「學燈」副刊。六月二十日，刊〈大同學院事件〉於《時事新報》「學燈」副刊。七月十二日，刊〈研究外交〉於《時事新報》「學燈」副刊。七月二十六日，刊〈學生自治〉於《時事新報》「學燈」副刊。九月一日，刊〈新學會宣言書〉、〈第三種文明〉、〈羅塞爾的「政治理想」〉及〈日本的研究與中國的前途〉於《解放與改造》一卷一號。九月二日，刊〈「新思想」與「新運動」〉於《時事新報》「學燈」副刊。九月十五日，刊〈指導競爭與運動〉於《解放與改造》一卷二號。十月一日，刊〈奧斯氏社會主義與庶民主義〉及〈中國知識階級的解放與改造〉於《解放與改造》一卷三號。十月一日，刊〈突變與潛變〉於《時事新報》。十月十二日，刊〈答章行嚴君〉於《時事新報》。十月二十六日，刊〈答潘力山君與程耿君〉於《時事新報》。十一月一日，刊〈頭目制度與包辦制度之打破〉於《解放與改造》一卷五號。十一月四日，刊〈一樁頂快樂的事情〉於《時事新報》「學燈」副刊。十一月十八日，刊〈孝的問題〉（與人合撰）於《時事新報》「學燈」副刊。十二月一日，刊〈為什麼要講社會主義〉於

《解放與改造》一卷七號。十二月一日，刊〈報紙的現在與未來〉於《晨報》副刊。十二月十日，刊〈我對於改良中國文學的意見〉於《時事新報》「學燈」副刊。十二月十五日，刊〈婦女問題雜評〉及〈青年之煩悶〉於《解放與改造》一卷八號。十二月十九日，刊〈我對於解決一個問題的意見〉於《時事新報》「學燈」副刊。十二月三十一日，刊〈我對於廢止考試的意見〉於《時事新報》「學燈」副刊。另外，是年及前一年《時事新報》「學燈」副刊還載有先生與友人往來書信幾十封。是年九月，先生之譯著《創化論》（上下冊）在上海商務印書館出版，入「尚志學會叢書」。

德國哲學家雅斯貝爾斯刊《世界觀的心理學》(*Psychologie der Weltanschauung*)。英國哲學家羅素刊《數理哲學導論》(*Introduction to Mathematical Philosophy*)。英國哲學家 A. N. 懷特海刊《自然知識原理研究》(*An Inquiry Concerning the Principles of Natural Knowledge*)。美國哲學家杜威來華講學。

中華民國九年(1920)，庚申，34歲

是年十月間，先生與梁啟超等共邀英國哲學家羅素來華講學，先生陪同羅素去各地，包括湖南。一月一日，先生刊〈職業自由的要求〉於《解放與改造》二卷一號。二月一日，刊〈評資本主義的辦事方法〉及〈利害衝突背後的人性觀衝突〉於《解放與改造》二卷三號。二月七日，刊〈工學問題管見〉於《時事新報》「學燈」副刊。三月一日，刊〈改造要全體和諧〉於《解放與改造》二卷五號。四月十三日，刊〈譯名的私見和三個譯名的批評〉於《時事新報》「學燈」副刊。四月十五日，刊〈科學的平民化與學校的工廠化〉於《解放與改造》二卷八號。七月二日，刊〈譯書重複的問題〉於《時事新報》「學燈」副刊。七月十五日，刊〈中國之前途：德國

乎? 俄國乎?〉(與君勱合撰)於《解放與改造》二卷十四號。十月二日,刊〈「提高」與「普及」〉於《時事新報》「學燈」副刊。十月六日,刊〈一個大問題〉於《時事新報》。 十一月六日,刊〈由內地旅行而得之又一教訓〉於《時事新報》。 十二月一日,刊〈關於社會主義討論・大家須切記羅素先生給我們的忠告〉於《新青年》八卷四號。十二月九日,刊〈燒點須認清〉於《時事新報》「學燈」副刊。十二月十五日,刊〈現在與將來〉於《改造》三卷四號。

德人M.韋伯(1864-1920)卒。德國心理學家W.馮特(1832-1920)卒。英國哲學家S.亞歷山大刊《時間,空間與神》(*Time, Space and Deity*)。美國哲學家杜威刊《哲學的改造》(*Reconstruction of Philosophy*)。

中華民國十年(1921), 辛酉, 35歲

是年春夏間,先生等接辦中國公學,曾一度受阻。十一月間,該校再度發生更嚴重風潮。是年二月十五日,先生刊〈一個申說〉於《改造》三卷六號。四月十二日,刊〈論精神分析〉於《時事新報》「學燈」副刊。九月十六日,刊〈宣言〉及〈「我們所能做的」〉於《時事新報》「社會主義研究」欄。十二月一日,刊〈柏格森哲學與羅素的批評〉於《民鐸》三卷一號。刊〈羅素評唯物辯證法〉於《新民》月刊一卷二期。

奧國哲學家維特根斯坦刊《邏輯哲學論》(*Logisch-philosophische Abhaudlung*)。德國哲學家杜林(1833-1921)卒。

中華民國十一年(1922), 壬戌, 36歲

是年一月六日,先生刊〈社會改造與政治勢力──答□□君〉於《時事新報》「社會主義研究」欄。一月,刊〈我也批評一批評〉於《時事新報》「社會主義研究」欄。二月二十三日,刊〈介紹教

育雜誌〉於《時事新報》「學燈」副刊。三月三日，刊〈兩種社會觀〉於《時事新報》「學燈」副刊。三月五日，刊〈人究竟為甚麼活著〉於《時事新報》「學燈」副刊。三月十九日，刊〈讀「東西文化及其哲學」〉於《時事新報》「學燈」副刊。三月二十四日，刊〈奈何〉於《時事新報》「學燈」副刊。四月一日，刊〈對於中國共產派及其反對者的忠告〉於《時事新報》。四月四日，刊〈討論佛教的兩封信〉（與常乃德合撰）於《時事新報》「學燈」副刊。四月十日，刊〈又有討論佛教的三封信〉（與常乃德、呂澂合撰）於《時事新報》「學燈」副刊。四月二十四日，刊〈我對於基督教的感想〉於《生命》二卷七－八期。四月，刊〈文化教育與運動〉於《教育》雜誌十四卷三期。六月十九日，刊〈哲學與科學〉於《時事新報》「學燈」副刊。六月二十三日，刊〈思想問題〉於《時事新報》「學燈」副刊。七月二日，刊〈應該以輕佻的態度對付反對者麼?〉於《時事新報》「學燈」副刊。九月十日，刊〈新實在論的論理主義〉於《東方》雜誌十九卷十七號。九月十七日，刊〈聯省自治與國家主義〉於《時事新報》。十一月十日，刊〈憲法上的議會問題〉於《東方》雜誌十九卷二十一號。是年一月，先生譯著《物質與記憶》在上海商務印書館出版，入「尚志學會叢書」。三月，先生譯著《社會論》（與吳獻書合譯）在上海商務印書館出版。

英國哲學家羅素刊《吾人關於外界的知識》(*Our Knowledge of the External World*)。英國哲學家穆爾刊《哲學研究》(*Philosophical Studies*)。杜里舒來華講學。愛因斯坦來華講學。

中華民國十二年(1923)，癸亥，37歲

是年一月十日，先生刊〈這是甲〉於《東方》雜誌二十卷一號。一月三十日，刊〈對於達爾頓制的直感〉於《時事新報》「學燈」

副刊。二月十日，刊〈批判的實在論〉於《東方》雜誌二十卷三號。三月十日、十二日刊〈極端的理想化主義〉於《時事新報》「學燈」副刊。四月，刊〈知識之本質〉於《教育》雜誌十五卷四期。五月十日，刊〈相對論的哲學與新論理主義〉於《東方》雜誌二十卷九號。五月二十三日，刊〈利用國文教授〉於《時事新報》「學燈」副刊。六月三日，刊〈論譯書〉於《時事新報》「學燈」副刊。六月九日，刊〈勞而無功〉於《時事新報》「學燈」副刊。六月二十五日，刊〈誰能救中國〉於《東方》雜誌二十卷十二號。八月十日，刊〈唯用論在現代哲學上的真正地位〉㈠於《東方》雜誌二十卷十五號。八月二十五日，刊〈唯用論在現代哲學上的真正地位〉㈡於《東方》雜誌二十卷十六號。秋，刊〈人權與省憲〉於《法學》季刊。十二月十日，刊〈伯洛德的感相論〉於《東方》雜誌二十卷二十三號。

英國哲學家C. L.摩根(Morgan)刊《突現的進化》(*Emergent Evolution*)。美國哲學家皮爾斯遺著《偶然，愛和邏輯》(*Chance, Love and Logic*)刊行。梁啟超刊《清代學術概論》、《先秦政治思想史》。朱謙之刊《周易哲學》。熊十力在北京大學講《新唯識論》。科學與人生觀論戰（科玄論戰）開始。

中華民國十三年(1924)，甲子，38歲

是年春天，先生離開《時事新報》，脫離報界，開始在上海主持中國公學。是年秋季學期開學時，先生聘請老友俞頌華至中國公學擔任教務主任兼教授。先生所聘其他教授，均是三十歲左右即已學有專長、備受學生歡迎者。是年一月十日，先生刊〈中國政制問題〉於《東方》雜誌二十一卷一號。四月二十二日，刊〈康德雜譚〉於《時事新報》「學燈」副刊。十月十二日，刊〈「國內戰爭六講」跋〉

於《時事新報》「學燈」副刊。是年六月，先生著作《科學與哲學
——一名從我的觀點批評科玄論戰》在上海商務印書館出版。

英國哲學家布拉德雷(1846–1924)卒。英國哲學家F. C. S.席勒刊
《信念問題》(*Problems of Belief*)。

中華民國十四年(1925)，乙丑，39歲

是年秋，先生主持之中國公學受阻。十月，先生受上海國立政治
大學（剛由自治學院改組而成）校長張君勱之聘，至政大任教授。
先生任此職直到一九二七年二月政大被國民黨上海市黨部查封。是
年一月二十五日，先生刊〈科學與哲學〉於《東方》雜誌二十二卷
二號。三月二十五日，刊〈聯邦論辯〉於《東方》雜誌二十二卷六
號。五月十日、二十五日刊〈席勒唯用派哲學之自由論按語〉於《東
方》雜誌二十二卷九－十號。六月二十七日，刊〈甘地動機與馬克
思動機〉於《晨報》。 九月二十五日，刊〈出世思想與西洋哲學〉
於《東方》雜誌二十二卷十八號。

德國哲學家弗雷格(1848–1925)卒。美國哲學家杜威刊《經驗與
自然》(*Experience and Nature*)。胡適刊《戴東原的哲學》。

中華民國十五年(1926)，丙寅，40歲

是年，先生繼續在上海國立政治大學任教授。是年一月十日，先
生刊〈初學哲學之一參考〉於《東方》雜誌二十三卷一號。二月十
日，刊〈由自利的我到自制的我〉於《東方》雜誌二十三卷三號。
八月十日，刊〈獸性問題〉於《東方》雜誌二十三卷十五號。十二
月二十五日，刊〈西方文明與中國〉於《東方》雜誌二十三卷二十
四號。

德國哲學家倭鏗(1846–1926)卒。德國哲學家N.哈特曼刊《倫理
學》(*Ethik*)。

中華民國十六年(1927)，丁卯，41歲

是年 2 月，張君勱主持之上海國立政治大學被國民黨上海市黨部查封，先生離開政大。先生會同瞿菊農、黃子通等創辦《哲學評論》，是為中國第一家專門哲學刊物。是年，先生刊〈因果律與數理〉於《哲學評論》（北京）一卷一期。刊〈名相與條理〉於《東方》雜誌二十四卷三-四號。

德國哲學家海德格爾刊《存在與時間》(*Sein und Zeit*)。美國哲學家 S. 胡克刊《實用主義的形而上學》(*Metaphysics of Pragmatism*)。法國哲學家列維·布魯爾刊《原始心靈》(*L'âme Primitive*)。

中華民國十七年(1928)，戊辰，42歲

是年秋，先生入上海私立光華大學任教授，講授倫理學、現代哲學等課程，並任該校文學院院長。在光華期間，先生力圖打破校務會開會每次均得恭聽總理遺囑之慣例。是年一月十日，先生刊〈新創化論〉於《東方》雜誌二十五卷一號。四月，先生刊〈宇宙觀與人生觀〉於《東方》雜誌二十五卷七-八號。六月，刊〈休謨哲學與近代思潮〉於《哲學評論》二卷一期。十二月，刊〈快樂論：其歷史及其分析〉於《哲學評論》二卷三期。刊〈全體主義與進化論〉於《哲學評論》二卷六期。是年七月，先生之著作《人生觀 ABC》在上海世界書局出版，入徐蔚南主編之「ABC 叢書」。

俄國哲學家波格丹諾夫 (1873–1928) 卒。德國哲學家卡爾納普刊《世界的邏輯結構》(*Der Logische Aufbau der Welt*)。辜鴻銘(1856–1928)卒。

中華民國十八年(1929)，己巳，43歲

是年，先生繼續在上海私立光華大學任職。是年一月十九日，梁任公先生病逝北平協和醫院，先生撰獻長幅輓聯。是年九月，先生

刊〈現代哲學鳥瞰〉於《東方》雜誌二十六卷十七號。刊〈嚴肅主義：其歷史及其批評〉於《哲學評論》（北京）三卷一期。是年一月，先生之著作《哲學ABC》在上海世界書局出版，入徐蔚南主編之「ABC叢書」。五月，《精神分析學ABC》在上海世界書局出版，入徐蔚南主編之「ABC叢書」。八月，《新哲學論叢》在上海商務印書館出版。

德國哲學家海德格爾刊《康德與形而上學問題》(*Kant und das Problem der Metaphysik*)。德國哲學家胡塞爾刊《形式邏輯與先驗邏輯》(*Formal und transzendentale Logik*)。英國哲學家 A. N. 懷特海刊《過程與實在》(*Process and Reality*)。《維也納學派的科學世界觀》宣言發佈。美國哲學家杜威來華講學。

中華民國十九年(1930)，庚午，44歲

是年秋，先生離開上海私立光華大學，北上北平燕京大學，任哲學教授，先後講授現代哲學、價值哲學、康德哲學、知識學、民主哲學、中國哲學史等課程。十月二十二日晚七時半，先生應清華大學馮友蘭之邀，至清華大學哲學系講演。是年三月，先生刊〈新有鬼論與新無鬼論〉於《東方》雜誌二十七卷五號。刊〈哲學不是什麼〉於《哲學》月刊三卷一期。刊〈將來之哲學〉於《哲學評論》（北京）三卷二期。刊〈倫理思想上的兩種進化論〉於《哲學評論》（北京）三卷四期。是年八月，先生之著作《西洋哲學史 ABC》（上、下）在上海世界書局出版，入徐蔚南主編之「ABC叢書」。范祥善編《現代哲學評論集》（上海世界書局）刊行於是年，收先生〈新創化論〉一文。

《認識》(*Erkenntnis*)雜誌創刊。德國哲學家海德格爾刊《何為形而上學?》(*Was ist Metaphysik*)。

中華民國二十年(1931)，辛未，45歲

是年，先生繼續在燕京大學任教。是年九月九日，先生刊〈哲學之誤解〉於《大公報》「現代思潮」欄第二期。九月十八日，刊〈我亦談談辯證的唯物論〉於《大公報》「現代思潮」欄第三期。十月，刊〈全國動員與學哲學的人們〉於《大公報》「現代思潮」欄第七期。刊〈蘇格拉底之道德論〉於《民鐸》十一卷一期。刊〈柏拉圖與蘇格拉底的事跡考〉於《哲學評論》（北京）四卷二期。刊〈條理範疇與設準〉於《哲學評論》（北京）四卷二-四期。是年一月，先生之著作《道德哲學》在上海中華書局出版。五月，《哲學》在上海世界書局出版，入「文化科學叢書」。六月，《哲學與科學》在上海中華書局出版。上海私立光華大學哲學會編《哲學研究》（上海中華書局）刊行於是年，收先生之〈蘇格拉底以前之希臘哲學〉、〈哲學與科學〉二文。

美國哲學家杜威刊《哲學與文明》(*Philosophy and Civilization*)。德國哲學家胡塞爾刊《笛卡兒沉思》(*Méditations Cartésiennes*)。德國哲學家雅斯貝爾斯刊《時代的精神地位》(*Die geistige Situation der Zeit*)。法國哲學家馬塞爾刊《存在與所有》(*Etre et Avoir*)。張君勱與倭伊鏗合刊《人生觀問題》。

中華民國二十一年(1932)，壬申，46歲

是年先生繼續在燕京大學任教。十月，先生曾一度兼任清華大學文學院哲學系講師。是年四月，先生刊〈答張抱冰關於哲學三問〉於《大公報》「現代思潮」欄第三十一期。七月，刊〈階級問題〉於《再生》一卷四期。九月一日至十一月一日，刊〈認識論的多元論〉於《大陸》雜誌一卷三-五期。九月二十日，刊〈辯證法的各種問題〉於《再生》一卷五期。刊〈蘇格拉底之辨訴〉（譯）於《燕

大》月刊九卷二期。是年八月，先生之著作《現代倫理學》在上海新月書店出版。

德國哲學家雅斯貝爾斯刊《哲學》(*Philosophie*)。熊十力刊《新唯識論》。

中華民國二十二年(1933)，癸酉，47歲

是年先生繼續在燕京大學任教。是年三月二十日，先生刊〈教訓〉於《再生》一卷十一期。七月二十一日，刊〈道德概念〉於《大公報》「世界思潮」欄。刊〈討論道德根本問題答素癡先生〉於《再生》二卷二期。刊〈科學的哲學概論〉於《圖書評論》一卷八期。刊〈科學之介剖〉於《圖書評論》一卷八期。刊〈中性子的發見是否有助於唯物論〉於《再生》一卷十期。刊〈動的邏輯是可能的麼?〉於《新中華》半月刊一卷十八期。是年三月，先生之譯著《柏拉圖對話集六種》在上海商務印書館出版，入「尚志學會叢書」。 先生之著作《哲學上之討論》(與李石岑合撰)在上海商務印書館出版。

英國哲學家S.亞歷山大刊《美及其他價值形式》(*Beauty and other Forms of Value*)。沈有乾刊《現代邏輯》。朱謙之刊《歷史哲學大綱》。胡適刊《四十自述》。

中華民國二十三年(1934)，甲戌，48歲

是年，先生學術休假。在是年學術休假期，先生曾去廣州學海書院（張君勱創辦）任院長六個月。是年初，先生開始主編「哲學叢書」，全面介紹西洋哲學。叢書由上海世界書局印行，分上、下卷，每卷八冊，共十六冊，至一九三五年七月完成。五月，先生與張君勱創辦發行《再生》雜誌。十月，再生社臨時代表大會在北平舉行，會上宣佈成立中國國家社會黨，先生任該黨中央總務委員。是年，先生刊〈哲學是有黨派的嗎?〉於《光華大學半月刊》二卷七期。

十月，刊〈唯物辯證法之總檢討〉於《唯物辯證法論戰》（北平民友書局）一書。十二月，刊〈從西洋哲學觀點看老莊〉於《燕京學報》十六期。刊〈思想的論壇上幾個時髦問題〉於《新中華》半月刊二卷十－十一期。是年三月，先生之著作《現代哲學》在上海世界書局出版，入先生主編之「哲學叢書」。七月，《價值哲學》在上海世界書局出版，入「哲學叢書」。九月，《認識論》在上海世界書局出版，入「哲學叢書」。 十月，先生編纂之《唯物辯證法論戰》在北平民友書局出版。十二月，抽印本《從西洋哲學觀點看老莊》在北平燕京大學出版。此外，先生主編「哲學叢書」中，張抱橫之《哲學與近代科學》、嚴群之《柏拉圖》、郭本道之《洛克巴克萊與休謨》、郭本道之《黑格爾》，均經先生「校閱」。

美國哲學家C. W.莫里斯刊《實用主義與形而上學》(*Pragmatism and Metaphysics*)。愛因斯坦刊《我的哲學》(*My Philosophy*)。德國哲學家卡爾納普刊《語言的邏輯構成法》(*Logische Syntax dex Sprache*)。熊十力刊《十力語要》（卷一）。胡適刊《論儒》。英國史學家湯因比刊《歷史研究》。陳序經刊《中國文化的出路》。

中華民國二十四年(1935)，乙亥，49歲

是年先生繼續在燕京大學任教，並繼續主編「哲學叢書」，至七月完成。四月，中國哲學會第一屆年會在北平召開，先生在會上宣讀論文〈從我們所謂哲學看唯物辯證法〉。 五月，先生為傅統先《現代哲學之科學基礎》一書作「序」。 是年一月，先生刊〈關於邏輯之性質〉於《哲學評論》六卷一期。四月，刊〈從我們所謂哲學看唯物辯證法〉（摘要）於《哲學評論》(北京)七卷一期及天津《大公報》(1935.4.14-16)。五月，刊〈十年來之哲學界〉於《光華大學半月刊》三卷九－十期。六月，刊〈關於名學之性質〉於《正風》

半月刊一卷十二期。刊〈孔子論仁〉於《新民》月刊一卷一期。刊〈現代的中國怎樣要孔子〉於《正風》半月刊一卷二期。刊〈最近社會學研究之趨勢〉於《出版》週刊一一五期。刊〈發刊詞〉於《文哲學刊》一卷一期。是年三月，先生之著作《近世西洋哲學史綱要》（與姚璋合編）在上海中華書局出版，入「中華百科叢書」。

德國哲學家雅斯貝爾斯刊《理性與存在》(*Vernunft und Existenz*)。法國哲學家馬塞爾刊《存在與所有》(*Etre et Avoir*)。金岳霖刊《邏輯》。張君勱刊《明日之中國文化》。

中華民國二十五年(1936)，丙子，50歲

是年先生繼續在燕京大學任教。是年四月四日至五日，中國哲學會第二屆年會在北平召開，先生當選為中國哲學會第一屆編輯委員會委員。是年，先生刊〈怎樣研究哲學〉於《出版》週刊一七三－一七四期。刊〈彭基相譯笛卡兒（方法論）序〉於《文哲》一卷六期。刊〈關於宋明哲學之性質〉於《文哲》一卷六期。刊〈序姚〈秦漢哲學史〉〉於《晨報》「思辨」欄第四十二期。刊〈我亦談談梁任公辛亥革命以前的政論〉於《自由評論》十九期。刊〈哲學專號〉於《自由評論》三十五－三十六期。刊〈「現代哲學之科學基礎」序〉於《出版》週刊一九三期。四月，刊〈從言語構造上看中西哲學的差異〉於《東方》雜誌三十三卷七號。十月一日，刊〈多元認識論重述——我的多元認識論與康德之比較〉於《東方》雜誌三十三卷十九號。是年一月，先生之著作《倫理學綱要》在上海中華書局出版，入「中華百科叢書」。 抽印本《多元認識論重述》在上海商務印書館出版。詹文滸編《張東蓀的多元認識論及其批評》（上海世界書局）一書，出版於是年五月。

德人李凱爾特(1863–1936)卒。英人畢爾生(1857–1936)卒。法國

哲學家薩特刊《自我的超越》(*La Transcendence de L'ego*)。德國哲學家胡塞爾刊《歐洲科學的危機與先驗現象學》(*Die Krisis der europaischen Wissenschaften und die transzendentale Phänomeno-logie*)。美國哲學家S.胡克刊《從黑格爾到馬克思》(*From Hegel to Marx*)。英國哲學家艾耶爾刊《語言、真理與邏輯》(*Language, Truth and Logic*)。奧國哲學家維特根斯坦刊《哲學研究》(*Philosophische Llntersuchungen*)第一部。唐君毅刊《黑格爾的變化形而上學與莊子的變化形而上學之比較》。《日本哲學全書》刊行。

中華民國二十六年(1937)，丁丑，51歲

北平淪陷後，先生繼續留在北平燕京大學任教。是年一月二十四日至二十七日，中國哲學會第三屆年會在南京召開，先生在會上宣讀論文〈哲學究竟是什麼〉，並被選為中國哲學會第二屆理事會理事、第二屆編輯委員會委員。是年一月，先生刊〈哲學究竟是什麼〉於《東方》雜誌三十四卷一號。一月，刊〈多元認識論重述〉於〈張菊生先生七十生日紀念論文集〉（上海商務印書館）。十月，刊〈思想自由問題〉於《文哲》月刊一卷十期。刊〈一九三七年的展望〉於《月報》（上海）一卷一期。

英國哲學家F. C. S席勒(1864–1937)卒。德國心理學家M.馮特刊《永遠與有限，本體論的基本問題》(*Ewigkeit und Endlichkeit, Grundzüge der Wesenslehre*)。德國哲學家海德格爾刊《荷爾德林和詩的本質》(*Holderlin und das Wesen der Dichtung*)。汪奠基刊《現代邏輯》。毛澤東刊《矛盾論》、《實踐論》。奧國哲學家A.阿德勒(1870–1937)卒。

中華民國二十七年(1938)，戊寅，52歲

是年先生繼續在燕京大學任教。前一年九月，北平的北京大學、

清華大學等已奉命南遷。

　德國哲學家胡塞爾 (1859–1938) 卒。英國哲學家 S. 亞歷山大 (1859–1938)卒。法國哲學家薩特刊《想象力》(*L'imagination*)。德國哲學家萊辛巴赫刊《經驗與預言》(*Experience and Predication*)。德國哲學家雅斯貝爾斯刊《存在哲學》(*Existenz Philosophie*)。美國哲學家杜威刊《邏輯── 探究的理論》(*Logic-The Theory of Inquiry*)。英國哲學家 A. N. 懷特海刊《思想方式》(*Modes of Thought*)。湯用彤刊《漢魏兩晉南北朝佛教史》(上卷)。張君勱刊《立國之道》。

中華民國二十八年(1939)，己卯，53歲

　是年先生繼續在燕京大學任教。近兩年，燕大入學人數猛增。是年秋，先生在漢口與張君勱謀劃籌設民族文化書院，並親去桂林看地，準備造屋。是年十二月，先生之著作《不同的邏輯與文化並論中國理學》(《燕京學報》第二十六期抽印本) 在北平燕京大學哈佛燕京學社出版。

　奧國哲學家弗洛伊德(1856–1939)卒。德國哲學家卡爾納普刊《數理邏輯基礎》(*Foundation of Logic Mathematics*)。馮友蘭刊《新理學》。

中華民國二十九年(1940)，庚辰，54歲

　是年先生繼續在燕京大學任教，可能是講授「知識學」。是年四月，先生基本寫完《知識與文化》一書的正文部分。八月二十九日在雲南大學召開的中國哲學會第四屆年會，決定不改選上屆理事會，故先生仍為中國哲學會理事。十月，以張君勱為院長的大理民族文化書院開學，先生特為該書院撰寫〈士的使命與理學〉一文。是年先生刊〈哲學究竟是什麼?〉於《哲學評論》(北京) 七卷三期。刊〈不

同的邏輯與文化〉於《讀書通訊》二十四期（亦可能早於此時）。

匈人盧卡奇(1857–1940)卒。英國哲學家艾耶爾刊《經驗知識的基礎》(*The Foundations of Empirical Knowledge*)。法國哲學家加繆刊《西西弗斯神話》(*Le Mythe de Sisyphe*)、《局外人》(*La Etranger*)。美國哲學家奎因刊《數量邏輯》(*Mathematical Logic*)。朱謙之刊《中國思想對歐洲之影響》。 延安新哲學會第一屆年會舉行。金岳霖刊《論道》。

中華民國三十年(1941)，辛巳，55歲

是年先生繼續在燕京大學任教。《知識與文化》一書定稿。是年十二月八日，先生被日本憲兵逮捕，先被關沙灘北大紅樓日憲兵總隊，後入日陸軍監獄，開始長達六個月零十天的「虜獄」生活。燕京大學被日軍關閉。國家社會黨加入中國民主政團同盟。是年，先生有文〈不同的邏輯與文化並論中國理學〉刊於《時代精神》三卷一期。

法國哲學家柏格森(1859–1941)卒。德國哲學家馬爾庫塞刊《理性與革命》(*Vernunft und Revolution*)。德國哲學家弗洛姆刊《逃避自由》(*Escape from Freedom*)。

中華民國三十一年(1942)，壬午，56歲

是年六月十八日，先生被日軍事法庭判處一年半徒刑，緩刑三年，並於同日出獄。是年，先生刊〈學術統制與自由（問題筆談）〉 於《讀書通訊》三十四期。

德國哲學家卡爾納普刊《語義學導論》(*Introduction to Semantics*)。賀麟刊《近代唯心論簡釋》。

中華民國三十二年(1943)，癸未，57歲

是年先生處緩刑期，有日憲兵監視。是年七月二十日，張君勱為先生《思想與社會》一書作「序」。

英國史學家柯林武德(1889–1943)卒。德國哲學家希爾伯特(1862–1943)卒。德國哲學家海德格爾刊《真理之本質》(*Vom Wesen der Wahrheit*)。法國哲學家薩特刊《存在與虛無》(*L'être et le Néant*)。熊十力刊《新唯識論》(下卷)。唐君毅刊《中西哲學之比較研究集》。

中華民國三十三年(1944),甲申,58歲

是年先生處緩刑期,有日憲兵監視。是年九月十九日至二十一日,先生至重慶參加中國民主政團同盟全國代表會議,會議決定改「中國民主政團同盟」為「中國民主同盟」,先生當選為中國民主同盟中央執行委員。

法國哲學家波伏娃刊《他人之血》(*Le Sang des Autres*)。唐君毅刊《人生之體驗》、《道德自我之建立》。熊十力刊《新唯識論》(語體文本)。吳虞(1871–1944)卒。歐陽竟無(1871–1944)卒。

中華民國三十四年(1945),乙酉,59歲

是年八月十日,日本無條件投降。在此之前,先生依然處緩刑期,有日憲兵監視。正月初七日,先生之兄長、燕京大學哈佛燕京學社研究生導師張爾田(孟劬,1874–1945)病逝於北平,壽七十二。十月一日,被日軍關閉三年有餘的燕京大學,正式復校開學,先生復成為燕京大學教授。是年,先生刊〈朱子的形而上學〉於《中大學報》三卷一－二期。刊〈關於中國出路的看法〉於《觀察》週刊三卷二十三期。

英國哲學家羅素刊《西方哲學史》(*A History of Western Philosophy*)。湯用彤刊《印度哲學史略》。日人西田幾多郎(1870–1945)卒。蘇聯A. N.托爾斯泰(1883–1945)卒。

中華民國三十五年(1946),丙戌,60歲

是年一月十日，先生代表國家社會黨，專程自北平赴重慶參加政治協商會議。一月十四日，先生在會上作了關於人民基本權利的發言。八月十三日，國家社會黨與伍憲子領導之民主憲政黨合併於上海，組成中國民主社會黨（簡稱民社黨），先生成為民社黨重要成員。十一月十五日，以張君勱為主席、伍憲子為副主席的民社黨，參加南京「制憲國大」， 民盟因此於是年十二月開除民社黨。是年五月四日，先生刊〈五四運動並未停止〉於《青年世界》一卷四期。九月一日至十月五日，刊〈中國之過去與將來〉於《觀察》週刊創刊號至第六期。十一月二十三日，刊〈士的使命與理學〉於《觀察》週刊一卷十三期。刊〈我們的路線〉於《民主》週刊八期。刊〈一個中間性的政治路線〉於《再生》一一八期。刊〈美國對華政策與中國應有的反應〉於《再生》一二四期。是年一月，先生之著作《知識與文化》在重慶商務印書館出版，入吳文藻主編「社會學叢刊」甲集第二種。三月，《思想與社會》在重慶商務印書館出版。五月，《理性與民主》在上海商務印書館出版。李安宅譯《知識社會學》（上海中華書局）再版於是年，以先生〈思想言語與文化〉一文作全書結論。

美國心理學家F.亞歷山大刊《我們時代的非理性力量》。美籍西班牙哲學家喬‧桑塔亞那刊《福音書中的基督觀念或人類的上帝》。

中華民國三十六年(1947)，丁亥，61歲

是年四月十八日，國民政府改組，張君勱代表民社黨參加政府，先生對此持反對態度，並因此公開表示脫離民社黨，以個人名義繼續留在中國民主同盟內。是年五月左右，先生至上海正式擔任民盟秘書長。後先生一直擔任民盟中央常務委員。是年三月三十日，先生刊〈美國對華與中國自處〉於《文匯報》。 四月十一日，刊〈哲

學是什麼？哲學家應該做什麼？──四月五日在北京大學講演〉於
《時與文》一卷五期。六月十三日，刊〈答林布君兼論左派理論〉
於《時與文》一卷十四期。刊〈從「二十世紀哲學」裏的蘇聯哲學
說起〉於《中國建設》四卷四期。刊《從蘇聯哲學說起》於《中國
建設》四卷七期。刊〈和平何以會死了〉於《時與文》一卷三期。
刊〈最近時局〉於《現代文摘》一卷一期。刊〈我對和平運動的意
見〉於《現代文摘》一卷二期。刊〈為中國問題忠告美國〉於《現
代文摘》一卷五－六期。刊〈論政治鬥爭〉於《國訊》一卷一期。
刊〈追述我們努力建立「聯合政府」的用意〉於《觀察》週刊二卷
六期。是年七月，先生之著述《獄中生活簡記》在上海觀察社出版。

　德國哲學家特・阿多諾與馬・霍克海默爾合刊《啟蒙辯證法》。德
國哲學家卡・雅斯貝爾斯刊《罪責問題》及《真理論》（第一卷）。
英國史學家湯因比刊《世界歷史研究》。　侯外廬等刊《中國思想通
史》（第一卷）。賀麟刊《當代中國哲學》及《文化與人生》。

中華民國三十七年(1948)，戊子，62歲

　是年先生繼續在燕京大學任教，並任民盟中央常務委員。是年二
月二十八日，先生刊〈政治上的自由主義與文化上的自由主義〉於
《觀察》週刊四卷一期。三月六日，刊〈經濟平等與廢除剝削〉於
《觀察》四卷二期。三月，刊〈國內知識分子的近狀〉於《真善美》
半月刊五期。8月二十八日至九月十一日，刊〈「民主主義與社會主
義」補義〉於《觀察》五卷一－三期。刊〈告知識分子〉於《觀察》
四卷十四期。刊〈自由主義〉於《現代文摘》二卷一期。刊〈由憲
政問題起──從比較文化論中國前途〉於《中國建設》五卷六期。
刊〈論知識分子在文化上的貢獻〉於《知識與生活》二十七期。刊
〈知識分子與文化的自由〉於《觀察》五卷十一期。刊〈論真革命

與假革命〉於《展望》二卷二十四期。刊〈我對蘇美談判的看法〉於《知識與生活》二十八期。刊〈假設中的三次大戰與中國〉於《展望》三卷一期。刊〈韓國統一問題的教訓〉於《現代文摘》二卷九期。是年七月，先生之著作《民主主義與社會主義》在上海觀察社出版，入「觀察叢書」。

美籍德國哲學家保羅・蒂利希刊《抗羅宗的時代》。錢鍾書刊《談藝錄》。熊十力刊《十力語要》（湖北版）。《聞一多全集》出版。

中華民國三十八年(1949)，己丑，63歲

是年初，北平被解放軍包圍，先生以「民盟代表」身份穿梭於城內外，尋求和平解決之道。先生曾作為守軍傅作義將軍的和談代表，參與同解放軍的談判。七月，中國新哲學研究會召開發起人會議，先生被選為籌備會常務委員會委員。九月二十一日，先生作為民盟代表，參加在北平中南海懷仁堂舉行的中國人民政治協商會議第一屆全體會議，會上先生當選為中央人民政府委員會委員（委員共五十六人）。九月三十日，該會閉幕，北平改稱北京。十月二十一日，先生當選為中華人民共和國中央人民政府政務院文化教育委員會委員，該委員會之規格高於政務院其他專管行政部門，負責指導文化部、教育部、衛生部、科學院、新聞總署及出版總署的工作。是年十二月，先生刊〈公孫龍的辯學〉於《燕京學報》三十七期。不久，先生將此文抽印本贈送馮友蘭。

德國哲學家M.海德格爾刊《林中路》。德國哲學家卡・雅斯貝爾斯刊《歷史的起源與目標》。

一九五〇年，庚寅，64歲

從是年起，先生被判犯有重大叛國罪，罪狀是與敵國（按即美國）私通，是為「張東蓀案件」。案後，先生被免去中央人民政府委員

及文化教育委員會委員之職，被中國民主同盟開除盟籍。但先生仍為燕京大學教授，估計是講授「中國哲學史」課程。是年六月，先生刊〈中國哲學史上佛教思想之地位〉於《燕京學報》三十八期。七月，刊〈本無與性空〉於《現代佛學》一卷一期，這是先生一生發表的最後文字。

德國哲學家尼・哈特曼刊《自然的哲學》（本體論），並去世(1882–1950)。德國哲學家卡・雅斯貝爾斯刊《現代的理性與反理性》。北大、清華兩校哲學系開始用馬克思主義觀點改造舊大學哲學教材。

一九五一年，辛卯，65歲

是年，「燕大群眾」繼續揭發和控訴先生「罪行」。

德國哲學家卡爾納普刊《概率的邏輯說明》。 美國心理學家K.霍尼刊《精神分析的新途徑》。 德國哲學家卡・雅斯貝爾斯刊《估計與展望》。美籍德國哲學家漢・萊辛巴赫刊《科學哲學的興起》。《人生》雜誌創刊於香港，張君勱、錢穆、唐君毅、牟宗三、徐復觀等為其基本撰稿人。

一九五二年，壬辰，66歲

是年夏季，燕京大學被取消建制，併入北京大學，先生轉為北京大學教授。先生於是年被剝奪公民權，保留教授頭銜，但不得再授課。八月七日，梁漱溟受先生之託，利用和毛澤東的一次面談機會，在毛面前替先生探聽處理意見，毛說：「想來他會要向我作檢討的，且看他檢討的如何吧！」

意大利哲學家貝・柯羅齊(1866–1952)卒。美國哲學家杜威(1859–1952)卒。美籍西班牙哲學家喬・桑塔亞那(1863–1952)卒。美籍德國哲學家保羅・蒂利希刊《存在的勇氣》。

一九五三年，癸巳，67歲

　　是年，先生保留「北京大學教授」銜。

　　德國哲學家M.海德格爾刊《形而上學導言》。瑞士心理學家卡·榮格刊《意識之根源》。美籍德國哲學家路·馬爾庫塞刊《悲觀主義——成熟的階段》。德國哲學家漢·萊辛巴赫(1891–1953)卒。B.F.斯金納刊《科學與人的行為》。唐君毅刊《中國文化之精神價值》。

一九五四年，甲午，68歲

　　是年，先生繼續保留「北京大學教授」銜。

　　特·阿多諾刊《文化評論與社會文集》。美國人種學家瑪·米德刊《男人和女人》。唐君毅刊《心物與人生》。

一九五五年，乙未，69歲

　　是年，先生繼續保留「北京大學教授」銜。

　　赫·馬爾庫塞刊《厄洛斯與文明》。美國哲學家沃·李普曼刊《公共哲學》。牟宗三刊《歷史哲學》。唐君毅刊《人文精神之重建》。

一九五六年，丙申，70歲

　　是年，先生繼續保留「北京大學教授」銜。

　　德國哲學家恩·布洛赫撰成《希望的原則》（三卷）。英國史學家湯因比刊《一個歷史學家的宗教觀》。鄭昕刊《開放唯心主義》。熊十力刊《原儒》。牟宗三刊《認識心之批判》（上冊）。

一九五七年，丁酉，71歲

　　是年，先生繼續保留「北京大學教授」銜。

　　A.喬姆斯基刊《句法結構》。德國哲學家卡·雅斯貝爾斯刊《偉大哲學家》（第一卷）。瑞士心理學家卡·榮格刊《一個現代的神話》。湯用彤刊《魏晉玄學論稿》。牟宗三刊《認識心之批判》（下冊）。

一九五八年，戊戌，72歲

是年，先生被迫辭去「北京大學教授」職，檔案、人事關係轉至北京市文史館。同時被迫自北大朗潤園一七八號原住地遷出，安身成府一處平房（大雜院）。

卡・波普爾刊《假預言者》。熊十力刊《體用論》。牟宗三、徐復觀、張君勱、唐君毅刊「為中國文化敬告世界人士宣言」，一名「中國文化與世界」。唐君毅刊《文化意識與道德理性》（上、下）及《中國人文精神之發展》。

一九五九年，己亥，73歲

是年，先生棲身成府某大雜院，偶為詩詞。

美籍德國哲學家埃・弗洛姆刊《西・弗洛伊德的使命》。熊十力刊《明心篇》。牟宗三刊《道德的理想主義》。

一九六○年，庚子，74歲

是年，先生繼續棲身成府某大雜院，偶為詩詞。

法國哲學家薩特刊《辯證理性批判》。藍公武刊譯著《純粹理性批判》（東蓀先生實為主要譯者，但出版時未署先生之名）。賀麟、王太慶刊譯著《哲學史講演錄》。

一九六一年，辛丑，75歲

是年，先生繼續棲身成府某大雜院，偶為詩詞。

瑞士心理學家卡・榮格(1875–1961)卒。熊十力刊《乾坤衍》。唐君毅刊《哲學概論》（上、下）及《人生之體驗續編》。牟宗三刊《政道與治道》。

一九六二年，壬寅，76歲

是年，先生繼續棲身成府某大雜院，偶為詩詞。

美籍德國哲學家路・馬爾庫塞刊《傷風敗俗》。胡適卒，年七十二。

一九六三年，癸卯，77歲

是年，先生繼續棲身成府某大雜院，偶為詩詞。是年，先生之孫、張宗炳之子張鶴慈被勞教。

牟宗三刊《中國哲學的特質》及《才性與玄理》。

一九六四年，甲辰，78歲

是年，先生繼續棲身成府某大雜院，偶為詩詞。

特·阿多諾刊《音樂要素》。恩·布洛赫刊《異化》。赫·馬爾庫塞刊《單向度的人》。湯用彤卒。

一九六五年，乙巳，79歲

是年，先生繼續棲身成府某大雜院，偶為詩詞。

美籍德國哲學家赫·馬爾庫塞刊《文化與社會》。保羅·蒂利希(1886–1965)卒。

一九六六年，丙午，80歲

是年，先生續繼棲身成府某大雜院，偶為詩詞。是年，先生之三子、化學家與社會學家張宗燧，與妻子雙雙上吊自殺於天津。

赫·馬爾庫塞刊《純寬容的批判》。唐君毅刊《中國哲學原論》(導論篇)。李達自殺身亡。

一九六七年，丁未，81歲

是年，先生繼續棲身成府某大雜院，偶為詩詞。

英國哲學家伯·羅素刊《我的一生》。

一九六八年，戊申，82歲

是年一月二十三日，先生被投進北京昌平秦城監獄，先生之長子、生物學家張宗炳，和先生同時入獄。

諾貝爾經濟學獎設立。恩·布洛赫刊《基督教中的無神論》。哈貝馬斯刊《科學和技術是「意識形態」》。赫·馬爾庫塞刊《精神分析與政治》。京特·施維刊《法國結構主義——時裝、方式、意識形

態》。 哲學家代表大會在維也納召開。現象學、存在主義、證偽主義及馬克思主義流行。唐君毅刊《中國哲學原論》（原性篇）。牟宗三刊《心體與性體》（一、二冊）。熊十力卒。

一九六九年，己酉，83歲

是年，先生處獄。是年，先生之次子、物理學家張宗燧，吃安眠藥自殺於北京。

特・阿多諾(1903–1969)卒。德國哲學家M.海德格爾刊《論思維》。德國哲學家卡・雅斯貝爾斯(1883–1969)卒。赫・馬爾庫塞刊《爭取解放的嘗試》。牟宗三刊《心體與性體》（第三冊）。陳寅恪卒。

一九七〇年，庚戌，84歲

是年，先生處獄。

英國哲學家伯・羅素(1872–1970)卒。美國經濟學家P. A.薩繆爾森獲諾貝爾經濟學獎。牟宗三刊《生命的學問》。

一九七一年，辛亥，85歲

是年，先生處獄。

特・阿多諾遺作《美學理論》於是年刊行。路・馬爾庫塞(1894–1971)卒。牟宗三刊《智的直覺與中國哲學》。

一九七二年，壬子，86歲

是年，先生處獄。是年十月，臺灣廬山出版社影印刊行先生之著作《道德哲學》。

H.布雷克勒刊《語義學》。漢斯・薩克塞刊《技術與責任》。

一九七三年，癸丑，87歲

是年，先生病死北京昌平秦城監獄，未經審判，未作結論。是年元月，臺灣地平線出版社影印刊行先生所編《唯物辯證法論戰》一書。一年後（一九七四年八月），臺灣廬山出版社影印刊行先生《知

識與文化》、《思想與社會》、《理性與民主》三書。二年後(1975)，先生之長子、生物學家張宗炳出獄，出獄後精神失常。六年後(1979)，先生之孫、張宗炳之子張鶴慈被解除勞教（共被勞教十六年，1963–1979），遠走澳洲。六年後(1979年11月)，臺灣天華出版事業股份有限公司重刊先生之著作《新哲學論叢》。

哈貝馬斯刊《資本主義晚期之合法性問題》。克・萊維－斯特勞斯提出「結構主義人類學理論」，獲伊拉斯謨獎。唐君毅刊《中國哲學原論》（原道篇，上、中、下）。一年後(1974)，德國哲學家埃・弗洛姆刊《剖析人的破壞性》。德國哲學家M.海德格爾開始出版自己的全集（共七十卷）。二年後(1975)，英國史學家、哲學家湯因比(1889–1975)卒。唐君毅刊《中國哲學原論》（原教篇，上、下）及《中華人文與當今世界》（上、下）。牟宗三刊《現象與物自身》。當代新儒家重鎮《鵝湖》月刊創刊於臺灣。三年後(1976)，德國哲學家馬丁・海德格爾(1889–1976)卒。四年後(1977)，德國哲學家恩斯特・布洛赫(1885–1977)卒。唐君毅刊《生命存在與心靈境界》（上、下）。牟宗三刊《佛性與般若》。五年後(1978)，唐君毅卒於香港。

（著者按：以上《東蓀先生年表》，為海內外首份，無任何類似資料可資依憑，故錯誤與不當之處，當為不少，特請讀者諸君補正。謹此。）

引用文獻
（以引用先後為序）

（一）著作

1. 張東蓀　《人生觀ABC》　上海世界書局　民十七年七月

2. 張東蓀　《新哲學論叢》　上海商務印書館　民十八年八月

3. 張東蓀　《思想與社會》　重慶商務印書館　民三十五年六月

4. 〔美〕紀文勳　《現代中國的思想衝突——民主主義與權威主義》　程農等譯　山西人民出版社　一九八九年

5. 張東蓀　《理性與民主》　上海商務印書館　民三十五年五月

6. 羅義俊　《評新儒家》　上海人民出版社　一九八九年十二月

7. 謝泳　《舊人舊事——一個年輕人眼中的過去》　上海人民出版社　一九九六年三月

8. 張東蓀　《道德哲學》　上海中華書局　民二十年一月

9. 張芝聯　《從「通鑑」到人權研究：我的學術道路》　三聯書店　一九九五年十月

10. 《燕大文史資料》第一、二輯　北京大學出版社　一九八八年四月、一九九一年五月

11. 蔡仲德　《馮友蘭先生年譜初編》　河南人民出版社　一九九四

年十一月

12.張東蓀　《價值哲學》　上海世界書局　民二十三年七月

13.張東蓀　《認識論》　上海世界書局　民二十三年九月

14.張東蓀　《唯物辯證法論戰》　北平民友書局　民二十三年十月

15.郭湛波　《近五十年中國思想史》　北平人文書店　民二十四年十一月

16.詹文滸　《張東蓀的多元認識論及其批評》　上海世界書局　民二十五年五月

17.賀麟　《當代中國哲學》　臺灣宗青圖書出版公司　民六十七年十二月

18.張東蓀　《知識與文化》　重慶商務印書館　民三十五年一月

19.李振霞　《中國現代哲學史綱要》（上、下）　紅旗出版社　一九八六年十二月

20.《中國哲學年鑑(1982)》　中國大百科全書出版社　一九八二年十二月

21.王中江　《理性與浪漫──金岳霖的生活及其哲學》　河南人民出版社　一九九三年十二月

22.張東蓀　《民主主義與社會主義》　上海觀察社　民三十七年七月

23.李淵庭　閻秉華　《梁漱溟先生年譜》　廣西師範大學出版社　一九九一年六月

24.沈從文　《沈從文文集》（第十二卷）　花城出版社及三聯書店香港分店　一九八四年七月

25.丁文江　趙豐田　《梁啟超年譜長編》　上海人民出版社　一九八三年八月

26. 梁漱溟　《中國文化要義》　學林出版社　一九八七年六月

27. 熊十力　《十力語要》　中華書局　一九九六年八月

28. 王元化　《思辨隨筆》　上海文藝出版社　一九九四年十月

29. 金岳霖　《知識論》　商務印書館　一九八三年十一月

30. 張世英等　《康德的「純粹理性批判」》　北京大學出版社　一九八七年

31. 胡軍　《金岳霖》　臺灣東大圖書公司　一九九三年

32. 張東蓀　《科學與哲學》　上海商務印書館　民十三年六月

33. 張東蓀　《哲學ABC》　上海世界書局　民十八年一月

34. 張東蓀　《現代哲學》　上海世界書局　民二十三年三月

35. 波普爾　《科學知識進化論》　紀樹立編譯　三聯書店　一九八七年十一月

36. 皮亞傑　《結構主義》　倪連生、王琳譯　商務印書館　一九八四年十一月

37. 張抱橫　《哲學與近代科學》　上海世界書局　民二十三年三月

38. 傅統先　《現代哲學之科學基礎》　上海商務印書館　民二十五年三月

39. 熊十力　《熊十力集》　黃克劍等編　群言出版社　一九九三年十二月

40. 周谷城　《中國學術名著提要・哲學卷》　復旦大學出版社　一九九二年十月

41. 金岳霖　《論道》　商務印書館　一九五九年四月　（見《資產階級學術思想批判參考資料》第七集）

42. 唐君毅　《道德自我之建立》　商務印書館　民三十三年十一月

43. 葉青　《張東蓀哲學批判——對觀念論、二元論、折衷論之檢討》

上海辛墾書店　民二十三年四月

44.《中國大百科全書・哲學卷》　中國大百科全書出版社　一九八七年十月

(二)　論　文

1.錢梅先　〈紀念頌華〉　見葛思恩　俞湘文編《俞頌華文集》商務印書館　一九九一年

2.俞頌華　〈論張東蓀〉　見葛思恩　俞湘文編《俞頌華文集》商務印書館　一九九一年

3.（臺灣）葉其忠　〈從張君勱和丁文江兩人和「人生觀」一文看一九二三年「科玄論戰」的爆發與擴展〉　見臺灣中央研究院《近代史研究所集刊》第二十五期　一九九六年六月

4.張東蓀　〈宇宙觀與人生觀〉　見《東方》雜誌二十五卷七－八號(1928.4)

5.張東蓀　〈認識論的多元論〉　見《大陸》雜誌一卷三－五期(1932.9－1932.11)

6.張東蓀　〈從我們所謂哲學看唯物辯證法〉　見《哲學評論》七卷一期(1935.4)

7.張東蓀　〈十年來之哲學界〉　見《光華大學半月刊》三卷九－十期(1935.5)

8.孫道升　〈現代中國哲學界之解剖〉　見《國聞》週刊十二卷四十五期(1935.11)

9.張聿飛　〈現階段中國哲學界的派別〉　見《現代評論》二卷一－二期(1936.11)

10. 張申府　〈現代哲學的主潮——一九三六年哲學界的一個結算〉　見《中山文化教育館季刊》四卷三期(1937)

11. 謝幼偉　〈抗戰七年來之哲學〉　見賀麟《當代中國哲學》〈附錄〉　臺灣宗青圖書出版公司　民六十七年十二月

12. 鄧之誠　《閉關吟（詩集）》　見《燕大文史資料》第二輯　北京大學出版社　一九九一年五月

13. 張東蓀　〈中國之過去與將來〉　見《觀察》週刊創刊號至第六期(1946.9–1946.10)

14. 張東蓀　〈政治上的自由主義與文化上的自由主義〉　見《觀察》週刊4卷1期(1948.2)

15. 張東蓀　〈「民主主義與社會主義」補義〉　見《觀察》陞刊五卷一–三期(1948.8–1948.9)

16. 千家駒　〈記張東蓀案件〉　見其《七十年的經歷》　香港鏡報文化企業有限公司　一九八六年六月

17. 張東蓀　〈虜獄生活簡記〉　見其《民主主義與社會主義》〈附錄〉　上海觀察社　民三十七年七月

18. 謝泳　〈張東蓀這個人〉　見其《舊人舊事》　上海人民出版社　一九九六年三月

19. 張中行　〈張東蓀〉　見其《月旦集》　經濟管理出版社　一九九五年十一月

20. 張東蓀　〈從「廿世紀哲學」裏的蘇聯哲學說起〉　見《中國建設》四卷四期(1947)

21. 薛葆鼎　〈聯牀夜話——憶王崑崙在紐約二三事〉　見《光明日報》一九八七年八月二十日第二版

22. 鄧之誠　〈南冠紀事〉　見《燕大文史資料》第一輯　北京大學

出版社　一九八八年四月

23.吳興華　〈張爾田（孟劬）先生〉　見《燕大文化史資料》第七輯　北京大學出版社　一九九三年四月

24.高長山　〈張爾田在燕園的幾首詩詞〉　見《燕大文史資料》第七輯　北京大學出版社　一九九三年四月

25.張東蓀　〈哲學究竟是什麼〉　見《東方》雜誌三十四卷一號(1937.1)

26.錢穆　〈憶十力・錫予諸友〉　見《玄圃論學集——熊十力生平與學術》　三聯書店　一九九〇年二月

27.張東蓀　〈讀「東西文化及其哲學」〉　見《時事新報》一九二二年三月十九日

28.張東蓀　〈教訓〉　見《再生》一卷十一期(1933.3)

29.張東蓀　〈士的使命與理學〉　見《觀察》週刊一卷十三期(1946.11)

30.張君勱　〈「唯物辯證法論戰」序〉　見張東蓀編《唯物辯證法論戰》　北平民友書局　民二十五年十月

31.謝泳　〈張東蓀與「觀察」〉　見其《舊人舊事》　上海人民出版社　一九九六年三月

32.張君勱　〈「思想與社會」序〉　見張東蓀《思想與社會》　重慶商務印書館　民三十五年三月

33.張東蓀　〈不同的邏輯與文化並論中國理學〉　見其《知識與文化》〈附錄〉　重慶商務印書館　民三十五年一月

34.金岳霖　〈金岳霖的回憶〉　見劉培育《金岳霖的回憶與回憶金岳霖》　四川教育出版社　一九九五年七月

35.張東蓀　〈由憲政問題起——從比較文化論中國前途〉　見《中

國建設》五卷六期(1948.11)

36.張東蓀 〈答林布君兼論左派理論〉 見《時與文》一卷十四期
(1947.6)

37.賀麟 〈知行合一新論〉 見其《近代唯心簡釋》 獨立出版社
一九四二年

38.熊十力 〈體用論〉（第一章） 見黃克劍等編《熊十力集》
群言出版社 一九九三年十二月

39.張汝倫 〈近代中國形而上學的困境〉 見陳明主編《原道》第
三輯 中國廣播電視出版社 一九九六年一月

40.張東蓀 〈中國哲學史上佛教思想之地位〉 見《燕京學報》第
三十八期(1950.6)

41.胡偉希 〈金岳霖的「兩個世界」〉 見《哲學研究》一九九五
年增刊(1995.11)

42.演培 〈佛教的緣起觀〉 見張曼濤主編《佛教根本問題研究》
㈠ 臺灣大乘文化出版社 一九七八年

43.知法 〈因緣論〉 見張曼濤主編《佛教根本問題研究》㈠ 臺
灣大乘文化出版社 一九七八年

44.木村泰賢 〈因緣論之世界觀〉 見張曼濤主編《佛教根本問題
研究》㈠ 臺灣大乘文化出版社 一九七八年

45.持松 〈緣起說〉 見張曼濤主編《佛教根本問題研究》㈠ 臺
灣大乘文化出版社 一九七八年

46.僧愍 〈畢竟空與勝義有〉 見張曼濤主編《佛教哲學思想論集》
㈠ 臺灣大乘文化出版社 一九七八年

47.張東蓀 〈本無與性空〉 見《現代佛學》一卷一期(1950)

48.程文熙 〈佛學宇宙觀〉 見張曼濤主編《佛教哲學思想論集》

㈡　臺灣大乘文化出版社　一九七八年

49.印順　〈佛教的知識觀〉　見張曼濤主編《佛教哲學思想論集》

㈡　臺灣大乘文化出版社　一九七八年

50.張東蓀　〈討論道德根本問題答素癡先生〉　見《再生》二卷二期(1933)

51.葉青　〈張東蓀道德哲學批判〉　見《二十世紀》二卷八期(1934)

52.李達　〈張東蓀現原形〉　見上海《民國日報》一九二〇年十一月七日

53.葉青　〈張東蓀哲學批判〉　見《二十世紀》一卷三期(1931.5)

54.夏炎德　〈讀了張東蓀先生新著「民主主義與社會主義」之後〉見《世紀評論》四卷五期(1948.7)

55.張汝倫　〈中國現代哲學史上的張東蓀〉　見其《理性與良知——張東蓀文選》　上海遠東出版社　一九九五年六月

56.孫道升　〈讀張先生認識論所感〉　見詹文滸編《張東蓀的多元認識論及其批評》　上海世界書局　民二十五年五月

57.張東蓀　〈多元認識論重述〉　見胡適、蔡元培、王雲五編《張菊生先生七十生日紀念論文集》　上海商務印書館　民二十六年一月

58.張東蓀　〈哲學是甚麼？哲學家應該做甚麼？——四月五日在北京大學演講〉　見《時與文》週刊一卷五期(1947.4)

索　引

九　劃

十　劃

十一劃

十二劃

十九劃

二十三劃

世界哲學家叢書（一）

書　　　　　名	作　　　者	出　版　狀　況
孔　　　　　子	韋　政　通	已　　出　　版
孟　　　　　子	黃　俊　傑	已　　出　　版
老　　　　　子	劉　笑　敢	已　　出　　版
莊　　　　　子	吳　光　明	已　　出　　版
墨　　　　　子	王　讚　源	已　　出　　版
韓　　　　非	李　甦　平	排　　印　　中
淮　　南　　子	李　　　增	已　　出　　版
董　　仲　　舒	韋　政　通	已　　出　　版
揚　　　　　雄	陳　福　濱	已　　出　　版
王　　　　　充	林　麗　雪	已　　出　　版
王　　　　　弼	林　麗　真	已　　出　　版
郭　　　　　象	湯　一　介	排　　印　　中
阮　　　　　籍	辛　　　旗	已　　出　　版
劉　　　　　勰	劉　綱　紀	已　　出　　版
周　　敦　　頤	陳　郁　夫	已　　出　　版
張　　　　　載	黃　秀　璣	已　　出　　版
李　　　　　覯	謝　善　元	已　　出　　版
楊　　　　　簡	鄭　曉　江 李　承　貴	已　　出　　版
王　　安　　石	王　明　蓀	已　　出　　版
程　顥　、　程　頤	李　日　章	已　　出　　版
胡　　　　　宏	王　立　新	已　　出　　版
朱　　　　　熹	陳　榮　捷	已　　出　　版
陸　　象　　山	曾　春　海	已　　出　　版
王　　廷　　相	葛　榮　晉	已　　出　　版
王　　陽　　明	秦　家　懿	已　　出　　版

世界哲學家叢書 (二)

書　　　　　名	作　　　者	出　版　狀　況
方　　以　　智	劉　君　燦	已　　出　　版
朱　　舜　　水	李　甦　平	已　　出　　版
戴　　　　　震	張　立　文	已　　出　　版
竺　　道　　生	陳　沛　然	已　　出　　版
慧　　　　　遠	區　結　成	已　　出　　版
僧　　　　　肇	李　潤　生	已　　出　　版
吉　　　　　藏	楊　惠　南	已　　出　　版
法　　　　　藏	方　立　天	已　　出　　版
惠　　　　　能	楊　惠　南	已　　出　　版
宗　　　　　密	冉　雲　華	已　　出　　版
永　明　延　壽	冉　雲　華	排　　印　　中
湛　　　　　然	賴　永　海	已　　出　　版
知　　　　　禮	釋　慧　岳	已　　出　　版
嚴　　　　　復	王　中　江	已　　出　　版
康　　有　　為	汪　榮　祖	已　　出　　版
章　　太　　炎	姜　義　華	已　　出　　版
熊　　十　　力	景　海　峰	已　　出　　版
梁　　漱　　溟	王　宗　昱	已　　出　　版
殷　　海　　光	章　　　清	已　　出　　版
金　　岳　　霖	胡　　　軍	已　　出　　版
張　　東　　蓀	張　耀　南	已　　出　　版
馮　　友　　蘭	殷　　　鼎	已　　出　　版
湯　　用　　彤	孫　尚　揚	已　　出　　版
賀　　　　　麟	張　學　智	已　　出　　版
商　　羯　　羅	江　亦　麗	已　　出　　版

世界哲學家叢書 (三)

書　　　　　名	作　　　者	出　版　狀　況
辨　　　　　喜	馬　小　鶴	已　　出　　版
泰　戈　爾	宮　　靜	已　　出　　版
奧羅賓多・高士	朱　明　忠	已　　出　　版
甘　　　　　地	馬　小　鶴	已　　出　　版
拉達克里希南	宮　　靜	已　　出　　版
李　栗　谷	宋　錫　球	已　　出　　版
道　　　　　元	傅　偉　勳	已　　出　　版
山　鹿　素　行	劉　梅　琴	已　　出　　版
山　崎　闇　齋	岡　田　武　彦	已　　出　　版
三　宅　尚　齋	海老田輝巳	已　　出　　版
貝　原　益　軒	岡　田　武　彦	已　　出　　版
石　田　梅　岩	李　甦　平	已　　出　　版
楠　本　端　山	岡　田　武　彦	已　　出　　版
吉　田　松　陰	山　口　宗　之	已　　出　　版
柏　　拉　　圖	傅　佩　榮	已　　出　　版
亞　里　斯　多　德	曾　仰　如	已　　出　　版
伊　壁　鳩　魯	楊　　適	已　　出　　版
柏　　羅　　丁	趙　敦　華	已　　出　　版
伊本・赫勒敦	馬　小　鶴	已　　出　　版
尼古拉・庫薩	李　秋　零	已　　出　　版
笛　　卡　　兒	孫　振　青	已　　出　　版
斯　賓　諾　莎	洪　漢　鼎	已　　出　　版
萊　布　尼　茨	陳　修　齋	已　　出　　版
托馬斯・霍布斯	余　麗　嫦	已　　出　　版
洛　　　　　克	謝　啓　武	已　　出　　版

世界哲學家叢書（四）

書　　　　　名	作　　者	出　版　狀　況
巴　　克　　萊	蔡　信　安	已　　出　　版
休　　　　　謨	李　瑞　全	已　　出　　版
托馬斯・銳德	倪　培　民	已　　出　　版
伏　　爾　　泰	李　鳳　鳴	已　　出　　版
孟　德　斯　鳩	侯　鴻　勳	已　　出　　版
費　　希　　特	洪　漢　鼎	已　　出　　版
謝　　　　　林	鄧　安　慶	已　　出　　版
叔　　本　　華	鄧　安　慶	已　　出　　版
祁　　克　　果	陳　俊　輝	已　　出　　版
彭　　加　　勒	李　醒　民	已　　出　　版
馬　　　　　赫	李　醒　民	已　　出　　版
迪　　　　　昂	李　醒　民	已　　出　　版
恩　　格　　斯	李　步　樓	已　　出　　版
馬　　克　　思	洪　鐮　德	已　　出　　版
約　翰　彌　爾	張　明　貴	已　　出　　版
狄　　爾　　泰	張　旺　山	已　　出　　版
弗　洛　伊　德	陳　小　文	已　　出　　版
史　賓　格　勒	商　戈　令	已　　出　　版
雅　　斯　　培	黃　　藿	已　　出　　版
胡　　塞　　爾	蔡　美　麗	已　　出　　版
馬克斯・謝勒	江　日　新	已　　出　　版
海　　德　　格	項　退　結	已　　出　　版
高　　達　　美	嚴　　平	已　　出　　版
哈　伯　馬　斯	李　英　明	已　　出　　版
榮　　　　　格	劉　耀　中	已　　出　　版

世界哲學家叢書（五）

書　　　　　名	作　　者	出　版　狀　況
皮　　亞　　傑	杜　麗　燕	已　　出　　版
索　洛　維　約　夫	徐　鳳　林	已　　出　　版
費　奧　多　洛　夫	徐　鳳　林	已　　出　　版
別　爾　嘉　耶　夫	雷　永　生	排　　印　　中
馬　　賽　　爾	陸　達　誠	已　　出　　版
布　拉　德　雷	張　家　龍	已　　出　　版
懷　　特　　海	陳　奎　德	已　　出　　版
愛　因　斯　坦	李　醒　民	已　　出　　版
皮　　爾　　遜	李　醒　民	排　　印　　中
玻　　　爾	戈　　革	已　　出　　版
弗　　雷　　格	王　　路	已　　出　　版
石　　里　　克	韓　林　合	已　　出　　版
維　根　斯　坦	范　光　棣	已　　出　　版
艾　　耶　　爾	張　家　龍	已　　出　　版
奧　　斯　　丁	劉　福　增	已　　出　　版
史　　陶　　生	謝　仲　明	排　　印　　中
馮　・　賴　特	陳　　波	已　　出　　版
赫　　　爾	孫　偉　平	排　　印　　中
魯　　一　　士	黃　秀　璣	已　　出　　版
詹　　姆　　士	朱　建　民	排　　印　　中
蒯　　　因	陳　　波	已　　出　　版
庫　　　恩	吳　以　義	已　　出　　版
史　蒂　文　森	孫　偉　平	已　　出　　版
洛　　爾　　斯	石　元　康	已　　出　　版
喬　姆　斯　基	韓　林　合	已　　出　　版

世界哲學家叢書 (六)

書　　　　　名	作　　　者	出　版　狀　況
馬　克　弗　森	許　國　賢	已　　出　　版
尼　　布　　爾	卓　新　平	已　　出　　版